政府采购工程、货物、服务评标方法一本通

陈津生　编著

化学工业出版社

·北京·

内 容 简 介

本书以我国现行的政府采购法和招标投标法为依据,全面阐述了政府采购工程、货物、服务三大类项目的评标主要法律依据、评标方法、操作程序及在评标实践中应注意的事项。同时,各类项目均附有相应的评标案例,以供读者参考。本书具有简洁和实用的特点,旨在达到入行新手全面、快速入门,业内熟手操作更加规范、简捷的效果。

本书可供政府采购与建设工程招标投标管理部门、政府采购中心、建设工程交易中心以及采购招标代理中介机构、采购招标当事人双方有关人员学习参考,也可作为大中专院校相关专业的教材或课外读物。

图书在版编目（CIP）数据

政府采购工程、货物、服务评标方法一本通/陈津生编著. —北京：化学工业出版社,2024.3
ISBN 978-7-122-44777-7

Ⅰ.①政… Ⅱ.①陈… Ⅲ.①政府采购-项目评价 Ⅳ.①F810.45

中国国家版本馆 CIP 数据核字（2024）第 030593 号

责任编辑：彭明兰　　　　　　文字编辑：李旺鹏
责任校对：刘　一　　　　　　装帧设计：张　辉

出版发行：化学工业出版社
　　　　（北京市东城区青年湖南街 13 号　邮政编码 100011）
印　　刷：北京云浩印刷有限责任公司
装　　订：三河市振勇印装有限公司
787mm×1092mm　1/16　印张 19¾　字数 489 千字
2024 年 7 月北京第 1 版第 1 次印刷

购书咨询：010-64518888　　　　　　售后服务：010-64518899
网　　址：http://www.cip.com.cn
凡购买本书,如有缺损质量问题,本社销售中心负责调换。

定　价：78.00 元　　　　　　　　　　版权所有　违者必究

前言

自《中华人民共和国政府采购法》《中华人民共和国招标投标法》颁布以来，采购招标当事人依据国家有关采购招标法律、法规和政策，认真开展采购评标工作，采购评标水平和规范性有了飞跃式的提高。评标专家发挥各自的特长，本着科学、公正、择优的原则，为采购招标人选择出优秀的采购中标人，在保证工程、货物、服务的质量，节约政府成本方面起到重要、积极的作用。

众所周知，评标是采购招标活动过程中的重要环节之一，而评标方法则是评标这一环节的关键所在。选择一个适用的评标方法和构建一个科学、合理的项目评价体系，对于选择出合格的中标人是至关重要的，评标方法是否科学、适用、规范，甚至影响到整个采购招标项目的成败。

采购招标制度在我国的实践历史并不长，评标方法在我国更属一门新兴学科，处于不断探索阶段。随着我国社会、建设市场的不断发展，针对采购招标工作中的薄弱环节，国家、政府部门也在不断完善、创新采购评标制度，新的法律法规和采购评标方法不断涌出，这就对从业者提出了不断学习、不断提高业务能力的更高要求。

《中华人民共和国政府采购法》《中华人民共和国招标投标法》颁布已有二十余年，编著一本有关评标方法的书籍，为读者搭建一个评标方法知识、经验交流的平台，无疑是一件顺应当今形势发展需要的十分有意义的事情。

本书共设5篇18章，分别对政府采购工程、货物、服务三大类项目的评标方法进行介绍，每一类型项目基本以评标方法概述—评标方法—评标程序—操作应注意事项为序展开。同时，每类采购招标项目后，专设一章评标实践案例，共计32例，供大家吸取经验、取长补短，达到举一反三的目的。本书各类项目评标方法各成独立体系，读者可根据工作需要和兴趣进行选择性阅读，可作为读者工作的案头书使用。

在本书编著过程中，作者参考了近年来采购招标人、采购招标中介组织在国内外采购评标的成功案例，同时，参阅了一些专家、学者的著作、文献，在此表示衷心感谢。

由于作者水平有限，本书可能存在许多不足之处，敬请同仁斧正，以利于再版时及时加以修正，以便为读者提供一个更好的工作经验交流平台。

编著者　陈津生
2023年10月
于北京花园村

目 录

第1篇 绪　　论

第1章 评标方法简述 2
1.1 评标概念 2
1.2 评标方法 5
1.3 评标制度 12

第2章 评标方法要素 22
2.1 评标因素标准 22
2.2 评标因素权重 25
2.3 量纲与基准价 26
2.4 投标价格的评价函数 33

第2篇 工　程　篇

第3章 一般工程评标方法——经评审的最低投标价法 39
3.1 评标方法概述 39
3.2 评标因素设定 45
3.3 投标报价评审 45
3.4 评标操作程序 53
3.5 操作注意事项 55

第4章 一般工程评标案例 59
4.1 自来水施工商务标评审案例 59
4.2 住宅楼施工低价竞标判定案例 60
4.3 公共卫生建筑评标全过程案例 62
4.4 公路施工项目合理低价法案例 69

第5章 复杂工程评标方法——综合评估法 76
5.1 评标方法概述 76

5.2 评标体系构建 ··· 80
5.3 综合评审方法 ··· 82
5.4 评标操作程序 ··· 84
5.5 操作注意事项 ··· 86

第6章 复杂工程评标案例 ·· 89
6.1 水库建设项目评标标准设定案例 ··· 89
6.2 引水工程项目三阶段评审法案例 ··· 92
6.3 公路改建项目标价得分计算案例 ··· 95
6.4 高校新校区工程评标全过程案例 ··· 97

第3篇 货 物 篇

第7章 工程货物评标方法——经评审的最低投标价法、综合评估法 ······ 105
7.1 工程货物评标概述 ··· 105
7.2 经评审的最低投标价法 ··· 108
7.3 综合评估法 ·· 112

第8章 工程货物评标案例 ·· 120
8.1 办公楼配置电梯投标价格折算案例 ···································· 120
8.2 浮式起重机评标全过程案例 ··· 122
8.3 水处理设备采购评标因素设定案例 ···································· 124
8.4 工程配置电梯性价比法应用案例 ······································· 127

第9章 政府采购货物评标方法——最低评标价法、综合评分法、性价比法 ··· 132
9.1 评标方法概述 ··· 132
9.2 最低评标价法 ··· 138
9.3 综合评分法 ·· 142
9.4 性价比法 ·· 147

第10章 政府采购货物评标案例 ··· 153
10.1 分体空调采购评标案例 ·· 153
10.2 图书采购评标案例 ·· 154
10.3 医疗设备采购评标案例 ·· 158
10.4 公用车辆采购评标案例 ·· 160

第11章 机电产品国际评标方法——最低评标价法、综合评价法 ········ 163
11.1 评标方法概述 ·· 163
11.2 最低评标价法 ·· 165

11.3 综合评价法 ··· 178

第12章 机电产品国际评标案例 ································· 185
12.1 最低评标价法评标程序案例 ·· 185
12.2 最低评标价法量化因素计算案例 ································ 190
12.3 综合评价法评分标准设定案例 ···································· 193
12.4 综合评价法综合得分计算案例 ···································· 196

第4篇 服 务 篇

第13章 工程服务评标方法 ··· 205
13.1 工程服务评标概述 ·· 205
13.2 工程勘察设计评标方法 ·· 207
13.3 建筑工程设计评标方法 ·· 211
13.4 工程监理评标方法 ·· 216
13.5 全过程咨询评标方法 ·· 221
13.6 工程服务评标操作注意事项 ·· 223

第14章 工程服务评标案例 ··· 224
14.1 建筑智能化系统设计服务评标案例 ···························· 224
14.2 市政大桥勘察设计服务评标案例 ································ 227
14.3 建设工程监理服务评标案例 ·· 230
14.4 市政地下管廊造价咨询服务评标案例 ························ 236

第15章 政府采购服务评标方法 ····································· 239
15.1 政府采购服务评标概述 ·· 239
15.2 政府采购服务评标方法的差异与选择 ························ 242
15.3 政府采购服务评标程序方法 ·· 245
15.4 操作注意事项 ·· 248

第16章 政府采购服务评标案例 ····································· 249
16.1 某住宅小区保安服务评标案例 ···································· 249
16.2 公务车定点维修服务评标案例 ···································· 252
16.3 城市规划咨询服务评标案例 ·· 253
16.4 计算机终端维护服务评标案例 ···································· 256

第5篇 工程总承包篇

第17章 工程总承包评标方法 ··· 261
17.1 评标方法概述 ·· 261

17.2	评标因素设定	265
17.3	各地评标实践做法	269
17.4	操作应注意事项	284

第18章 工程总承包评标案例 286

18.1	市政工程总承包项目评标因素设定案例	286
18.2	冶金工程总承包项目评标体系构建案例	292
18.3	水利工程总承包项目评标基本程序案例	297
18.4	建筑工程总承包项目评标分值计算案例	302

参考文献 306

第1篇
绪论

采购招标项目能够顺利达到预期目的的关键是需要有一个合格的承包商或供应商,而招标则是选择出一个合格的承包商或供应商的基本途径。在招标活动中,评标是选择合格投标人的关键环节,而评标方法则是这一关键环节的准则、标准。因此,评标方法在招投标活动中处于核心地位。本篇介绍评标方法的基本知识。

第1章

评标方法简述

1.1 评标概念

1.1.1 评标的定义

所谓"评标"是指按照法律法规的规定和招标文件事先确定的评标原则、程序、标准和方法,对各投标人的投标文件进行评价比较和分析,从中选出最佳投标人的活动过程。

1.1.2 评标的主体

评标的主体是依法组建的评标委员会。评标由招标人依法组建的评标委员会负责。招标人按照法律的规定,选择符合条件的人员组成评标委员会,负责对各投标文件的评标工作。对于依法必须进行招标的项目,即法定强制招标的项目,评标委员会的组成必须符合法律规定。对法定强制招标项目以外的自愿招标项目的评标委员会的组成,我国法律法规未作规定,招标人可以自行决定。

招标人组建的评标委员会应按照招标文件中规定的评标标准和方法进行评标工作,对招标人负责,从投标竞争者中评选出最符合招标文件各项要求的投标者,最大限度地实现采购招标人的利益。显然,评标委员会行使政府采购法和招标投标法赋予的权力,并对采购招标人负责,维护采购招标人的利益。

1.1.2.1 评标委员会人员组成

(1) 采购招标人的代表

招标人的代表参加评标委员会,以在评标过程中充分表达招标人的意见,与评标委员会的其他成员进行沟通,并对评标的全过程实施必要的监督。

(2) 相关技术方面的专家

由招标项目相关专业的技术专家参加评标委员会,对投标文件所提方案在技术上的可行性、合理性、先进性和质量可靠性等指标进行评审比较,以确保中标人在技术和质量方面确能满足采购招标文件的要求。

(3) 经济方面的专家

由经济方面的专家对投标文件所报的投标价格、投标方案的运营成本、投标人的财务状况等商务条款进行评审比较，以确定在经济上对招标人最有利的投标方案。

(4) 其他方面的专家

根据招标项目的不同情况，招标人还可聘请除技术和经济专家以外的其他方面的专家参加评标委员会。比如，对一些大型的或国际性的采购招标项目，还可聘请法律方面的专家参加评标委员会，以对投标文件的合法性进行审查把关。

1.1.2.2 评标委员会的人数

(1) 评标委员会成员人数

评标委员会成员人数须为5以上的单数。评标委员会成员人数过少，不利于集思广益，不利于从经济、技术各方面对投标文件进行全面的分析比较，以保证评审结论的科学性、合理性。当然，评标委员会成员人数也不宜过多，否则会影响评审工作效率，增加评审费用。要求评标委员会成员人数须为单数，主要考虑在各成员评审意见不一致时，可按照多数通过的原则产生评标委员会的评审结论、推荐中标候选人或直接确定中标人。

(2) 评标委员会专家人数

评标委员会成员中，有关技术、经济等方面的专家的人数不得少于成员总数的2/3，以保证各方面专家的人数在评标委员会成员中占绝对多数，充分发挥专家在评标活动中的权威作用，保证评审结论的科学性、合理性。

评标委员会专家成员应当从省级以上人民政府有关部门提供的专家名册或者招标代理机构的专家库内的相关专家名单中确定。可以采取随机抽取或者直接确定的方式。一般项目，可以采取随机抽取的方式；技术特别复杂、专业性要求特别高或者国家有特殊要求的招标项目，采取随机抽取方式确定的专家难以胜任的，可以由采购招标人直接确定。

1.1.3 评标的客体

在采购招标活动中，投标与招标是相对的、密不可分的两个方面。投标是整个招投标交易活动的重要组成部分。所谓投标是指投标人应招标人的邀请，根据招标通告或招标文件所规定的条件，按照法律规定，在规定的期限内，向招标人邀约的行为。投标人向招标人提出邀约行为，即具备承担招标项目能力的投标人，按照招标文件的要求编制投标文件，对招标文件中提出的实质性要求和条件做出响应。投标文件是投标人在招标项目中的投标意愿的真实表达和投标企业实施方案和投入实力的真实反映，是招标人做出"废标"或中标与否判断的唯一的书面依据，是评标委员会评标的对象。因此，投标人递交的投标文件是评标的客体。

1.1.4 评标的地位

招标投标核心过程大致分为开标、评标、定标三个阶段，如图1-1所示。

① 开标是指在投标人提交投标文件后，招标人依据招标文件规定的时间和地点，开启投标人提交的投标文件，公开宣布投标人的名称、投标价格及其他主要内容的行为。

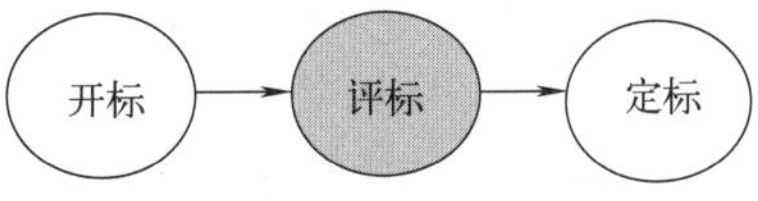

② 评标是指评标委员会和采购招标人依据招标文件规定的评标标准和方法对投标文件进行审查、评审和比较的行为。

图1-1 开标、评标、定标三阶段示意图

③ 定标是指根据评标结果产生中标（候选）人。招标人根据评标委员会提出的书面评标报告和推荐的中标候选人确定中标人。招标人也可以授权评标委员会直接确定中标人。

评标是招标投标活动中十分重要、核心的阶段，评标是否真正做到公平、公正，决定着整个招标投标活动是否公平和公正；评标的质量决定着能否从众多投标竞争者中选出最能满足招标项目各项要求的中标者。

1.1.5 评标原则

评标原则是指采购招标投标活动中，评标委员会应遵守的基本规则。评标原则可以概括为以下四个方面。

1.1.5.1 客观、公平原则

客观、公平原则是评标人评标行为的基本原则，"客观、公平"体现在评标活动要实事求是对待每一份投标文件，对投标文件内容既不夸大，也不缩小，同时要严格按照公开评标条件和评标程序、标准办事，一视同仁，一把尺子量到底，同等地对待每位竞标者，不能含有倾向或者排斥潜在投标人的情况。

《中华人民共和国政府采购法》（以下简称《政府采购法》）第3条："政府采购应当遵循公开透明原则、公平竞争原则、公正原则和诚实信用原则。"

《中华人民共和国招标投标法》（以下简称《招标投标法》）第44条："评标委员会成员应当客观、公正地履行职务，遵守职业道德，对所提出的评审意见承担个人责任。"

《中华人民共和国招标投标法实施条例》（以下简称《招标投标法实施条例》）第49条："评标委员会成员应当依照招标投标法和本条例的规定，按照招标文件规定的评标标准和方法，客观、公正地对投标文件提出评审意见。招标文件没有规定的评标标准和方法不得作为评标的依据。"

《评标委员会和评标方法暂行规定》第13条："评标委员会成员应当客观、公正地履行职责，遵守职业道德，对所提出的评审意见承担个人责任。

"评标委员会成员不得与任何投标人或者与招标结果有利害关系的人进行私下接触，不得收受投标人、中介人、其他利害关系人的财物或者其他好处，不得向招标人征询其确定中标人的意向，不得接受任何单位或者个人明示或者暗示提出的倾向或者排斥特定投标人的要求，不得有其他不客观、不公正履行职务的行为。"

1.1.5.2 严格保密

严格保密是评标活动应遵守的基本原则，也是对评标人职业道德的要求，包括以下两层意思。

(1) 对评标活动要保密

评标在保密情况下进行，同时，评标委员会成员的名单在中标结果确定前也应当保密，以保证评标不受外界干扰。《中华人民共和国政府采购法实施条例》（以下简称《政府采购法实施条例》）第40条："政府采购评审专家应当遵守评审工作纪律，不得泄露评审文件、评审情况和评审中获悉的商业秘密。"《招标投标法》第37条："评标委员会成员的名单在中标结果确定前应当保密。"第38条："招标人应当采取必要的措施，保证评标在严格保密的情况下进行。任何单位和个人不得非法干预、影响评标的过程和结果。"

(2) 评委会成员对评审、比较的内部情况必须进行保密

《评标委员会和评标方法暂行规定》第14条："评标委员会成员和与评标活动有关的工作人员不得透露对投标文件的评审和比较、中标候选人的推荐情况以及与评标有关的其他情况。前款所称与评标活动有关的工作人员，是指评标委员会成员以外的因参与评标监督工作或者事务性工作而知悉有关评标情况的所有人员。"《招标投标法》第56条对于评标委员会成员或者参加评标的有关工作人员向他人透露对投标文件的评审和比较、中标候选人的推荐以及与评标有关的其他情况的，规定了处罚条款。严格保密原则是保障评标公正性的重要原则。

1.1.5.3 独立评审

独立评审是指评标人在评标过程中，不能受外界的干扰，应依据制定的评标方法、标准进行评标，行使法律赋予的评标权利。设立独立评审原则的目的是保障评标活动的公正性，以择优选出中标人。在评标活动中评标人最容易受到招标人的影响。为此，《招标投标法实施条例》第 48 条："招标人应当向评标委员会提供评标所必需的信息，但不得明示或者暗示其倾向或者排斥特定投标人。"

1.1.5.4 严格遵守评标方法

评标的目的是根据招标文件中确定的标准和方法，对每个投标商的标书进行评价和比较，以评出最佳的中标人。评标必须以招标文件为依据，不得采用招标文件规定以外的标准和方法进行评标，凡是评标中需要考虑的因素都必须写入招标文件之中。严格按照评标方法、标准评标是保障评标公正性、择优性的又一原则。《政府采购法实施条例》第 41 条："评标委员会、竞争性谈判小组或者询价小组成员应当按照客观、公正、审慎的原则，根据采购文件规定的评审程序、评审方法和评审标准进行独立评审。"《招标投标法》第 40 条："评标委员会应当按照招标文件确定的评标标准和方法，对投标文件进行评审和比较。"《评标委员会和评标方法暂行规定》第 17 条："评标委员会应当根据招标文件规定的评标标准和方法，对投标文件进行系统的评审的比较。招标文件中没有规定的标准和方法不得作为评标的依据。"

1.2 评标方法

1.2.1 评标方法概念

1.2.1.1 评标方法定义

如上所述，评标是指对各投标人的投标文件进行评价比较和分析，从中选出最佳投标人（供应商）的活动过程。那么，如何对投标文件进行比较和分析，则是一个关键性问题，即评标方法问题。所谓评标方法是指实现对投标文件比较、评价和分析所运用的具体方法，包括评标因素、评标标准、评标程序、评价值计算方法等。采购招标活动中的评标方法很多，除经评审的最低投标价法、综合评估法两种基本的评标方法外，还派生出许多方法。例如，最低评标价法、合理最低投标价法、合理低价法、性价比法、综合评分法、综合评议法、综合最低评标价法等。

选择适当的评标方法十分重要。一方面可以使采购人选定理想的中标人；另一方面在招标文件中，采购人列明了评标的方法和标准，可以让各潜在供应商或承包人知道这些程序、标准和方法，以便考虑如何进行投标，最终获得成功。那么，这些事先列明的标准和方法在评标时能否真正得到采用，是衡量评标是否公正、公平的标尺。为了保证评标的这种公正和公平性，评标必须按照招标文件规定的评标程序、方法和标准进行，不得采用招标文件未列明的任何标准和方法，这一点也是世界各国评标的通常做法。

1.2.1.2 方法与办法

在政府采购招标活动中，招标文件体现了招标人作为项目法人的采购意图，是合同关系的要约，评标方法是将招标人采购意图公平、公正、科学体现的关键因素。如果说招标文件中的商务条件和技术条件是表述采购或招标人要"买什么"的诉求，那么，评标方法的确定将在很大程度上决定采购招标人"买谁的"。为此，评标方法是指运用评标文件规定来审核、评价、比较投标书的因素、标准、方法、程序。

需要注意的是在采购评标实践中人们常常将"评标方法"与"评标办法"混为一谈，将"评标方法"的概念描述为"评标办法"的内容，而将"评标办法"的概念描述为"评标方法"。要搞清"评标方法"与"评标办法"的区别，首先需要从"办法"和"方法"两词的区别谈起。经对有关词典查阅，"办法"和"方法"两个词的近似度极高，属于同义词。因此，容易造成相互混淆的现象。但严格地说，方法与办法两个概念还是有区别的。"办法"是指为达到处理问题和解决问题的基本思路、框架、原则，是对处理问题的一种比较笼统和粗略的描述。而"方法"是指处理问题和解决问题的技术层面的操作，包括：处理问题的技术、手段以及其他细节等。可见，"办法"的概念是"方法"概念的外延，而"方法"则是"办法"的主要内涵，也就是说，方法是从属于办法的一个子集，是办法得以实现的途径。搞清了办法和方法的含义区别，也就搞清了评标方法和评标办法的区别了。本书的评标方法除技术层面的操作外，还将涉及评标办法中的有关内容。

1.2.1.3 评标与评审

在招标投标有关的法律规章、招标文件编制和招标活动的实践中，也常涉及"评标方法"和"评审方法"这两个概念。虽然两者相比较，"评审"即"评判审核"之意，"审核"的味道浓一些，但一般认为两者并无实质性的区分。主要是出于法律体系不同、采购评标对象各异等原因而导致措辞有所不同。

例如，在《政府采购法》系列法规中，为了统筹兼顾政府采购实践中的非招标政府采购方式，将"评标方法"称为"评审方法"。同时，还将《招标投标法》系列法规评标程序中的"初步评标""详细评标"，分别习惯称之为"合格性审查""比较和评价"。招标人在编制文件时应慎重、准确选择使用词汇，应与相应的上位法用词相一致，以提高采购招标文件的编制质量。

1.2.1.4 评价与评估

在招标文件编制和招标活动实践中，也常常涉及"评价方法"和"评估方法"的提法。例如，对于"综合评价法"，也有称之为"综合评估法"的。一字之差并没有引起人们的关注。业界约定俗成的是工程类招标使用"评估"，国内货物和国际招标使用"评价"。这可能是因为各部门规章在使用中的称谓不同以及国内货物采购的习惯所致，甚至即使在工程项目招标的实际操作中，也有不同的名称。

那么，"评价"和"评估"两个概念有什么区别呢？一般来说，无论是"评价"还是"评估"都是基于对某一特定对象的价值做出评判并得出结果的过程。但细究其含义，两者还是有些区别的。从文字上分析，评价是"评判价值"的缩语，它是评价者对特定对象的各个方面，运用制定的标准进行量化和非量化的评判过程，对其准确性、实效性、经济性、社会性以及满意度等方面进行判断的过程。"评估"是评估者对特定对象的各个方面进行定性和（或）定量的分析说明和评判的过程，评估的结论是对特定评估对象的一种意见和估计。

从社会范围上讲，两者的区别主要体现在以下几个方面。

① 两者的本质属性不同。评估的本质是价值判断；而评价的本质则是事实判断。

② 两者运用的手段不同。评价一般侧重于量化的判断；而评估则侧重于定性的判断。

③ 两者的层次不同。评估一般是由上级部门、机构对特定对象进行价值的评判。评价属于第三方立场，其结果更为客观和具体。

④ 与特定对象的确定性有关。特定对象如果确定性比较强，使用"评价"一词的频率较高，如评价指标、评价指标体系、评价公式等；而评估指标、评估指标体系、评估公式的提法则少见。特定对象如果不确定性比较强，使用"评估"一词的频率较高，例如项目评

估、无形资产评估、对环境影响评估等。

⑤ 两者评判结果的可靠性不同。一般认为，评价的结果的可靠性高；评估的结果的可靠性弱些，毕竟评估带有一定的估计、推测之意。

在理论研究和实践中，经常出现"评价"与"评估"两个概念混用的情况，也并未影响参与方、政府相关方对其意思的理解，但为提高评标领域用词的准确性，项目招标者应根据评标项目、确定的评标方法的具体情况，准确选择这两个概念，并在同一项目中，统一使用"评价"或"评估"用词。本书对两者并不做区分。

除上述问题外，"评估方法"与"评分方法"的措辞区别也值得关注。《评标委员会和评标方法暂行规定》第 35 条："根据综合评估法……衡量投标文件是否最大限度地满足招标文件中规定的各项评价标准，可以采取折算为货币的方法、打分的方法或者其他方法。"可见评分方法只是评估方法的一个类型。在招标文件编制中，有些招标文件实际采用的是综合评（打）分法，但在用词上却称之为"综合评估法"，似乎缺乏必要的准确性。

1.2.2 评标方法体系

1.2.2.1 方法体系框架

我国《政府采购法》《招标投标法》已颁布 20 多年，在采购招投标实践中，招投标活动当事人依据《政府采购法》和《招标投标法》，在各行业创新了许多具体、准确的评标方法，政府有关部门对于这些方法进行了总结完善，做出法律界定，形成了较为完整的评标方法体系。国务院各部门、国家局主要法规规定的评标方法汇总如表 1-1 所示。我国评标方法体系框架图如图 1-2 所示。

表 1-1 国务院各部门、国家局主要法规规定的评标方法汇总表

部门	法规名称	评标方法
住房和城乡建设部	《房屋建筑和市政基础设施工程施工招标投标管理办法》	综合评估法、经评审的最低投标价法或者法律法规允许的其他评标方法
	《建设项目工程总承包管理规范》（GB/T 50358—2017）	宜采用综合评估法
商务部	《机电产品国际招标投标实施办法（试行）》	最低评标价法、综合评价法
交通运输部	《铁路工程建设项目招标投标管理办法》	综合评估法、经评审的最低投标价法
	《公路工程建设项目招标投标管理办法》	综合评估法（包括合理低价法、技术评分最低标价法和综合评分法）或经评审的最低投标价法
水利部	《水利工程建设项目招标投标管理规定》	综合评分法、综合最低评标价法、合理最低投标价法、综合评议法
工业和信息化部	《通信工程建设项目招标投标管理办法》	综合评估法、经评审的最低投标价法，或者法律、行政法规允许的其他评标方法
财政部	《政府采购货物和服务招标投标管理办法》	最低评标价法、综合评分法
中国民用航空局	《民航专业工程建设项目招标投标管理办法》	综合评分法

1.2.2.2 方法体系实质分析

由表 1-1 和图 1-2 中可知，评标方法名目虽然繁多，但主要是从经评审的最低投标价法和综合评估法派生而来的。上述评标方法覆盖工程、货物和服务项目的采购招标，标的不

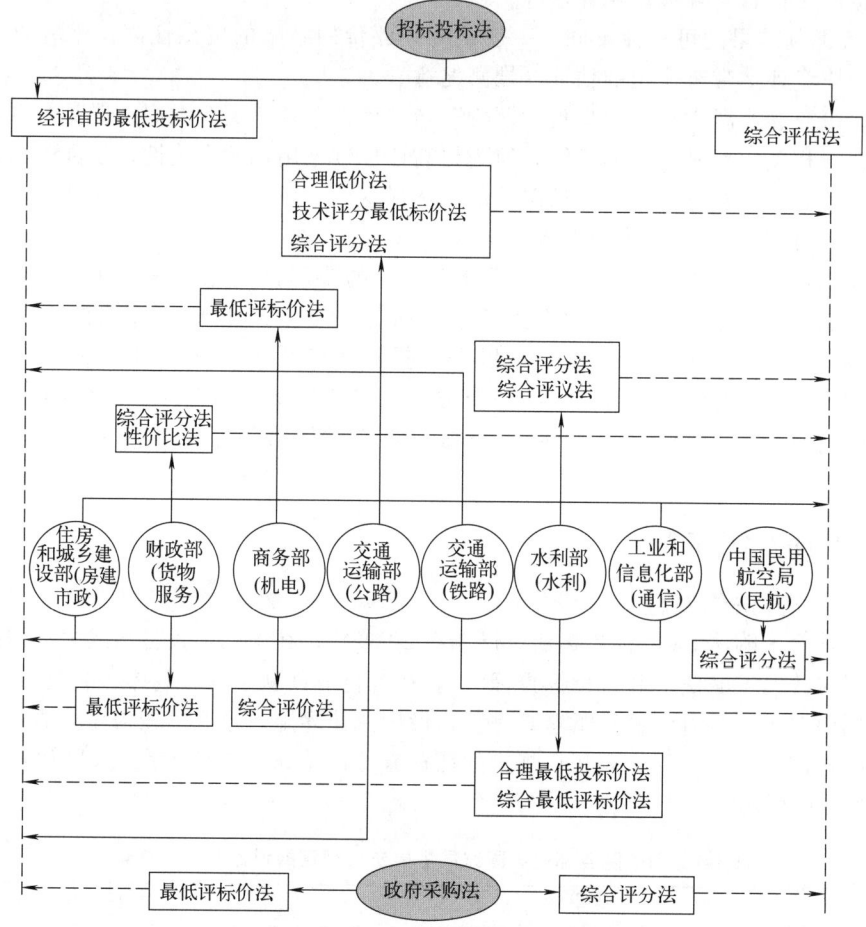

图 1-2　我国评标方法体系框架图

→表示评标方法名称；--→表示归属类别；招标投标法指《招标投标法》《招标投标法实施条例》《评标委员会和评标方法暂行规定》等；政府采购法指《政府采购法》《政府采购法实施条例》《政府采购货物和服务招标投标管理办法》等

同、提法各不相同，但就其实质思想来说则是一致的。如七部委的"经评审的最低投标价法"、商务部的"最低评标价法"、水利部的"合理最低投标价法"、交通运输部的"合理低价法"等，"最低评标价法"中的"最低评标价"实际上就是经评审的最低投标价，"合理低价法"中的"合理低价"也是指不低于成本的经评审的最低投标价，即最低评标价，这些都属于经评审的最低投标价法的范围之内。

而"综合评估法""综合评价法""综合评分法"和"综合评议法"这几种评标方法仅有一字之差，有的是通过评标专家系统的评议表对所有投标人的情况进行打分，通过打分的高低排序推荐中标候选人；有的是通过评标专家组成员对投标文件的响应程度、技术水平、售后服务、公司实力、业绩等进行评议，直接推荐中标候选人。这两类评标方法都是对价格、技术、商务等因素进行综合评审，其实质思想都是相同的。综合评议法比较粗放；综合评估法次之；综合评分法比较科学系统。

最后一种用于货物服务招标的"性价比法"，其实施流程为先对有效投标人报价以外的各因素（技术、财务、业绩、信誉、服务等）进行评审，汇总得分，除以该投标人的报价得到该投标人的商数，商数最高的投标人推荐为中标候选人。

"性价比法"和"综合评分法"其实都是考虑货物的性价比的方法，都是采用分值评定中标人，只是两者的计算方法有所不同，性价比法在实践中应用比较少。

1.2.2.3 部门方法差异比较

(1) 差异产生的原因

由于我国实行的是"分别立法""分散监管"的模式，即《政府采购法》《政府采购法实施条例》与《招标投标法》《招标投标法实施条例》并行，在两法指导下，国家发展改革委、住房和城乡建设部、财政部、商务部、水利部、交通运输部、工业和信息化部、中国民用航空局等行业主管部门分别对房屋和市政工程、水利工程、公路工程、铁路工程、航空专业工程、机电产品项目招标、政府货物采购等招标采购进行监督管理。其中在工程建设项目招投标立法和监管领域，国家发展改革委处于综合协调、牵头的地位。各部门的规章和行政规范性文件在操作层面处于"铁路警察，各管一段"的状态，各部门在评标方法的规定上存在一定的差异在所难免。因此，为提高各领域的评标水平，探讨各部门评标方法之间的差异，对于指导具体采购招标项目的评标工作具有现实意义。

(2) 差异比较分析

① 评标方法类别差异比较　《评标委员会和评标方法暂行规定》（七部委令第12号）规定了两种评标方法，即经评审的最低投标价法和综合评估法（以下简称两种基本评标方法）。结合行业特点，住房和城乡建设部、交通运输部（铁路）、工业和信息化部沿用这两种基本评标方法；交通运输部（公路）规定了四种评标方法，即经评审的最低投标价法、合理低价法、技术评分最低标价法和综合评分法；水利部规定了五种评分方法，即综合评分法、综合最低评标价法、合理最低投标价法、综合评议法、两阶段评标法；中国民用航空局仅提及综合评分法一种；商务部提出两种评标方法，即最低评标价法、综合评价法；财政部明确的评标方法有两大类，即最低评标价法和综合评分法。

② 评标阶段差异比较　《评标委员会和评标方法暂行规定》规定可以采用两阶段、双信封方式评标。交通运输部规定了单信封、双信封的评标方法。水利部规定可以采用双信封评标方法。财政部规定的竞争性谈判采购方式实行一阶段评审，竞争性磋商采用"先明确采购需求、后竞争报价"的两阶段评审法。值得注意的是：竞争性磋商在第二阶段实行票选法推荐入围名单，对于磋商文件不能详细列明采购标的技术、服务要求的，经本阶段的磋商，根据供应商提供的最终设计方案和解决方案，磋商小组按照少数服从多数的原则投票推荐三家以上供应商（该情况仅对推荐范围内的供应商要求提供第二阶段相应文件，其他供应商不再参与下一阶段的磋商）。

③ 优先使用次序差异比较　《评标委员会和评标方法暂行规定》规定，一般项目使用经评审的最低投标价法（优先使用），特殊项目使用综合评估法（次选使用）。住房和城乡建设部未对优先次序做出规定。交通运输部规定对于公路工程施工项目优先使用合理低价法或技术评分最低标价法，特殊项目可以使用综合评分法，小项目可以使用经评审的最低投标价法，对于公路项目服务和公路项目总承包均采用综合评分法。水利部规定对于水利工程施工优先使用综合评分法，对于水利勘察（测）设计、监理仅仅明确了综合评估法、综合评分法、两阶段评标法和综合评议法，使用次序并未规定。中国民用航空局文件仅规定了综合评分法，并无次序选择问题。商务部规定优先使用最低评标价法。工业和信息化部鼓励使用综合评估法。财政部文件未对优先次序做出规定，但从财政部的立法本意和"技术和服务等标准统一的货物和服务采购项目应当采用最低评标价法"，"综合评分时，价格分统一采用低价优选原则"来看，政府采购时最低评标价法优先。

④ 适用范围规定差异比较　自2000年以来，国家发展改革委、住房和城乡建设部、财

政部等有关部委就规范政府采购货物、服务和工程招标活动制定了多项部门规章和规范性文件。其中，适用于工程类招标投标的规定，一般由国家发展改革委会同各有关部委联合制定发布，也有各部委单独制定发布的仅适用于专业工程的专项规定。同时，财政部以及有关部委对于货物类招标投标也制定了一系列专项规章和规范性文件。

上述规定文件，按照标的适用范围不同，可分为两大类：一类是规范国内招标投标活动的法律规范，例如工程建设项目招标、工程建设项目货物招标、政府采购货物招标、医疗机构药品集中采购等方面的规定；另一类是规范国际招标的法律规范，例如机电产品国际招标投标活动的法律规范。

除工程、货物以外，对其他招标投标活动即服务类的招标投标活动国家也进行了严格规范，如政府采购工程的勘察、设计、监理招标投标，工程咨询评估、财务、法律等中介服务招标投标，项目法人、代建人、特许经营者招标，科技项目、科研课题、国有资产产权转让、物业管理、金融保险服务招标投标服务等的法律规范。服务类项目招标的招标人看重的主要是投标人提供的相关劳务、技术、智力等服务的能力、水平、经验、业绩，评审标准比较复杂，往往因项目而异，除对投标人资质要求以外，很少有统一的标准。因此，各类服务招标投标方面的规定差异较大。随着招标投标制度的推广，服务招标投标领域不断扩展，国家发展改革委和各有关部委为规范各类服务招标投标活动制定了一系列规章和规范性文件。

通常，与货物、服务招标投标相比，工程项目招标投标比较复杂。不同工程项目对技术、设备、施工组织、投标人的资质以及管理经验的要求不同，差异很大。

随着承包模式的发展，各部委对于工程项目总承包招标活动制定了一系列规章和规范文件，从与工程施工、货物和服务招标角度比较分析，工程总承包的评标方法更适合于综合评价的运用。

从招标标的适用规定角度分析，招标标的一般对于工程施工、货物、服务、总承包分别适用于不同的评标方法。《评标委员会和评标方法暂行规定》及住房和城乡建设部、商务部、工业和信息化部的文件均未出现差异。交通运输部文件对施工、服务（勘察、设计、监理）、设计施工总承包评标方法分别做出了规定。水利部文件对施工、服务一类（勘察、勘测、设计）、服务二类（监理）评标方法分别做出规定。交通运输部有关文件对施工、监理分别做出评标规定。财政部文件对政府采购货物和服务评标方法分别做出规定。总体来说，服务类项目以体现投标人的服务质量为原则，一般实行综合评估法，价格标的权重比较小；施工类和货物类项目在采用综合评估法时的价格标权重相对比较大。

⑤ 综合评标时权重规定差异比较　下面从综合评标时对商务、技术、价格赋予的权重规定角度进行比较。《评标委员会和评标方法暂行规定》和住房和城乡建设部、中国民用航空局、商务部、工业和信息化部的文件未做规定。交通运输部规定公路工程施工招标综合评分法中价格权重不得低于50%，公路工程服务招标综合评分法中价格权重不得高于10%，公路工程设计施工总承包招标综合评分法中价格权重不得低于50%。水利部文件规定水利勘察（测）设计招标综合评分法中技术标权重占40%，商务标评分权重占60%（其中价格评分包含在商务标评分中，占总评分比例的3%~6%）；水利工程监理招标采用综合评分法时，商务标权重占45%、技术标权重占45%、价格标权重占10%。交通运输部有关部门文件规定铁路工程施工采用综合评估法时商务标权重占20%、技术标权重占50%、价格标权重占30%。财政部规定政府采购货物和服务类项目采用综合评分法时，货物类项目价格分值范围为30%~60%，采购服务类项目价格分值范围为10%~30%。

⑥ 价格得分评审原则差异比较　从价格得分评审原则角度比较，最低评标价法几乎都遵守了"最低价优先"（即最低价投标人价格评分为满分）的评分原则，对于最低评标价法

以外的评标方法，各部门文件存在一定的差异。《评标委员会和评标方法暂行规定》及住房和城乡建设部、商务部、工业和信息化部对此未做出具体规定。交通运输部的文件规定各投标人报价根据评标基准价偏差程度来计算价格得分，实行的是"基准价优先"的评分原则。水利部文件对水利工程施工评标实行标底制，根据招标编制的标底和投标人评标标底采用四种方式确定，根据与标底的偏差程度计算价格得分，实行的是"标底价优先"的原则。

交通运输部有关部门对铁路工程施工先根据招标人公布的最高限价和投标人报价，辅以现场随机抽取的下浮系数计算出评标基准价，根据偏差程度计算各投标人价格得分，其中偏差 0～3％之间为满分，实行的是"评标基准略低优先"的评分原则。

财政部实行的是"最低价优先"的评分原则。另外，值得注意的是财政部文件规定对货物和服务的价格进行评审时，不得去掉最后标价中的最高报价和最低报价，而其他部门的文件中并没有这方面的规定，如实践中公路工程施工招标时常有去掉最高报价和最低报价，或去掉多个高报价和多个低报价计算评标基准价的做法。

⑦ 评标价格优惠差异比较　除交通运输部有关部门和财政部对政府采购项目外，其他部委没有评标价格优惠方面的规定。交通运输部有关部门规定施工评标采用综合评估法时，经商务、技术、报价综合评分初步排序，排序前三名中如有信用 A 级企业，可以享受投标报价的 0.6％的评标价计算优惠。财政部对政府采购项目，对于小型和微型企业的评标价格给予扣除 6％～10％的计算优惠。

在多标段中标条件中，《评标委员会和评标方法暂行规定》提出了在同一项目中多标段优惠的规定，允许投标人提出整体中标的优惠条件，评标委员会可以根据最有利于招标人的原则选择整体中标人，这种做法类似于世界银行、亚洲开发银行贷款项目招标投标范本和 FIDIC 合同条件中的通常做法。但值得反思的是，所有部门的文件中都没有这方面的规定。

⑧ 信用评价与评标挂钩差异比较　从行业信用评价与评标挂钩角度比较，交通运输部明确鼓励和支持招标人选用信用等级高的投标企业，招标人对于信用等级高的资格预审申请人、投标人或中标人，可以给予增加投标标段的数量，减免投标保证金，减少履约保证金、质量保证金等优惠措施。优惠措施以及信用评价结果的认定条件，应当在资格预审文件或招标文件中载明。

资格预审申请人或投标人的信用评价结果可以作为资格审查或者评标中履约信誉项的评价因素，各信用评价等级的对应得分应符合省人民政府交通运输主管部门的有关规定，并在资格预审文件或招标文件中载明。

交通运输部有关部门文件明确规定，在施工评标中使用综合评估法时，予以信用评价为 A 级企业 0.6％的评标价计算优惠；对于监理招标评标使用综合评估法时，对于信用评价为 A 级企业给予加分。其他部门文件均未做出此类规定。

⑨ 有效投标认定差异比较　从有效投标认定角度比较，多数部门文件规定了高于最高限价、低于成本价的作为无效投标处理，这些部门文件包括《评标委员会和评标方法暂行规定》及住房和城乡建设部、交通运输部、中国民用航空局、水利部（施工招标未设置标底时）、财政部文件。交通运输部有关部门文件规定施工招标时只有技术得分超过技术标总分 90％时才能够进入有效投标范围。另外，水利部文件规定施工招标设置有标底时，以招标人编制的标底（A 值）确定有效投标进入的范围。

值得注意的是，《招标投标法实施条例》第 50 条规定："招标项目设有标底的，招标人应当在开标时公布。标底只能作为评标的参考，不得以投标报价是否接近标底作为中标条件，也不得以投标报价超过标底上下浮动范围作为否决投标的条件。"水利部关于以标底确定进入有效投标范围的规定似乎与其上位法相冲突。

1.3 评标制度

1.3.1 国内评标制度

随着《政府采购法》《招标投标法》的实施和采购招标实践的深入发展，采购市场必将形成政府依法监督、招投标活动当事人在采购交易中心依据法定程序进行交易活动、各中介组织提供全方位服务的市场运行新格局，我国的评标制度随着招标投标制度的不断完善而逐步形成。

1.3.1.1 采购招标代理制度

《政府采购法》第16条："集中采购机构为采购代理机构。设区的市、自治州以上人民政府根据本级政府采购项目组织集中采购的需要设立集中采购机构。集中采购机构是非营利事业法人，根据采购人的委托办理采购事宜。"

《招标投标法》第12条："招标人有权自行选择招标代理机构，委托其办理招标事宜。"第13条："招标代理机构是依法设立、从事招标代理业务并提供相关服务的社会中介组织。"

从国际上看，招标代理机构是采购交易市场和招标投标活动中不可缺少的重要力量。随着我国政府采购市场的健康发展和招标投标制度的完善，采购招标代理机构已经在数量和质量上得到大力的发展。同时，推动了我国的采购招标投标制度与国际惯例的接轨。招标代理机构的功能包括协助招标采购单位完成评标委员会组成工作等。

2022年十三部委联合颁发《关于严格执行招标投标法规制度进一步规范招标投标主体行为的若干意见》（发改法规规〔2022〕1117号，以下简称第1117号令）对采购招标代理机构提出了新的更高的要求，强调要切实规范招标代理行为："招标代理机构及其从业人员应当依法依规、诚信自律经营，严禁采取行贿、提供回扣或者输送不正当利益等非法手段承揽业务；对于招标人、投标人、评标专家等提出的违法要求应当坚决抵制、及时劝阻，不得背离职业道德无原则附和；不得泄露应当保密的与招标投标活动有关的情况和资料；不得以营利为目的收取高额的招标文件等资料费用；招标代理活动结束后，及时向招标人提交全套招标档案资料，不得篡改、损毁、伪造或擅自销毁；不得与招标人、投标人、评标专家、交易平台运行服务机构等串通损害国家利益、社会公共利益和招标投标活动当事人合法权益。"

同时要求加强招标代理机构及从业人员管理："行政监督部门应当加强对在本地区执业的招标代理机构及从业人员的动态监管，将招标代理行为作为'双随机、一公开'监管的重点内容，纳入跨部门联合抽查范围，对参与围标、串标等扰乱市场秩序的行为严格依法实施行政处罚，并按照规定纳入信用记录。加强招标代理行业自律建设，鼓励行业协会完善招标代理服务标准规范，开展招标代理机构信用评价和从业人员专业技术能力评价，为招标人选择招标代理机构提供参考，推动提升招标代理服务能力。"

1.3.1.2 评标规范制度

我国《政府采购法》《招标投标法》及其他法规，对评标委员会组成、纪律、评标方法及其使用范围、评标程序、标底或最高限价的使用等均建立了规范制度。例如《政府采购法实施条例》第34条："政府采购招标评标方法分为最低评标价法和综合评分法。"《评标委员会和评标方法暂行规定》第29条："评标方法包括经评审的最低投标价法、综合评估法，或者法律、行政法规允许的其他评标方法。"

1.3.1.3 评委专家库制度

《政府采购法实施条例》第39条："除国务院财政部门规定的情形外，采购人或者采购代理机构应当从政府采购评审专家库中随机抽取评审专家。"《评标委员会和评标方法暂行规定》第 10 条:"评标委员会的专家成员应当从省级以上人民政府有关部门提供的专家名册或者招标代理机构的专家库内的相关专家名单中确定。"

为贯彻《政府采购法》《招投标法》,国家要求各省或市应依据两法规定设立评委专家库,而政府采购中心、建设工程交易中心则应制定专业齐全、管理统一的评委专家名册。同时,应充分发挥评委专家名册的作用,改变专家评委只进行评标、没有管理的现状,充分利用这一有效资源为招标投标管理服务。

评委专家库制度有以下应用:

① 可作为投标资格审查的评审专家库,提高资格审查的公正性和科学性;

② 可作为《采购投标名册》(指由政府组织的每年进行评审的投标免除审查单位名单)的评审委员库,利用他们的社会知名度,制定科学的评审制度,提高《采购投标名册》的权威性,逐步得到社会各界认可;

③ 分组设立主任委员,负责定期组织评委讨论和研究新问题及相关政策,开辟专家论坛,倡导招标投标理论研究,并可联系大专院校进行相关课题研究,以便更好地为管理和决策提供理论依据;

④ 评委专家名册内应增设法律方面的专家,开辟法律方面的咨询服务,并逐步开展招标仲裁活动。

2022 年在第 1117 号令关于加强评标专家管理条款中,再次强调要强化评标专家动态管理:"充分依托省级人民政府组建的综合评标专家库和国务院有关部门组建的评标专家库,建立健全对评标专家的入库审查、岗前培训、继续教育、考核评价和廉洁教育等管理制度。加强专家库及评标专家信息保密管理,除依法配合有关部门调查外,任何单位和个人不得泄露相关信息。严格规范评标专家抽取工作,做到全程留痕、可追溯。评标专家库管理单位应当建立评标专家动态考核机制,将专家依法客观公正履职情况作为主要考核内容,根据考核情况及时清退不合格专家。"

同时要求:"严格规范和优化评标组织方式。积极推广网络远程异地评标,打破本地评标专家'小圈子',推动优质专家资源跨省市、跨行业互联共享。评标场所应当封闭运行,配备专门装置设备,严禁评标期间评标委员会成员与外界的一切非正常接触和联系,实现所有人员的语言、行为、活动轨迹全过程可跟踪、可回溯。有关部门应当规范隔夜评标管理,落实行政监督责任;评标场所应当为隔夜评标提供便利条件,做好配套服务保障。"

1.3.1.4 资格审查制度

《政府采购法实施条例》第 21 条:"采购人或者采购代理机构对供应商进行资格预审的,资格预审公告应当在省级以上人民政府财政部门指定的媒体上发布。已进行资格预审的,评审阶段可以不再对供应商资格进行审查。资格预审合格的供应商在评审阶段资格发生变化的,应当通知采购人和采购代理机构。"

《招标投标法》第 18 条:"招标人可以根据招标项目本身的要求,在招标公告或者投标邀请书中,要求潜在投标人提供有关资质证明文件和业绩情况,并对潜在投标人进行资格审查。"

资格审查是国际政府采购招标投标的惯例,是由采购人(招标人)、采购招标代理机构或者采购招标人委托的合法机构根据资格审查的不同方式发起的对投标人的资质条件、业绩、信誉、技术、设备、资金、财务状况等诸多方面的情况的资格审查。投标人只有被认定合格后,才可以参加投标。资格审查的最终目的是通过审查筛选出符合国家规定或招标文件要求资格的合格投标人,以保障项目评标委员会能够在投标人中选择出合格、理想的中标人。资格审查方式分为投标资格预审和投标资格后审两类方式。

1.3.1.5 评定分离制度

招标"评定分离"制度是对现行的评标办法的全面创新，具有遵守国际惯例、突出业主定标权、落实业主负责制、实现市场主体责权统一的特点，由业主组织定标委员会决定中标人，并体现了招投标过程的全公开，为完善评标定标机制、实现公正评标、阳光定标奠定制度基础。

评标和定标是评标阶段的两个环节，两者具有不同的功能。所谓"评定分离"，就是要改变以往评标定标全部由评标专家决定的做法，主要突出招标人的择优定标权，即评标委员会的评审意见仅作为招标人定标的参考，招标人拥有定标的决策权，按规定通过票决来确定中标人，旨在让评标专家做应该做的专业性工作，把定标的工作和责任还给招标人。

"评定分离"的具体做法是评标委员会向中标人推荐不超过三个合格的中标候选人，并对每个中标候选人的优势、风险等评审情况进行说明；招标文件明确要求排序的除外，推荐中标候选人不标明排序。招标人根据评标委员会提出的书面评标报告和推荐的中标候选人，按照招标文件规定的定标方法，结合对中标候选人合同履行能力和风险进行复核的情况自主确定中标人。我国目前推行评定分离制度已在广东等地进行了多年的实践，并且取得了良好的效果。"评定分离"制是我国 2017 年修订的《招标投标法》的最大亮点。

2019 年住房和城乡建设部《关于进一步加强房屋建筑和市政基础设施工程招标投标监管的指导意见》（建市规〔2019〕11 号，以下简称第 11 号令）在优化招标投标方法条款中，要求探索推进评定分离方法。招标人应科学制定评标定标方法，组建评标委员会，通过资格审查强化对投标人的信用状况和履约能力审查，围绕高质量发展要求，优先考虑创新、绿色等评审因素。评标委员会对投标文件的技术、质量、安全、工期的控制能力等因素提供技术咨询建议，向招标人推荐合格的中标候选人。由招标人按照科学、民主决策原则，建立健全内部控制程序和决策约束机制，根据报价情况和技术咨询建议，择优确定中标人，实现招标投标过程的规范透明，结果的合法公正，依法依规接受监督。

1.3.1.6 保证体系制度

根据国际招标管理的通行做法，我国的招标保证担保制度得到广泛推行和发展。特别是投标保证、履约保证和支付保证在我国政府采购招标管理领域得到广泛运用，它将是充分保障采购合同双方当事人的合法权益的有效途径，同时有力地推动了我国的招标投标制度逐步走向成熟。

投标保证是指投标人按照招标文件的要求向招标人出具的，以一定金额表示的投标责任担保。其实质是为了避免因投标人在投标有效期内随意撤回、撤销投标或中标后不能提交履约保证和签署合同等行为而给招标人造成损失。招标人可以根据工程总承包项目的规模、特点等因素合理确定投标保证金的金额，但不得超过招标项目估算价或概算价的 2%。投标保证金除现金外，可以是银行出具的银行保函、保兑支票、银行汇票或现金支票。

投标人中标后应向招标单位提交履约保证，一般由一家经招标单位同意的银行或保险公司出具履约保证书。履约保证书的金额按招标文件规定，以采购合同价格作为基础。履约保证是供应商（承包人）保证履行此采购合同义务的一种担保；也是采购人用经济手段约束供应商或承包人从合同签订之日起，直到采购标的维修期满为止的整个期间，按采购承包合同履行义务的一种手段。如果供应商或承包人中途毁约，采购人便可持履约保证书到担保单位索取保证金作为在另雇其他单位继续承包中所遭受的损失的补偿。履约保证书的有效期一般延续到合同保修期满。供应商或承包人获得了采购人签发的最终维修合格证书后，采购人应退还履约保证书。

采购人的支付保证则是指中标人要求招标人提供的保证履行合同中约定的合同款支付义务的担保。

保证体系制度的建立，为采购招标的评标审查内容——提交保证金提供了制度保证。

2019年住房和城乡建设部在第11号令优化招标投标市场环境条款中，要求加快推行工程担保制度。推行银行保函制度，在有条件的地区推行工程担保公司保函和工程保证保险。招标人要求中标人提供履约担保的，招标人应当同时向中标人提供工程款支付担保。对采用最低价中标的探索实行高保额履约担保。

1.3.1.7 评标报告制度

《政府采购法实施条例》第43条："采购代理机构应当自评审结束之日起2个工作日内将评审报告送交采购人。采购人应当自收到评审报告之日起5个工作日内在评审报告推荐的中标或者成交候选人中按顺序确定中标或者成交供应商。"《评标委员会和评标方法暂行规定》第42条："评标委员会完成评标后，应当向招标人提出书面评标报告，并抄送有关行政监督部门。"

评标报告制度体现了国家对这种民事活动的干预和监督。为了有效监督这些项目的评标情况，及时发现评标过程中可能存在的问题，由招标人向国家有关行政监督部门提交评标情况的书面报告，是一种很有必要的措施。同时，评标报告作为采购项目招标评标结果，对于采购人来讲，是向中标方签发中标通知书的依据，是该采购项目存档备查的文件之一，也是向用户提供信息作为今后工作的决策依据，也可以作为项目单位办理进口设备审批、领取设备进口证明或办理登记证明的依据和用户向贷款银行办理贷款手续的依据。评标报告制度是我国评标制度的重要内容之一。

2022年第1117号令在强化招标人主体责任条款中进一步强调："加强评标报告审查。招标人应当在中标候选人公示前认真审查评标委员会提交的书面评标报告，发现异常情形的，依照法定程序进行复核，确认存在问题的，依照法定程序予以纠正。重点关注评标委员会是否按照招标文件规定的评标标准和方法进行评标；是否存在对客观评审因素评分不一致，或者评分畸高、畸低现象；是否对可能低于成本或者影响履约的异常低价投标和严重不平衡报价进行分析研判；是否依法通知投标人进行澄清、说明；是否存在随意否决投标的情况。加大评标情况公开力度，积极推进评分情况向社会公开、投标文件被否决原因向投标人公开。"

1.3.1.8 招标档案管理制度

招标档案是在政府采购工程、货物、服务的招标、投标过程中形成的、需要归档以备今后查阅的招标文件。招标档案反映了建设单位对建设项目批复中要求进行招标工作的项目或者按照我国现行法律法规规定应当招标的项目的招标过程及结果，招标档案是进行采购项目财务决算审计、档案验收、竣工验收时必须检查的内容。

《政府采购法》第76条："采购人、采购代理机构违反本法规定隐匿、销毁应当保存的采购文件或者伪造、变造采购文件的，由政府采购监督管理部门处以二万元以上十万元以下的罚款，对其直接负责的主管人员和其他直接责任人员依法给予处分；构成犯罪的，依法追究刑事责任。"

2022年第1117号令在强化招标人主体责任条款中提出："加强招标档案管理。招标人应当按照有关规定加强招标档案管理，及时收集、整理、归档招标投标交易和合同履行过程中产生的各种文件资料和信息数据，并采取有效措施确保档案的完整和安全，不得篡改、损毁、伪造或者擅自销毁招标档案。加快推进招标档案电子化、数字化。招标人未按照规定进行归档，篡改、损毁、伪造、擅自销毁招标档案，或者在依法开展的监督检查中不如实提供招标档案的,由行政监督部门责令改正。"

1.3.1.9 电子招投标制度

近年来,国家以及有关部门积极推进招标信息化进程,《政府采购法实施条例》第10条:"国家实行统一的政府采购电子交易平台建设标准,推动利用信息网络进行电子化政府采购活动。"《招标投标法实施条例》第5条:"国家鼓励利用信息网络进行电子招标投标。"2013年2月国家发展改革委、住房和城乡建设部等八部委联合颁布《电子招投标办法》是中国推行电子招投标的纲领性文件,它将成为我国招投标行业发展的一个重要里程碑。国家鼓励利用信息网络进行电子招标投标,数据电文形式与纸张形式的招投标活动具有同等法律效力。

大力推行投标信息化工作,整合全部信息资源,在网上实现招投标各环节管理监督电子化操作控制,努力实现网上报建、审批、开标、评标、现场直播等功能。在招投标过程中电子招投标操作平台的运用,使招投标业务流程、评标操作更加规范,招投标效率、评标工作质量提高,成本降低,招投标工作更加透明、公正,更加环保节约。

2019年住房和城乡建设部发布的第11号令在优化招标投标方法条款中,重申要全面推行电子招标投标:"全面推行招标投标交易全过程电子化和异地远程评标,实现招标投标活动信息公开。积极创新电子化行政监督,招标投标交易平台应当与本地建筑市场监管平台实现数据对接,加快推动交易、监管数据互联共享,加大全国建筑市场监管公共服务平台工程项目数据信息的归集和共享力度。"

1.3.1.10 评标监督制度

《政府采购法实施条例》第62条:"省级以上人民政府财政部门应当对政府采购评审专家库进行动态管理,具体管理办法由国务院财政部门制定。采购人或者采购代理机构应当对评审专家在政府采购活动中的职责履行情况予以记录,并及时向财政部门报告。"第65条:"审计机关、监察机关以及其他有关部门依法对政府采购活动实施监督,发现采购当事人有违法行为的,应当及时通报财政部门。"

《招标投标法实施条例》第4条:"国务院发展改革部门指导和协调全国招标投标工作,对国家重大建设项目的工程招标投标活动实施监督检查。国务院工业和信息化、住房城乡建设、交通运输、铁道、水利、商务等部门,按照规定的职责分工对有关招标投标活动实施监督。县级以上地方人民政府发展改革部门指导和协调本行政区域的招标投标工作。县级以上地方人民政府有关部门按照规定的职责分工,对招标投标活动实施监督,依法查处招标投标活动中的违法行为。县级以上地方人民政府对其所属部门有关招标投标活动的监督职责分工另有规定的,从其规定。财政部门依法对实行招标投标的政府采购工程建设项目的预算执行情况和政府采购政策执行情况实施监督。监察机关依法对与招标投标活动有关的监察对象实施监察。"

监督招标管理机构是法律规定的对招标投标活动实施监督的部门。应负责有关工程建设招标法规的制定和检查,负责招标纠纷的协调和仲裁,负责招标代理机构的认定等。

2019年住房和城乡建设部第11号令在关于加强招标投标过程监管条款中,提出要加强招标投标活动监管、加强评标专家监管、强化招标代理机构市场行为监管和强化合同履约监管。

政府采购工程、货物、服务评标活动应全面、严格执行上述各项招标、评标制度。

1.3.2 国际评标制度

招标投标制度在西方发达国家已有多年的实践经验,其招标投标制度已经发展到比较成熟的地步，市场比较规范，监管与服务机构也较为健全，其评标方法经过了实践的考验，为发展中国家提供了宝贵的经验。

1.3.2.1 各国政府评标制度

(1) 美国

美国是世界上最早实行政府采购招标制度的国家之一，其招标投标制度被认为是世界上比较成功的工程交易体制之一，美国招标方式一般以公开招标为主，公开招标成为美国招投标模式的一大特色。

在评标方法上，美国采用最低价中标的原则。美国的法律规定，参加政府项目的投标需要缴纳一定的投标担保保函金，作为衡量投标单位的一项资格标准。在评标时，采用最低价中标法，在价格、质量、产品和服务等方面最大限度地满足招标采购人的要求，报价最低、责任性最强、最符合招标人要求的投标人中标，但并不保证最低报价的投标人中标，如果最低报价人被认为是以不合理的低价骗取中标，难以履行合同，将被取消中标资格。

在评标时，美国的招标单位要对最低价中标的单位进行复核，目的是检测投标单位是否有漏项和计算错误，使采购质量能够得到保证。美国很重视投标程序的完整性，其法律制度是"先重程序，后重结果"，而不是相反。有时为了保证程序的进行，允许出现招标工作效率低的现象发生，这使得美国在招投标中的腐败现象少了许多。

投标者以最低报价中标，其报价很可能低于成本价，为防止承包商履约过程中因报价过低无法履行合同或承包商因亏损而倒闭，造成业主的损失，美国要求每个投标者必须提供银行担保，即其全面履行合同的银行担保函，在采购承包商不能履行合同的情况时，由所担保的银行提供资金，保证采购承包商履行合同中所规定的义务。发生这种情况后，采购承包商的信用将会受到较大影响，并很可能造成公司今后无法立足，以致破产。因此，采购承包商一般会极力避免此种情况的发生。当然，银行对承包商提供担保时也会十分慎重，以避免造成银行的损失。

(2) 英国

英国是招标评标制度的发源地，英国土木工程师协会合同条款常设委员会主张有限制招标。由于英国具有悠久的招投标历史，所以其评标制度较完善、管理体制较健全、竞争机制自由、信誉评价成熟。

英国在评标时一般采用低价中标法，英国的招投标计价模式是自由的模式，统一工程量的计算规则，但价格定额不统一，投标人都具有自己的渠道获得人、材、机的价格，并有自己的合作伙伴。在采用低价中标法时，会综合考虑投标人的能力、品质、技术和财务等情况，如果低价投标单位能够对招标文件做出实质性响应，则一般就是中标人。

(3) 法国

法国政府招标评标制度由来已久。法国是世界贸易组织和欧盟的成员，其法律体系由世贸组织的《政府采购协议》、欧盟的有关规定和本国的法律组成。

法国以及法语地区采用的招标形式是公共采购中采用的主要形式，公开招标和有限招标则是优先采用的采购方式。评标和定标的程序相当简洁，价格标确定一个上限，一个下限。在标书审查委员会当众开标后，即向最低报价者宣布临时授标，将招标结果公布于众，以便于投标者了解情况。如果未中标的投标人的出价低于公布的中标价格，可以由采购方做出解释。如没有一家报价低于可接受报价时，评标委员会可以要求投标人当场进行一次重新报价，如仍没有产生低于可接受极限的报价的，则宣布本次招标失败，另行组织招标议标。但评标委员会对投标报价进行复审的时间在10天左右，有充足的时间反复研究投标文件和投标报价。

(4) 日本

日本在二十世纪迅速发展成为经济大国，其国内的采购市场需求巨大。日本的法律中与招投标有关的内容繁多，其特点是十分全面、具体和详细。

日本的中标原则是低价中标，价格因素在评标过程中占据主导地位，根据官方价格指数确定工程的最高限价，招投标过程中，评标专家在对承包商的素质和技术能力等因素通过审查的情况下，承包商是否中标，投标报价是重要决定因素。投标人的报价如果超过预算价格则不能中标。预算价格是指由发包人根据计算基准计算所得工程费，该价格规定为价格上限，这与我国最高限价相似。通常国家级项目事先不予公布预算价格，但在决标后也会公布预算价格。地方公共团体多数情况下也会在决标后公布预算价格。当然，日本的评标也不是单纯以低价为准，还要对其他要素进行综合分析才能选定中标人。

1.3.2.2 国际组织评标制度

（1）世界银行

世界银行，又称国际复兴开发银行，也可简称为世行，成立于 1944 年，是联合国所属的经营国际金融业务机构，也是全球最大的发展援助机构之一。世界银行制定了一套完整而系统的采购招标制度，其主要文件是《世界银行贷款和国际开发协会信贷采购指南》（下文简称《采购指南》），在所有项目中强制推行使用，其情况简介如下。

① 招标方式

a. 国际竞争性招标（ICB）和国内竞争性招标（NCB）：通过刊登公告邀请厂家参加投标，经过开标、评标等过程，根据事先公布的标准把合同授予最低评标价的投标商的整个程序和过程。

b. 有限国际招标（LIB）：通过直接邀请投标商参加投标而不公开刊登广告的一种有限范围内的竞争性招标。这种方式主要适用于潜在投标商比较明确且数量有限或有其他不宜采用国际竞争性招标的情况。

② 评标方法　世行项目招标的评标方法是经评审的最低投标价法，即对满足招标文件实质性要求的投标，按照招标文件规定的调整方法将投标报价的偏差做必要的价格调整，以评标价最低者为中标人。

③ 评标原则　世界银行推行招投标的原则是程序公开、机会均等、手续严密、评定公平。由于世行的资金来源于各会员国及世行从国际资本市场上筹集。因此，世行的协议条款中规定："要求世行保证其贷出的款项只能用于规定的项目，并充分考虑经济和效率。"这一规定成为世界银行推行的招标规则之首。正因如此，世界银行在《采购指南》中指出："评标的目的是在各个投标人的投标的评标价格进行比较的基础上，确定每个借款人产生的成本，合同应该授予具有最低评标价的投标，但不一定是报价最低的投标。"

在开标时宣读的投标价，应予以调整和纠正任何计算上的错误。同样为了评标的目的应对任何可以量化的非实质性偏差或保留进行调整。评标时不应考虑适用于合同执行期的价格调整规定。

评标和对投标的比较应与国外进口货物到岸价（CIF）或到目的地价（CIP）和借款国内供应的货物的出厂价（Ex-works）为基础，并考虑任何所需的安装、培训、调试和其他类似服务的价格。

除了价格因素之外，在评标中需要考虑其他有关因素，以及如何运用这些因素来确定评标价最低的投标。对于货物和设备，评标时可以考虑的其他因素包括：运到指定现场的内陆运费和保险费、付款时间表、交货期、运营成本、设备的效率和"可配套性"、零部件和售后服务的可获性,以及相关的培训、安全性和环境效益。除价格外,用以确定最低评标价投标的因素应在实际可能的范围内尽量货币化,或在招标文件中的评标条款中给出相应的权重。

在土建和交钥匙工程中,承包人负责缴纳所有关税和征收的其他税费,投标人在投标时应该考虑这些因素。对投标书的评价和比较应以此为基础。土建工程的评标应严格按货币化的方式进行,任何因投标价超过或低于某一事先确定的投标估值是评标程序所不能接受的,即被自动淘汰。如果时间是个关键因素,则只有在合同条款中规定对未按期完工的承包人进行相应处罚的情况下,评标时才可根据招标文件中规定的标准把提前完工给借款人带来的价值考虑进去。

借款人应准备一份详细的评标报告,其中应说明作为授标建议依据的具体理由。"

(2) 亚洲开发银行

亚洲开发银行(Asian Development Bank,缩写为ADB)简称亚开行或亚行,是一个致力于促进亚洲及太平洋地区发展中成员经济和社会发展的区域性政府间金融开发机构。它是联合国亚洲及太平洋经济社会委员会(联合国亚太经社会)赞助建立的机构,亚行主要通过开展政策对话、提供贷款、担保、技术援助和赠款等方式支持其成员在基础设施、能源、环保、教育和卫生等领域的发展。亚行贷款项目采购最重要的采购文件是《亚洲开发银行贷款采购指南》《亚洲开发银行工程招标文件范本》,亚行贷款采购项目国际竞争性招标采购有如下规定。

① 亚行贷款项目采购规定 亚行贷款项目采购规定与其他国际金融组织和其他多边金融机构的规定类似,即强调采购过程的有效、透明和采购结果的经济,为成员国的投标人提供平等的竞争机会,尽可能采用国际竞争性招标(ICB)的采购方式和促进借款国的制造业、承包行业和咨询业的发展。

② 评标方法 亚行贷款项目在国际竞争性招标评标时对借款国制造的产品和借款国的承包商有国内优惠。

亚行贷款项目土建工程和货物采购合同必须授予最低评标价的投标人。亚行一般均要求借款人采用国际竞争的方式来获得货物和服务。遵循国际竞争性招标和采购准则规定的其他采购方式的原则和程序,可以达到经济和有效的目的。

③ 投标商资格预审 对于大多数土建工程合同、交钥匙工程以及昂贵的、技术上复杂的设备供货合同,要求对投标商进行资格预审以确保只有在技术和财务上都有能力的公司才能投标。资格预审应完全以有意投标公司能令人满意地承担特定工作能力为基础,应考虑:相关经验和以往业绩;人员、设备和厂房等方面的能力;财务状况。

④ 评标操作 符合技术规格并且对招标文件做出了实质性响应的投标书,将根据其评标价来进行比较。应选择最低评标价的投标授予合同,但最低评标价的投标书不一定就是报价最低的投标书。

评标工作必须按照招标文件中规定的方法、条款和条件进行。在确定最低投标价时,除了价格因素外,其他相关因素也应在招标文件的条款中尽可能地予以考虑,比如设备的效率、运行费用、完工或交货的时间、售后服务以及零件的提供等,这些因素在招标文件中尽可能用货币表示。

投标书的比较应在基本加价的基础上进行,不考虑价格调整条款。同样的,在比较供货投标时,应将进口货物的关税和进口税费排除在外。应借款国的要求,经亚行同意并在招标文件中做出规定,在国际性竞争招标中,可以对某些情况的投标书予以一定的优惠。

⑤ 两步法评标程序 对于大型和复杂的合同可能会遇到投标书技术不一致的问题,为

了充分和便于评标，可以采取两步法评标程序。

第一步要求投标商递交不带报价的技术标，借款人或咨询专家对每个投标人的无标价的技术标进行讨论，以达成一个所有投标人都可以接受的技术标准。讨论之后，将给投标商一个修正的机会，此时可按照所商定的技术标准修正和调整技术标。

第二步要求投标商递交其价格标，并对这些价格标书进行评估。对于某些型号的机械或设备，可能会有可选择的技术工序，其技术规格和价格可以放在两个信封里同时提交。应首先打开技术标，并审查其与技术标准是否相符，是否需要修改。在技术标审查完成后，再打开价格标信封进行价格比较。但是如果某个或某些技术标书需要修改，其报价也需要做重新调整，应将受到影响的价格标信封原封退还给相应的投标商，并且要求其在指定的时间内重新递交。另外一种做法是可以要求投标商提交一份补充信封，里面装有反映原技术标发生变化后的新报价，在这种情况下，原来的价格标信封和补充的新报价信封应同时打开。必须在亚行和借款人同意之后，才能使用上述两步法评标程序。

(3) 贸易法委员会

贸易法委员会是指联合国国际贸易法委员会（United Nations Commission on International Trade Law，缩写 UNCITRAL）。《联合国贸易法委员会货物、工程、服务采购示范法》是第 27 次贸易委员会通过的，适用于采购实体（从事采购的任何政府部门、机构、机关或其他单位，或其任何下属机构或联合体）的所有采购。该法规中规定："

第 18 条　采购方法

凡采购货物、工程实体应通过招标程序进行采购（除另有规定外）。

第 34 条　投标书的审查、评价和比较

（1）为了有助于投标书的审查、评审和比较，采购实体可要求供应商或承包商对其投标书进行澄清。不得谋求、提议或允许变动投标书的实质事项，包括价格的变动以及为了使不符合要求的投标成为符合要求的投标而做出的变动。

（2）尽管有（1）项规定，采购实体应纠正在审查标书期间发现纯属计算上的错误。采购实体应就任何此类纠正迅速通知提交投标书的供应商或承包商。

（3）即使投标书有些小偏差，但并没有违反招标书中载明的特点、条款、条件和其他规定，仍可看作是符合要求的投标。任何此类偏差应尽可能数量化，在评审和比较标书中适当加以考虑。

（4）除（3）项规定外，采购实体仍可将其看作是符合要求的投标文件。

（5）采购实体不应该接受下述情况的投标书：①提交投标书的供应商或承包商不合格；②提交投标书的供应商或承包商拒不接受对计算错误进行纠正；③投标书为不符合要求的投标；④第 15 条所述的情况。

（6）中选的投标应为：①投标报价最低的投标，且须计适用的优惠幅度；②根据招标文件中已经列明的标准确定为估值最低的投标。而这些标准应在可行范围内尽可能是客观的和定量的，而且应指明其在评审中的相对比重，或在可行的情况下以货币额表示。

（7）采购实体对已被接受的投标书进行评审和比较，以便按照招标文件中列明的程序和标准，确定本款（6）项所界定的中选投标。不得采用招标文件未列明的任何标准。

（8）按照（6）②项规定，确定估值价最低的投标时，采购实体可以只考虑下列各点。

a. 投标价格，但须计入根据本款项给的任何优惠幅度。

b. 操作、保养和修理该货物或工程的费用；交付货物、完成工程提供服务的时间；货物或工程的功能特点；货物、工程或服务的付款条件和保证。

c. 接受某一投标会对（本国）国际收支状况和外汇储备产生的影响，供应商或承包商提出的对销贸易安排，拟提供的货物、工程或服务中有多少国内成分，包括制造、劳工和材料的国产成分；该投标提供的经济发展潜力；是否包括国内的投资或其他的商业活动，对就业的鼓励，是否保留某些部分的生产给本国供应商，技术的转让与管理、科学和技能的发展。

d. 国防和安全方面的考虑（略）。"

(4) 欧盟

① 经济最有利标的　欧盟颁布的《公共采购指令》规定，在采购中执行"经济最有利标的（MEAT）"准则。MEAT 成为欧盟采购授予合同的唯一标准，授予合同需要在价格及质量等条件下必须符合经济最有利标的原则。在不以价格作为唯一考虑的因素时，缔约机构必须事先规定其决定最佳投标时所考虑的因素，并将其以重要程度进行排列。《公共采购指令》所列举的用以选择最佳投标的因素包括价格、交货期、质量、售后服务或成本有效性。缔约机构也可以使用其他标准，比如供应的安全性、垄断的避免、不能交货的风险等。缔约机构必须按照招标通告或招标邀请中载明的标准对所有投标进行评价。如果缔约机构收到价格异常低的投标，应要求投标人加以解释，而不是仅仅因为价格因素异常加以拒绝。

MEAT 准则终结了过去长期以来以最低价评标法的独裁地位，重新将对质量的关注放在采购评标方法的主要位置，促使缔约机构在考虑价格与采购全生命周期成本的同时，更注重采购的质量，并更多考虑采购行为对环境、社会与创新等诸多方面的影响。

② 竞争性谈判程序　《公共采购指令》更加关注缔约机构在采购程序选择方面的自由程度，按照过去的规则，缔约机构可选择的采购程序包括公开程序、限制性程序、谈判与竞争性对话程序，其中，竞争性对话多用于"特别复杂"的采购合同。《公共采购指令》明确灵活使用这些程序将增加跨境采购交易量。同时也有分析表明，通过谈判程序授予采购合同在跨境招标中具有更高的成功率，因此《公共采购指令》强调谈判方式的运用，在保留有公告谈判程序与不含公告的谈判程序同时，引入竞争性谈判程序。

当现有解决方案不能满足缔约机构需求，项目包含设计与创新，合同因其性质、复杂度、法律或财务因素或风险而无法授予，或是项目细节无法详细定义时，都可选择竞争性谈判程序。此外竞争性谈判程序也将成为公开或限制性程序招标失败后的备选项。

1.3.3　评标制度比较

如上所述，国际招标坚持以报价最低和条件优惠的评标原则。如美国一般采用最低价中标，但投标人中标后，招标人会对中标人的最低报价进行严格复核。日本也是坚持最低价中标为评标原则，但投标人报价超过预算价格则不能中标。我国的评标方法为综合评估法和经评审的最低投标价法，且更倾向于综合评估法，需要综合考虑投标人资格、业绩、信誉、财务能力、技术水平、价格等各方面的因素，尤其是在 EPC 工程项目中，综合评估法作为评标原则的首选。但综合评估法在评标过程中的主观因素影响较大。

第 2 章

评标方法要素

2.1 评标因素标准

2.1.1 评标因素

2.1.1.1 评标因素的概念

评标因素又称评标指标。如前所述,评标委员会是评标的主体,是指由谁来评审;投标文件是评标的客体,是指对谁评审;评标因素则是指评标的针对内容,即对客体的哪些方面进行评标。

评标因素是评标方法的要素之一,它是招标文件的重要组成内容。评标因素的设置关乎评标方法的合规性,体现了评标方法的科学性、合理性和针对性,反映出投标人的价值取向和项目的需求和目标,关乎整个招标文件编制的质量,对评标效果将产生重大影响。

2.1.1.2 评标因素的作用

在评标过程中,无论是何种类型的项目招标,也无论采取何种评标方法,都要设置评标因素作为评标的依据。构建正确的评标因素体系是选择出合理投标人的重要基础,评标因素是否科学、合理、规范,直接关系到工程项目招标结果的质量,甚至影响到工程的完成。科学、合理、规范地制定评标因素是评标方法体系的重要组成部分。

2.1.1.3 评标因素的分类

业界周知,采购招标评标方法是招标文件的重要组成部分,评标方法是影响招标最终中标结果的关键,通常来说,评标因素的设置又是评标方法的关键。评标因素(指标)大致可分为企业资信因素、技术因素和经济因素,每类因素的编制都是极其重要的。

(1) 企业资信因素

无论是工程项目,还是货物、服务的评标,企业的资信因素是不可或缺的因素。资信因素一般包括:企业资质等级、营业执照、法定代表人身份证明、相关获奖证书、公司业绩证明、安全生产许可证、企业简介、财务状况、投标企业以及人员素质状况等。通过商务因素可以对投标人的实力和信誉进行评价。设定资信因素的主要目的是判断该投标企业是否符合本项目招标的要求。

(2) 技术因素

政府采购工程项目评标的技术因素一般包括：施工方案（施工方法与技术、进度计划与措施、质量、安全保证等）、施工管理机构、施工管理组织方案（对项目投资、进度、质量、安全目标的控制方案、项目管理过程的组织与协调）、主要管理人员和技术人员的资质及资格等。政府采购货物和服务项目与工程项目类似，评标技术因素一般包括：货物的质量性能、技术经济指标、配套性和兼容性、使用寿命、营运的节能和环保指标等。

(3) 经济因素

经济因素主要是指供应商或承包商的投标报价，投标报价是评价投标人的重要因素，在经济因素的评标中，主要是判断评价投标人报价的竞争性与合理性。

(4) 其他划分方法

在采购招标实践中，根据招标项目特点和采购人或招标人的需要，也有将经济因素纳入商务因素范围内的情况，由此三大类因素变成两大类因素，评标因素体系分为商务因素和技术因素两类。也有将评标因素体系分为商务因素、信誉因素、技术因素和经济因素四大类因素的。也可以笼统地将评标因素划分为价格因素和非价格因素（价格因素以外的其他因素）。

通常来说，在评标时，非价格因素可以是设计方案、施工方案、管理方案、项目经理和管理人员的素质以及企业的以往经验等。施工类项目评标的非价格因素必须包括施工能力因素，如施工设备配备、施工技术方案、施工管理能力、施工队伍组成等。货物采购的非价格因素主要有销售业绩、运费和保险费、付款计划、交货期、运营成本、货物的有效性和配套、安全节能指标、零配件和服务的供给能力、相关的培训、安全性和环境效益等。服务类采购项目评标非价格因素主要有投标人及参与提供服务的人员的资格、技术人员素质能力、技术的先进性、服务方案的前瞻性和完善性、经验、信誉、可靠性、专业和管理能力等。主要是结合采购项目的特点和招标人需要评审的主观意愿加以划分。

应说明的是，评标因素的划分标准不是统一的，评标标的不同、行业规定不同，则划分方法也不尽相同。为此，本书后续内容、案例所涉及评标因素划分，是按照不同行业、部门、地方规范，按照业内习惯，按照有利于说明问题和案例项目本身实际而设定的，并非统一采取同一划分模式。但这并不影响我们对问题的理解。

2.1.1.4 评标因素设定总原则

评标因素的设定属于招标专业难度较大的技术性工作，应遵守以下原则。

(1) 目的性原则

评标的目的是选择出最优的供应商或承包商，按时、高质量完成采购项目。因此，评审指标（标准）也要能根据采购项目的特点体现出最优，即通过设置一整套评审指标应该能选择出最优的中标人。

(2) 系统性原则

评标因素体系应能够全面系统地反映评价对象的本质特征，从不同层面和不同角度来衡量投标人的综合竞争实力。评价指标既要关联，又要相对独立。

(3) 针对性原则

评标因素的设置，既要考虑到各项指标的全面性，还要注意突出重点。既要考虑各个投标人每一个方面的条件，对每一个指标进行评价；又要突出影响决策的主要方面，抓住所评工程的主要特征，做到层次分明、重点突出。

(4) 统筹性原则

设定评标因素时，既要考虑商务方面对项目的影响，又要考虑技术方面对项目的影响，对于一般通用项目商务部分比重大些，对于复杂项目则技术部分比重大些。

(5) 定量和定性结合原则

在评标过程中,定性评标因素和定量评标因素如同"鸟之双翼",一个都不能忽视,定性方法具有效率高、评标成本低,但主观性大的特点,定量则与之相反,两者都有其独特作用。应结合项目特点和实际,定量、定性合理结合地设定评标因素。

2.1.1.5 评标因素设定依据

(1) 以法律法规政策为依据

评标因素的设定首先应遵守国家、行业部门的法律、法规相关规定。招标专业人员不仅要熟悉招投标相关的法律法规,而且还要深入学习和掌握行业相关专业的政策和规定。尤其是在我国采购市场处于与国际市场快速接轨阶段,新的模式、技术不断出现,行业政策、法规、规章不断建立、完善和修订。因此,在采购评标因素的设置中,应遵守现行法律、法规的规定,如对投标人资质的要求、对项目环保节能的新要求等设置因素,还要贯彻国家政策,例如政府采购货物和服务评标中的支持微小企业政策等,与法律法规政策保持高度一致。

(2) 以标准文件范本为依据

工程、货物和服务项目的招标标的不同,评标因素各有差异。自2011年以来,国家颁布了一系列招标文件规范,如工程方面的《标准设计施工总承包招标文件》《简明标准施工招标文件》《标准施工招标文件》以及国家发展改革委2017年第1606号令五大标准招标文件范本即《标准设备采购招标文件》《标准材料采购招标文件》《标准勘察招标文件》《标准设计招标文件》《标准监理招标文件》。再如,依据政府采购有关最低评标价法、综合评分法交易文件范本等进行设定。

评标方法文件的编制应适用对应的标准招标文件规范,依据标准规范文件设定评标因素。以依法必须进行招标的设备采购项目为例,依据《标准设备采购招标文件》,在采用综合评估法时,明确了以下几种评标因素:商务、技术、报价和其他。商务因素包括:对投标人履约能力的评价,对招标文件商务条款响应程度评价、投标业绩的评价等。技术因素包括:对设备的整体性能评价、投标设备技术性能响应度评价、对投标人技术服务和保质期服务能力的评价等。报价因素包括:偏差的折算或换算。标准文件范本为设定评标因素提供了可借鉴的依据。

(3) 以采购项目的特点为依据

由于工程项目施工、货物、服务招标的标的不同,其设置的评标因素就有所差别。因此,应根据采购招标的项目特点、对象来设定评标因素。例如,施工招标的对象是施工队伍,设备采购的是有形的装备、货物,服务采购的对象是技术以及技术服务能力,标的特点不同评标因素设定就应有所不同。

如果按照价格因素和非价格因素划分,对于评标中的非价格因素的评审应尽可能地定量化,用分值或货币额表示。评审标准则是指对这些评审因素进行评审的衡量尺度。评标标准由招标人根据评标因素划分档次,明确度量的尺度、具体采用何种因素和如何划分标准,应结合工程项目的特点、对象和评标的需要而设定。

(4) 以采购项目的需求为依据

招标文件范本为评标因素设置提供了指导,但并未对评标因素的设置进行僵化的限制,编制评标文件的工作人员应贯彻"采购人的价值主张"和"准确体现招标采购目的价值取向"的原则,针对采购项目特点和项目需求对评标因素进行针对性的强化和补充。我们以设备采购项目评标为例,供应商可以在商务评标因素中增加"质量保证体系、设备节能环保评价因素",在技术因素评价中增加"设备寿命周期、检修周期、易损件更换周期、经济运行指标、安全性能评价"等评价因素，使得评价因素更合理、更科学、更有针对性，以满足项目的实际需要。

2.1.2 评标标准

在对投标因素进行评标时，为了使各位评委打分有一个客观的依据，保证不会因各位评委的主观性而造成评审的差异过大，要有一个统一的打分标准提供给评标专家作为依据，以利于在评标过程中尽量克服主观性，保持评标结果的客观性。

以采购工程设计服务项目为例，采用综合评估法，项目评标总分值为100分，其中"设计文件"一级评标因素项下的二级评标要素"设计说明"分值为4分，其评分标准可设定如下。

① 设计说明论述基本符合：对项目解读基本充分、理解基本深刻、分析基本准确、构思欠缺新颖；项目规划设计各项指标基本满足任务书及规划设计要点并科学、合理；技术指标基本满足任务书要求，符合规划基本要求；各专业设计说明基本清楚；投资估算与经济评价基本准确的，得2分。

② 设计说明论述比较符合：对项目解读比较充分、理解比较深刻、分析比较准确、构思比较新颖；项目规划设计各项指标满足任务书及规划设计要点并科学、合理；技术指标满足任务书要求，符合规划要求；各专业设计说明清楚；投资估算与经济评价准确的，得3分。

③ 设计说明论述充分符合：对项目解读充分、理解深刻、分析准确、构思新颖；项目规划设计各项指标完全满足任务书及规划设计要点并科学、合理；技术指标完全满足任务书要求，非常符合规划要求；各专业设计说明清晰；投资估算与经济评价很准确的，得4分。

其他评审因素打分标准以此类推。打分标准应在招标前事先拟定。各评委对各个投标人的技术标、商务标均进行打分。

评标标准是评标委员会成员评分的"准绳"和"尺度"，是评标方法要素的重要内容之一。评标标准随评标因素而设定，评标因素设定几级，评标标准就应设定几级，以利于评委打分，减小评分的随意性。

2.2 评标因素权重

2.2.1 权重的概念

在项目采购招投标活动中，评标方法在采用综合评估法时，评标因素分值的确定是采购招标人或招标代理机构面临的一个重要问题，评标因素权重分配是否得当直接影响到评标的质量甚至影响到招标的成败，因此其成为评标方法体系中的基本要素之一。

权重是指各评标因素在整个评标因素体系总分中所占的比例（即权值）。在评标中，招标人对于各个评标因素的选择重要程度是不同的，有的因素非常重要，有的评标因素则相对弱些。为此，招标人不应该对各个评标因素"等同对待"，而需要有所区别，对于重要的评标因素招标人须投以更多的重视，给予较大的权重；对于次要的因素采购人重视的程度就弱一些，可以给予较小的权重，这样才能保证评标效果的客观性和真实性，评选出合格的中标人。

2.2.2 权重的设定

政府部门对评标因素权重分配给出了一些指导性、规范性的规定，具体如下。

①《建筑工程方案设计招标投标管理办法》规定："招标人采用百分制综合评估法作为设计项目评标方法的，技术部分权重一般不低于85%；商务部分权重一般不大于15%。"

②《政府采购货物和服务招标投标管理办法》规定："采用综合评分法的，货物项目的价格分值，占总分值的比重不得低于30%；服务项目的价格分值，占总分值的比重不得低于10%。执行国家统一定价标准和采用固定价格采购的项目，其价格不列为评审因素。"

③《机电产品国际招标综合评价法实施规范（试行）》规定："综合评价法应当对每一项评价内容赋予相应的权重，其中价格权重不得低于30%，技术权重不得高于60%。"

④《公路工程建设项目招标投标管理办法》规定："综合评分法，是指对通过初步评审的投标人的评标价、施工组织设计、项目管理机构、技术能力等因素进行评分，按照综合得分由高到低排序，推荐中标候选人的评标方法。其中评标价的评分权重不得低于50%。"

⑤《铁路建设项目施工招标投标实施细则（试行）》第57条："在采用综合评估法时，商务标、技术标、报价标所占权重为20分、50分、30分。"

地方政府在采用综合评估法时也有关于评标因素权重的规定，例如天津市建设交通委《关于调整施工招标评标办法的通知》规定："采用综合的评审中标法时，对技术、商务、资信等评审内容进行量化打分，技术标40分、商务标60分，资信附加分，得分最高的为中标候选人。"

《江苏省房屋建筑和市政基础设施项目工程总承包招标投标导则》的规定："对可行性研究完成阶段进行招标权重参考值为：方案设计文件权重35%、工程总承包报价权重50%、项目管理组织方案权重12%、工程业绩权重3%。即设计标：报价标：管理标：工程业绩标＝35：50：12：3。"

在评标实践中，对于评审因素权重的设定必须对照招标项目类型和实际，依据国家和地方政府的有关规定，在法律法规允许的权重范围内设定。

2.3 量纲与基准价

2.3.1 评价值的量纲

在评标方法体系中，评价值要有一个明确的、统一的量纲，才能进行比较。为此，评价值选用哪种单位表示就成为评标方法的基本要素之一。

2.3.1.1 以货币为量纲

评标评价值以货币为量纲，即参照"价格"对投标文件进行评审。相关法律依据是《招标投标法》第41条："能够满足招标文件的实质性要求，并且经评审的投标价格最低；但是投标价格低于成本的除外。""价格"系指"货币"。该量纲评价方法在实践中得到广泛的运用。例如七部委的"经评审的最低投标价法"、财政部的"最低评标价法"、商务部的"最低评标价法"的评价值均采用了以货币为量纲。

《评标委员会和评标方法暂行规定》第31条："根据经评审的最低投标价法，能够满足招标文件的实质性要求，并且经评审的最低投标价的投标，应当推荐为中标候选人。"

《房屋建筑和市政基础设施工程施工招标投标管理办法》第40条："评标可以采用综合评估法、经评审的最低投标价法，或者法律法规允许的其他评标方法。"

"采用经评审的最低投标价法的，应当在投标文件能够满足招标文件实质性要求的投标人中，评审出投标价格最低的投标人，但投标价格低于其企业成本的除外。"

《政府采购货物和服务招标投标管理办法》第54条："最低评标价法是指投标文件满足

招标文件全部实质性要求,且投标报价最低的投标人为中标候选人的评标方法。"

《机电产品国际招标投标实施办法(试行)》第20条:"最低评标价法,是指在投标满足招标文件商务、技术等实质性要求的前提下,按照招标文件中规定的价格评价因素和方法进行评价,确定各投标人的评标价格,并按投标人评标价格由低到高的顺序确定中标候选人的评标方法。"

以货币为量纲的评标方法是以货币形式表示评价结果(评价值),将非价格评审因素(主要是商务因素和技术因素)的负偏离折算为货币后,与投标人的投标报价组成评标价,以评标价最低者作为中标人。如果仅对非价格因素进行定性的合格性评价,不对其偏离进行货币折算,可视为零折算。原国家计委等七部委、财政部、商务部颁布的三份政府文件中评标方法的异同点如表2-1所示。

表2-1 三份政府文件中以货币表示评价值的方法差异

评标方法名称	经评审的最低投标价法	最低评标价法	最低评标价法
部门	原国家计委等七部委	财政部	商务部
文件	《评标委员会和评标方法暂行规定》	《政府采购货物和服务招标投标管理办法》	《机电产品国际招标投标实施办法(试行)》
相同点	1. 投标价值评价前,需要对投标合格性进行审查; 2. 投标价值评价前,需要对投标价格进行审查; 3. 以评标价由低到高给推荐中标人		
不同点	对非价格评价因素进行定性的合格性评价,无须对非价格评价因素负偏差进行折价(零折价),非价格评价因素在评标中权重为零	需要对非价格评价因素负偏差进行折算,该折价与价格因素折价组成评标价。非价格评价因素在评标中允许的最大权重约为15%	
适应性	适用于潜在投标人的非价格评标因素差异很小,可以忽略不计的项目	适用于潜在投标人的非价格评标因素有较大差异的项目	

在当前法律法规的框架下,以"货币"为量纲的表示评标值方法,适用于潜在投标人的非价格因素的差异比较小,或无须考虑非价格因素差异的项目评标,即非价格因素在评标中的权重较小,甚至为零的情况运用。

2.3.1.2 以分数为量纲

以分数为量纲的评标方法,即按照分数对投标文件进行评审。这种方法可以是百分制,也可以使用更模糊的相对打分、配对法等进行评价。以分数为量纲的评标方法的主要依据是《招标投标法》第41条:"(一)能够最大限度地满足招标文件中规定的各项综合评价标准。"

以分数为量纲的评标方法应用最为广泛,如下。

《评标委员会和评标方法暂行规定》第35条:"衡量投标文件是否最大限度地满足招标文件中规定的各项评价标准,可以采取折算为货币的方法或者打分的方法予以量化。需量化的因素及其权重应当在招标文件中明确规定。"

《房屋建筑和市政基础设施工程施工招标投标管理办法》第40条:"评标可以采用综合评估法、经评审的最低投标价法,或者法律法规允许的其他评标方法。

"采用综合评估法的,应当对投标文件提出的工程质量、施工工期、投标价格、施工组织设计或者施工方案、投标人及项目经理业绩等,能否最大限度地满足招标文件中规定的各项要求和评价标准进行评审和比较。以评分方式进行评估的,对于各种评比奖项不得额外计分。"

《政府采购货物和服务招标投标管理办法》第31条:"使用综合评分法的采购项目,评审后得分最高的同品牌投标人获得中标人推荐资格。"

《公路工程建设项目招标投标管理办法》第44条:"合理低价法是指对通过初步评审的投标人,不再对其施工组织设计、项目管理机构、技术能力等因素进行评分,仅依据评标基准价对评标价进行评分,按照得分由高到低排序,推荐中标候选人的评标方法。

"技术评分最低标价法是指对通过初步评审的投标人的施工组织设计、项目管理机构、技术能力等因素进行评分,按照得分由高到低排序,对排名在招标文件规定数量以内的投标人的报价文件进行评审,按照评标价由低到高的顺序推荐中标候选人的评标方法。招标人在招标文件中规定的参与报价文件评审的投标人数量不得少于3个。

"综合评分法,是指对通过初步评审的投标人的评标价、施工组织设计、项目管理机构、技术能力等因素进行评分,按照综合得分由高到低排序,推荐中标候选人的评标方法。其中评标价的评分权重不得低于50%。"

2.3.1.3　以语言表示

在对投标人初审进行合格性评审时,也经常用语言表示评审结论(评价值),如满足或不满足、符合或不符合、合格或不合格等。对评标因素进行定性分析评价时,也常采用等级语言评语,如优、良、中、差等。例如《建筑工程方案设计招标投标管理办法》第16条:"资格预审不采用打分的方式评审,只有'通过'或'不通过'之分。"

2.3.1.4　以名次为量纲

评审中有时会用名次表示评价值。例如《建筑工程方案设计招标投标管理办法》第28条:"评标方法主要包括记名投票法、排序法和百分制综合评价法等。"其中对排序法是这样规定的:"评标委员会对经过初步评审的投标文件进行详细评审,各评委按照招标文件要求推荐一至三名合格的中标候选方案,并按第一名得3分、第二名得2分、第三名得1分的方式投票,经投标分数汇总排序后,得分最多的前一至三名作为合格的中标候选人推荐给招标人。"该方法首先是对投标进行评价排序,以名次表示评价值,然后再将名次转化为分数。

2.3.1.5　以票数为量纲

以投标的得票数表示评价值,具体表示方法如下。

《建筑工程方案设计招标投标管理办法》附件9《建筑工程方案设计招标评标方法》对投票法规定:"评标委员会对经过初步评审的投标文件进行详细评审,各评委以记名方式投票,按招标文件要求推荐1至3名合格的中标候选方案,经投票汇总排序后,得票最多的前一至三名作为合格的中标候选人推荐给招标人。"在此规定中,用得票数表示投标综合评价值。

《水运工程施工监理招标投标管理办法》第46条:"采用综合评议法评标,应当对投标文件的内容、投标人的资信、业绩、人员的素质、监理方案及报价等方面进行综合评议,提出各项评议意见,最后由评标委员会成员以无记名投票的方法排出投标人顺序。"在此方法中是以得票数表示投标综合评价值。

《宁夏回族自治区房屋建筑和市政基础设施工程招标评标定标管理办法》第五章"工程勘察招标评标细则"第20条规定:"按照招标文件的要求,对各项指标做出定性的评价,用表态的方式少数服从多数,从中择优确定中标人。"

2.3.1.6　以比值为量纲

所谓"比值"即两类评标因素分值相比所得的值。例如原《政府采购货物和服务招标投标管理办法》(财政部令〔2004〕18号)第53条:"性价比法是指按照要求对投标文件进行评审后,计算出每个有效投标人除价格因素以外的其他各项评分因素(包括技术、财务状况、信誉、业绩、服务、对招标文件的响应程度等)的汇总得分,并除以该投标人的投标报价,以商数(评标总得分)最高的投标人为中标候选供应商或者中标供应商的评标方法。"评标总得分=B/N,B 为投标人的综合得分,N 为投标人的投标报价。在此规定,对于非价格评审因素用分值表示评价值,再以性价比值表示投标综合评价值。

2.3.1.7 以费率为量纲

以费率作为评价值量纲实际上是比值表示方法的一种。例如,以工程造价为基数,以投标人的降低造价率来表示其评价值量纲,施工招标中以降低造价的费率进行评标(不可竞争费除外)。"降造率"为 5%,就是工程造价下浮 5% 作为投标价。降本=降低造价基数×5%;降低造价基数=直接费+管理费+利润-甲方供材。该量纲适用于设计没有完成,边设计、边施工或施工图完成前;工程确定但图纸未到,但工程规模、标准已确定;为赶工期建设项目等的评标方法选用。

2.3.1.8 以期限为量纲

以收费期限表示投标综合评价值,例如《经营性公路建设项目投资人招标投标管理规定》第 27 条:"采用最短收费期限法的,应当在投标人实质性响应招标文件的前提下,推荐经评审的收费期限最短的投标人为中标候选人,但收费期限不得违反国家有关法规的规定。"

2.3.1.9 以隶属度为量纲

隶属度的概念属于模糊评价函数里的概念,若对论域(研究的范围)U 中的任一元素 x,都有一个数 $A(x)\in(0,1)$ 与之对应,则称 A 为 U 上的模糊集,$A(x)$ 称为 x 对 A 的隶属度。当 x 在 U 中变动时,$A(x)$ 就是一个函数,称为 A 的隶属函数。隶属度 $A(x)$ 越接近于 1,表示 x 属于 A 的程度越高,$A(x)$ 越接近于 0 表示 x 属于 A 的程度越低。用取值于区间(0,1)的隶属函数 $A(x)$ 表征 x 属于 A 的程度高低。

模糊综合评价是对受多种因素影响的事物做出全面评价的一种十分有效的多因素决策方法,以隶属度表示评价值,其特点是对评价因素进行相互比较,以评价因素最优的为评鉴基准,评价值为 1,其余欠优的评价因素依据欠优的程度得到相应的评价值。其评价结果不是绝对地肯定或否定,而是以一个模糊集合来表示。

2.3.2 评标基准价

2.3.2.1 评标基准价的概念

在评标过程中,评委对各个投标报价的评价必须有个比较衡量的尺度或参照数,才能评价出各个投标人报价的优劣,这个衡量尺度、参照数就是评标的基准价。评标基准价的定义为:评标人根据招标文件中规定的方法确定的评价投标价格优劣的参照值。有人称之为"最佳报价值""评分基准价""评标基数"等。

在评标过程中,评标人员要以评标基准价为参照数,需要计算投标价与评标基准价的偏差程度,这个偏离度以百分比表示,称之为"偏离百分率"。偏离度越大,其获得的分值越低。

$$偏离百分率=[(投标价-评标基准价)/评标基准价]\times100\%$$

值得注意的是,基准价、投标价、评标价是评标实践中三个常用的专业名词,极容易产生混淆,三者具有不同的含义。投标价是指投标人投标时报出的工程合同价,也就是投标企业自主编制确定的投标报价。基准价是指对各投标报价评标时的衡量基准、参数。评标价是指评标委员会在确定评标基准价的基础上,通过各个投标价与基准价的比较,按照招标文件中规定的权数或量化方法,对各个投标价折算而所形成的价格,评标价是一种对投标价修正后的价格。

2.3.2.2 确定评标基准价的方法

确定评标基准价的方法大致可以分为三种：一是以投标价为依据来确定评标基准价；二是以标底为依据来确定评标基准价；三是以控制价为依据确定评标基准价。

(1) 以投标价为依据

以投标价为依据确定评标基准价，一般是指有效投标报价。

① 以投标价中最低价为基准价　以有效投标价中最低价为基准价相关规定举例如下。

《财政部关于加强政府采购货物和服务项目价格评审管理的通知》规定："综合评分法中的价格分值统一采用低价优先法计算，即满足招标文件要求且投标价格最低的投标报价为评标基准价，其价格分为满分。"

《关于贯彻〈河北省建设工程工程量清单招标评标暂行办法〉有关问题的补充通知》对采用综合评估法确定基准价的方法（一）规定："分部分项综合单价、措施项目清单报价和投标总报价中，经评审不低于成本且合理最低者为评分基准价。"

《上海市工程总承包招标评标办法》规定："采用综合评估法对报价评审以最低工程总承包报价作为基准价。"

② 以投标价中次低价为基准价　《关于贯彻〈河北省建设工程工程量清单招标评标暂行办法〉有关问题的补充通知》综合评估法确定基准价方法（二）规定："分部分项综合单价、措施项目清单报价和投标总报价中经评审不低于成本且合理的次低价为评分基准价。"

③ 以投标价均值为基准价　《河南省建设工程工程量清单招标评标办法》规定："分部分项工程项目清单单价评审，综合单价基准值是以各有效投标报价中（当有效投标人为5名及以上时，去掉1个最高值、1个最低值）对应抽取清单项目综合单价的算术平均值。措施项目费基准值是在最高投标限价中措施项目费用80%～110%范围之间的有效投标人所报措施项目费的算术平均值。主要材料单价基准值是以各有效投标报价中（当有效投标人为5名及以上时，去掉1个最高值、1个最低值）对应抽取材料单价的算术平均值。"

《山西省房屋建筑和市政基础设施工程施工评标办法》规定："采用综合评估法对价格进行评审时，对投标价合理最低价基准确定为：当投标人数≥5家时，合理最低基准价＝去掉投标报价总价最高报价的20%（四舍五入取整）和投标总价最低报价的20%后（四舍五入取整）的算术平均值；当投标人数<5时，则全部投标报价总价进行算术平均，平均数下浮一定的比例作为参加评标基准价合成和评标的合理最低价。低于合理最低价的投标报价将被评标委员会否决。"

《山东省房屋建筑和市政基础设施工程施工招标评标暂行办法》规定："采用综合评估法对投标总报价评审时评标基准价 A 为：投标人 $N<5$，$A=$ 所有有效投标价报价算术平均值；投标人 $5 \leqslant N<7$，$A=$ 所有有效投标价报价去掉1个最高报价、1个最低报价的算术平均值；投标人 $7 \leqslant N<9$，$A=$ 所有有效投标价报价去掉2个最高报价、2个最低报价的算术平均值；以此类推。"

④ 以投标价的二次算术平均值作为评标基准价　《天津开发区建设工程招标评标实施细则》规定："综合评估法可以采取综合评分法和二次平均值法。选择二次平均值法的技术标采用合格制，对商务标评审按照二次平均值法即对所有进入商务报价阶段的有效投标报价计算算术平均值，再对其中低于或等于该算术平均值的投标报价计算第二次算术平均值，其中投标报价最接近第二次算术平均值的投标人应当推荐为中标候选人。"

《杭州市房屋建筑和市政基础设施项目施工招标资格后审评标暂行方法》规定："通过资格审查的投标单位多于5家的评标委员会应先计算评标基准价。即对所有报价去掉一个最高投标价和最低投标价进行一次算术平均，再对第一次算术平均值（不含平均值）以下的所有报价进行第二次算术平均。第二次算术平均值为基准价（小数点后保留两位，该基准价在评标过程中不做调整）。"

《关于进一步完善杭州市房屋建筑和支撑基础设施项目施工招标资格后审评标方法的通知》附件中确定评标基准价（方案二）规定："以二次算术平均值为评标基准价。"

⑤ 以报价均值下浮为基准价 《江苏省房屋建筑和市政基础设施工程施工招标评标办法》对投标报价（评审方法一）规定："评标基准价＝$A×K$。其中 A 为有效招标文件投标价算术平均值。K 为开标前由投标人代表随机抽取（K 取值范围为95％～98％）。"

《武汉市建设工程工程量清单计价招标评标暂行办法》对商务标进行评审的基准价的确定为："基准价＝有效投标去掉一个最高报价和一个最低报价以后的各投标报价的算术平均值乘以98％。最高报价与最低报价仍为有效报价；开标后如果有效投标个数少于5个，则基准价＝所有有效投标报价的算术平均值乘以98％。"

⑥ 以投标报价及各评价因素的复合作为评标基准价 如《山西省房屋建筑和市政基础设施工程施工评标办法》规定："对价格进行评审时，评标基准价确定为：评标基准价＝投标报价算术平均值×55％＋施工组织设计评分第一的投标报价×15％＋施工组织设计评分第二投标报价×10％＋资信评分第一的投标报价×15％＋资信评分第二的投标报价×5％。"

⑦ 以调整后的有效报价均值作为评标基准价 例如《铁路建设工程施工招标投标实施细则》规定，对投标报价评审时，设定评标基准价：

评标基准价＝全部有效投标价的算术平均值－（全部有效投标价中的最高报价－全部有效投标价中的最高报价）×调整系数

调整系数为在开标会上从－0.1、0.0、0.1、0.2、0.3、0.4、0.5中随机抽取的一个数。

⑧ 以有效报价的最低评标价为评标基准价 例如《江苏省房屋建筑与市政基础设施项目工程总承包招标投标导则》附件一"适用于可行性研究完成阶段进行招标的评标办法"规定："对于采用综合评标法对报价评审时，以有效投标文件的最低评标价为评标基准价。"

（2）以标底为依据

"标底"是指招标人内部掌握的建设单位对拟发包的工程项目准备付出全部费用的额度。标底一般先由设计单位、工程咨询服务部门或专门从事建筑预算定额部门，编制出设计概算或施工预算，然后经建设单位和主管机关等共同审查后确定。

① 以标底为评标基准价 例如，原《铁路工程建设施工招标投标管理办法》（铁道部〔1996〕81号）第32条："中标价格一般应不高于标底的3％和不低于5％。高于3％的按废标处理；对低于标底5％的报价，要具体分析其技术和施工组织措施、经评标组织审查，如可行方可视为有效投标参加评标。"

② 以标底和有效投标价算术平均值（复合）为评标基准价 《宁夏回族自治区房屋建筑和市政基础设施工程招标评标定标管理办法》规定：对投标总报价评审时，将在招标人的标底（－6％～＋3％）范围内所有投标企业报价算术平均值，标底与算术平均值按一定比例复合，其比值为：0.3∶0.7、0.4∶0.6、0.5∶0.5、0.7∶0.3、0.6∶0.4（现场抽取确定）。在此基础上确定评标底的浮动点，浮动点为2、1、0、－1、－2、－3。

《湖北省重点水利建设项目电机设备采购招标评标办法（暂行）》规定：设置有标底的，评标标底 C 采用复合标底，计算公式为

$$C=K×A+(1-K)×B$$

式中，C 为评标标底；A 为招标人设置的标底；B 为投标人的投标报价，取招标人设定标底的80％～110％范围内的投标人的平均报价；K 为投标人设定标底的权重系数，其取

值为 0、0.05、0.10、0.15、0.20、0.25、0.30、0.40 中的任意一个，由投标人代表宣布标底后，在监督人和投标人监督下，当众随机抽取。

(3) 以控制价为依据

控制价是指招标人依据国家以及当地有关计价规范及相关文件，根据不同阶段的设计文件和招标工程量清单，并参照经政府审核部门批准的投资估算、概算以及其他市场情况等因素设定的对招标工程项目限定的最高工程造价，即招标最高限价，也称"最高限价"。

① 以招标控制价的动态浮动值为评标基准价 《关于进一步完善杭州市房屋建筑和支撑基础设施项目施工招标资格后审评标方法的通知》附件中确定评标基准价（方案三）规定：

$$评标基准价 = 招标控制价 \times K$$

系数 K 的浮动区间 (A, B) 由招标人根据市建设行政主管部门发布的动态浮动区间确定。招标人在浮动区间内设定 N 个浮动值（K_1、K_2、K_3、…、K_N）开标前随机抽取得到系数 K。$N \geq 10$，$K_1 \leq K_N$，设 C 为区间 $[A, B]$ 的中值，浮动值（K_1、K_2、K_3、…、K_N）在 $[A, C]$ 和 $[C, B]$ 区间内均匀分布，其中在 $[A, C]$ 中取的值个数是在 $[C, B]$ 中取值个数的 2 倍以上。

② 以控制价与投标价二次算术平均值复合为评标基准价 《关于进一步完善杭州市房屋建筑和支撑基础设施项目施工招标资格后审评标方法的通知》附件中确定评标基准价（方案一）规定：

$$评标基准价 = 投标最高限价 \times W + 二次投标价算术平均值 \times (1 - W)$$

其中，由招标人在开标会上从五个数值（10%、15%、20%、25%、30%）中随机抽取。

③ 以控制价和投标价的均值复合确定评标基准价 例如，《江苏省房屋建筑和市政基础设施工程施工招标评标办法》对投标报价评审的基准价确定为（方法二）：

$$评标基准价 = A \times K_1 \times Q_1 + B \times K_2 \times Q_2$$

其中 A 为有效招标文件的评标价算术平均值；B 为最高投标限价；K_1 在开标前由投标人代表随机抽取确定，取值范围为 95%～98%；Q_1 值在开标前由投标人代表随机抽取确定，$Q_2 = 1 - Q_1$，Q_1、Q_2 取值应大于 30%；K_2 由招标人在招标文件中明确，取值范围：建筑工程为 90%～100%，市政工程为 86%～100%。

《河南省建设工程工程量清单招标评标办法》中，工程量清单报价评标基准价计算公式为：

$$评标基准价 = 最高投标限价 \times K + 投标报价 \times (1 - K)$$

式中，K 为最高投标限价权重系数，取值为 $0.3 \leq K \leq 0.5$。投标报价为各投标人有效报价去掉一个最高报价和一个最低报价后的算术平均值，当有效投标少于 5 家时（不含 5 家），则以所有有效投标报价的算术平均值作为投标报价。上述最高投标限价、投标报价、有效投标报价均不含规费、安全文明施工措施费、暂列金额与专业暂估价、增值税。

④ 以不低于评标控制线一定比例的价格作为评标基准价 例如《关于贯彻〈河北省建设工程工程量清单招标评标暂行办法〉有关问题的补充通知》关于评标控制线的描述："分部分项综合单价和措施项目报价分别以其报价平均值（超过 6 家去掉一个最高和一个最低价）的 96%～98% 作为评标控制线。"关于确定投标报价评分基准价的描述（方法三）："分部分项综合单价，确定经评审不低于成本且不低于评标控制线的 4%～8% 的价格为评分基准价；措施项目清单报价，确定经评审不低于成本且不低于评标控制线的 5%～10% 的价格为评分基准价；投标总报价，确定经评审不低于成本，且不低于评标控制线的 2%～5% 的为评分基准价。"

2.4 投标价格的评价函数

在评标基准价的基础上,通过评标价格函数公式可以计算出各投标人的投标价格评价值。目前,在评标实践中,有五种常用的投标价格评价函数。

2.4.1 评价函数公式的种类

2.4.1.1 第一种价格评价函数
(1) 评价函数公式

$$E_i = W \times \frac{P_{min}}{P_i} \times 100 \quad 或 \quad E_i = F_w \times \frac{P_{min}}{P_i}$$

式中　100——采用百分制;
　　　E_i——投标人的价格得分;
　　　W——价格权重;
　　　F_w——价格基准权重分;
　　　P_{min}——评标基准价(经评审的最低投标价);
　　　P_i——投标人的投标价。

(2) 应用举例

《政府采购货物和服务项目价格评审管理的通知》规定:综合评分法中的价格分,统一采用低价优先法计算,即满足招标文件要求且投标价格最低的投标报价为评标基准价,其价格分为满分。其他投标人的价格分值统一按照下列公式计算:

$$投标报价得分 = 价格权值 \times \frac{评标基准价}{投标报价} \times 100$$

采购人或其委托的采购代理机构对同类采购项目采用综合评分法的,原则上不得改变评审因素和评分标准。

注:价格权值的取值范围为[0,1]。

《安徽省工程量清单计价方式招标综合评估打分法评标细则》附件二中,对投标人价格得分的计算规定如下:

$$投标报价得分 = 70 \times \left[\frac{本工程最低投标总价(被认定低于成本的投标总价除外)}{本投标人工程投标总价} \right]$$

注:价格权重$W=0.7$,70是价格的基准权重分,即$100 \times 0.7 = 70$。

2.4.1.2 第二种价格评价函数
(1) 评标函数公式

$$E_i = W \times \left(1 - \frac{P_i - P_{min}}{P_{min}}\right) \times 100 = W \times \left(2 - \frac{P_i}{P_{min}}\right) \times 100$$

$$或 \quad E_i = F_w \times \left(2 - \frac{P_i}{P_{min}}\right)$$

式中　100——采用百分制;
　　　E_i——投标人的价格得分(评价值);
　　　W——价格权重;
　　　F_w——价格基准权重分;
　　　P_{min}——评标基准价(经评审的最低投标价);

P_i——投标人的投标价。

(2) 应用举例

《关于印发施工商务标评标办法的通知》附件中可供参考的三种商务标的评标办法中，定义了比例法是以经评审的最低投标价为基准进行比较，高于最低投标价按比例扣减的一种评标办法。函数公式如下：

$$商务标得分 = C \times \left(1 - \frac{投标报价 - 经评审的最低投标价}{经评审的最低投标价}\right)$$

其中，C 为商务标权数。

2.4.1.3 第三种价格评价函数

(1) 评价函数公式

$$E_i = F_w - \left(\frac{P_i - P_{\min}}{P_i}\right) \times 100 \times F_k$$

式中　100——采用百分制；
　　　E_i——投标人的价格得分（评价分值）；
　　　F_w——价格基准权重分；
　　　$P_{\min}$——评标基准价（经评审的最低投标价）；
　　　P_i——投标人的投标价；
　　　F_k——投标价格每高于基准价1%扣除的分值。

(2) 应用举例

《辽宁省房屋建筑和市政基础设施工程施工招标评标、定标暂行办法》附件"常用的几种计算方法"中的基准价法所推荐的价格评价函数公式如下：

$$报价得分 = M - \left(\frac{招标报价 - 最低报价}{最低报价}\right) \times 100 \times N$$

式中　M——报价最高得分（基准权重分）；
　　　N——报价每高于最低报价1%减扣的分数。

2.4.1.4 第四种价格评价函数

(1) 评价函数公式

$$E_i = F_w - \left(\frac{P_i - P_{\min}}{P_{\max} - P_{\min}}\right) \times F_k$$

式中　E_i——投标人的价格得分（评价分值）；
　　　F_w——价格基准权重分；
　　　$P_{\min}$——评标基准价（经评审的最低投标价）；
　　　P_i——投标人的投标价；
　　　$P_{\max}$——经评审的最高投标价；
　　　F_k——经评审的最高投标价与经评审的最低投标价得分差。

(2) 应用举例

《辽宁省房屋建筑和市政基础设施工程施工招标评标、定标暂行办法》附件"常用的几种计算方法"中的固定差值法所推荐的价格评价函数公式如下：

$$报价得分 = M - \left(\frac{投标报价 - 最低报价}{最高报价 - 最低报价}\right) \times P$$

式中　M——报价最高分（赋予价格的基准权重分）；
　　　P——最高报价与最低报价得分差。

2.4.1.5 第五种价格评价函数

(1) 评价函数公式

$$E_i = F_w - \left(\frac{P_i - P_j}{P_j}\right) \times 100 \times F_{k1} \quad (P_i > P_j)$$

$$E_i = F_w - \left(\frac{P_i - P_j}{P_j}\right) \times 100 \times F_{k2} \quad (P_i < P_j)$$

$$(通常, F_{k1} > F_{k2})$$

式中　100——采用百分制；
　　　E_i——投标人的价格得分（评价分值）；
　　　F_w——价格基准权重分；
　　　P_j——评标基准价（按规定计算出来的）；
　　　P_i——投标人的经评审的投标价；
　　　F_{k1}——$P_i > P_j$ 时投标价格每高于基准价1%扣除的分值；
　　　F_{k2}——$P_i < P_j$ 时投标价格每低于基准价1%扣除的分值。

(2) 应用举例

《辽宁省房屋建筑工程和市政基础设施工程施工招标评标、定标暂行办法》附件"常用的几种标价计算方法"中的固定比率法规定如下。

以最低报价为最高分，其余报价按相同的比率扣分。首先应确定最低报价的合理性，不合理的最低报价不宜采用。例如：

$$报价得分 = M - (投标报价 - 最低报价)/最低报价 \times 100 \times N\%$$

式中　M——报价最高得分（权重分）；
　　　N——报价每高出基准价1%扣减的分数。

适用于合理低价法的评标，其条件必须是可比产品，可在施工、设备、货物招标中应用。

《广东省关于房屋建筑工程和市政基础设施工程施工评标管理办法》附件"2.商务标评分规则"中规定，评标委员会按照下列公式计算投标人商务标评审得分：

$$S = 100 - \frac{|B - A| \times 100}{A} \times C$$

式中　S——商务标评审得分；
　　　B——投标人的投标报价；
　　　A——投标报价的算术平均值；
　　　C——扣分系数，当 $B > A$ 时，$C = 3$；$B < A$ 时，$C = 1$。

投标人商务标评标得分最低分为0分，取值保留到小数点后两位。

2.4.2　评价函数公式的比较

五种投标价格评标函数公式比较汇总表如表2-2所示。

表2-2　五种投标价格评标函数公式比较汇总表

序号	评标函数公式	特点
1	$E_i = W \times \dfrac{P_{\min}}{P_i} \times 100$ $E_i = F_w \times \dfrac{P_{\min}}{P_i}$	1. 以经评审的最低投标价为基准价； 2. 该评标函数为反比例函数； 3. 函数图是一条曲线图； 4. 随着投标价的增高，相同的增高幅度失去的得分是不相等的，投标价格越高，相同增高幅度失去的得分越少； 5. 函数关系比较简单

续表

序号	评标函数公式	特点
2	$E_i = W \times \left(2 - \dfrac{P_i}{P_{\min}}\right) \times 100$ $E_i = F_w \times \left(2 - \dfrac{P_i}{P_{\min}}\right)$	1. 以经评审的最低投标价为基准价； 2. 该评标函数为一次函数，是一条直线； 3. 随着投标价的增高，不论投标报价达到怎样的高度，相同的增高幅度失去的得分都是相等的，克服了第一种函数的缺点； 4. 直线的斜率由评标基准价和基准权重分决定
3	$E_i = F_w - \left(\dfrac{P_i - P_{\min}}{P_i}\right) \times$ $100 \times F_k$	1. 以经评审的最低投标价为基准价； 2. 该评标函数为一次函数，是一条直线； 3. 随着投标价的增高，不论投标报价达到怎样的高度，相同的增高幅度失去的得分都是相同的； 4. 直线的斜率由评标基准价和 F_K 值决定，可通过改变 F_K 值调整斜率； 5. 式中的 $\dfrac{P_i - P_{\min}}{P_i}$ 称为投标报价的偏差率
4	$E_i = F_w - \left(\dfrac{P_i - P_{\min}}{P_{\max} - P_{\min}}\right) \times F_k$	1. 以经评审的最低投标价为评标基准价；预先设置经评审的最高投标价和最低投标价的评价值（得分）差值 F_k，并固定此值；中间投标价的评价值（得分）采用内插法计算； 2. 将内插法计算公式和本公式相比较可以发现，本公式就是内插法公式； 3. 该评标函数为一次函数，是一条直线； 4. 随着投标价的增高，不论投标报价达到怎样的高度，相同的增高幅度失去的得分都是相同的；5. $1 \geqslant \left(\dfrac{P_i - P_{\min}}{P_{\max} - P_{\min}}\right) \geqslant 0$；当 $P_i = P_{\min}$ 时，$\left(\dfrac{P_i - P_{\min}}{P_{\max} - P_{\min}}\right) = 0$；当 $P_i = P_{\max}$ 时，$\left(\dfrac{P_i - P_{\min}}{P_{\max} - P_{\min}}\right) = 1$； 6. 直线的斜率由经评审的最高投标价 $P_{\max}$、最低投标价 $P_{\min}$ 和 F_k 决定，可以通过 F_k 值来调整直线的斜率； 7. 该评价函数适用于非价格因素差异较大，导致投标价格差异也较大的项目，如机电产品国际招标、服务项目
5	$E_i = F_w - \left(\dfrac{P_i - P_j}{P_j}\right) \times$ $100 \times F_{k1} \quad (P_i > P_j)$ $E_i = F_w - \left(\dfrac{P_i - P_j}{P_j}\right) \times$ $100 \times F_{k2} \quad (P_i < P_j)$	1. 该评价函数公式与第三种函数公式形式相同，但评标基准不同，评标基准价按照招标文件规定计算得出，大多数以投标价的中间值为评标基准价； 2. 该评标函数为一次函数，函数图像是一条直线；当 $P_i > P_j$ 斜率 $K<0$，E_i 随 P_i 的增大而减小；当 $P_i < P_j$ 斜率 $K>0$，E_i 随 P_i 的增大而增大； 3. 直线的斜率由评标基准价和 F_k 值决定；可通过改变 F_k 值调整斜率； 4. 通常，$F_{k1} > F_{k2}$

控制价格评标函数公式中的其他变量，绘制经评审的投标报价 P_i 与评价分值 E_i 关系的坐标图像。上述五种投标价格评标函数图像汇总如图 2-1 所示。

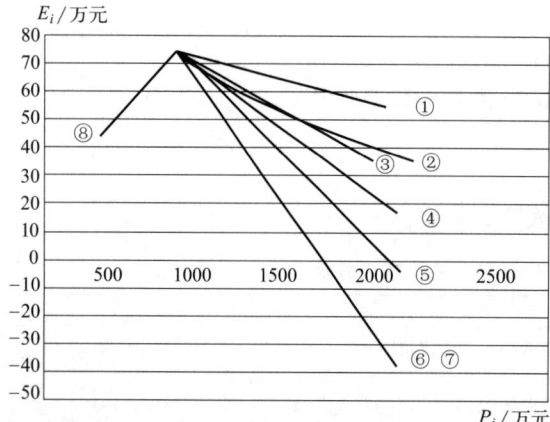

图 2-1 五种投标价格评价函数图像汇总

线①：第四种评标函数 $E_i = F_w - \left(\dfrac{P_i - P_{\min}}{P_{\max} - P_{\min}}\right) \times F_k$ 的图像（$F_w = 70$、$P_{\min} = 1000$ 万元、$P_{\max} = 2000$ 万元、$F_k = 20$）；

线②：第一种评标函数 $E_i = W \times \dfrac{P_{\min}}{P_i} \times 100$ 的图像（$W = 0.7$、$P_{\min} = 1000$ 万元）；

线③：第四种评标函数 $E_i = F_w - \left(\dfrac{P_i - P_{\min}}{P_{\max} - P_{\min}}\right) \times F_k$ 的图像（$F_w = 70$、$P_{\min} = 1000$ 万元、$P_{\max} = 2000$ 万元，$F_k = 40$；

线④：第三种评标函数 $E_i = F_w - \left(\dfrac{P_i - P_{\min}}{P_i}\right) \times 100 \times F_k$ 的图像（$F_w = 70$、$P_{\min} = 1000$ 万元、$F_k = 0.5$）；

线⑤：第二种评标函数 $E_i = W \times \left(1 - \dfrac{P_i - P_{\min}}{P_i}\right) \times 100 = W \times \left(2 - \dfrac{P_i}{P_{\min}}\right) \times 100$ 的图像（$W = 0.7$、$P_{\min} = 1000$ 万元）；

线⑥：第三种评标函数 $E_i = F_w - \left(\dfrac{P_i - P_{\min}}{P_i}\right) \times 100 \times F_k$ 的图像（$F_w = 70$、$P_{\min} = 1000$ 万元、$F_k = 1$）；

线⑦：第五种评标函数 $E_i = F_w - \left(\dfrac{P_i - P_j}{P_j}\right) \times 100 \times F_{k1}$ 的图像（$F_w = 70$、$P_j = 1000$ 万元、$F_{k1} = 1$、$P_i > P_j$），线⑥、线⑦重合；

线⑧：第五种评标函数 $E_i = F_w - \left(\dfrac{P_i - P_j}{P_j}\right) \times 100 \times F_{k2}$ 的图像（$F_w = 70$、$P_j = 1000$ 万元、$F_{k2} = 0.5$、$P_i < P_j$）。

2.4.3 评价函数适应性分析

从图 2-1 可以看出，右边六条直线的斜率是不同的，不同的斜率对我们有以下几点启发。

① 当潜在投标人的非价格评价因素的差异较大时，赋予非价格评价因素较大权重，选用图像斜率较小的直线函数，如第四种评价函数或第一种评价函数为宜，可以选择到高技术、高性能的设备及优质的服务。

② 当潜在投标人的非价格评价因素的差异较小时，赋予非价格评价因素较小权重，选用图像斜率较大的直线，如第三种（并适当加大 W_k 值）或第二种函数比较合适，可以选择到价格优惠的设备或施工队伍。

③ 第五种评价函数目前在建设工程项目中应用较为广泛。但我们应该看到，由于该评价函数中的评标基准价基本上建立在有效报价的基础之上，并没有鼓励投标人按照自己实力参与竞争，导致投标人不能按自身实力制定投标竞争策略，很多时候只能通过猜测，甚至通过串标等违规手段获取接近评标基准价的报价，这种不利于竞争的评价方式会直接影响招标人的经济利益。

第2篇
工程篇

　　工程是政府采购招标、评标的三大类项目之一。工程是指建设工程,包括建筑物和构筑物的新建、改建、扩建及其相关的装修、拆除、修缮等。施工是工程建设企业,依据合同要求,根据建设工程设计文件完成工程的整个活动过程。一般工程是指在传统承包模式下的施工工程。依据《政府采购法》《招标投标法》规定,对工程(施工)项目评标的基本方法主要有经评审的最低投标价法和综合评估法。

第3章 一般工程评标方法——经评审的最低投标价法

3.1 评标方法概述

按照法律规范要求,在工程评标中,对于一般工程评标方法应采用经评审的最低投标价法。经评审的最低投标价法是一种"综合评审、量化计价",以"货币"为量纲的基本评标方法,是国际上通行的一种评标方法。该方法是对能够满足招标文件的实质性要求的投标文件,以价格因素为主导,按照招标人统一制定的规则,统一口径,对各投标报价进行折算,从最低的投标价中选择出中标人的方法。

3.1.1 评标方法依据

3.1.1.1 国家法律法规

(1)《中华人民共和国招标投标法》

第41条 中标人的投标应当符合下列条件之一:

(一) 能够最大限度地满足招标文件中规定的各项综合评价标准;

(二) 能够满足招标文件的实质性要求,并且经评审的投标价格最低;但是投标价格低于成本的除外。

(2)《评标委员会和评标方法暂行规定》

本规定对依法必须招标项目的评标活动进行规范,适用于依法必须招标项目的评标活动。

第31条 根据经评审的最低投标价法,能够满足招标文件的实质性要求,并且经评审的最低投标价的投标,应当推荐为中标候选人。

第32条 采用经评审的最低投标价法的,评标委员会应当根据招标文件中规定的评价格调整方法,以所有投标人的投标报价以及投标文件的商务部分作必要的价格调整。

采用经评审的最低投标价法的,中标人的投标应当符合招标文件规定的技术要求和标准,但评标委员会无须对投标文件的技术部分进行价格折算。

3.1.1.2 行业部门规章

(1)《建设工程项目施工招标投标办法》

依据《招标投标法》，国家发展改革委等九部委发布该办法以规范我国境内进行工程施工招标投标活动。该办法对于具体的评标方法并未提及，但对评审过程中的基本操作原则进行了规范，如投标文件的遗漏和错误、报价评估时的价格修正等。

(2)《房屋建筑与市政基础设施工程施工招标投标管理办法》

该办法用以规范依法必须进行招标的房屋建筑和市政基础设施工程的施工招标投标活动。

第40条 评标可以采用综合评估法、经评审的最低投标价法，或者法律法规允许的其他评标方法。

采用经评审的最低投标价法应当在投标文件能够满足招标文件实质性要求的投标人中，评审出投标价格最低的投标人，但投标价格低于其企业成本的除外。

(3)《公路工程建设项目招标投标管理办法》

本办法规范了我国境内公路工程建设项目勘察设计、施工、货物和服务招标活动。

第44条 公路施工招标评标方法分为综合评估法和经评审的最低价法。综合评估法包括：合理低价法、技术评分最低价法和综合评分法。

合理低价法，是指对通过初步评审的投标人，不再对其施工组织设计、项目管理机构、技术能力等因素进行评分，仅依据评标基准价对评标价进行评分，按照得分由高到低排序，推荐中标候选人的评标方法。

技术评分最低标价法，是指对通过初步评审的投标人的施工组织设计、项目管理机构、技术能力等因素进行评分，按照得分由高到低排序，对排名在招标文件规定数量以内的投标人的报价文件进行评审，按照评标价由低到高的顺序推荐中标候选人的评标方法。招标人在招标文件中规定的参与报价文件评审的投标人数量不得少于3个。

经评审的最低投标价法，是指对通过初步评审的投标人，按照评标价由低到高排序，推荐中标候选人的评标方法。

公路工程施工招标评标，一般采用合理低价法，或者技术评分最低标价法。工程规模较小、技术含量较低的工程，可以采用经评审的最低投标价法。

(4)《水利工程建设项目招标投标管理规定》

本规定适用于水利工程建设项目的勘察设计、施工、监理以及与水利工程建设有关的重要设备、材料采购等的招标投标活动。

第35条 评标方法可采用综合评分法、综合最低评标价法、合理最低投标价法、综合评议法及两阶段评标法。

第50条 中标人的投标应当符合下列条件之一：

（二）能够满足招标文件的实质性要求，并且经评审的投标价格合理最低；但投标价格低于成本的除外。

除上述行业规定外，工业和信息化部、中国民用航空局等均有行业施工评标方法规定，对经评审的最低投标价法进行了规定。

3.1.1.3 标准招标文件

标准招标文件主要有国家发展改革委等九部委发布的两个标准施工招投标文件。一个是《标准施工招标文件》，适用于一定规模以上，且设计和施工不是由同一承包商承担的工程施工招标。另一个是《简明标准施工招标文件》，适用于工期不超过12个月、技术相对简单，且设计和施工不是由同一承包人承担的小型项目施工招标。两个标准文件对于工程施工评标中的经评审的最低投标价法均做了原则规范。

除此之外，各行业部门在《标准施工招标文件》的基础上，结合行业特点分别制定了施工评标方法的配套规范文件。例如，住房和城乡建设部的《房屋建筑和市政基础设施工程施工招标文件范本》、水利部的《水利水电工程标准施工招标文件》、交通运输部的《公路工程标准施工招标文件范本》，国家铁路局的《铁路工程标准施工招标文件》以及工业和信息化部、中国民用航空局均对施工经评审的最低投标价法招标文件做了规范，成为各行业施工项目评标的重要法规依据。

3.1.2 评标方法定义

3.1.2.1 定义描述

《评标委员会和评标方法暂行规定》规定："根据经评审的最低投标价法，能够满足招标文件的实质性要求，并且经评审的最低投标价的投标，应当推荐为中标候选人"。

《标准施工招标文件》对该方法做了进一步具体描述："经评审的最低投标价法是指评标委员会对满足招标文件实质要求的投标文件，根据招标文件规定的量化因素及量化标准进行价格折算，按照经评审的投标价由低到高的顺序推荐中标候选人，或根据招标人授权直接确定中标人，但投标报价低于其成本的除外。经评审的投标价相等时，投标价低的优先；投标价也相等的，由投标人自行决定。"

可见，经评审的最低投标价法是指对符合招标文件规定的技术标准，满足招标文件实质性要求的投标，按招标文件规定的评标价格调整方法，将投标报价以及相关商务部分的偏差作必要的价格调整和评审，即对价格以外的商务有关因素折成货币或给予相应的加权计算（技术标无须折算）以确定最低评标价或最佳的投标，经评审的最低投标价的投标应当推荐为中标候选人。

3.1.2.2 定义要点

通过上述对经评审的最低投标价法定义的描述，可以看出经评审的最低投标价法是以价格为主导因素的评标方法，其定义有以下五个要点：

(1) 能够满足招标文件的实质性要求是前提

评委会首先要对投标文件商务和技术部分进行审查，判断其对招标文件的满足程度，对于能够满足招标文件的实质性要求的投标文件，则按照招标文件中规定的评价方法进行评审，这是投标中标的前提条件，对于不符合招标文件的实质性要求的投标文件，则作为"废标"处理。

(2) 以商务标的货币折算价（评审价）最低中标是评标定标的核心

① 修正 为了纠正各投标书中的投标报价以及与价格有关的商务部分计算错误或前后矛盾等情况，令各投标报价有一个统一的比较基础，应按照招标文件中规定的评标价格调整方法和算术错误修正方法，对各标书中的价格细微偏差、算术错误、遗漏等进行修正、调整，进行价格折算。

② 折算 除投标报价外，还应对其他商务部分有关因素偏差进行折算，如付款条件、工期等，最终形成评标价（评标价不完全等于投标人在投标书中所填的投标价）。所谓经评审的投标价是指经过对投标文件经济部分进行修正和调整后的投标价格，即"评审价"。

③ 适用 经评审的最低投标价法适用于技术规格通用、质量性能有标准的，或无特殊

技术与质量要求的项目采购。为此，评委无须对投标文件中的技术因素进行价格折算。该法主要适用于施工招标和设备材料采购类招标，而不适用于服务类招标。

(3) 最低评标价是中标的原则

中标原则是能够满足招标文件的实质性要求，并且经评审的投标价（评标价），按由低到高的顺序排序，最低者应当推荐为中标候选人。评标价相等时，投标报价低的优先；投标报价也相等时，由招标人自行决定。

(4) 投标价格不能低于企业的成本价是底线

投标价格应不低于投标企业自身成本的合理范围，这是为了制止不正当的竞争、垄断和倾销的国际通行做法。

(5) 标价比较表是评标的结果

当运用经评审的最低投标价法评标，完成详细评审后，评标委员会应当拟定一份标价比较表，连同书面评标报告提交给招标人。标价比较表应当载明投标人的投标报价、对商务偏差的价格调整和说明以及经评审的最终投标价。

3.1.2.3 对关键词的理解

对于经评审的最低投标价法的含义的理解，应抓住三个关键词："实质性""经评审""最低"。

实质性——是指在评标阶段，应首先考虑投标文件对招标文件的实质性要求的响应，是否满足了招标文件的各项实质性要求，确定其投标的有效性。如有一项对投标文件的实质性要求未做出响应，则按照"废标"处理。由此可见，"满足实质性要求"是前提和关键，有人称之为"入门条件"。

经评审——是指对于满足招标文件的各项实质性要求的投标文件，按照招标文件规定的统一方法和标准，以投标价及其相关的商务标为基础，经过统一修正（或称调整、折算），形成"评审价"，评审价不是投标价，将评审价作为评审量化的比较依据。评审价＝投标报价±评委会的价格调整额。

最低——不是指投标人的原始投标价最低，并不是简单地以投标人的原始投标报价作为评审的依据。投标价最低，并不等于其评审价最低，投标价最低不见得是一个合理、经济的投标文件，这里"最低"是指评审价最低。

应注意的是投标报价"最低"，但不能低于投标人的企业成本价。不能低于投标人的企业成本价的判断成为经评审最低投标价法操作的难点和关键点。

3.1.2.4 评审价、投标价、成本价概念的比较

投标价是投标人按照企业本身的工艺、设备、管理水平、预期利润和报价策略自行的报价。评审价是评标委员会对投标报价根据一定的评审标准和修正依据得出来的。而成本价是投标人除了利润以外，承揽项目所消耗的费用，反映的是企业个别成本（不包含利润），三者区别如表 3-1 所示。

对概念的理解需要注意以下两点：

① 经评审的最低投标价的投标应当推荐为中标候选人，但是投标价格低于成本的除外；

② 经评审的投标价格是评标时使用的，不是给工程承包人的实际支付价，在与中标人签订合同时，还是以中标人的投标报价作为合同价，实际支付价也仍为工程承包人的投标报价。

表 3-1　评审价、投标价、成本价的区别

概念	主体	特点	编制依据	编制信息来源	如何计算
投标价	投标人或其委托的招标代理机构	投标人或其委托的造价咨询机构根据投标企业的自身情况和对项目的了解程度所制定的具有个性的针对项目的报价	投标企业定额、企业内部情况和施工条件等综合考虑	企业自身状况	成本＋税金＋利润
评审价	评标委员会	①经评审，满足招标实质条件的标书，将其投标价以及与投标价直接有关的商务部分进行调整，形成统一标准的评审价，然后以此价格从低到高依次排序；②既能满足招标文件的实质性要求，又是经评审的投标价最低的，为中标候选人	依据为投标价、统一的评标价格调整方法，综合各因素折算为货币单位进行调整	投标人的投标报价、统一的折算方法	投标价折算＋除投标价以外的商务部分的折算
成本价	投标人	①成本价是依据企业的个别成本报价；②成本价是投标工程的计划成本；③成本价是特定对象的消耗价格，不是企业一个阶段内经营的平均成本；④成本具有可预测性	企业内部定额	企业自身	实体工程的成本＋措施项目成本＋企业的费用＋不可竞争费＋税金

3.1.3　评标方法比较

在评标体系中，由于各行业标的不同，行业情况不同，承包范围不同，各行业部门制定的低价系列评标方法提法各不同，在第 1 章中我们对低价系列的评标方法已做过大致的介绍（以后我们在下面各章节中将做进一步分析），在这里我们仅对经评审的最低投标价法的衍生类型——栅栏评标法、全寿命周期评标法做补充比较。

3.1.3.1　特许融资项目的栅栏评标法

栅栏评标法是特许融资项目评标经常采用的一种评标方法。栅栏评标法采用两阶段评标：第一阶段对融资方案、技术和管理方案、项目协议响应方案等投标内容进行评审，其中不仅要评估投标人筹集资金的方案，而且要评估项目财务的可行性。

以上因素全部实质性响应招标文件要求的进入第二阶段评审。第二阶段只对投标报价进行比较，提供经营产品或服务类招标以选择投标报价最低的投标人为中标候选人。概念的理解要点如下：

① 栅栏评标法既不对融资方案、技术和管理方案、项目协议响应方案等技术因素进行价格折算，也不对商务因素进行价格调整，投标人对招标文件的响应被视为一种"栅栏"，通过这道"栅栏"的只要价格最低就可以中标，因此，被形象地称为栅栏评标法。

② 栅栏评标法主要适用于对技术、性能没有特殊要求，对投标人的融资能力要求不高的项目。与两阶段综合评标法相比，方法简单，但其缺点是不能全面、充分反映投标人在技术、管理、财务和法律方面的能力的差别。

3.1.3.2　全寿命周期评标法

全寿命周期评标法是将工程或货物的建设、采购、安装、运行、维修服务、更新改造，直到报废（废弃成本）的全寿命周期成本合并计算为现值比较的评标方法，是一种以价格为主导的低价评标方法。全寿命周期评标法可以全面反映一次采购的全寿命成本，使采购的决

策不仅仅考虑初始采购成本，还综合考虑项目的长期经济成本，使采购决策更加科学化和客观。这种计算方法考虑的是工程或货物的各项财务成本，而不考虑技术、品牌、人员、资质、业绩等因素。概念的理解要点如下。

① 采用全寿命周期评标法，首先要审查投标文件在商务和技术上是否满足招标文件的规定，这一点与上述各评标方法均相同。

② 对于满足招标文件各项实质性要求的投标，则按照招标文件中规定的方法，对投标文件规定的各项折算因素及折现率，作为各项成本的折现计算的依据，折算为评标时的合计现值，然后进行比较，最低者中标。采用全寿命周期评标法进行采购，能够更真实地反应采购的真正成本。

③ 全寿命周期评标法适用于工程和货物的采购，尤其适用于后期使用成本对采购决策起关键作用的工程和货物采购。如供应设施建设、电力设备、起重机采购等后期使用、维护耗资巨大，甚至超过采购工程或货物价值的货物。

3.1.4　评标方法发展

3.1.4.1　国外的发展

最低投标价法诞生于英国，使用历史最长的是美国。在欧美等一些发达国家，该方法在工程招标或者政府采购上均得到很好的运用，是国际上通行的一种评标方法。例如，世界不少组织和国家地区均采用合理最低价法，如联合国贸易法委员会采购示范法、欧盟原有关招标采购指令、世界银行贷款采购指南、亚洲银行贷款准则，以及英国、意大利、瑞士、日本、韩国等有关招标法律中都规定，招标方应选定"评标价最低"的中标方法。

在世界银行的招标采购活动中，最低评标价法是首选的评标办法。在《国际复兴开发银行贷款和国际开发协会信贷采购指南》第2.48段中有这样规定的："评标的目的是在对各个投标的评标价格进行比较的基础上，确定每个投标对借款人产生的成本。取决于2.57段规定，合同应该授予具有最低评标价的投标，但不一定是报价最低的投标。"因此，最低评标价法是一种单纯以价格因素为形式的评标方法。

同时，该采购指南在2.51段还这样规定："除了价格因素之外，招标文件中还应明确在评标中需要考虑的其他有关因素，以及如何运用这些因素来确定评标价最低的投标。对于货物和设备评标时，可考虑的其他一些因素包括：运到指定现场的内陆运费和保险费、付款时间表、交货期、运营成本、设备的效率和可配套性、零备件和售后服务的可获得性、相关的培训、安全性和环境效益。"这一评标原则，在世界银行以后的修订版本中从未改变。由此可见，最低评标价法是一种在全球范围内广泛使用的方法。它充分考虑了投标人的投标价格、商业因素和技术因素，它又是一种以价格形式反映多种因素的综合评标方法。

最低投标价法虽然在应用中出现某些弊端，但经过长达百年的体制完善，已经得到了一些克服，此评标方法得到普遍的应用。

3.1.4.2　国内的发展

在我国的招标投标活动中，采用最低投标价法由来已久。1980年世界银行提供给中国的第一笔贷款，用于发展我国的教育事业，该项目在实施过程中就采用了国际竞争性招标采购方式，即最低投标价法评标。

在21世纪初，我国在一些获国家投资的世界银行贷款项目中试行最低投标价法评标。在实践中，中标价与最高控制价比较，最高下浮68%，最低下浮20%，平均下浮40%。例如，我国沪杭高速公路项目（世界银行贷款）EPC上海段的三个标段实行公开招标，由上海国际招标公司作为招标代理机构，采用经评审的最低投标价法，评标过程规范、公正，得到了上海市政府有关部门、世界银行和业主的好评，为国家节省了大量的外汇。

在我国最早的云南鲁布革水电站、河南小浪底水利枢纽、福建水口水电站、四川二滩水电站和湖南江垭水电站等工程都成功运用了经评审的最低投标价法。在其他一些获国家投资的世行和亚行贷款项目中，如太湖防洪项目中太浦河泵站施工和安装项目，贷款金额为8000万元，采用经评审的最低投标价法评标，评标过程公正、规范，得到世行和业主的好评，最终的合同价比贷款金额低1500万元，为国家节省了大量的外汇。上海市区防汛墙加高加固工程，均采用经评审的最低投标价法确定中标人，取得了较好的经济效果。

3.2 评标因素设定

3.2.1 资信因素

资信因素是指企业的资质与信誉，包括：企业资质等级、企业营业执照、企业业绩经验、履约情况、企业整体形象、服务态度、财务状况等。

3.2.2 技术因素

一般来说，施工项目评标的技术因素应包括以下两点。

(1) 施工方案（或施工组织设计）

施工方案包含：施工方法与技术、进度计划与措施、质量保证措施、安全保证措施、现场平面布置、文明施工保障措施、环境保护管理措施、施工资源配置计划等。

(2) 施工管理机构

施工管理机构包含：施工管理实施计划、施工项目经理资质、其他管理人员资质及资历等。

3.2.3 价格因素

工程（施工）项目评标价格因素主要是指价格标，即投标报价，评审中有时还要考虑单价遗漏、付款条件等方面对价格标的影响。

一般工程评标因素体系如图3-1所示。

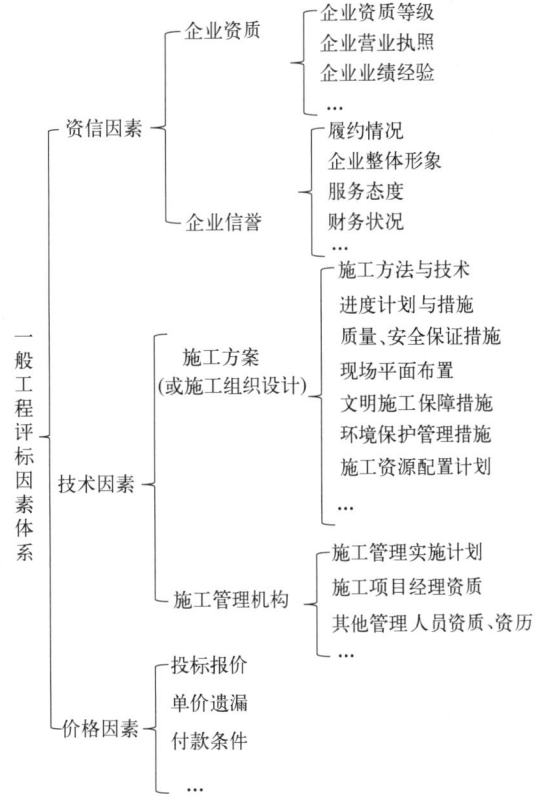

图3-1 一般工程评标因素体系示意图

3.3 投标报价评审

《评标委员会和评标方法暂行规定》第32条："采用经评审的最低投标价法的，评标委员会应当根据招标文件中规定的评标价格调整方法，对所有投标人的投标报价以及投标文件的商务部分作必要的价格调整。采用经评审的最低投标价法的,中标人的投标应当符合招标文件规定的技术要求和标准,但评标委员会无须对投标文件的技术部分进行价格折算。"

采用经评审的最低投标价评标过程中,价格是关键,是投标人竞争的核心。要在公平竞争的市场环境下,实行合理的最低价中标,防止由于串标引起的高价中标,也要防止低于成本中标引起的一系列问题,切实保护业主自身的利益。因此,工程成本成为招投标参与各方所共同追逐的目标。尤其是对于招标人而言,能否评审出不低于成本价的最低报价成为评标是否能够成功的关键。

3.3.1 报价组成分析

按照《建设工程工程量清单计价规范》(GB 50500—2013)要求,工程费用大致可划分为:分部分项工程费(实体工程费用)、措施项目费、其他项目费用、规费和税金,如表 3-2 所示。

3.3.1.1 分部分项工程费

分部分项工程费指在施工过程中耗费的构成工程实体性项目的各项费用,即实体工程费。分部分项工程费由人工费、材料费、施工机械使用费、企业管理费和利润等组成。分部分项工程费是由工程量和单价来确定的,工程量一般由招标人在招标时统一确定,但是,招标人确定的清单上的工程量是实体工程量,在实际工程实施中必然有损耗。界定和计量损耗是一项十分复杂且重要的工作,由于施工工艺不同,企业的技术、管理水平不同,所造成的损耗量就会不同,因而会造成一定的偏差。

表 3-2 工程费用组成

分类		费用项目
分部分项工程费	直接工程费	人工费、材料费、施工机械使用费、其他
	企业管理费	管理人员工资、办公费、差旅费、固定资产使用费、工具使用费、劳动保险费、工会教育经费、财务费、税金、其他
	企业利润	施工企业完成所承包的工程获得的利润
措施项目费		环境保护费、文明安全施工费、临时设施费、二次搬运费、大型机械拆装费、混凝土及钢筋模板及支架费、脚手架费、已完工程保护费、施工排水与降水费等
其他项目费用		除分部分项工程费、措施项目费外,为完成工程施工可能发生的费用,如暂列金额、暂估价、计日工费用等
规费和税金		规费:工程排污费、社会保障费(养老保险费、失业保险费、医疗保险费)、住房公积金、意外伤害保险费、其他;税金:营业税、城市维护建设税、教育费附加、地方教育附加等

① 人工费、材料费、施工机械使用费等直接工程费用,对各承包企业来讲都是必然发生的,并在一定区域、一定时期内是相对稳定的,或在一定区域内波动。投标企业投标时往往自己采取各种手段收集人力、物力信息,但由于收集的手段、预测方法不同,造成数据不准确或代表性差,严重影响数据的准确性,甚至产生报价失真的情况,存在与社会平均成本产生偏差的可能。

② 企业管理费是指企业范围内所发生的各项管理、经营和协调费用,包括管理人员工资、办公费、差旅费、固定资产使用费、工具使用费、劳动保险费、工会教育经费、财务费、税金等。由于企业各自的管理水平不同,管理制度不同、人员组成不同、测算方法不同,因此,往往造成企业管理成本存在很大的差异,各个企业不尽相同。

③ 企业利润水平是反映企业生产经营盈利状况的一个综合指标,主要包括成本利润率、产值利润率、资金利润率、销售利润率、工资利润率等各种利润指标。它们能反映一定时期

内企业利润额同企业的生产规模、生产消耗、工资消耗、成本高低、资金占用数量之间的关系。在投标报价中企业利润的确定力求客观、全面、准确,否则将影响综合单价的确定。

3.3.1.2 措施项目费

措施项目费是指为完成分项分部实体工程,在施工和准备过程中作为非实体项目方面的费用,包括环境保护费、文明安全施工费、临时设施费、二次搬运费、大型机械拆装费、混凝土及钢筋模板及支架费、脚手架费、已完工程保护费、施工排水与降水费等。这些费用与承包人所采用的项目施工技术方案是紧密联系的。措施项目费可以通过投标人依据施工技术方案而制定的文明施工措施、环境保护措施、临时设施措施、安全施工措施的计划等相关资料进行测算。由于投标人采用的施工技术方案不同,所产生的措施项目费就不同。

投标人在测算措施项目费报价时是否依据施工技术方案和施工组织方案分析项目需要采取的各项措施,完成这些措施所用工程量、最小工作量及在完成这些措施中所需的设备、材料、人工等是否依据最低平均水平指数制定,以及相应单价制定是否合理,是评标人在投标报价评审过程中应关注的问题。

3.3.1.3 其他项目费用

其他项目费用包括暂列金额、暂估价、计日工费用等。

① 暂列金额,是指建设单位在工程量清单中暂定并包括在工程合同价款中的一笔款项,用于施工合同签订时尚未确定或者不可预见的材料、工程设备、服务的采购,施工中可能发生的工程变更,合同约定调整因素出现时的工程价款调整,以及索赔、现场签证确认等。

② 暂估价,包括材料、设备等的暂估价、专业工程暂估价。

③ 计日工费用,是指在施工过程中,承包人完成发包人提出的工程合同范围以外的零星项目或工作所需的费用。

3.3.1.4 规费和税金

① 规费,属于分部分项工程费的"间接"费用,是依据国家的法律法规,由省政府或省级有关部门规定,当施工企业发生履行承包合同行为,政府部门为其提供了服务,依法向其征收的行政手续费。如工程排污费、工程定额测定费(按规定向工程造价管理部门支付)、社会保险费(包括养老保险费、失业保险费、医疗保险费及其他)、住房公积金、危险作业意外伤害保险费以及其他。

② 税金是指按国家税法规定的需要投标企业缴纳的营业税、城市维护建设税、教育费附加、地方教育附加等。评标中对于投标人的规费和税金的评审主要目的是检查投标企业行为的合法性、合规性等。

投标人结合建设工程的结构类型、建设期限等实际情况,就上述内容分别做出测算,将各项测算结果累加形成该投标企业针对拟建工程的测算成本。投标人企业内部价格的测算结果,严格地说也并不是唯一的,因此,数字是否真实、准确,是否低于成本,需要由评标委员会结合招标文件的操作办法,进行分析与修正。

3.3.2 报价评价内容

综上分析,工程量清单下的工程项目招标,运用经评审的最低投标价法对商务标评审的分析与修正的主要工作内容如下。

3.3.2.1 报价算术性错误分析与修正

评标委员会按照招标文件规定的原则,对报价算术性错误进行修正。投标文件中的大写金额与小写金额不一致的以大写金额为准;总价金额与依据单价计算出的结果不一致的,以单价金额为准修正总价,但单价金额小数点有明显错误的除外。

算术性错误修正是出于评审需要，不得改变投标人在投标函中标明的投标价格。算术性错误的修正依据是招标文件、标底、施工组织设计、经投标人标价的工程量清单（尤其是措施项目和其他项目部分）或预算书、工程所在地工程造价管理部门颁布的工程造价信息等。

算术性错误修正经投标人书面确认后具有约束力，投标人不接受报价算术性错误修正的，其投标作废标处理。

3.3.2.2 错漏项报价分析与修正

错漏项报价修正内容包括：对错漏项报价进行的修正；对于按照招标范围不该报价的项目，直接删除该项目的价格。

错漏项报价的修正依据是招标文件、标底、施工组织设计、经投标人标价的工程量清单（尤其是措施项目和其他项目部分）或预算书、工程所在地工程造价管理部门颁布的工程造价信息、工程所在地市场价格信息、工程所在地工程造价管理部门颁布的定额或投标人企业内部定额等。

3.3.2.3 分部分项价格分析与修正

投标书中的分部分项工程量清单部分价格不合理的，应对其进行修正，修正依据包括：招标文件、标底、施工组织设计、经投标人标价的分部分项工程量清单或预算书；投标人的价格构成分析表、工程所在地工程造价管理部门颁布的工程造价信息（如果有）；工程所在地市场价格水平；工程所在地工程造价管理部门颁布的定额或投标人企业内部定额、投标人所附证明资料等。

3.3.2.4 措施项目和其他项目价格分析与修正

如果评标委员会认为措施项目和其他项目工程量清单部分价格不合理，应对其进行修正，其内容包括：措施项目清单和其他项目清单中的错漏项、措施项目清单报价中的资源投入数量不正确或不合理项、措施项目清单报价中的资源和生产要素价格不正确或不合理项、按照招标文件不该报价的项目。

其修正依据是招标文件、标底、施工组织设计、工程量清单中经投标人报价的措施项目和其他项目清单、投标人上述清单价格构成分析表（应反映按招标文件规定详列构成单价的生产要素，包括但不限于人工、材料、机械、企业管理费、利润、税金和规费等）、工程所在地工程造价管理部门颁布的工程造价信息（如果有）、投标人所附证明资料等。

3.3.2.5 管理费分析与修正

对投标报价中明显不合理的企业管理费率进行修正。企业管理费合理性分析与修正依据是：投标价格、经审计的近三年财务报表、企业本年度生产经营（市场营销）计划、经审计的已实现企业管理费证明、将要完成的产值及管理费可信度分析和有关证明等。

3.3.2.6 企业利润水平分析与修正

按国有资产保值率或投标人董事会或股东规定的企业净资产收益率或股本收益率，或按其他各家的合格投标的利润率以及标底对投标报价中明显不合理的利润进行修正。对于分部分项工程量清单和措施项目清单综合单价分析表的利润报价不一致的，亦以费率报价表报出的利率为准。

合理性修正依据是：投标价格、企业注册资料、国有资产保值率或投标人董事会或股东规定的企业净资产收益率或股本收益率、经审计的近三年财务报表、企业本年度生产经营（市场营销）计划、经审计的已实现企业利润证明、将实现利润可信度分析及有关证明等。

3.3.2.7 税金和规费分析与修正

根据投标价格分析出其中法定税金和规费的比率，对照现行的法律、法规等规定的额度和比率，如有差异则修正。分析与修正依据是投标报价以及有关法律法规。

3.3.2.8 不平衡报价的分析与修正

不平衡报价会给业主带来一系列风险。一是承包人采取不平衡报价策略投标，业主将会面临其高价索赔的风险，例如，实际工程量一旦与承包人预期的工程量变化不符，引起承包人的预期收益下降，承包人将会对业主提出高价索赔的要求。二是不平衡报价容易引起承包商后期亏损诉讼的风险，例如，投标人采取时间不平衡报价策略，前期不仅使业主多支付工程款和利息，而且有可能引起承包人后期的亏损，承包人会以各种理由向业主提出提价的要求，会造成业主增加投资，甚至引发诉讼风险。为此，不平衡报价成为评标人评审的重要因素。

评委会在清标时，应评审各单价的合理性以及是否存在不平衡报价情况，对于明显过高或过低的价格进行分析，对于无法合理澄清、说明或提供进一步说明的明显过高或过低的价格进行修正。如投标人拒绝确认修正结果则按照"废标"处理。

同时，对于投标文件是否存在串标、抄袭的现象，是否低于个别成本进行审查，同样一经发现应进行质疑，对于质疑回答不合理的，评委会应作出废标处理。

3.3.3 低价竞标判断

《招标投标法》第41条："（二）能够满足招标文件的实质性要求，并且经评审的投标价格最低；但是投标价格低于成本的除外。"经评审的最低投标价法中所谓的"低价"其界定的基本原则是不低于成本价，因而工程成本成为招投标参与各方所共同追逐的目标。尤其是对于招标人而言，能否评审出不低于成本价的最低报价成为评标是否能够成功的关键。

3.3.3.1 概念分析

（1）对低于成本含义的理解

《招标投标法》第41条中规定的"低价中标"，是指经评审的最低价格，中标人应最大限度地满足招标文件中规定的各项综合评审标准，能够满足招标文件的实质要求，并经过评审的投标价格最低。同时规定：投标价格低于成本的除外。这里的"低于成本价"是指"个别成本"而不是"社会平均成本"。个别成本并不排除采用新工艺、新技术、新材料等既降低成本又能保证工程质量的情况。也就是说企业投标自主报价可以低于社会平均水平（即定额水平），但不应低于企业自己的定额水平。由此可见，最低价中标和低于成本价中标不是一个概念，招投标法所说的最低价中标不仅仅是考虑价格因素，而且还综合考虑了质量、工期、相应的建设方案和工程交付使用后的维护运行等各种因素，以便能够更客观、公正地确定评标的最低报价。

低于成本中标有许多的危害。由于建设市场竞争激烈，许多企业为了中标采取低价投标策略，甚至低于其企业定额成本。一部分投标人先以低价中标，然后用各种手段通过索赔弥补；另一部分低于成本价的投标者则采取低价低质的手段来弥补报价的不足。这就对公开招标项目的终极目标实现造成了很大的威胁。低于成本价中标会产生的一系列负面影响如下：

① 工程质量难以保证，当企业所承揽的工程难以盈利甚至亏本时，承包商考虑的是如何降低成本，减少亏损，转亏为盈，势必影响到工程的质量；

② 可能造成承包商采取非法转包、肢解分包手段，转嫁经济责任，致使合同纠纷频繁；

③ 可能造成承包商逃避或拖欠各种应交税费或克扣农民工的工资，影响安定团结；

④ 工期难以按期完成，由于资金短缺，造成工人工资拖欠、材料供应不足、进度计划无法兑现，最终造成工期拖延；由于工期拖延，又造成人工费、机械费、管理费用、财务费用的增加，导致恶性循环；

⑤ 由于低于成本价中标，客观上可能促使承包商采取非法手段来调整工程造价，或出现业主与投标人串通一气，利用设计变更、签证等手段改变原有工程报价的情况。

(2) 对成本特征和性质的分析

① 判定责任主体 在货物、设备招标采购领域，对于投标报价低于成本价的判定一般相对容易，如机电产品的报价比较透明、根据采购产品的规格型号和数量、投标报价的合理范围就能够确定。但对于根据定额和工程量清单的工程项目招标领域中，投标报价低于成本的判断就比较复杂。如何判定投标报价低于成本？一般来说应根据工程项目自身特点和业主的要求，参考社会平均成本，并根据每个投标人的不同情况（个别成本）分别加以确定。

依据《招标投标法》规定，这一工作应由评标委员会承担，判定结论应由评标委员会做出。为此，报价是否低于成本价的判定成为评标工作的重要一环。但在实践中，对企业个别成本涵盖的内容、成本测算、成本信息的获取、专家测算成本的差异性等方面存在着很大的难度和争议。在评标过程中，无论在理论上还是在实践中，评标委员会都很难准确地计算出企业个别成本是多少，投标报价低于多少才算是低于成本价竞标。为此，投标报价低于成本的判定是值得研究探讨的。

② 成本特征分析

a. 成本具有相对性。我们所说的"成本"是指投标企业对自己而言的企业个别成本，而非社会成本。但企业成本不可能是孤立存在的，它必然融于整个社会的平均水平之中，是相对成本的概念。

b. 成本具有唯一性。工程具有唯一性，不存在完全相同成本的工程项目，即使施工图纸完全一样的两个项目的成本也不会相同，因为受其地质、气象、环境的影响。

c. 成本具有预测性。工程项目的订购性形成了其成本的预测性，因为成本是在合同签订后的一段时间内形成的。

③ 成本性质分析 成本主要涉及历史成本、预测成本和机会成本三个概念。历史成本也就是会计成本，是对历史上发生的成本的真实记录。预测成本是根据统计的历史资料对未来成本的估计。机会成本是指因生产资料用于某一项目的时效不同而产生的效益差别。

a. 历史成本不能作为判定是否低于成本的依据。就工程评标中的成本而言，不是历史成本，历史成本只能作为预测成本的基础资料。建筑产品的期货交易、订购的特性决定了成本的预测性，因此，评标中的成本只能是预测成本。在现实经济环境中，在市场经济条件下，价格变化受多种因素的影响，且价格变化频繁，用历史成本代替预测成本进行评标是不科学的、不准确的。

b. 机会成本应包含在评定成本之中。有效的资源一定存在使用时效，投入资源就失去了使用资源的其他机会而失去潜在的收益。因此，作为可能收益的机会成本，应包含在企业的成本之中。

在实际评标操作中发现，一些企业某些主材费用报价较低，评委会要求其说明，企业解释说，因为是自己的库存材料（在某一时间段内储备的物资）。通过询标及企业提供的有关材料购销证明，其单价是能够成立的。由于材料价格随着时间的推移，市场价格而发生波动，对于企业来说准确预测材料单价涨跌显得十分重要，低进高抛并在一定的时间内投入使用，企业必然可以赢得较好的收益，同时，也可以在使用时降低成本。因此，机会成本是企业成本的一项重要组成部分。

3.3.3.2 判断标准

评标委员会应根据价格参考最低社会平均水平、招标人编制的标底或其他投标人报价状况等进行对比判定。

(1) 投标总报价低于成本的判断

对于投标总报价低于成本的判断，一般可采用个别工程实体分部分项工程量清单项目费用和个别措施项目费用之和。评委认为该价格低于一定社会平均水平、投标人报价均值，或招标人标底的一定比例时，可视为投标报价低于成本。

(2) 分部分项报价（工程实体）低于成本的判断

① 当投标人填报的综合单价中出现任何一项（人工费、材料费、机械费、管理费、利润）的报价明显低于市场最低社会平均水平或本项目其他投标人的价格时，且投标人没有在招标文件中提交相关说明和相关证明材料，无法支持该价格的成立，可视为低于个别成本。

② 对于含有主要材料的分项，当投标人填报的工程主要材料单价明显低于招标人的最低控制线标准，或其他投标人的价格时，投标人应提供相关材料的采购证明资料，如果没有提供相关证明材料或提供的材料证明不能说明降价理由的，该主要材料可视为低于个别成本。

(3) 投标报价中的规费和税金

在投标人的报价中，规费和税金低于国家规定费率，或在报价表中出现负报价时，可视为低于个别成本。

(4) 投标报价中的企业利润

企业利润率低于0%的，或明显低于其他投标人的企业利润的，可视为报价低于个别成本。

(5) 不平衡报价的判断

①资金收回时间晚，投标人单价报价低；②对清单工程量可能减少项目，投标人单价报价低；③设计图纸不明确，工程量可能减少的项目，投标人单价报价低；④对于工程造价信息价格交底的部分（材料费），投标人认为可以采取索赔或变更的方式在后期可以获得利润的，投标人单价报价低。上述情况较明显时，可判断为不平衡报价，对此应通过分析和修正向投标人质疑和要求澄清，拒不修正的做"废标"处理。

3.3.3.3 判断做法

在评标中，要求评标委员会对每一位投标人工程报价清单的各项因素是否低于成本价进行判断，似乎是不现实的。这就要在招标文件中规定一个尺度、标准来衡量投标价是否低于成本，这个尺度、标准在实践中人们对其称呼不一，如低于成本的警戒值、合理投标报价下限、成本控制价下限等。那么如何确定呢？各地方政府对施工项目低于成本价判断做法各异，列举如下。

(1) 以投标价为依据

① 上海市——以总报价均值下浮为合理最低价

a. 采用单价合同的项目，其合理最低价的确定方式：先对入围投标人工程量清单中的分部分项工程项目清单综合单价子目（指单价）、单价措施项目清单综合单价子目（指单价）、总价措施项目清单费用（指总费用）、其他项目清单费用（指总费用）、规费项目（指计算基数，其中社会保险费指计算基数及计算费率）和税金项目（指计算基数）等所有报价由低到高分别依次排序，剔除各报价最高的20%项（四舍五入取整）和最低的20%项（四舍五入取整），并分别对剩余报价进行算术平均，按计价规范进行汇总，计算得出一个总价，并下浮一定比例后得出合理最低价。

b. 采用总价合同的项目，其合理最低价的确定方式：当投标人≥5家时，先对入围投标人的投标报价由低到高依次排序，剔除投标报价最高的20%（四舍五入取整）和最低的20%（四舍五入取整），然后进行算术平均，计算得出一个平均价，并下浮一定比例后得出合理最低价；当投标人＜5家时，则全部投标报价均进入平均价计算。

c. 房屋建筑下浮范围为3%~6%，市政工程下浮范围为3%~8%，本市根据情况适时对下浮范围进行调整。招标人需在招标文件中明确下浮区间，如 3%～4%、3%～5%、3%～6%、……、5%～8%等。项目具体下浮率根据招标文件规定的方式在开标时抽取（下浮率值取整）。

投标报价低于合理最低价的，视作不合理报价。

② 武汉市——以调整投标报价均值为合理投标报价下限　该市对合理投标报价下限做如下规定：合理投标报价下限为所有有效投标报价减去其中的最低投标报价的均值，再对其中低于和等于算术均值的投标报价（不含已经去掉的最低报价），计算第二次算术均值作为合理投标报价的下限。

投标报价在第一次算术均值以上（不含第一次算术均值）和第二次算术均值以下（不含第二次算术均值）的投标人取消其评标资格，不再参加评审。

③ 河北省——以总报价均值下浮作为最低控制线　分部分项综合单价平均值（超过7家投标，去掉一个最高值和一个最低值后再平均）的 96%（此值可根据工程当地价格水平和工程实际确定）为最低控制线，低于最低控制线的评委进行详细评审，询问确定合理最低综合单价。没有低于最低控制线的确定该项目最低综合单价为合理最低综合单价。

a. 分部分项综合单价和措施项目报价分别以其报价平均值（超过 6 家去掉一个最高和一个最低价后再平均）的 96%～98%作为评标控制线。

b. 评标控制线是评定投标报价合理性的参照。在对商务标评审时，评标委员会应当对低于控制线的报价进行书面询问和评审。采用经评审的最低投标价法的，通过算术平均确定投标总报价的合理范围。

投标总报价低于成本的认定：依据评审程序和要求，被评标委员会认定低于成本的分部分项和措施项目的费用之和，超过总报价的一定比例（3%～5%中的一个数值），视为投标总报价低于成本。

④ 山西省——以总报价均值下浮作为最低控制线　采用经评审的最低投标价法对价格进行评审时，对投标价合理最低价基准价确定为：当投标人数≥5 家时，合理最低基准价＝去掉投标报价总价的前 20%（四舍五入取整）和后 20%（四舍五入取整）后的算术平均值；当投标人数＜5 时，则全部投标报价总价进行算术平均，平均数下浮一定的比例作为评标的合理最低价。低于合理最低价的投标报价将被评标委员会否决。

⑤ 淮北市——以有效报价均值复合作为最低价限值　对投标报价进行评审时，通过下式计算最低价限值：

$$D = A \times (1 - a\%)$$

式中　D——有效报价最低价限值；

A——有效报价算术平均值；

a——下浮点从（2.0，2.5，3.0，3.5，4.0，4.5，5.0）数字中采取随机抽取的方式确定。

(2) 以标底为依据

北京市——以低于标底下浮作为不合理报价。对投标总价评审时，对于低于成本判断的规定为：房屋建筑工程低于标底 6%，市政工程投标报价低于标底 8%，或者评标委员会认为投标报价不合理的，评标委员会应当要求投标人就其报价做出详细的说明，投标人对其报价的合理性不能做出合理解释的，属于不合理报价。

(3) 以控制价为依据

天津市——以控制价下限作为成本控制价。控制范围上限为招标控制线，即依据工程量清单和定额市场指导编制限定的最高工程造价，控制范围下限为成本控制价。招标控制价以下和经商务系统确认的最低成本价以上的有效投标报价，经加权平均形成成本控制价，低于成本控制价的投标报价不参加商务标评审。

采用经评审的低价中标法评审时，成本控制价是利用有效投标报价计算生成的。

$N \leqslant 3$ 时：不计算成本控制价；

$4 < N \leqslant 7$ 时：成本控制价=全部有效投标报价/N；

$N > 7$ 时：成本控制价=所有低于（不含等于）"一次均值"（所有有效投标报价的算术平均值）的有效报价的算术平均值；

N 为有效投标报价。当投标价低于成本控制价时，失去入围资格。

（4）以控制价和投标报价为依据

四川省——以控制价与投标报价复合作为成本控制价。当投标人的评标价低于招标最高控制价的相应价格的85%，并且低于所有有效投标人评标价算术平均值的95%时，报价评审组必须对投标人报价是否低于成本进行评审。

（5）以评标基准价为依据

河南省——以评标基准价下浮比例作为低于成本线。当投标报价小于评标基准价7%时，评标委员会应对投标人提出质询。评标委员会认为投标人对质询答复或提供相应证明材料合理的，可进入后续评审（否则按低于成本价处理）。

3.4 评标操作程序

依据《招标投标法》系列法规、标准施工招标文件等，采用经评审的最低投标价法评标操作程序，分为初步评审、详细评审、质疑与澄清、推荐中标人和编制评标报告五步骤，如图3-2所示。

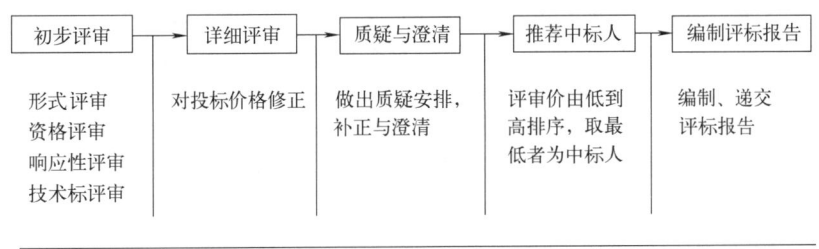

图3-2 经评审的最低投标价法评标操作程序

3.4.1 初步评审

初步评审的作用就是剔除无效、不合格、不响应的投标文件；剔除技术方案不可行、不可靠、不满足招标文件技术要求的投标文件。在初步评审阶段，评标委员会根据招标文件规定的评标标准和方法，对投标文件进行全面审核，主要审查投标文件的完整性、符合性以及投标报价的合理性是否满足招标文件中的有关规定，以判断投标文件是否存在重大偏离或是否予以保留。

对于投标文件有重大偏差，未能实质上响应招标文件的要求，或者投标文件中存在按照招标文件规定的无效情况，应当判定为无效投标文件。对于投标文件在实质上响应招标文件的要求，但在个别地方存在细微偏差如漏项或者提供了不完整的技术信息和数据等情况，补正这些遗漏或不完整不会对其他投标人造成不公平的结果，不影响投标文件的有效性。初步评审包括以下几步。

3.4.1.1 形式评审

投标文件对于形式评审的目的是审核投标文件是否符合招标文件的要求。审核因素包括：投标人名称是否与营业执照、资质证书、安全生产许可证一致；投标函是否签字盖章，有无法人代表或委托代理人签字或加盖公章；投标文件格式是否按照招标文件规定填写；联合体投标人提交的联合体协议书是否明确了联合体牵头人；报价是否唯一等。对于投标文件未经投标单位盖章和单位负责人签字，同一投标人提交两份以上不同的投标文件或者投标报价（招标文件要求提交备选投标的除外）等评标委员会应当否决其投标。应注意的是投标人密封、每页小签、投标有效期等不能简单地作为评判投标文件是否符合的理由。

3.4.1.2 资格评审

对于投标文件的资格评审的目的是审核投标人的资格是否符合招标文件的要求，其评审因素包括：营业执照是否在有效期内；安全生产许可证是否在有效期内；资质等级是否符合招标文件的规定；财务状况、类似项目业绩、企业信誉、项目经理、其他要求、联合体投标人等是否符合招标文件的规定等。投标人不符合国家或者招标文件规定的资格条件的作废标处理。

3.4.1.3 响应性评审

对于投标文件的响应性评审的目的是审核投标文件的承包内容、质量、工期等方面内容是否符合招标文件的要求。其评审因素包括：已标价工程量清单是否符合招标文件规定的范围及数量，技术标准和要求等是否符合招标文件的有关规定。凡不符合招标文件实质性响应的投标文件作废标处理。

3.4.1.4 技术标评审

技术标评审的主要目的是评审工程实施方案是否具有保障性、合理性、可行性。如发现以下情况，按照技术标不合格处理：项目经理、技术负责人员不明确的；主要施工技术方案或安全保证措施均不可行的；主要施工机械设备不能满足施工需要的；附有工程无法适用的其他技术和管理条款的。在经评审的最低投标价法中采用技术标为通过式的评标，上述评审不合格的投标文件不予通过，投标文件作废标处理。评标专家对于未通过符合性评审（上述三项评审）的投标文件不进行技术标的评审。技术文件通过评审的投标文件才能进入详细评审阶段。

3.4.2 详细评审

详细评审的作用就是统一报价口径，对各投标价格进行修正，计算出评标价，剔除低于成本价的投标文件。评标委员会应当根据招标文件中规定的评标价格调整方法，对投标报价作必要的价格修正。

3.4.2.1 确定报价评审次序

一般从经初步评审被判定为合格的投标中，按投标价由低至高确定商务标的评审次序。

3.4.2.2 报价评审的内容

对于报价进行评审的工作包括：报价计算错误修正、错漏项分析和修正、分部分项工程量清单部分价格合理性分析和修正、措施项目工程量清单和其他项目工程量清单部分价格合理性分析和修正、企业管理费合理性分析和修正、利润水平合理性分析和修正、法定税金和规费的完整性分析和修正和不平衡报价分析和修正。

对投标人的投标报价进行上述价格修正后，计算出每个投标人的评标价，并编制价格比较一览表。对投标报价评审的目的是判断各投标人的报价是否低于成本。

3.4.3 质疑与澄清

① 评标过程中评标委员会可以以书面形式要求投标人对所提交的投标文件中不明确的内容进行澄清或说明，或者对细微偏差进行补正，评标委员会不接受投标人主动提出的澄清、说明或补正；

② 澄清补正不得改变投标文件的实质内容（算术计算错误修正除外），投标人的澄清、说明或补正作为投标文件的组成部分；

③ 评标委员会对投标人的澄清补正有疑问的，可以要求投标人进一步澄清、说明或补正，直到满足评标委员会的要求；

④ 评标委员会对存有质疑的投标人质疑结果进行评审，判断并做出该投标人价格是否低于成本的最终评审结论。

经过评标委员会质疑的，且投标人回复理由不成立的按废标处理。

3.4.4 推荐中标候选人

通过符合性评审、技术标评审，有效标价最低、次低、三低者依次排序为第一、第二、第三推荐中标候选人。

3.4.5 编制评标报告

评标委员会根据评标情况和结果，向招标人提交评标报告。评标报告由评标委员会编制，按少数服从多数的原则通过，评标委员会全体成员在评标报告上签字确认，评标专家如有保留意见，可在评标报告中阐明。评标报告应当如实记载以下内容：

①基本情况和数据；②评标委员会成员名单；③开标记录；④回复信息一览表；⑤主要实物工程量报价对比表；⑥工程量清单对比一览表；⑦经评审的评审标价一览表，即投标价比较表（需附分析计算书）；⑧经评审的最低评审价确定表（需作个别成本分析）；⑨补充履约保函计算表；⑩澄清、说明、补正事项纪要；⑪经评审的投标人排名和推荐的中标人名单及排序；⑫签订合同前需要注意的事项等。

3.5 操作注意事项

3.5.1 实践中存在的问题

经评审的最低投标价法，在许多单位招投标中存在着不同程度的误解误用，影响着经评审的最低投标价法的运用，具体表现在以下几点。

3.5.1.1 对方法的误解

把"经评审的最低投标价法"误认为是"最低价中标"。一些招标人认为，在经评审的最低投标价法中，报价低者即为中标者，没有充分理解"经评审"三个字的含义。在招标实践中，大量招标人没有考虑投标书中的工程质量保证、工期、企业信誉、业绩、施工组织方案等因素，而单纯地以价格为中心，谁让利多，就由谁来中标。该项目的成本价是多少？不明确，没有底线，这就直接造成了投标企业报价的失控，引起低价的恶性竞争，严重影响了企业的健康发展，扰乱了招标市场的正常秩序。

3.5.1.2 操作程序缺少必要的环节

对投标报价的修正必须通过澄清、质疑程序缺乏正确认识。在运用经评审的最低投标价法详细评审中，有些评委会对"投标报价的修正，必须通过澄清、质疑途径与投标人充分沟通，征得投标人的同意"的程序没有引起足够重视，在详细评审缺乏澄清、质疑环节，甚至有些评标专家误认为，对投标人就价格、方案实行沟通违反了《评标委员会和评标方法暂行规定》第47条"招标人不得与投标人就投标价格、投标方案等实质性内容进行谈判"的规定。实际上第47条不是针对评标委员会的，评标专家不属于招标人，评标专家是属于独立于招标人之外为招标人评选合格承包商的第三方。评标专家按照评标办法对商务标进行修正，修正结果经投标人确认同意后，作为评标依据，这不是招标人与投标人就投标报价实质内容进行谈判，而是评标专家对商务标的具体评审，两者之间是有本质区别的。

3.5.1.3 招标文件编制缺乏可操作性

依据现行法律规定，招标人在编制的招标文件中，应将评标办法作明确的规定，但一些招标文件中，只是简单地描述为"采用经评审的最低投标价评审方式"，但对于其实施步骤、评审的具体操作缺乏详细的规定，招标文件缺乏严密性、可操作性，投标人没有办法依据评标办法来编制商务标，并且也导致评委会成员在评审时，没有具体评审操作依据可循，导致评审偏离预期目标。产生这种情况的主要原因是招标人的"在评标时只要投标人响应招标文件中的实质性要求，投标低价者中标"的思想认识作怪。

3.5.2 操作过程的关键点

3.5.2.1 正确认识经评审的最低投标报价法

国际上普遍认为，招标的本质就是价格的竞争，就是在投标满足招标人要求的前提下，最低评审价格成交。经评审的最低评标价法是国际上对公开招标默认的评标方法。以世界银行和亚洲开发银行为例，工程和货物招标项目的评标方法只有最低评标价法即经评审的最低价为中标人。该方法不是"最低价中标"，而是有前提的，即"经评审"是指对投标书（技术标）完全满足了招标人的实质要求后，经过对投标人报价以及商务标进行修正形成评审价，按照评审价的排序，最低评审价中标。因此，招标人对于这一评标方法应该有正确的认识。

3.5.2.2 在招标文件中应详细编制评标办法

采用经评审的最低投标价法评标的环节主要为初步审查、详细审查、推荐中标候选人，应在招标文件中编制具体的评标操作方法。初步评审的内容为各投标书的完整性、符合性、重大偏离度和技术标等，其中技术标评审内容包括项目工期、工程质量保证、投标有效期等。详细评审主要是对经济标的评审，包括对算术错误、缺项漏项、组成综合单价等方面的分析与修正等。

3.5.2.3 重视对技术标的评审

采用经评审的最低投标价法，招标人或评标委员会应着重对工期、质量、施工方案、重点部位技术安全措施等实质性的内容进行审查。对技术标的评审条件以及要求也应予明确规定，并在招标文件中予以公示。技术标不合格的不能进入下一步的商务标的评审。

3.5.2.4 重视对商务标的评审

在招标文件中应详细说明对商务标进行审查的操作方法，商务标的审查要依据招标文件事先所规定的原则和方法修正投标报价，形成评审价，但评审价必须经投标人澄清、确认同意。修正的报价对投标人有约束作用并以此为依据评审商务标。如果投标人不接受按照修正原则和方法进行修正报价，则其投标作废标处理。最后按照商务标评审价排序，评审价最低者推荐为中标候选人。

3.5.2.5 重视对低于成本价的评审

招标投标法一再强调，投标价不低于成本是中标的先决条件。如前所述，对于成本主要有两个概念，一个是社会的平均成本；另一个是投标人的个别成本。《评标委员会和评标方法暂行规定》已经明确地将成本界定为企业个别成本。该项成本受投标企业自身条件、工程任务的具体内容和时间等多方面的因素影响，无时无刻不在变化中。因此在评标过程中用社会平均成本衡量特定投标人的投标价格是否低于成本的做法显然是错误的。期望通过调查和分析得到每个投标人的个别成本，也是不现实的。这是评标过程中的难点。一般通过规章规定和经验对投标人报价低于个别成本的部分加以解决。

3.5.3 对评标方法的评价

3.5.3.1 方法适用范围

经评审的最低投标价法首先适用于具有通用技术、性能标准或者招标人对技术、性能没有特殊要求，工程施工技术管理方案的选择性较小，且工程质量、工期、技术、成本受施工技术管理方案影响较小，工程管理要求简单的工程招标项目；其次，适用于对技术上没有特殊要求的招标工程项目或技术规格、性能、制作工艺要求统一的货物招标项目；再次，适用于国有、政府投资和银行贷款的工程项目。

3.5.3.2 方法的优势

(1) 体现了提高经济效益的招标宗旨

采用经评审的最低投标价法，直接反映了市场"价格竞争"这一核心内容。通过运用经评审的最低投标价法评标，可以选择出管理水平高、成本低、竞争能力强的单位中标，体现了科学择优的评标活动原则，能够更好地实现提高经济效益的招标目的。

(2) 可以有效防止投标人串通投标

经评审的最低投标价中标，可以有效防止串标行为的发生。因为采取串标是需要成本的，串标人必然报价较高，高价投标其中标的可能性相应降低，所以采用经评审的最低价中标会有效防止串标。

在国家公布的多起招标违法事件中，发生在某省的一起事件特别引人注意。这起事件跟别的查处事件不同之处是串标的投标人没有得手。之所以没有得手，关键是该招标项目采用了经评审的最低投标价法，七家入围单位，串标者串通了六家，但另一家拒不配合，导致串标的投标人不得不采取过激的手段去阻止这家单位投标。试想，如果采取综合评估法，价格标评标采用平均价法，即评标基准价等于去掉一个最高报价和一个最低报价的平均值，经济标以离基准价最接近者得分最高。六家对一家，投标人基本上无须顾忌圈外的一家单位。有些招标项目，甚至招标人已经感觉到被串通投标了，但苦于不能采用经评审的最低价评标方式打破这种局面，只能造成国有资产的流失。

(3) 评标方法透明不容易产生腐败

经评审的最低投标价法，其评审结果一目了然，人为干扰因素降到了最低。招标人代表、评标专家的作用不再是判定结果，而是回归到技术支持上，即判定投标人的技术条件能否满足招标文件的实质性要求，投标报价是否合理、是否有不平衡报价现象，是否要求投标人澄清或修正。投标人不再是忙着串价，而是把精力真正放在如何提高管理水平、降低成本、提高竞争能力方面。

3.5.3.3 方法的弊端

① 操作难度大。在招标前对招标的准备工作要求非常高，操作较难。尤其是技术、商务方面的关键性指标设置必须慎重考虑，不能漏项，一旦疏忽遗漏，就有可能让对某一漏项

指标不能作实质性响应的投标人进入下一轮评审,有可能使其中标,为日后的合同履行带来风险。

② 评标过程中,难以对投标报价中的不平衡报价进行界定,缺少基准;这可能导致有些投标人将报价过分压低谋求中标,不平衡报价只能靠评委的主观测评来判定。

③ 尽管在一般情况下,经过制定科学的评标程序,对高价中标的现象进行了有效的遏制,然而对很多通过共有资金却存在竞争性需求的招标项目,依旧很难对价格折算的关系进行精确性划定,无法将该方法的真正内涵真正体现出来。

④ 经评审的最低投标价法难以将技术标准与要求复杂精细的工程项目与价格相联系,来实现对投标人技术能力的最佳选择。

评标活动遵循公平、公正、科学、择优的原则,每个项目都有最适合于自己的评标方法,从项目特点出发选择最有利于实现项目建设目标的评标方法是科学、择优原则的具体体现,对建设项目的实施具有重大意义。

第4章

一般工程评标案例

4.1 自来水施工商务标评审案例

4.1.1 案例摘要

以某市政自来水施工项目评标为例,介绍了运用经评审的最低投标价法的基本思路和对价格标的评审过程。

4.1.2 评标背景

某市自来水厂工程一标段,清水池容积 2000m³,钢筋混凝土结构,一类工程取费,综合费率 18.14%,设计概算 70 万元。实行公开招标方式,施工图预算报价,采用经评审的最低价中标法。投标保证金 0.5 万元,中标后自动转为履约保证金。9 家单位报名投标,资格审查后 5 家单位获准投标。评标委员会由 5 名人员组成,技术、经济专家各 2 名,法律专家 1 名,从专家库中随机抽取。

4.1.3 初步审查

开标前,招标人向评委会介绍了本次项目招标的目标、招标范围和性质,评委们认真研究招标文件,仔细阅读理解招标文件,一致认为这 5 家投标单位对招标文件的实质内容都做出了实质性响应,可以进行详细评审即价格标的评审程序。

4.1.4 详细评审

详细评审从最低标开始推荐中标候选人。由低标到高标,如果为最低标,经过评委判定不低于成本,就可以推荐为中标候选人。如果低于成本那就评审次低标,以此类推直到评出第一中标候选人。评委会将 5 家投标单位价格标报价表列出,如表 4-1 所示。

通过对表 4-1 分析可以看出,投标人 A,投标报价 39.74 万元,低于预算报价 6.88 万元,低幅达到 14.76%,低于平均预算报价 8.94 万元(48.68−39.74),低幅达到 18.36%,低于平均投标报价 4.37 万元(44.11−39.74),低幅达 9.91%,低于平均定额直接费 2.49 万元(42.23−39.74),这引起评委会的警觉,怀疑投标人 A 投标报价可能低于成本。

表 4-1 投标单位报价表

序号	投标单位	定额直接费用①/万元	预算报价②/万元	投标报价③/万元	优惠金额④=②-③/万元	优惠幅度⑤=④/②/%
1	A 建筑公司	39.49	46.62	39.74	6.88	14.76
2	B 建安公司	43.03	47.13	43.00	4.13	8.76
3	C 市政公司	42.90	49.89	43.80	6.09	12.21
4	D 建安总公司	42.92	49.90	44.16	5.74	11.50
5	E 航空建安公司	42.79	49.88	49.86	0.02	0.40
	平均值	42.23	48.68	44.11	4.57	9.39

经济类评审专家按照投标人 A 预算书中提供的（人工、材料和机械消耗）×地区市场价＋规定必须计取的劳保统筹费、安监费、税金＋让利后的管理费，得出本项目投标企业 A 成本价应高于 47.13 万元的结论。于是要求投标人 A 做出报价让利部分的补充说明及提供证明材料，评委会再次评审。依据投标人 A 补充说明的材料，评委会对其进行了认真的评审，从补充材料中发现以下问题。

① 投标人 A 拟用于本项目的人工单价报价为 24 元，明显低于本地区建安工资 25～30 元的标准。

② 投标人 A 拟用于本项目的施工机械没有提取折旧费。评标委员会采用无记名投票方式，判定投标人 A 的投标报价低于成本价，于是推荐投标人 B 为中标候选人。

4.1.5 评标结果

本项目评标工作历时 3 天，终有结果，B 为中标候选人。公示后投标人无异议，招标人满意，中标人高兴。

4.1.6 案例提示

在采用经评审的最低投标价法评标时，对价格标的评审十分关键，价格标是投标人竞争的核心。因为该种评标方法对于符合性评审、技术标评审实行通过制，对技术标无须进行折算，按照有效投标人报价由低到高排序取最低、次低、三低者为中标候选人。因此，低价竞标成为经评审的最低投标价法在实践中经常出现的症结，投标报价是否低于成本价的判断始终是经评审的最低投标价法评审的重点和难点。在评审中要实行合理低价中标，防止低于成本中标引起的一系列问题，切实保护业主自身的利益，就要抓好价格标的评审工作，防止低价中标对业主造成的损失。

4.2 住宅楼施工低价竞标判定案例

4.2.1 案例摘要

这是一起建筑施工采用经评审的最低投标价法低价竞标判断的案例。通过经评审的最低投标价法的应用实践，介绍了对投标总价、分部分项工程量清单综合单价、措施项目费等进行评审判断的思路，揭示了经评审的最低投标价法的实质。

4.2.2 评标背景

某住宅楼建筑面积 $6858.98m^2$，剪力墙结构，地上 16 层，地下 1 层。该项目共有 A、B、C、D 四家单位参与竞标。

4.2.3 低价竞标分析

本项目评标委员会对四家投标人的初步审查合格,全部进入详细审查,按照招标文件的评审内容和标准,得出各投标报价人的评标价,如表4-2所示。

表4-2 投标人报价表 单位:元

序号	总报价金额	税金和规费	安全文明施工费	评标价
投标人A	6927738.03	208132.14	128479.28	6591126.61
投标人B	7833361.15	234997.01	141000.51	7457363.63
投标人C	7752483.31	232501.14	139513.99	7380468.18
投标人D	8268077.13	248042.31	148685.04	7871349.78

在投标人报价中,投标人A的报价最低(投标报价6927738.03元),评标价即总报价扣除不参与竞争的税金和规费和安全文明施工费等后的竞争价格(评标价6591126.61元)也是投标人A最低。该评标价比四家投标人的平均报价低10.02%,已低于各投标人相应平均值的90%。在评审中应该对该最低价是否合理或低于成本进行分析和判断。评标价报价分析表如表4-3所示。

表4-3 评标价报价分析表 单位:元

序号	项目名称	投标人A	投标人B	投标人C	投标人D
1	分部分项工程量清单计价合计	5524474.24	6077397.66	6028502.72	6406465.83
2	措施项目清单合计	812824.90	1092848.33	1068477.07	1161827.40
3	其他项目清单合计	7200.00	8250.00	7500.00	8700.00
4	工程定额测定费	9006.06	10183.36	10087.22	10748.51
5	税金	237621.41	268684.28	259610.17	283605.04
	合计	6591126.61	7457363.63	7374177.18	7871346.78

通过表4-3可见,各投标人除了措施项目清单计价费用外,其他各项的报价都在接近或属于正常波动范围,而在措施项目清单计价中的投标人A报价大大低于其他几家报价,比4家投标人该项算术平均值低21.39%,已低于平均报价的80%。因而该措施项目清单应属于重要评审项目。

通过进一步分析,发现投标人A在措施项目清单中的垂直运输机械费漏报,从而导致措施项目清单计价过低,也使总报价大幅降低,而该低价是由于缺少了生产该项建筑产品时的直接成本中所必需的措施项目费用,属于重大项目漏报。因而应在评审中判定为低于成本。所以在该项目报价中,经过评标专家的评审应由次低价到高价排序推荐中标人,投标人C排在第一位。

4.2.4 案例提示

经评审的最低投标价法是广泛使用的一种评标方法,界定"低价"的基本原则是不低于成本价,对于招标人而言,能否评审出不低于成本价的最低报价成为评标是否能够成功的关键。

4.2.4.1 对总价的评审

一般将工程量清单计价中的安全文明施工费、规费定义为不可竞争性费用,投标人投标总价扣除不可竞争性费用后的报价低于各投标人相应报价的算术平均值的90%时,评标专家应对该投标人报价重点进行详细分析、评审、判断,找出产生低价的原因。例如:

① 审查工程量清单项目报价有无重大漏项、错报;

② 相关的费用和税金是否按照国家规定计取、有无少算错算；
③ 是否详细列出了成本节约措施的内容和理由，或者内容是否完整、有说服力等。
通过上述分析，判断投标报价是否低于成本价。

4.2.4.2 分部分项工程量清单综合单价的评审

该项目的评审是以保证工程所需实体消耗和工程质量为目标，其过程也是一个比较、分析、判断的过程。当投标人某项分部分项工程量清单项目综合单价低于算术平均值的90%时，评标专家应加以重点关注，评判该综合单价是否低于成本价。这就需要评标专家熟悉工程造价的指标和综合单价的合理构成，并对项目内容、项目特征描述以及综合单价分析表进行分析判断。

4.2.4.3 措施项目清单报价的评审

措施项目清单报价的评审是以保证施工前和施工过程中技术、生活、安全等方面的要求为基础的。该项评审以对低于各投标人相应报价的算术平均值80%的投标人为重点评审对象，对于在技术、安全等方面是否提供了有效的措施保障，措施项目内容能否保障工程的顺利实施，是评定是否低于成本价的依据。

4.2.4.4 材料单价的评审

材料单价的评审是为了保障工程所采购的建筑材料满足工程质量的必备条件，也是评审中重要的部分。当具有相同名称、品种、规格的材料单价低于各投标人相应单价算术平均值90%时，对其投标人的材料单价合理性及材料来源进行评审、分析，用于判断是否低于成本价。

4.3 公共卫生建筑评标全过程案例

4.3.1 案例摘要

以公共卫生建筑工程项目评标为背景，对经评审的最低投标价法（货币方法）的评标全过程进行了介绍，尤其是对低于成本的判断和工期、漏项等的价格折算阐述较为详细，为经评审的最低投标价法的应用提供了经验。

4.3.2 评标背景

某医院工程建筑项目，属于公共卫生建筑，建筑面积4800m²，基准工期13个月。资金来源：专项国债资金和部分自筹资金。招标范围：建筑安装工程，即施工图所确定的范围。

本项目采用公开招标方式，评标方法采用经评审的最低投标价法。本项目采取资格预审方式，报名投标单位共十六家单位，资格预审阶段有四家单位弃权，五家单位未通过资格预审，七家单位通过资格预审，并购买了招标文件，在规定的时间内提交了投标文件。

在本案例项目中，招标人通过编制详细的资格预审文件，对投标人的资格、信誉、履约、财务、业绩、安全等各方面进行了审查，排除了资质较低、信誉较差、履约情况、财务情况、业绩、安全认证等方面不符合要求的投标单位，为经评审的最低投标价法评标创造了条件。

4.3.3 技术标评审

招标人依据《评标委员会和评标方法暂行规定》制定了评标方法和标准并在招标文件中载明。评标程序分为初步评审、详细评审、推荐中标候选人。在技术标评审中，评标人员对通过初步评审（形式、资格、响应性、合格性审查）的投标文件进行技术评审。技术评审为合格制，在技术标评审项目共六项，每一项的评审标准分为上、中、下三档，中档（含中档）以上为合格。各投标单位的施工实施方案必须合格，其余五项必须有三项合格，才能被评为技术标合格，技术标不合格的不能参加商务标的评审。

在开标两小时前在省专家库中随机抽取四位评标专家，其中两位是造价工程师，业主派一名代表参加评标并任组长，组成评标委员会。

在技术标评审中，有两家投标人未能够通过，不再参加商务标的评审，被淘汰出局，其余A、B、C、D、E五家投标人继续参加第二阶段的商务标评审。

4.3.4 商务标评审

4.3.4.1 对商务标的符合性审查

评标专家对投标报价的填报是否实质上响应了招标文件的要求进行审查。实质响应招标文件要求的投标报价，应与招标文件的具体技术要求、报价要求、清单工程量和主要合同条款关键性内容相符，并无显著差异或保留。

4.3.4.2 对投标总价的评审

评标专家应对投标人投标总价有无明显不均衡报价、有无漏项进行评审。对除规费、安全文明施工费外的投标总价低于各投标人总价算术平均值10%的投标人，评标专家有权提出询问。投标人不能说明理由或经评标专家认为理由不能成立的，判定为投标报价低于成本价，作废标处理。

4.3.4.3 对分部分项工程量清单综合单价的评审

分部分项工程量清单综合单价的评审以保证工程所必需的实体消耗量和工程质量为目标。

（1）招标文件明确规定，本工程必须对至少25项分部分项工程量清单综合单价进行评审，并要求投标人提供相应综合单价分析表。

必须评审的分部分项工程量清单综合单价项目的确定由项目招标人按该工程分部分项工程量清单的价值从大到小的顺序选定。

（2）评标委员会对招标文件确定的必须评审的分部分项工程量清单综合单价进行详细评审。

当投标人的某项分部分项工程量清单综合单价中的人工费低于省建设工程工程量清单计价定额的10%，或综合单价低于各投标人该部分分部分项工程量清单综合单价算术平均值的10%时，评审专家应向该投标人提出询问。

（3）如果投标人的某项分部分项工程量清单综合单价低于平均值10%，且投标人不能说明理由或评标专家认为理由不成立，而该投标人的投标总价（扣除规费、安全文明施工费）未低于各投标人总价的算术平均值10%的，则该投标人的该部分分部分项工程量清单综合单价的得分为零，以次低的综合单价为最低报价计算该项综合单价其余各投标人的得分。如果该投标人的投标总价（扣除规费、安全文明施工费）同时也低于各投标人总价的算术平均值10%的（两低），则该投标人的投标报价判定为低于成本价，作废标处理。

4.3.4.4 措施项目清单的评审

评标专家应对措施项目清单报价（扣除安全文明施工费）低于计价定额的20%或各投标人投标报价算术平均值的20%的投标人提出询问，投标人不能说明理由或评标专家认为理由不成立的，按投标报价低于成本价作废标处理。

4.3.4.5 对主要材料清单的评审

（1）招标人应确定必须进行评审的主要材料。

招标人应在招标文件中规定该工程不少于10种必须进行材料单价评审的主要材料（不包括招标人自行采购的材料）。投标人对必须进行材料单价评审的主要材料在报价中的单价低于工程造价管理机关发布的市场信息价10%的，投标人应在投标文件中提供该材料的生产厂家或经销商出具的材料供应承诺证明（含材料名称、生产厂家、生产地点或销售地点、规格、型号、供货数量、供货单价、供货时间）。

必须评审的主要材料的确定由招标人按该工程中每种材料的价值比重，按从大到小的顺序选定。

（2）评标专家应对招标文件中确定的必须评审的材料单价的合理性和材料来源进行评审。

当某种材料所报单价低于工程造价管理机关发布的市场信息价10%的或低于该材料各投标人所报单价的算术平均值10%时，评标专家应审核该投标人提供的该材料的生产厂家或经销商出具的材料供应承诺证明。

① 投标人未提供该材料供应承诺证明。

② 投标人所提供该材料供应承诺证明为非生产厂家或未取得生产厂家授权的经销商出具的。

③ 投标人所提供该材料供应承诺证明中的供货时间与施工时间不一致或供货数量不能满足需要的。

④ 评标专家确定其低价理由不成立的。

如果经评审的某项材料单价符合上述四条中的一条，而该投标人的投标总价（扣除规费、安全文明施工费）并未低于各投标人投标总价平均值的10%时，该项材料得分为零，以次低的材料单价为最低报价计算该项材料其他投标人的得分。

如果经评审的某项材料单价符合以上四条中的一条，而该投标人的投标总价（扣除规费、安全文明施工费）又低于各投标人投标总价平均值的10%时（两低），该投标人的投标报价按低于成本作废标处理。

4.3.5 低价竞标的判定

按照上述评标规则，分别判断投标总价、综合单价、措施项目费、材料费五个方面是否低于成本。

4.3.5.1 实施符合性审查

本案对投标人的符合性审查结果显示，五家投标单位均为合格。

4.3.5.2 投标总价是否低于成本的判定

评标专家对投标人投标总价有无明显不均衡报价、有无漏项进行评审。对投标总价（扣除规费、安全文明施工费）低于各投标人总价算术平均值10%的投标人，评标专家有权提出询问。投标人不能说明理由或经评标专家认为理由不能成立的，按投标报价低于成本价处理。

五家投标单位的总价评审结果如表4-4所示。

表4-4 投标总报价评审表

投标单位	总报价/万元	与总报价平均值偏离程度/%	是否低于均值的10%	是否低于成本	有效报价从低到高排名
A公司	432.38	-5.08	否	否	1
B公司	491.17	7.83	否	否	2
C公司	398.24	-12.57	是	是	5
D公司	454.33	-0.26%	否	否	3
E公司	501.39	10.07	否	否	4

计算各投标人总报价的平均值：

各投标人总报价平均值＝(432.38＋491.17＋398.24＋454.33＋501.39)/5＝455.50(万元)。

各投标人报价以总报价平均值为基准的偏离程度如下。

A 公司：(432.38－455.50)/455.50＝－5.08％＞－10％

B 公司：(491.17－455.50)/455.50＝7.83％＜10％

C 公司：(398.24－455.50)/455.50＝－12.57％＜－10％

D 公司：(454.33－455.50)/455.50＝－0.26％＞－10％

E 公司：(501.39－455.50)/455.50＝10.07％＞10％

由表 4-4 可见，由于 C 公司总报价低于各投标人总报价平均值 12.57％，大于 10％，评标专家需要询问其低价理由，询问结果如表 4-5 所示。

表 4-5 评标专家询问记录表

询问单位	C 公司
询问内容	你公司投标总价低于各投标人总价的算术平均值10％，请说明理由
答复、澄清、解释及证明材料	1. 我公司目前在当地有较大的项目； 2. 公司总价是在充分了解该项目所处地理位置及其周边建筑承包造价的情况下做出的； 3. 由于我公司在当地的材料需求量大，所以采购的价格较低； 4. 机具、设备、周转材料人员等均可以调节使用，从而提高了利润率和功效，节省各项费用
评委会结论	理由不成立，澄清无效，按低于成本处理

评标专家认为，C 公司报价低于总报价平均值的 10％ 的理由不成立，故按低于成本价作废标处理。

这样有效投标人剩四家单位，对剩余四家即 A、B、D、E 投标人的分部分项综合单价、措施项目费、材料单价等继续评审。

4.3.5.3 综合单价是否低于成本的判定

表 4-6 列出了总价排名第一的 A 投标单位的分部分项工程量清单综合单价的评审结果，评标委员会对某些项的单价低于均值10％的原因进行了询问，记录如表 4-7 所示（其余投标人的评审记录略）。

表 4-6 分部分项工程量清单综合单价评审表

项目名称	A、B、D、E 整体		A 公司			
	报价平均值/万元	最优报价/万元	报价	与均值偏离/％	是否有效报价	是否低于成本
挖基础土方	8.9	7.05	9.15	2.81	√	×
空心砖墙	147.47	140.05	140.93	－4.43	√	×
独立基础	202.45	162.74	234.11	15.64	√	×
矩形柱	202.45	184.50	203.09	0.32	√	×
基础梁	188.28	169.73	190.64	1.25	√	×
有梁板	202.13	183.17	205.82	1.83	√	×
现浇混凝土钢筋1	4082.01	3804.09	4163.31	1.99	√	×
现浇混凝土钢筋2	3909.80	3748.83	4048.51	3.55	√	×
现浇混凝土钢筋3	4336.48	4194.21	4387.46	1.18	√	×
金属网	8.55	6.79	6.94	－18.83	√	×
屋面卷材防水(不上人)	97.27	61.39	87.86	－9.67	√	×
屋面卷材防水(上人)	114.4	81.07	81.07	－29.13	√	×
现浇水磨石地面	32.21	29.16	29.16	－9.47	√	×
现浇水磨石屋面	55.19	46.70	46.70	－15.38	√	×

续表

项目名称	A、B、D、E 整体		A 公司			
	报价平均值/万元	最优报价/万元	报价	与均值偏离/%	是否有效报价	是否低于成本
卫生间楼地面	88.64	62.60	73.14	−17.49	√	×
块料踢脚线	58.55	41.27	42.23	−27.87	√	×
不锈钢栏杆	108.31	37.06	129.70	19.75	√	×
内墙抹灰	8.99	6.56	6.56	−27.03	√	×
隔断	259.37	70.20	182.67	−29.57	√	×
卫生间天棚吊顶	62.30	27.09	69.39	11.38	√	×
木制推拉门 1800mm×2400mm	583.01	465.63	492.42	−15.54	√	×
塑料窗	1726.67	1370.55	1370.55	−20.62	√	×
合成树脂乳液涂料内墙面	11.78	6.13	6.13	−47.96	√	×
外墙刷涂料	10.81	5.11	7.25	−32.93	√	×

表 4-7 对 A 投标单位的询问记录表

询问单位	A 公司
询问内容	你单位商务标中的部分综合单价低于各投标人平均值 10%，请说明理由（内容见上表）
答复、澄清、解释及证明	1."金属网"的综合单价较低的原因是：①清单消费定额中的金属网是按射钉固定网片，而在施工中是用圆钉固定的，两者价差较大；②金属网片的市场价低于信息价。 2."屋面卷材防水（上人）"综合单价较低的原因是：我司的河砂价格低于市场价（附有砂石场的合同），卷材由长期的供货商供货，价格较低（附合同）。 3."现浇水磨石屋面"的综合单价较低的原因同上。 4."卫生间楼地面"的综合单价较低的原因是：地砖未指定生产厂家，按照合格的地砖进货，地砖价为 32.35 元/m²。 5."块料踢脚线"的综合单价较低的原因是：踢脚线未指定生产厂家，按合格踢脚线进货，踢脚线价为 5.00 元/m²。 6."内墙抹灰"的综合单价较低的原因是：①我司的河砂价格低于市场价（附有砂石场的合同）；②加强对墙体的砌筑管理，墙体砌筑严把质量关、横平竖直、减小抹灰厚度。 7."隔断"的综合单价较低的原因是：玻璃砖未指定生产厂家，按合格的玻璃砖进货。 8."木制推拉门""塑料窗""合成树脂乳液涂料内墙面""外墙刷涂料"的综合单价较低的原因是未指定生产厂家，按照合格的主材进货
评委会结论	理由成立，澄清有效

4.3.5.4 措施项目清单的报价是否低于成本的判定

评标专家按照评审办法规定，对措施项目清单（扣除安全文明施工费）低于计价定额 20%或各投标人报价的算术平均值的 20%的投标人进行询问。投标人不能说明理由的，或说明理由但评审专家认为不成立的，按投标报价低于成本处理，详见表 4-8（其余投标人的评审记录略）。

表 4-8 措施项目清单的报价评审表

投标单位名称	与均值偏离/万元	比值/%	是否低于平均价的 20%	是否低于成本
A 公司	28.26	−8.81	否	否
B 公司	22.09	−28.72	是	否
D 公司	35.15	13.42	否	否
E 公司	30.47	−1.68	否	否

措施费报价算术平均值=(28.26+22.09+38.99+35.15+30.47)/5=30.99（万元）
各投标单位措施费报价与均值偏离情况如下。
A 公司：(28.26−30.99)/30.99=−8.81%>−20%
B 公司：(22.09−30.99)/30.99=−28.72%<−20%
C 公司：(38.99−30.99)/30.99 =25.81%>20%
D 公司：(35.15−30.99)/30.99=13.42%<20%

E公司：（30.47－30.99）/30.99＝－1.68%＞－20%

由表4-8可见，在总报价最低的前三家的A、B、D投标人中，B投标人措施费报价低于措施费报价算术平均值28.71%，大于20%，评标专家对B投标人的措施项目需要询问，其询问记录如表4-9所示。

表4-9 评标专家对B投标人的询问记录表

被询问单位	B投标单位
询问内容	你单位商务标中的措施项目清单报价低于各投标人平均值20%，请说明理由
答复、澄清、解释及证明材料	根据我司的施工经验和完善的施工管理体系，完全能够最大限度地降低措施费。 1. 文明施工费：由于本工程远离市区，所处环境较好，文明施工费发生的应该较少，故之只收取土建部分的措施费，安装和装饰的措施费未收，可以满足需要。 2. 安全施工费：按规定全部收取。 3. 临时设施：我司利用活动房搭建，故只发生摊销费，大大降低了费用支出。 4. 夜间施工费：本工程工期较为宽裕，无须夜间加班；因此，不收此费用。 5. 二次搬运费：由于施工场地较大，经过精心组织，材料基本无须搬运，因此不收此费用
评委会结论	理由成立，澄清有效

4.3.5.5 主要材料的价格是否低于成本的判定

本次招标项目需要评审的主要材料共十种，对材料报价低于各投标人平均值的10%的，评标专家需要进行询问，由投标人澄清问题说明理由。本项目主要材料价格的评审中各投标单位的澄清理由均有效成立，全部通过评审。表4-10、表4-11为总报价最低的A投标单位的主要材料报价评审表和询问记录（其余投标人的主要材料报价评审表以及询问记录在此从略）。

表4-10 对A投标人主要材料报价的评审表

序号	项目名称	报价平均值/元	最优报价/元	A投标单位			
				报价/元	与均值偏离/%	是否有效报价	是否低于成本
1	水泥32.5	274.4	230	310.00	12.97	√	×
2	特细砂	40.20	35	42	4.48	√	×
3	烧结页岩空心砖	110.20	104	110.00	－0.18	√	×
4	螺纹钢φ10以上	3405.00	3200	3550.00	4.26	√	×
5	圆钢φ10以内	3396.00	3300	3510.00	3.36	√	×
6	卵石5～40mm	23.3	16	16.00	－31.33	√	×
7	卵石5～20mm	25.3	17	17.00	－32.81	√	×
8	塑钢窗75系列	134.00	100	100.00	－25.37	√	×
9	纸面石膏板	9.72	8	9.00	－7.41	√	×
10	缸砖200mm×200mm	12.065	11	11.50	－4.68	√	×

表4-11 对A投标单位主要材料报价询问记录表

询问单位	A投标单位
询问内容	你单位商务标中的材料报价低于各投标人平均值10%，请说明理由（内容见上表）
答复、澄清、解释及证明	1. 卵石5～40mm的报价见与砂石场的供货合同。 2. 卵石5～20mm的报价见与砂石场的供货合同。 3. 塑钢窗材料为我公司的下属企业供货，见供货合同
评委会结论	理由成立，澄清有效

4.3.6 投标总价的调整

由于本项目除工程造价作为评审依据外，对各投标人施工方案所提出的工期以及单价遗漏、付款条件等商务因素，进行修正折算。

4.3.6.1 工期提前的价格折算

招标文件中规定工期13个月，提前完工效益百分比为2%。评标办法规定的工期折算方法如下：

$$P = P_1 - P_2 \tag{4-1}$$

$$P_2 = t \times q \times P_1 \tag{4-2}$$

$$P = P_1 - t \times q \times P_1 \tag{4-3}$$

式中　P——评审价格；

P_1——原报价；

P_2——调整值；

t——招标文件规定的工期与投标文件的工期时间差；

q——招标文件中规定的提前完工效益百分比。

将提前完工时间转化为价格，可有效地将提前完成的工期体现到报价评审中。

根据式（4-3）对四家投标单位进行工期折算。

A 公司：工期 13 个月，无须折算；

B 公司：工期为 11.5 个月，提前 1.5 个月，调整报价=491.17-2‰×1.5×491.17=476.43（万元）；

D 公司：工期为 11 个月，提前 2 个月，调整报价=454.33-2‰×2×454.33=426.16（万元）；

E 公司：工期为 11 个月，提前 2 个月，调整报价=501.39-2‰×2×501.39=481.33（万元）。

报价工期折算汇总如表 4-12 所示。

表 4-12　报价工期折算表

投标单位	公式	招标文件与投标文件工期时间差/月	原报价/万元	调整后价格/万元	排名
A 公司	$P = P_1 - t \times q \times P_1$	0	432.38	432.38	2
B 公司		1.5	491.17	476.43	3
D 公司		2	454.33	426.16	1
E 公司		2	501.39	481.33	4

从表 4-12 可以看出，经过工期折算后各投标单位的排名有所变化，D 公司的排名高于 A 公司，评审价从低到高排第一，节省约 6.22 万元（432.38-426.16=6.22）。

4.3.6.2　单价遗漏的价格折算

最高控制价的下浮率是由招标人在法规允许范围内自主确定的某一具体的百分比，或者招标人在招标文件中确定下浮率的浮动区间，在开标时由招标人现场随机抽取区间中的某一百分率作为本次评标最高控制价下浮率。在本项目中招标人确定的下浮率为 10%，对四家投标人进行评审，只有 A 公司漏报了某项主材，对 A 公司主材漏项的评审价计算如下：

调整后价格=投标报价+漏报项目工程预算价格×（1-最高控制价下浮率）=432.38+10×（1-0.1）=441.38（万元）

单价遗漏折算后总价结果如表 4-13 所示。

由于 A 公司漏报了某项重要主材，在评标过程中将其调整价计入投标总价，最终投标人 A 公司评审价为 441.38 万元。

4.3.6.3　付款条件的评审折算

由于本项目的各投标人都采用了招标文件提供的付款条件，故折算价格为零。

表 4-13 报价单价遗漏折算表

投标单位名称	公式	漏报项目	漏报项目工程预算价格/万元	调整后价格/万元	排名
A公司	调整后价格＝投标报价＋漏报项目工程预算价×(1－最高控制价下浮率)	主材	10	441.38	2
B公司		无	—	476.43	3
D公司		无	—	426.16	1
E公司		无	—	481.33	4

4.3.7 评标结果

招标人根据评审结果，最后评标委员会按照评审价从低到高的排序向业主推荐三名中标候选人，排序为：D公司 426.16 万元、A公司 441.38 万元、B公司 476.43 万元。

4.3.8 案例提示

（1）案例中通过招标人编制详细的资格预审文件，通过资格预审环节排除了资质较低，信誉较差，履约情况、财务能力、工程业绩安全认证等方面不符合招标文件要求的投标人，为采用经评审的最低投标价法评标创造了条件。

（2）通过案例，我们可以看到经评审的最低投标价法是先对技术标进行符合性评审，本项目在对技术标评审的过程中淘汰了2家不符合要求的投标人，这2家投标人不再进行商务标的评审，节约了评审时间。同时从经过评审的各投标人最终结果可以看出，报价最低的投标人也不见得是评审价格最低的。

本案例中，投标人A公司的原报价为最低432.38万元，而评审后的价格最低的则为D公司426.16万元。项目节省了投资，同时工期也从13个月缩短到11个月。

（3）运用经评审的最低投标价法中所采用的法规对成本进行界定，能够对判定投标人低于成本报价起到标准、限制作用，本案例在低于成本价判定方面是一个有益的尝试。根据招标文件规定对投标价进行价格折算，最终形成评审价，可达到各投标人在同一口径下进行比较的目的。

4.4 公路施工项目合理低价法案例

4.4.1 案例摘要

合理低价法是经评审的最低投标价法衍生的评标方法之一，在公路工程施工中得到广泛应用。本案例以某公路工程项目评标为背景，对于该项目的合理低价法评标过程做了较为详细的介绍，案例对于了解合理低价法、了解经评审的最低投标价法与合理低价法的区别，具有一定的意义。

4.4.2 评标背景

某高速公路工程某标段，采用工程量清单招标，合理低价法评标。该项目共有八家单位投标，为A、B、C、D、E、F、G、H单位。

4.4.3 资格评审

按照公路工程标准施工招标资格预审文件的规定，资格评审实行合格制，分为资格初步评审和资格详细评审。

4.4.3.1 资格初步评审

资格初步评审内容包括：申请人姓名与营业执照、组织机构代码证、资质证书、安全许可证是否一致；申请书的格式、签署、盖章是否符合规定要求；申请人授权委托书或法定代表人证明是否真实合规；投标人是否提出了削弱或限制招标人的权力和要求等。

4.4.3.2 资格详细评审

资格详细评审内容包括：申请人的营业执照、组织机构代码证、投标人安全许可证和基本账户开户许可证是否在有效期内；资质等级、财务状况、项目业绩、企业信誉、项目经理资格、总工资格是否符合规定要求等。

在资格评审中，对于申请文件内容不清的，可以通过书面形式要求其澄清和说明。投标人有一项不符合招标文件规定的实质性要求的，评委会对其作废标处理。

4.4.4 技术评审

技术评审内容包括：施工组织设计、项目管理机构、技术能力、进度计划、质量的控制与保障措施等因素的有效性、科学性、严谨性与可行性（包括分包单位）。

本案中八家投标人均通过资格评审和技术评审。

4.4.5 价格评审

本阶段评审需确定复合标底价及评标基准价

确定招标项目的复合标底价的目的是进而确定合理报价范围（评标基准价），招标人及各投标人报价如表 4-14 所示。具体过程叙述如下。

表 4-14 招标人及各投标人报价表　　　　　　　　　　　　　单位：元

单位	报价	扣除暂定金额（含计日工）后的值（评标价）
招标人	109238362	91687130
投标人 A	93728829	78395296
投标人 B	96049685	80622194
投标人 C	107538195	89804200
投标人 D	88804657	73284961
投标人 E	115541705	97411175
投标人 F	102714266	85881697
投标人 G	109911243	92279228
投标人 H	100659912	84019714

(1) 第一阶段：确定调整后的招标人报价及其扣除暂定金额后的调整价

$$调整后的招标人报价 = 招标人报价 \times (1 + 招标人报价调整系数) \quad (4\text{-}4)$$

$$调整后的招标人报价扣除暂定金额后的值 = 招标人扣除暂定金额后报价 \times (1 + 招标人报价调整系数) \quad (4\text{-}5)$$

公式中，招标人报价调整系数采用商业摇号的方式，在开标现场从招标文件公布的系数中随机抽取。调整系数共设置 51 个，从 −3% 至 +2%，以 0.1% 为基数递增。本案项目摇号结果为招标人报价调整系数为 −0.6%。

由式 (4-4)，调整后的招标人报价计算如下：

$$109238362 \times (1 - 0.6\%) = 108582931.83 \text{（元）}$$

由式 (4-5)，调整后招标人报价扣除暂定金额后的值为：

$$91687130 \times (1 - 0.6\%) = 91137007.22 \text{（元）}$$

（2）第二阶段：确定参与招标人标底计算的投标人报价范围

本项目评标文件规定，参与招标人标底计算的投标人报价范围应在调整后招标人报价的 80%（含 80%）至 107%（含 107%）之间，不在该范围的投标人报价作废标处理，不再参加以后的计算及评审。计算各投标人的报价与调整后的招标人报价的比值过程如下：

投标人 A 的比值 = 93728829/108582931.83 = 86.3%
投标人 B 的比值 = 96049685/108582931.83 = 88.5%
投标人 C 的比值 = 107538195/108582931.83 = 99%
投标人 D 的比值 = 88804657/108582931.83 = 81.8%
投标人 E 的比值 = 115541705/108582931.83 = 106.4%
投标人 F 的比值 = 102714266/108582931.83 = 94.6%
投标人 G 的比值 = 109911243/108582931.83 = 101.2%
投标人 H 的比值 = 100659912/108582931.83 = 92.7%

各投标人报价与调整后的招标人报价比值计算结果汇总如表 4-15 所示。

表 4-15　各投标人报价与调整后的招标人报价比值表

序号	投标人	投标价/元	报价比值/%	备注
1	A	93728829	86.3	参与标底计算
2	B	96049685	88.5	参与标底计算
3	C	107538195	99	参与标底计算
4	D	88804657	81.8	参与标底计算
5	E	115541705	106.4	参与标底计算
6	F	102714266	94.6	参与标底计算
7	G	109911243	101.2	参与标底计算
8	H	100659912	92.7	参与标底计算

由表 4-15 可知，各投标人报价与调整后招标人报价的比值全部落入参与招标人标底计算范围内即 80%～107%，八位投标人的报价均可参与招标人标底的计算。

（3）第三阶段：确定招标人的标底价

① 计算标底价

开标后现场抽取招标人标底确定方法及其对应的标底调整系数。招标人标底确定方法有 8 种，每种方法都有 8 个标底调整系数，供随机抽取。

本项目招标文件规定确定标底的具体方法如下。

方法 1：招标人的标底价等于调整后的招标人报价、参与标底价计算的投标人最高报价、参与标底价计算的投标人最低报价的算术平均值；

方法 2：招标人的标底价等于调整后的招标人报价与所有参与标底价计算的投标人报价的算术平均值；

方法 3：招标人的标底价等于所有参与标底价计算的投标人报价的算术平均值；

方法 4：招标人的标底价等于调整后的招标人报价作为投标人报价参与排序，与所有参与标底价计算的投标人报价排名（由高到低排序）的第 $n/2$（取上限）名；

方法 5：招标人的标底价等于调整后的招标人报价作为投标人报价参与排序，与所有参与标底价计算的投标人报价排名（由高到低排序）的第 3 名；当只有一家投标人报价参与排序时，取报价排名（由高到低排序）的第 2 名；

方法 6：招标人的标底价等于调整后的招标人报价、所有参与标底价计算的投标人报价的算术平均值；

方法 7：招标人的标底价等于调整后的招标人报价的 40% 加上所有参与标底价计算的投

标人的算术平均值的60%；

方法8：招标人的标底价等于调整后的招标人报价的30%加上所有参与标底价计算的投标人的算术平均值的70%。

经现场摇号，本项目招标人标底的确定方法为方法1，即

$$标底价＝(调整后招标人报价＋参与标底计算的投标人最高报价＋参与标底计算的投标人最低报价)/3 \tag{4-6}$$

由前面计算可知，调整后招标人报价为108582931.83元；从表4-14可查得参与标底计算的投标人最高报价为115541705元，参与标底计算的投标人最低报价为88804657元。根据式（4-6）可得：

$$标底价＝(108582931.83＋115541705＋88804657)/3＝104309764.61（元）$$

② 计算标底调整价

标底确定方法1中有八个标底调整系数，随机抽取标底调整系数号，抽取结果为3号球。

按照招标文件规定，标底调整系数分为两类：一类是适用于材料费占工程造价70%以下的工程项目；另一类是适用于材料费占工程造价70%以上的工程项目。上述工程项目包括土建、房建、绿化等项目。两类标底调整系数分别如表4-16、表4-17所示。

表4-16　材料费占工程造价70%以下的工程项目调整系数表

招标人标底确定方法	对应招标人标底调整系数组	系数/%
方法1	第一组	3.5、3、2.5、2、1.5、1、0.5、0
方法2	第二组	4.5、4、3.5、3、2.5、2、1.5、1
方法3	第三组	6.5、6、5.5、5、4.5、4、3.5、3
方法4	第四组	5.5、5、4.5、4、3.5、3、2.5、2
方法5	第五组	5、4.5、4、3.5、3、2.5、2、1.5
方法6	第六组	2、1.5、1、0.5、0、-0.5、-1、-1.5
方法7	第七组	2.5、2、1.5、1、0.5、0、-0.5、-1
方法8	第八组	3、2.5、2、1.5、1、0.5、0、-0.5

表4-17　材料费占工程造价70%以上的工程项目调整系数表

招标人标底确定方法	对应招标人标底调整系数组	系数/%
方法1	第一组	2、1.5、1、0.5、0、-0.5、-1、-1.5
方法2	第二组	2.5、2、1.5、1、0.5、0、-0.5、-1
方法3	第三组	4、3.5、3、2.5、2、1.5、1、0.5
方法4	第四组	3.5、3、2.5、2、1.5、1、0.5、0
方法5	第五组	3、2.5、2、1.5、1、0.5、0、-0.5
方法6	第六组	2、1、0.5、0、-0.5、-1、-1.5、-2
方法7	第七组	1、0.5、0、-0.5、-1、-1.5、-2、-2.5
方法8	第八组	1.5、1、0.5、0、-0.5、-1、-1.5、-2

招标人标底调整系数为3号球，本项目属于材料费用占工程造价70%以下的工程项目，适用于表4-16所列调整系数，调整系数应取2.5%，可得调整后的招标人标底价格：

$$调整后的标底价＝标底价×(1＋标底调整系数)$$
$$＝104309764.61×(1＋2.5\%)$$
$$＝106917508.73（元）$$

调整后的标底价扣除暂定金额后的价格即为复合标底计算的A值。暂定金额根据所确定标底计算方法和调整系数后由评委会现场计算得出，本项目为17394246元。复合标底价的A值计算过程如下：

$$复合标底价的A值＝106917508.73－17394246＝89523262.73（元）$$

（4）第四阶段：确定复合标底价

① 复合标底价的计算公式

$$C = \alpha A + \beta B \tag{4-7}$$

式中 A——招标人标底调整价扣除暂定金额后的值;(调整后的招标人报价的暂定金额是现场抽取招标人的标底价确定方法以及招标人标底调整系数后,由评标委员会现场计算得出的)

B——投标人报价扣除暂定金额后的值;(各参与招标人标底计算的投标人报价的暂定金额是现场抽取招标人的标底价确定方法以及招标人标底调整系数后,由评标委员会现场计算得出的)

α——A 的权重系数;[本项目招标文件规定 α 取值范围在 0.4～0.6 之间,有效投标人数量(是指除在开标过程中被评委定为无效标以外的所有投标人)少于 4(含 4)时,取 $\alpha=0.6$;有效投标人数量在 4～8(不含 4 和 8)时,取 $\alpha=0.5$;有效投标人数量在 8(含 8)以上时,取 $\alpha=0.4$。]

β——B 的权重系数,$\beta=1-\alpha$;

C——复合标底价。

② 确定复合标底价的 B 值

确定复合标底价的 B 值,先要确定参与 B 值计算的投标人数量,招标文件规定各投标人的扣除暂定金额后的投标报价在 A 值的 [85%, 105%] 区间内,计算各投标人评标价与 A 值的比值,计算过程如下:

投标人 A 比值 = 78395296/89523262.73 = 87.6%

投标人 B 比值 = 80622194/89523262.73 = 90.1%

……

投标人 G 比值 = 92279228/89523262.73 = 103.1%

投标人 H 比值 = 84019714/89523262.73 = 93.9%

计算结果如表 4-18 所示。

表 4-18 投标人评标价与 A 值的比值

单位	报价/元	扣除暂定金额后的值(评标价)/元	报价比值/%	备注
招标人	109238362	91687130	—	—
投标人 A	93728829	78395296	87.6	—
投标人 B	96049685	80622194	90.1	—
投标人 C	107538195	89804200	100.3	—
投标人 D	88804657	73284961	81.9	85%～105%范围外
投标人 E	115541705	97411175	108.8	85%～105%范围外
投标人 F	102714266	85881697	95.9	—
投标人 G	109911243	92279228	103.1	—
投标人 H	100659912	84019714	93.9	—

由于投标人 D、E 投标价扣除暂定金额后的值在 A 值的 85%～105%范围外,其投标价不参与 B 值的计算。

$$\begin{aligned} B &= (A\text{评标价} + B\text{评标价} + C\text{评标价} + F\text{评标价} + G\text{评标价} + H\text{评标价})/6 \\ &= (78395296 + 80622194 + 89804200 + 85881697 + 92279228 + 84019714)/6 \\ &= 511002329/6 \\ &= 85167054.83 \text{(元)} \end{aligned}$$

③ 确定 A、B 值的系数 α、β

由于本项目的有效投标人数量为八家,按上述文件的规定,取 $\alpha=0.4$,则 $\beta=1-\alpha=0.6$。

④ 计算复合标底价

由式（4-7）可得复合标底价：

$$C = \alpha A + \beta B$$
$$= 0.4 \times 89523262.73 + 0.6 \times 85167054.83$$
$$= 35809305.09 + 51100232.9$$
$$= 86909537.99（元）$$

（5）第五阶段确定合理投标价的范围

计算复合标底价的目的就是要确定合理投标价的范围。合理投标价在复合标底价 C 的 $90\% \sim 105\%$ 之间，作为招标人优先接受的投标价范围。对此范围内的投标人按投标价由低到高进行排名，并进行符合性检查和合同条件审查，投标人的投标价在此范围以外的投标文件不再参与评审。

如果所有的投标人评标价均偏离合理投标价范围，则招标人将在现场对投标价在招标人报价的 80%（含 80%）～110%（含 110%）之间的投标人评标价与复合标底价 $C \times 95\%$ 后的数值进行比较，按照两者的差值的绝对值由小到大对投标人进行排序，推荐中标候选人，并进行符合性检查和合同条件审查。

本项目的合理投标价范围计算过程如下：

$C \times 90\% = 86909537.99 \times 90\% = 78218584.19$（元）

$C \times 105\% = 86909537.99 \times 105\% = 91255014.89$（元）

由此，接受合理投标价范围是：78218584.19～91255014.89 元。

各投标人的投标价与合理投标价的比较如表 4-19 所示。

表 4-19 各投标人的投标价与合理投标价比较表

序号	投标人	投标价/元	评标价/元	评标价与 C 值比值/%	备注
1	A	93728829	78395296	90.2	—
2	B	96049685	80622194	92.8	—
3	C	107538195	89804200	103.3	—
4	D	88804657	73284961	84.3	合理评标范围外
5	E	115541705	97411175	112.1	合理评标范围外
6	F	102714266	85881697	98.8	—
7	G	109911243	92279228	106.2	合理评标范围外
8	H	100659912	84019714	96.7	—

4.4.6 评标结果

通过对报价的评审，除投标人 D、E、G 外，其余投标人的投标报价都在合理范围之内，根据本项目中标文件制定的评标办法，A、B、C、F、H 按照评标价由低到高的顺序排序，即五家投标单位的顺序为：A、B、H、F、C。

最终确定 A、B、H 为中标候选人，评标结果如表 4-20 所示。

表 4-20 评标结果　　　　　　　　　　　　　　　　　　　　单位：元

名次	投标人名称	投标价	评标价
1	A	93728829	78395296
2	B	96049685	80622194
3	H	100659912	84019714

4.4.7 案例提示

通过本项目对"合理低价法"的成功应用，证明了该方法既保证了招标人各项实质性的要求，又使中标价格较低，保证了招标人的经济利益，同时可以防止建筑市场高价中标的现象。该方法得到招标方、投标方、代理机构和管理层的认同,是目前在公路领域常用的一种评标方法。

4.4.7.1 合理低价法的理解要点

合理低价法是指对经过资格、技术评审的投标人,仅仅依据评标基准价对评标价进行评审,计算偏差,评标价最低者中标。这里的合理低价指应当满足招标文件的实质要求,并且是评标价最低,但投标价格低于自身成本的除外,评标价最低的不一定是投标报价最低的投标报价。

4.4.7.2 合理低价法应用的关键

合理低价法有别于经评审的最低价法,它是以最接近合理低价(评标基准价)的价格为最优的评标方法,客观、合理的评标基准价的确定,是合理低价法的关键点和难点。如何体现合理,让中标价格低得有度,同时保证各投标价的竞争性?可以根据招标文件的具体要求,以标底为基准,分别确定合理价上下限。如果投标人报价高于或低于上下限的,一般作废标处理。将落入合理价区间的评标价按照从低到高排序,选择最低的为中标人。

4.4.7.3 评标基准价确定方式

在实践中,评标基准价的计算方法有多种,本案例评标基准价是通过计算招标人、投标人的评标价,利用复合标底加以确定的,也可以采用其他评标基准价确定方式加以确定。

4.4.7.4 合理低价法的特点

(1) 减少了人为因素对招标工作的影响

合理低价法把对招标单位的业绩、人员、设备、信誉、施工、组织设计等履约能力的审查都前移到资格预审阶段,取消了专家进行的人为的打分,可以有效地杜绝"人情分""关系分"对评标工作结果的影响,剔除了滋生腐败的因素,同时,也保证了参与投标的单位都是业绩优秀、信誉良好、履约能力强的单位。

(2) 淡化了标底的作用,增大了标底的合理性和不确定性

单纯依靠招标人编制标底,往往易产生漏底现象。合理低价法把原业主制定的标底转化为业主报价,降低了业主标底在评标中的权重,开标现场随机抽取确定标底的方法,增大了标底编制的透明度。原来标底固定调整系数的方式改变为多个系数在开标现场随机抽取,增加了标底的合理性和不确定性。

(3) 增大了评标过程的透明度

采用合理低价法时,招标人可以在开标现场开启并宣读招标人、投标人报价及其扣除暂定金额(含计日工)后的数值(评标价),通过随机抽取招标人标底确定办法以及调整系数,计算招标人标底。招标人标底确定的办法及调整系数在招标文件中公布。该评标方法增大了评标过程的透明度,在我国公路工程以及其他行业工程项目中被广泛运用。

(4) 中标价进一步趋于合理

合理低价法将投标人报价与业主报价进行复合计算,使中标价更加客观,进一步趋于合理,更好地体现了工程建设市场的实际价格,且可以对低价中标现象通过加大附加履约保函的提交数额等经济手段,约束低价抢标、高价变更等扰乱招标市场的行为,降低实施风险,保证工程的顺利完成。

(5) 维护了投标人的利益

合理低价法的运用能够使投标单位在正常市场竞争环境下的投标行为更加理性,在这种方法下,需要通过严格的预审,对报价进行严格的修正,能有效保护投标人的经济利益,同时,也促进了市场的健康发展。

第 5 章

复杂工程评标方法——综合评估法

5.1 评标方法概述

在工程评标中,按照法规要求,对于复杂工程应采取综合评估法。综合评估法是我国法律法规规定的、在评标实践中广泛使用的一种"综合评审,全面量化",以"分数"为量纲的方法。由于其具有程序简单、操作容易、可以有效避免低价中标的优势,在工程建设项目评标中深受招投标双方当事人的喜爱。

5.1.1 评标方法依据

复杂工程评标方法的依据如下。

5.1.1.1 国家法律法规

(1)《中华人民共和国招标投标法》

第 41 条 中标人的投标应当符合下列条件之一:

(一) 能够最大限度地满足招标文件中规定的各项综合评价标准。

(二) ……

(2)《评标委员会的组成与评标方法暂行规定》

第 29 条 评标方法包括经评审的最低投标价法、综合评估法,或者法律法规允许的其他评标方法。

第 34 条 不宜采用经评审的最低投标价法的招标项目,一般应当采取综合评估法进行评标。

第 35 条 根据综合评估法,最大限度地满足招标文件中规定的各项综合评价标准的投标,应当推荐为中标候选人。

衡量投标文件是否最大限度地满足招标文件中规定的各项评价标准,可以采取折算为货币的方法、打分的方法或者其他方法。需量化的因素及其权重应当在招标文件中明确规定。

第 36 条 评标委员会对各个评审因素进行量化时,应当将量化指标建立在同一基础,或者同一标准上,使各投标文件具有可比性。

对技术部分和商务部分进行量化后,评标委员会应当对这两部分的量化结果进行加权,计算出每一投标的综合评估价或者综合评估分。

第37条 采用综合评估法，完成评标后，评标委员会应当拟定一份"综合评估比较表"，连同书面评标报告提交给招标人。"综合评估比较表"应当载明投标人的投标报价、所作的任何修正、对商务偏差的调整、对技术偏差的调整、对各评审因素的评估以及对每一投标的最终评审结果。

(3)《工程建设项目施工招标投标办法》

依据《招标投标法》，国家发展改革委等九部委发布、修订该办法以规范我国境内进行的工程施工招标投标活动。该办法对于具体的评标方法虽未涉及，但对评审过程中招标文件的遗漏和错误、报价评估时的价格修正等原则予以了具体规定。

5.1.1.2 行业部门规范

(1)《房屋建筑和市政基础设施工程施工招标投标管理办法》

该办法适用于境内房屋建筑和市政基础设施工程施工招标投标活动和对招标投标活动进行监督管理。

第40条 评标可以采用综合评估法、经评审的最低投标价法，或者法律法规允许的其他评标方法。

采用综合评估法的，应当对投标文件提出的工程质量、施工工期、投标价格、施工组织设计或者施工方案、投标人及项目经理业绩等，能否最大限度地满足招标文件中规定的各项要求和评价标准进行评审和比较。以评分方式进行评估的，对于各种评比奖项不得额外计分。

(2)《公路工程建设项目招标投标管理办法》

第44条 公路施工招标评标方法分为综合评估法和经评审的最低价法。综合评估法包括：合理低价法、技术评分最低价法和综合评分法。

综合评分法，是指对通过初步评审的投标人的评标价、施工组织设计、项目管理机构、技术能力等因素进行评分，按照综合得分由高到低排序，推荐中标候选人的评标方法。其中评标价的评分权重不得低于50%。

技术特别复杂的特大桥梁和特长隧道项目主体工程，可以采用综合评分法。

(3)《水利工程建设项目招标投标管理规定》

第35条 评标方法可采用综合评分法、综合最低评标价法、合理最低投标价法、综合评议法及两阶段评标法。

第50条 中标人的投标应当符合下列条件之一：

（一）能够最大限度地满足招标文件中规定的各项综合评价标准。

（二）……

除上述行业规定外，工业和信息化部、中国民用航空局等均有行业施工评标方法规定，对综合评估法进行了规定。

5.1.1.3 标准招标文件

本书3.1.1.3小节所介绍的标准招标文件，同样对综合评估法做了具体的规定。

5.1.2 评标方法定义

5.1.2.1 定义的描述

《评标委员会和评标方法暂行规定》将综合评估法定义描述为："根据综合评估法，最大限度地满足招标文件中规定的各项综合评价标准的投标，应当推荐为中标候选人"。

《标准施工招标文件》将该定义做了进一步具体描述："综合评估法是指评标委员会对满足招标文件实质要求的投标文件，根据招标文件规定的评分标准打分，按照得分由高到低的顺序推荐中标候选人，或根据招标人授权直接确定中标人，但投标报价低于其成本的除外。在综合评分相等时，以投标报价低的优先，投标价也相等的，由投标人自行决定。"

5.1.2.2 定义要点
对综合评估法的定义的描述进行分析，其内涵有以下5个要点。

（1）满足招标文件实质性要求是前提

运用综合评估法，首先要对投标文件进行审查，判断是否满足招标文件实质性要求，对于不能够对招标文件做出实质性响应的投标书，不进行下一步的评审工作，作废标处理。

（2）对投标文件进行综合、全面的评审是关键

这种方法是对技术标、商务标等各方面因素分别进行评估。其技术标的量化评估的因素至少包括：项目施工技术方案、项目管理组织方案、项目质量保证措施体系、技术人员设备的投入等。商务标的量化评估因素至少包括：资信状况、工程业绩及项目经理业绩、投标价格等。综合、全面的评审是该方法的关键。

（3）评审指标全面量化是特点

综合评估法具有其自身的特点，它是把涉及的招标人各种资格资质、技术、商务以及服务的条款，都折算成一定的分数值（或货币数），评标时，对投标人的每一项指标进行符合性审查，核对并给出分数值（或货币数），评标时各个评委独立进行评审，互相不商讨。量化指标要建立在统一基础或者统一标准上，使各投标文件具有可比性。对技术部分和商务部分进行量化后，评标委员会应当对这两部分的量化结果进行加权，计算出每一投标的综合评估价或者综合评估分。以评估价格或评估分值的优劣推荐中标人。

（4）投标价格低于成本的需除外

评估分值最高的投标人中标，但投标价格低于成本的除外。很多人对《招标投标法》第41条理解有误，认为"投标价格低于成本的除外"仅限于经评审的最低投标价法，而不适用于综合评估法。这是一种误解。

其实从《招标投标法》第33条以及《招标投标法实施条例》第51条否决投标的情形规定分析，其中"（五）投标报价低于成本或者高于招标文件设定的最高投标限价"应否决其投标，可以看出，投标价格不得低于成本是投标报价基本原则，与招标人采取何种评标办法无关，否则就是不正当竞争。因此，那种采用经评审的最低投标价法需要核对投标报价是否低于成本、而采用综合评估法不需要核对投标报价是否低于成本的认识和做法是错误的，在确定投标报价是否低于其成本方面，两种评标方法应该是一致的。

（5）综合评估比较表是评估结果

综合评估法评标活动的成果，是通过一份"综合评估比较表"体现的，表中载明投标人的投标报价、所作的任何修正、对商务偏差的调整、对技术偏差的调整、对各评审因素的评估以及对每一投标的最终评审结果，评标委员会将该表连同书面评标报告提交给招标人。

5.1.2.3 对关键词的理解

对于综合评估法的概念理解，要明确三个关键词的含义，即"综合""评估"和"最大满足"。

① 综合 综合是指综合评估法既对技术标进行评估量化，又对商务标进行评估量化，对投标文件中确定的主要评估因素无一例外地进行评估。评估因素的全面性、综合性是该方法的核心，也是优势所在。

② 评估 评估需要有评估基准（或称衡量尺度），在综合评估法中，衡量投标文件是否最大限度地满足招标文件中规定的评估基准可以采取折算为货币、打分的方法或者其他方法。国内综合评估法一般是以分值作为评估标准，我们称之为"综合评分法"或"综合打分法"。

③ 最大满足　最大满足是中标的原则，即最大限度地满足招标文件中规定的评估标准者中标，在运用综合评估法评标时，按评估值从高到低排序推荐中标人。

5.1.3　评标方法发展

5.1.3.1　国外的发展

综合评价法是指以多属性体系描述对象，并做出全局性、整体性评价的方法。即对全体评价对象，根据所给出的条件，采用一定的方法，给每个评价对象赋予一个评价值，再据此进行排序或择优，又称为多变量综合评价法或多指标综合评估技术。

综合评价法发端于统计学领域，可以追溯到 1888 年，英国统计学家、数理统计学家埃奇沃思（Edgeworth）在英国皇家统计学会上发表论文《考试中的统计学》，讨论了对考试不同部分如何加权，开创了现代评价的先河。

1913 年英国心理学家斯皮尔曼（Spearman）发表了《和与差的相关性》一文，讨论了不同加权的作用，在评价中运用了多元回归和典型分析。20 世纪 70~80 年代现代科学评价技术高速发展，产生了多种应用广泛的评价方法，诸如多维偏好分析的线性规划法（LINMAP）、层次分析法（AHP）、数据包络分析法（DEA）、逼近于"理想解"的排序方法（TOPSIS）等。

回顾综合评价法的发展历史，其经历了实证化、人文化、综合化的过程。

实证化时期，以管理学家泰勒所倡导提出的目标导向为标志，特点是评价手段的客观性、精确性、可操作性。

人文化时期，以斯塔弗尔比姆所倡导的 CIPP 评价模式为标志，首次提出了过程评价的思想，注意到与评价对象的充分交流，强调人的思想、观点和主观经验在评价中的作用，有的学者称其为"软评价"。人文化评价强调人文社会科学方法在评价中的运用。

实证化时期，创建了系统分析模型，引进了经济学数量化的方法，最典型的是 20 世纪 80 年代初提出的"费用-效果分析方法"。这个时期，人文化评价方式重视过程评价，强调人与人之间的交流，具有很强的灵活性优势，弥补了实证化评价方法的"重结果轻过程""忽视评价者与被评价者之间的交流""缺乏灵活性"等缺陷。

综合化时期，实际上是实证化评价方法与人文评价方法的综合运用和优势互补的时期。20 世纪 90 年代以来，综合评价相关研究有了长足的发展，科研人员开始从多学科理论综合的角度去研究和探讨综合评价的客观规律，在指导思想上更强调主体性评价的原则，在实际操作上更强调具体评价方法与技术的结合，开发出了更加符合时代需要的新评价方法和技术体系。国外综合评价方法发展历程示意图如图 5-1 所示。

综合评价方法受多学科的影响，其应用范围十分广泛，涉及多个领域，如图 5-2 所示。

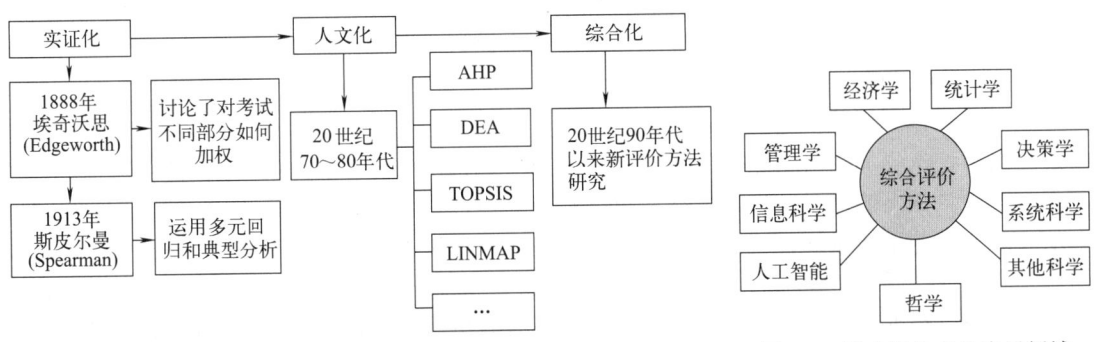

图 5-1　国外综合评价方法发展历程　　　图 5-2　综合评价方法应用领域

综合评价方法体系包括：专家评分方法、技术经济分析方法、运筹学及其他分析方法、智能化评价方法等。其中专家评分方法是一种定性分析的方法，常使用"分数""指数""序数""评语"等作为评价量纲，结合专家的主观判断对评价对象做出总评价。其优点是操作简单，充分利用专家的知识，结论易于使用；缺点是主观性比较强，有时很难统一专家思想。

5.1.3.2　国内的发展

20世纪末，我国在评价理论、方法、技术方面开展了大量研究，取得了一些成果，同时，综合评价法的应用领域不断扩大，逐步引入到我国工程建设项目的评标方法体系之中。

在我国工程建设项目评标中，综合评价法的提出与应用有一个不断发展和完善的过程。进入21世纪，在《招标投标法》第40条、第41条中首次提出了评标方法的原则，但并没有涉及评标的具体方法。

最早提出综合评估法的法规是《评标委员会和评标方法暂行规定》，其第29、34、35、36、37条，对综合评估法的应用范围做了相对明确的规定。《工程建设项目货物招标投标办法》第44条则对综合评估法的适用范围做了较为详细的规定。但这两个法律规章也未对综合评估法的具体组成部分（分值构成）、权重做出相应的规定。

真正对综合评估法分值组成部分和权重做出进一步规定的是《标准施工招标文件》。在其第三章评标办法（综合评估法）中，规定了综合评估法分值的构成，具体规定为：分值构成总分100分，由施工组织设计、项目管理、投标报价、其他评分因素共同构成。

此后，我国各行业以法规规范文件为基础，结合行业特点，编制出台了适用于本行业的规范文本，如《房屋建筑与市政基础设施施工招标文本》《水利工程施工标准招标文本》《公路工程施工标准招标文本》等，使各行业对综合评估法的应用更加深化和广泛。

5.2　评标体系构建

5.2.1　评标因素的设定

5.2.1.1　评标因素设定原则

对于综合评估法而言，评标因素的设定，除本书第2章2.1评标因素标准相关内容所述总原则外，在运用综合评估法中还应特别注意以下三项原则。

（1）综合性原则

运用综合评估法时设置评标因素应遵循综合性原则，综合性原则是根本性原则。不但要对技术标打分，也要对商务标打分；应对所有可能影响投标人完成工程项目的因素进行综合的、全方位的评审，例如对方案设计、投标报价、施工组织管理、工程业绩等各种因素进行评分，不能缺项、漏项，这样才能充分体现出综合评估法的实质含义。

（2）合理性原则

为了更好地对投标书进行客观公正的比较，体现"三公一信"原则，应合理地对评标因素进行选择，选择那些对工程建设影响较大的因素进行比较评分。评标因素设置既不要过于复杂、烦琐，也不能过于简单、笼统。过于复杂、烦琐，会使评分的重点内容不够突出，且会使评标打分的工作量加大，给评标人带来一定的工作压力，进而会影响评分的质量。评标因素设置得过于简单、笼统，评分会缺乏针对性，影响评分结果的准确性，最终导致实力并不是太强的投标人中标，以至影响工程项目的实施和质量。因此，坚持合理性原则设置评分因素至关重要。

(3) 科学性原则

近年来，随着社会文明进步和建设事业的高速发展，业主与社会对工程项目的建设要求越来越高，新理念、新方法、新工艺、新材料不断涌现，如绿色施工、环保施工、节能减排等，对于评分因素来说就要坚持科学性原则，按照招标文件的特殊要求进行设置。科学性原则是指评分因素的设定应符合社会、经济可持续发展的要求，符合国际发展的潮流，与时俱进。

5.2.1.2 评标因素体系设定

综合评估法适用于工程项目复杂、技术要求高的项目，这就要求在评标过程中不仅仅关注价格因素，而且还要关注技术因素以及其他因素。这是其与经评审的最低投标价法的重要区别。

《评标委员会和评标方法暂行规定》第 35 条："根据综合评估法，最大限度地满足招标文件中规定的各项综合评价标准的投标，应当推荐为中标候选人。"

《房屋建筑和市政基础设施工程施工招标投标管理办法》第 40 条："采用综合评估法的，应当对投标文件提出的工程质量、施工工期、投标价格、施工组织设计或者施工方案、投标人及项目经理业绩等，能否最大限度地满足招标文件中规定的各项要求和评价标准进行评审和比较。以评分方式进行评估的，对于各种评比奖项不得额外计分。"

工程项目采用综合评估法进行评标因素体系设定应严格遵循上述三原则，资信因素、技术因素、商务因素和其他因素共同形成了综合评估法评标因素体系。该体系请参阅本书 3.2 节评标因素设定相关内容。

值得注意的是，房屋建筑和市政基础设施工程施工项目采用综合评估法打分时，投标人的优质工程奖项，不能作为评审打分因素。

5.2.2 分值权重设定

5.2.2.1 分值权重的重要性

综合评估法一般实行百分制，设定评分因素分值权重是保证评标效果的重要一环。所谓"分值权重"，就是这 100 分如何使用，资信标、技术标和商务标各占多少。由于工程项目规模、技术难度以及特点的不同、业主的认知偏好不同，各部分评审因素占评审总得分一般不可能平均，于是就存在比例分配的问题，这个比例就是权重。分值权重是一个十分关键的问题，其反映的是招标人对项目各方面的关注和侧重。分值权重的设置必须围绕着保证工程项目顺利完成这一总目标，一方面要充分发挥价格因素的作用，另一方面又要不影响其他因素作用的发挥。

5.2.2.2 分值权重的制约因素

(1) 法律法规的制约

行业、地方性法规通常会依据本地区的实际情况，对于工程施工项目评标运用综合评估法分值权重制定明确的、具有指导性的规范。例如上海、天津、浙江、江苏、山东等地对采用综合评估法的分值权重都有明确的规定。

上海市对房屋建筑与市政工程施工采用综合评分法权值的规定：总得分＝技术标得分（≤40 分）＋商务标得分（≥55 分）＋资信标得分（5 分）。

天津市对工程建设施工采用综合评分法的权值规定：综合得分＝技术标＋资信标＋商务标。其中，技术标满分为 40 分；商务标满分为 60 分；资信标为附加分。

湖南省：施工组织设计权重 0.00～0.20；企业资信及履约能力权重 0.35～0.45；投标报价权重 0.35～0.55。

江苏省：投标报价≥80分；施工组织设计≤12分；投标人业绩≤1分；市场信用评价2～6分；投标报价合理性≤1分。

山东省：技术分值应当不超过20%；资信分值应当不超过10%；价格分值不少于70%。

行业或地方性法规（如有）是综合评审因素分值权重设置的制约因素，分值权重应确保不能违背行业或地方性法规的有关规定。施工项目设置评分分值权重时，就应根据相关规定，结合工程项目的实际情况，将分值权重控制在规定范围之内。

（2）项目类别的制约

技术标和商务标的分值权重设置受工程类型与特点因素制约。如对于普通的施工项目，承包商一般采用常规的施工技术即可完成，这时商务标的分值权重就应设置得比较高，取法规规定的上限部分；而对于大型复杂工程项目则更应该强调技术标的质量，因而，应降低商务标的分值权重。可见，采用综合评估法的评标并不是简单的投标报价高低的比较。

（3）项目标准的制约

施工项目标准是制约分值权重较为重要的因素，尤其是在大型施工项目中更是如此。每个项目要求的技术指标如设计标准、质量标准、工业项目的产能指标等都不尽相同。对于那些技术标准要求高的项目，技术评审分值权重应取法规规定区域（如有）内的中上等为宜；对于那些技术标准要求较低的项目，技术评审分值权重应放在法规规定（如有）区域内的中下等为宜。

综上所述，评分因素体系及其分值权重应根据工程项目的相关法律法规、项目类别、项目标准等因素加以设置。有些地区不管何种项目，评分因素体系千篇一律，对于权重也只有一个，而不是依据工程项目的特点做适当的调整；还有些地区评标时，当众随机抽取，这就造成了很大的笼统性和随机性，缺乏科学性和精确性。

5.3 综合评审方法

综合评估法是依据招标文件规定，对投标书中的资信标、技术标和商务标，通过打分的方式进行全面的比较，以选择分数最高的投标人为中标人的评标方法。为此，在综合评估法中评分分值权重和标准的设置是该方法的关键性内容。

5.3.1 资信标评审

综合评估法打分分值一般实行百分制，各评分因素得分总和100分为满分。对于较为简单的工程施工项目评标，由于评分因素较少，不需要再细分为二级评分因素，通常在一级评分因素之间分配权重就可以了。在施工项目评标中，一般来说，资信标权重占比较小，占分值权重的10%以下。例如，资信标分值权重为10%，那么资信标满分为100×10%=10（分）。

按照招标文件的打分标准规定，评标成员对每位投标人的资信标评审打分，假定资信得分为A，n为评委会人数，投标人i的资信标得分为：

$$A_i = 去掉最高分及最低分后所有评标人的资信标分值之和 / (n-2)$$

5.3.2 技术标评审

5.3.2.1 技术标分值权重

在施工项目评标中，一般来说，技术标权重较小，在50%以下。例如，技术标分值权重为40%，那么技术标满分为100×40%＝40（分）。

5.3.2.2 技术因素打分标准

在运用综合打分法时，为了使各位评委打分有一个客观的依据，保证各位评委之间不会因主观性而造成评审的差异过大，要有一个统一的打分标准提供给评标专家作为依据。

以建设工程施工项目为例，对于技术标二级因素施工方案（设满分15分）打分标准可以设定如下：

① 施工方案基本符合科学性、合理性、可靠性和可行性的要求，能够基本满足项目施工管理、技术的要求，得5分；

② 施工方案比较符合科学性、合理性、可靠性和可行性的要求，能够比较满足项目施工管理、技术的要求，得10分；

③ 施工方案完全符合科学性、合理性、可靠性和可行性的要求，能够完全满足项目施工管理、技术的要求，得15分。

其他评分因素打分标准以此类推，打分标准应在招标前事先拟定。综合评分法通常运用在大型复杂的工程项目评标之中，是评标的重要方法之一。评分标准应设置几级标准，以利于评委打分，减小评分的随意性，评分因素及标准、权重应根据招标项目特点而设置。

5.3.2.3 计算各投标人技术标得分

评标人依据招标文件规定，对投标书按上述评分因素进行打分。去掉一个最高分和一个最低分，剩余评委的分数均值为投标人所得技术标分值。假定技术标得分为B，n为评委会人数，投标人i的技术标得分为：

$B_i＝$去掉最高分及最低分后所有评标人的技术标分值之和$/(n-2)$

5.3.3 商务标评审

商务标评审主要是指对投标报价的评审。

5.3.3.1 确定评标基准价

依照招标文件的规定，对各投标报价进行修正得出评标价。同时，确定评标基准价。对投标报价部分的评审方法不同于对技术标的打分方法。对各投标人报价部分的评审要计算各投标报价对基准价的偏离度，偏离度越大其报价部分得分越低。综合评估法常用"以报价均值下浮""标底""修正标底"或"控制价下浮"作为评标基准价，也可以是"最高控制价下浮"以及其他某一数值作为衡量评分的基准价（评标基准价的确定方法请参见本书第2章评标方法要素2.3.2评标基准价的内容）。

5.3.3.2 计算投标报价偏离度

投标报价偏离度＝(投标报价－评标基准价)/评标基准价×100%

5.3.3.3 计算商务标分值

在基准价的基础上，按照招标文件对投标报价偏离度的分数扣减规定计算商务标分值。例如，偏离度上浮1%，扣除X分；偏离度下浮1%，扣除Y分；中间值选择插入法计算。假定C为商务标分值，n为评委会人数，投标人i的商务标得分为：

$C_i＝$去掉最高分及最低分后所有评标人的商务标分值之和$/(n-2)$

5.3.4 最终得分计算

投标人最终得分＝$A+B+C$。评标分值保留两位小数。

5.3.5 综合评估法示例

某大型工程施工技术复杂、施工难度大，招标人对投标人的技术能力和施工设备要求较高，采用综合评估法进行评分，施工组织设计和项目管理机构满分为 30 分，商务标满分为 70 分，技术标评标标准如表 5-1 所示。

表 5-1 技术标评标标准

序号	评审因素	评标标准
1	施工方案与技术措施	分为 ABCD 四个等级进行比较： A 为 9 分、B 为 6 分、C 为 3 分、D 为 0 分
2	质量管理措施	分为 ABC 三个等级进行比较： A 为 6 分、B 为 4 分、C 为 2 分
3	环境管理措施	分为 ABC 三个等级进行比较： A 为 3 分、B 为 2 分、C 为 1 分
4	职业健康安全措施	分为 ABC 三个等级进行比较： A 为 2 分、B 为 1 分、C 为 0 分
5	施工进度保证措施	分为 ABCD 四个等级进行比较： A 为 6 分、B 为 4 分、C 为 2 分、D 为 0 分
6	项目管理组织机构	分为 ABC 三个等级进行比较： A 为 4 分、B 为 3 分、C 为 2 分

报价评分标准：评标基准价为有效报价的算术平均值。报价等于基准价的得 70 分，每高于基准价 1% 扣 3 分，每低于基准价 1% 扣 2 分，不足 1% 的按 1% 计取。

若有三家公司甲、乙、丙投标报价均为有效，并且工期、质量目标达到招标文件的要求，投标保证金已按招标文件要求送达到位，其中甲报价为 1250 万元、乙报价为 1290 万元、丙报价为 1210 万元。

评标委员会对各投标人施工组织设计和项目管理机构进行了分析比较，并汇总了各投标人的技术标得分。各投标人得分汇总如表 5-2、表 5-3 所示。

经评标委员会评审，投标人甲的综合得分＝技术标得分 21 分＋商务标得分 70 分＝91 分；投标人乙的综合得分＝技术标得分 27 分＋商务标得分 58 分＝85 分；投标人丙的综合得分＝技术标得分 19 分＋商务标得分 62 分＝81 分。评标委员会推选中标人顺序为：甲、乙、丙。

表 5-2 技术标得分汇总表

投标人	施工方案与技术措施	质量管理措施	环境管理措施	职业健康安全措施	施工进度保证措施	项目管理组织机构
甲	6	6	2	1	4	2
乙	9	4	3	1	6	4
丙	6	4	2	2	2	3

表 5-3 商务标得分汇总表

投标人	报价/万元	评标基准价/万元	报价偏离度	扣分
甲	1250	(1250＋1290＋1210)/3＝1250	(1250－1250)/1250＝0	0
乙	1290		(1290－1250)/1250＝3.2%	4×3＝12
丙	1210		(1210－1250)/1250＝－3.2%	4×2＝8

5.4 评标操作程序

综合评估法的评标操作程序框架与经评审的最低投标价法略有差异，也可以划分为五个步骤，但各步骤的评审内容有所不同。综合评估法操作程序如图 5-3 所示。

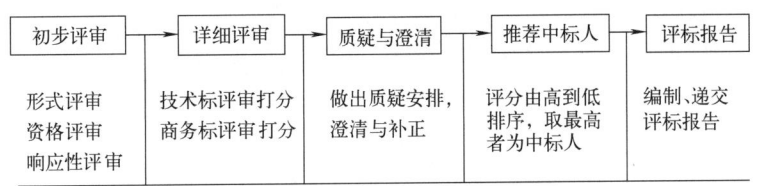

图 5-3　综合评估法评标操作程序

5.4.1　初步评审

初步评审的作用是剔除无效、不合格、不响应的投标文件，并对投标报价算术差错进行修正。具体而言，在初步评审中，根据招标文件对每一投标文件逐项全部列出投标偏差。投标偏差分为重大偏差和细微偏差，重大偏差是指对工程承包范围、工期、质量、实施产生重大影响或对招标文件规定的招标人的权利和义务等方面造成重大的削弱或限制的偏差，而且纠正或保留这种偏差将会对其他投标人的竞争地位产生不公平的影响。对存在重大偏差的投标文件应按废标处理。对于细微偏差应在评标结束前书面通知投标人予以补正，拒不补正的在详细评审中应对于细微偏差做不利于投标人的量化处理。评审步骤如下。

5.4.1.1　形式评审
参阅第3章3.4.1初步评审相应内容。

5.4.1.2　资格评审
参阅第3章3.4.1初步评审相应内容。

5.4.1.3　响应性评审
参阅第3章3.4.1初步评审相应内容。

5.4.1.4　对报价算术错误进行修正
投标文件中大写金额与小写金额不一致的以大写金额为准；总价金额与依据单价计算出来的结果不一致的，以单价金额为准修正总价，但单价小数点有明显错误的除外。

5.4.2　详细评审

详细评审的作用是对投标文件中的技术标、商务标打分，计算出综合评估分值进行比较。具体步骤如下。

技术标量化因素包括施工组织设计、项目管理机构等内容，商务标量化因素包括投标报价以及其他商务部分因素，评审专家分别对各量化因素进行打分。

评标委员会如发现某一报价明显低于其他投标人报价，或设有标底的明显低于标底，使其投标报价可能低于个别成本，应要求投标人做出署名说明和提供证明材料，无合理说明和没有提供证明材料的，作废标处理。

详细评审程序可采取两种方式，如图5-4、图5-5所示。

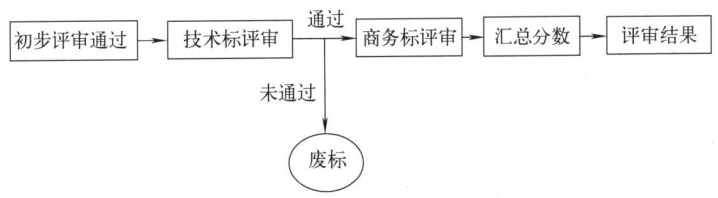

图 5-4　综合评估法操作程序一

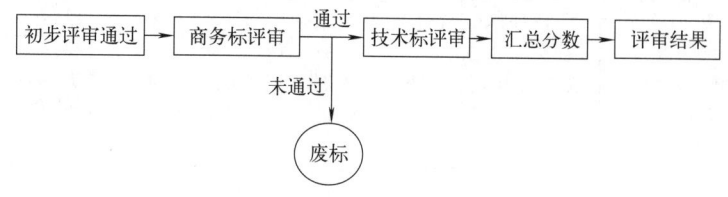

图 5-5　综合评估法操作程序二

5.4.3　质疑与澄清

请参阅本书第 3 章 3.4.3 质疑与澄清相关内容。

5.4.4　推荐中标人

在通过符合性评审的基础上，综合考虑资信标、商务标、技术标以及其他因素的得分，由高到低排序取前三名，为第一、第二、第三中标推荐人。

5.4.5　评标报告

评标委员会根据评标情况和结果，向招标人提交评标报告。评标报告由评标委员会编制，按少数服从多数的原则通过，评标委员会全体成员在评标报告上签字确认，评标专家如有保留意见，可在评标报告中阐明，评标委员会在评标报告中推荐前三名为中标候选人。评标报告应当如实记载以下内容：

①基本情况和数据表；②评标委员会成员名单；③开标记录；④符合要求的投标一览表；⑤评定为不合格的投标及废标情况和原因的说明；⑥评标标准、评标方法或者评标因素一览表；⑦投标人的投标报价、所作的任何修正、对商务偏差的调整、对技术偏差的调整、对各评审因素的评估以及对每一投标的最终评审结果；⑧综合评估比较表；⑨综合评审的投标人排序；⑩推荐的中标候选人名单与签订合同前要处理的事宜；⑪澄清、说明、补正事项纪要；⑫签订合同前的注意事项等。

5.5　操作注意事项

5.5.1　操作关键点

5.5.1.1　制定科学合理的技术标评标标准

为了防止评标人在评审技术标时的随意性和暗箱操作，评标方法应尽量对技术标的每个评审因素制定科学、合理的评标标准，一般情况下，技术标评审因素包括：施工组织设计、施工工期、工程质量、施工保证措施、项目管理机构以及业绩等。

综合评估法的技术标不仅要合格而且要评分，技术标得分越高，投标人的中标可能性越大。技术标分值权重一般应不高于 40%，相应的评标标准应制定详细的评标标准细则。技术标的评审应采取暗标形式，即技术标中不允许出现投标人的特征标记，且统一字体、统一包装，使评标人在不知是哪家投标人的情况下进行评标，以免出现"人情分"，保证评标的公正性。

5.5.1.2　确定科学合理的报价折算方法

确定科学合理的报价折算方法是商务标评审的关键。一般情况下，施工项目综合评估法评标分值权重不低于60%，所以投标人能否中标在很大程度上取决于商务标得分的高低。例如在上面的示例中，商务标的权重为70%，投标人甲比投标人乙的技术标得分少6分，但由于投标人甲的商务标的得分高于投标人乙12分，所以综合下来，虽然投标人乙在施工方案、管理措施等方面占据优势，但由于投标人乙报价偏离评标基准价较多，报价折算后投标人乙被扣掉12分，总分不如投标人甲高。

如果将报价折算方法修改为："每高于评标基准价1%扣1分，每低于评标基准价1%扣1分，不足1%按1%计取"，那么，不难看出投标人甲的得分仍然为91分，投标人乙得分93分，投标人丙得分85分，结果投标人乙将以得分93分成为第一中标候选人。由此可见，报价折算方法对于最终评标结果有重大影响，招标人在制定报价折算方法时一定要科学、谨慎，避免疏忽。

5.5.1.3 注意对低于成本价的判断

综合评估法是以评分值最高的投标人为中标推荐人的方法，但投标价格低于企业成本的除外。很多人对《招标投标法》第41条理解有误，认为"投标价格低于成本的除外"仅限于经评审的最低投标价法，而不适用于综合评估法。这是一种误解，本书5.1.2.2（4）已对该概念进行了辨析，此处不再赘述。在运用综合评估法评审投标人商务标时，仍然需要判断其是否低于企业成本。

5.5.1.4 严格执行规定的评标方法

投标人的投标文件是依据招标文件的要求经过仔细分析、研究后填报的，如果评标委员会在评标的过程中不严格按照评标方法和评标细则进行评标，擅自增添或删减评标细则，就违背了公开、公平、公正、诚实信用的原则。例如，有些招标人，临时考虑增加"投标人获奖情况"作为评分项，而原来的招标文件并未有此项内容，投标文件必定会缺少这部分信息，评标方法的变动会对评标结果造成严重影响。《房屋建筑和市政基础设施工程施工招标投标管理办法》规定："招标人对已发出的招标文件进行必要的澄清或者修改的，应当在招标文件要求提交投标文件截止时间至少15日前，以书面形式通知所有招标文件收受人，并同时报工程所在地的县级以上地方人民政府建设行政主管部门备案。该澄清或者修改的内容为招标文件的组成部分。"另外该行为也违背了有关法规的规定，如《房屋建筑和市政基础设施工程施工招标投标管理办法》第四十条："以评分方式进行评估的，对于各种评比奖项不得额外计分。"

5.5.2 评标方法的评价

5.5.2.1 方法的适用范围

综合评估法将各个评审因素在同一基础，或者同一标准上进行量化，量化指标可采取打分的方法或者其他方法，使各投标文件具有可比性，对技术部分和商务部分的量化结果进行加权，计算出每一投标人的综合评估价，或者综合评估分值，以此确定中标候选人。计算每一投标人的综合评估分值称为综合评分法，计算每一投标人的综合评估价称为综合评价法。

综合评估法是目前国内应用较为广泛的一种评标方法，通常应用于规模大、技术要求高且复杂、工程难度大的工程项目，其价格不是考察重点，而投标人的方案、业绩、经验、人员是重点考察的因素，需要对投标人的各方面要素进行全面评审。

5.5.2.2 方法的优势

在2000年《招标投标法》实施后，综合评估法得到了长足发展，而经评审的最低投标价法的应用受到一定的阻力。例如，北京市建设工程施工招标几乎全部采用了综合评估法。北京市住房和城乡建设委员会颁发的《北京市建设工程施工综合定量评标办法》实施细则明确规定:"为了保证工程质量和安全,本市房屋建筑和市政工程一般均应采用综合评估法"。无独有偶,在民航等工程建设领域施工招标,也几乎都采用了综合评估法。《民航专业工程标准施工招标文件》也特别强调:"除经民航招投标行政监督部门备案同意外,民航专业工程项目均应采用综合评估法。"

综合评估法之所以得到广泛应用,主要是因为它具有以下优势。

① 符合量化与科学的发展趋势。通过对投标人技术标、商务标、经济标进行全面评价打分量化,能够充分体现各投标人的综合实力,运用起来灵活性强,并且这种方法使得"高报价"战胜"低报价"成为可能,因而,能够选择出报价合理、综合实力最佳的中标人。

② 综合评估法评审程序简单、操作容易。因为经济标只需要评审投标总价,不用评审投标单价,又是简单的加减乘除数学计算,所以经济标评审没有任何难度,打分很快,实行电子招投标后计算机直接计算出结果,技术标就是按照评标成员个人经验给分,所以简单易行。

③ 中间评标价格得满分,不鼓励高价和低价,所以投标人做出降价的动力不大,基本不会出现报价低于成本的情况,中标人一般利润比较丰厚,能够保证建设工程项目的顺利开展。

5.5.2.3 方法的不足

① 因为业绩、资质、财务以及信誉都参与评分,使得投标人容易出现挂靠行为、串标和围标现象,不能反映出投标人的真正实力。一旦挂靠的投标人中标,将会造成工程质量降低,出现腐败和豆腐渣工程,损害公众生命和财产安全。

② 评标过程中,人为的主观因素较多,尽管各个评审要素经专家打分量化,但是评标的各个环节还是要依赖于评委会成员的经验和偏好,这样难免出现偏差和失误,不能反映出投标人真实的综合实力,为此,需要有高素质的评委参与,才能做到客观、公正。否则,主观因素过多,将会影响打分的质量。

③ 综合评估法很难确定合理的权重和评标要素,主要表现在:难以对评标标准做细致的制定,精确到具体的分值;难以将平衡价格和技术标准的关系确定出来;同经评审的最低投标价法一样,难以对不平衡报价进行界定。

5.5.3 评标方法的比较

综合评估法和经评审的最低投标价法是两类不同的评标方法,它们之间的差异如表5-4所示。

表 5-4 综合评估法和经评审的最低投标价法的差别

差异项	综合评估法	经评审的最低投标价法
适用范围	技术、工艺性能较复杂及其他一般不适用于经评审的最低投标价法的招标项目	一般适用于具有通用技术、性能标准或者招标人对其技术、性能没有特殊要求的招标项目
评标方法	评标委员会对各个评审因素进行量化时,应当将量化指标建立在同一基础或同一标准上,使各个投标文件具有可比性;对技术文件和商务文件进行量化后,评委会将这两部分量化结果加权,计算出每一个投标人的综合评估值或者综合评估分	评标委员会根据招标文件规定的评标价格调整、折算方法,以所有投标人的投标报价以及投标文件的商务部分作必要的价格调整、折算,但投标人无须对投标人技术部分进行价格折算
决定中标人的依据	最大限度地满足招标文件中规定的各项综合评价标准(可以采取折算为货币、打分的方法或其他方法)的投标人为中标候选人	能够满足招标文件条件的实质性要求,并且经评审的投标价评标价最低

第6章

复杂工程评标案例

6.1 水库建设项目评标标准设定案例

6.1.1 案例摘要

以某水库建设项目采用综合评估法评标为例,介绍了详细评审阶段的过程(商务标和技术标评审),对于评标标准的设定做法有详细论述。

6.1.2 评标背景

某水库是一座以供水为主,兼顾防洪、发电等综合利用的大(2)型水库,由枢纽工程和输水工程两部分组成,枢纽工程包括拦河坝、导流泄洪洞、电站和渠首泵站等,输水工程包括总干、一干、二干及三干,总投资18.50亿元。由于工程标底大、项目多、专业技术强、施工难度大、质量标准高,在招标中采用综合评估法评标。

6.1.3 评标方法

该工程由招标代理机构运作,评标委员会由代理机构从省专家库中随机抽取,专家实名制打分。评标程序上推行两阶段评标(即商务标和技术标),以克服评标时,对投标报价低的招标文件评审出现马虎等缺陷,防止评委的主观因素干扰。

评标程序上严格按照初步评审响应性和详细评审合理性两序控制。详细评审包括可行性评估、横向评比、集体评议和评委评价等步骤,评审全过程实行封闭管理。

评标方法和标准上强调可操作性,商务部分多为定量、定性等客观因素,技术标大部分只能依据确定的评审原则进行主观判断。为增强履约的针对性和控制评分的主观性,经逐次探索与循环改进,通过对客观因素附加限制条件、明确主观因素评分标准或评审原则,稳步限制了评分中的人的任意或故意行为。

6.1.4 商务标评分标准

该项目商务标、技术标均采用百分制评分,依据评委的打分结果计算投标人的最终得分。投标人最终得分＝商务得分×a＋技术得分×b，其中 $b=1-a$。对招标项目技术要求比较高的，a 取 50%；对项目费用控制要求高的，a 取 60%。

商务标评标因素主要包括投标报价、投标单价的合理性，投标人综合业务及经验，投标人财务状况，人力、物力、技术装备和企业信誉等。其中投标报价所占权重比较大，通常在商务标分值中占 60% 以上，根据工程类型、技术含量及施工难度确定高低。其次，投标单价的合理性得分约占商务标分值的 1/6，此项考察投标人的报价技巧，其合理性对工程投资控制具有重要意义。至于其他商务标评标因素如投标人综合业务素质及经验对于对技术要求较高的工程十分重要，关系到工程能否顺利实施；人力物力设备反映了投标人对项目的重视程度等。其所占权重取决于工程的特性。

6.1.4.1 投标报价评分标准

确定评标标底：$C=aA+bB$。其中，C 为评标标底；A 为发包人制定的标底；B 为 A 上浮 5%（含 5%）、下浮 8%（含 8%）范围内投标报价的算术平均值；a、b 为权重值，一般 a 取 60%，$b=1-a$。

打分时将报价与评标标底进行比较，按约定规则计算分数。一般规定取评标标底的 95%～100% 为中位数，作为满分基准，偏高或偏低均相应扣分。为确保标底的保密性和招标的公开、公正性，该水库项目采取了一些有效措施，比如大坝施工标，发包人编制了三份标底，在开标会现场由投标人代表抽签确定；溢洪道施工标，在招标文件中为权重值 a 明确了三个值，也在开标会现场由投标人代表抽签确定。

6.1.4.2 投标单价合理性标准

投标单价合理性从投标报价表、单价分析表、计算、定额使用、费用构成、取费合理性等方面进行打分，按"有少量计算错误或较小缺陷"与"定额使用错误、费用构成及取费不合理等严重错误或重大缺陷"两档次赋分。单价分析的好坏直接影响到单项工程报价的质量，单项工程划分一般依据工程类型进行，并与工程量清单分组相对应，每一单项工程报价多指单项合价，对内容简单的主体工程亦可采用主要工种单价进行评价，每个单项工程报价分值权重评标时参考批复概算所占的投资额比重和结合单项工程内容潜在的可变因素、风险因素等确定。

6.1.4.3 综合业绩及经验评分标准

综合业绩及经验评分目的是考察投标人的履约能力，主要包括近三年或五年内完成的类似工程及其质量、企业信誉和 ISO 质量认证等方面，其中关键是类似工程经验，因涉及数量多少和规模大小，可比性差，很难确定。其他因素可以以社会主管部门或专业机构评审发证为依据评价，查验投标书所有证明材料的真伪、时效、发证机关等级、证书级别及工程质量等级的数量即可评判。

对类似工程经验的要求应具体分析，具有新工艺或施工难度较大、技术要求高的工程，分值权重应较高。在该水库项目招标文件中，从有类似工程经验即得分、未有不得分，到考虑类似工程经验的积累和借鉴作用而赋分，从而能够更好地兼顾该水库工程建设和施工企业的发展要求，确保中标人能更好地按合同要求完成工程的建设任务。

6.1.4.4 财务状况、人力物力及技术装备标准

财务状况考察投标人财务报表是否齐全、所有反映财务状况的资料数据是否可靠、有无相互矛盾、流动资金是否充足。人力、物力及技术装备情况反映了投标人的管理水平和生产能力。

6.1.5 技术标评分标准

该水库建设项目技术标评标因素主要包括：投标人的施工方法、技术的可行性及施工布

置的合理性，施工进度计划安排的合理性，配备的施工资源，工程质量保证、施工环境以及施工安全措施，应急措施等方面。

6.1.5.1 施工方法、技术可行性及施工布置的合理性标准

施工方案、方法与技术措施体现投标人的技术实力，是技术标的核心内容，分值为30~35分；施工总体布置反映投标人施工水平，分值为5~10分。由于水利工程建设周期较长，涉及因素纷繁复杂，设置此项的目的是强制投标人对工程进行全面了解和深刻理解，既有利于其对投标进行科学决策，又有利于投标人为中标后做准备。

6.1.5.2 施工进度计划安排的合理性标准

进度安排、工期控制反映投标人施工水平和管理能力，其中关于工期在招标文件中都有范围约定，进度保证措施通常多为组织、资源、经济、管理、技术等方面的内容，每项可变因素少，一般分值为10分。

6.1.5.3 配备的施工资源标准

该水库项目在招标中约定，工程材料由承包人自行采购。投标人的施工资源主要有施工设备的数量和质量、主要管理人员和技术工人的施工经验和素质等，与施工方案和进度计划紧密相关，一般分值为25分。

6.1.5.4 工程质量保证、施工环境及施工安全措施标准

工程建设虽对质量保证、施工环境和施工安全等要求越来越高，但对于投标来说工作量不大，鉴于不同工程投标的内容类似，只是在落实责任人和针对性上略有不同，总分值一般20分左右。这部分评审因素较多，所有工程都包含质量保证体系、质量保证措施、质量目标、安全体系、安全措施、文明施工措施、环境保护措施等，一般质量保证部分设置为10分左右，其他所有项总和为10分左右。

6.1.5.5 应急措施标准

水利工程施工具有复杂性，为提高投标人对紧急情况的反应速度，一般要求投标人编制特殊地质条件应急方案和现场突发事件的应急措施，该项一般考虑5分。

6.1.5.6 技术标评标分析

在招标文件中相应工程具体内容的主体工程施工方案、施工进度计划及施工总布置等评标因素，主要依据科学合理性赋分，通常先评方案是否可行、内容是否完整，再通过横向评比和评议，不难分出优劣。除特殊工程需要在评分标准之外另行约定外，常规施工设备评审只要对照施工强度，对配置的施工机械数量、性能、型号是否齐全以及对可靠性进行评估，对有关具体措施依据是否得当进行评价。上述均属于常规技术因素，评比标准较为明确。一般通过定量分析和定性分析，根据满足工程要求的响应程度逐项评价、打分。对于那些灵活性强、主观成分多、标准难以统一的技术因素必须在标前会上充分讨论，以确定评分标准。

工程各有不同特点，很难给出一个确切的评分标准，只能原则性地制定评分要求，根据认识和理解的准确和透彻程度掌握评分尺度，这需要评委既对工程有了解，又具有施工、结构设计专长。就一个具体标段评审而言，为防止恶意打分，在议定评分细则时，可先按工程施工特点、施工重点与对策、施工难点与对策等方面进行分值的分配，而对每部分商定打分点，针对没有另立章节归纳总结这些内容的招标文件，应细察是否随施工组织设计分布在各章节中，以求打分准确、公正、合理。

关于替代方案简单的或者专业性较强的工程，一般在招标文件中规定不需要替代方案。该水库工程项目招标文件中规定投标人可以提供替代方案。一般对提供的替代方案从论证是否充分、对缩短工期的作用或节省投资的价值等方面进行评审。

6.1.6 案例提示

综合评估法是目前在水利工程建设招标中应用最为广泛的一种评标方法，也是最为有效的评标方法。针对通过诸如"借牌陪标"、围标、串通投标、弄虚作假等手段，谋取中标的现象，甚至中标后设备、人员不能兑现承诺等问题，除在专用合同条款中进行严格约束外，有必要规范、细化评标标准，不让投标人因为评标标准设定存在漏洞而有可乘之机。

为防止在评标过程中发生违规行为，该水库项目招标工作人员与时俱进、积极学习，在实践中总结改进、加强交流、提高自身素质，科学严谨地制定、审核招标文件条款、评标标准，确保了该项目招标、评标的公平性、公正性，逐步实现该水库工程评标工作的标准化、规范化、科学化，更好地维护了国家利益和招投标当事人的合法权益。

6.2 引水工程项目三阶段评审法案例

6.2.1 案例摘要

以某水利施工项目评标采用综合评估法为例，采用创新的三阶段评审程序进行评标，改变了在评标过程中许多项目采用一阶段评审程序，即开标时一次性进行打分、排序、推荐中标人的做法，有利于避免采用传统综合评估法时人为因素对评审结果的影响。

6.2.2 评标背景

某引水工程是一项以城乡供水和发展江淮航运为主，结合灌溉补水和改善生态环境等综合利用的大型跨流域调水工程。工程设计批复总投资 875.37 亿元，其中工程投资 563.11 亿元，计划总工期为 72 个月。施工类招标已完成 73 项，概算 4059161.18 万元，施工招标除水运类项目按照行业标准文件及监督管理部门要求采用综合评分法外，其他基本采用在综合评分法程序上改良的三阶段评审法，吸引了大量的综合实力较强的潜在投标人参加投标，发挥了独有的优势，取得了较好的效果。

6.2.3 三段评审法的由来

本工程第一个招标项目在进入公共资源交易中心时，按照当时的交易规则要求使用三阶段评审法。三阶段法的第三个阶段可以选用规范性评审方法（有效最低价 A 类）、总价中位值法（有效最低价 B 类）、清单详细评审法（有效最低价 C 类）三种方法之一确定中标候选人。

本项目招标人根据工程实际进行了优化，形成了本项目使用的三阶段（中位值）评审方法。2017 年该省水利厅在组织修编水利施工招标文件示范文本时，吸纳了三阶段评审方法（也称有效最低价总价中位值法）。

6.2.4 三阶段评审法程序

三阶段评审法是在综合评估法的基础上，在评标程序上加以改变的一种方法，资格预审后，评标程序分为三个阶段。

第一阶段：评标委员会对所有投标人技术标进行初审。

第二阶段：对技术标进行详细评审。通过了技术标初审的投标人进入第二阶段技术标详细评审阶段，并按照得分高低确定入围投标人。

第三阶段：商务标评审。对入围的投标人进行商务标公开开启并评审。经商务标评审合格的投标人按照有效最低价总价中位值法,对投标报价高于或等于评标有效值的按由低到高顺序排列推荐中标候选人(若入围投标人商务标被否决,使得入围投标人不足三家,则按照技术标得分由高到低依次替补三家)。

三阶段程序评审法需要二次开标,且二次开标仅开启入围投标人的商务标,其开标程序相对复杂,同时对评标质量要求较高,一旦评审错误,程序不可逆,会带来一定的招标风险。

6.2.5 有效最低价总价中位值的确定

6.2.5.1 计算有效最低价总价平均值 A

有效最低价总价平均值=通过商务标初步评审合格的前 N 名投标人的投标总价去掉 n 个最高和 n 个最低投标人总价投标报价后的算术平均值。当 $N \leqslant 5$ 时,$n=1$。

6.2.5.2 计算基准价 B

本阶段需在商务标评审合格的前 N 名投标人中,将投标总报价大于 $1.1A$ 和小于 $0.9A$ 的所有投标人投标总价的算术平均值各视为一个报价,然后和进入本阶段评审的有效投标人投标总价在 $0.9A$(含)至 $1.1A$(含)之间其他有效投标人报价组成一组数,按数值大小由低到高进行排序,经过排序的该组数中最中间位置的数值为中位值,若该组数为偶数,则取中间两个数值的平均值作为中位值,中位值即为基准价 B。

6.2.5.3 计算评审有效值

将基准价 B 与开标时抽取的 C 相乘得出评标有效值。C 为下浮系数,开标时由投标人代表在 5 个数中抽取。有效最低价总价中位值法数据模型如图 6-1 所示。

从图 6-1 有效最低价总价中位值法数据模型可以看出,投标报价平均值上下有按一定比例划出区间,上下区间无论投标报价数据多少,均分别只视为一家,与中间区间所有数据一并形成新的数据序列,取最中间的一

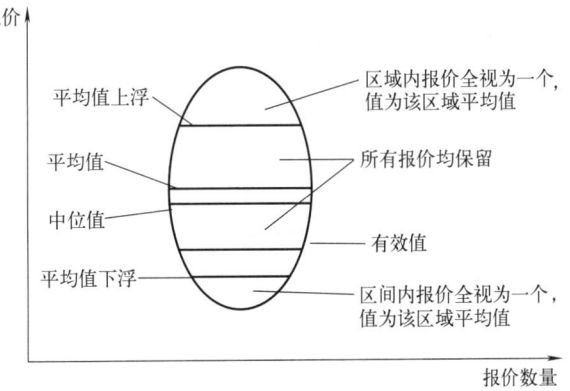

图 6-1 有效最低价总价中位值法数据模型

个数(奇数列)或最中间的两个数的平均值(偶数列)为中位值,即总价中位值。总价中位值在一次平均的基础上,将过高或过低的报价仅分别作为一家,以中位值代替平均值,能够起到较好的预防串通投标的效果。

6.2.6 三阶段评审法的归类分析

6.2.6.1 评标方法的分类

招标投标法规定了两种评标方法,即经评审的最低投标价法和综合评估法。经评审的最低投标价法是以价格为主导因素的一种评标方法。中标人应满足招标文件的实质性要求,并且经评审的投标价格最低,但低于个别成本价的除外。

综合评估法是以资信标、技术标、商务标等为主导因素,对投标文件进行评审的一种方法,中标人能够最大程度满足招标文件各项评标标准,实践中各行业和地区采用的不同名称的评标方法,一般都可以归纳为这两类。与本项目相关的行业和地区常用的评标方法如表 6-1 所示。

表 6-1 相关行业和地区常用评标方法表

来源依据	经评审的最低投标价法系列评标方法	综合评估法系列评标方法	备注
《水利水电工程标准施工招标文件》	经评审的最低投标价法	综合评估法	—
《公路工程建设项目招标投标管理办法》《公路工程标准施工招标文件》	经评审的最低投标价法	合理低价法、技术评分最低投标价法、综合评分法	—
《房屋建筑和市政基础设施工程施工招标投标管理办法》	经评审的最低投标价法	综合评估法	—
《省水利水电工程施工招标文件示范文本》	经评审的最低投标价法 C3	综合评估法 A1 综合评估法 A2 综合评估法 B1 综合评估法 B2 综合评估法 C1 综合评估法 C2	A2、B2 评标方法均为三阶段评审方法（第三阶段是以有效最低价中位值法确定中标人）
本项目所在市公管局《关于统一县区公共资源交易文件范本的通知》	规范性评审法（有效最低价 A 类）、总价中位值法（有效最低价 B 类）、清单详细评审法（有效最低价 C 类）	三阶段评审法（有效最低价 D 类）	三阶段评审法的第三阶段可以选用规范性评审、总价中位值、清单详细评审之一确定中标人

6.2.6.2　三阶段评审法的归属分析

本项目使用的三阶段评审法是以技术标、商务标为考虑因素的评审方法，应属于综合评估法的一种。其第二阶段入围单位技术标详细评审的方法与《公路工程标准施工招标文件》中的"技术评分最低标价法"的第一个信封详细评审的规则类似，均是对满足招标文件实质要求的投标文件的技术标进行评分，按得分由高到低排序，排名在招标文件规定的数量内的投标人入围，参加下一阶段商务标的评审。

对于第三阶段的"有效最低价总价中位值"确定中标候选人的方法，与《公路工程标准施工招标文件》中的"合理低价法"的思路大致相同，按照招标文件的规定计算出一个基准价——"评标有效值"，对投标报价高于或低于"评标有效值"的按由低到高顺序推荐中标候选人，实现"合理低价"选择中标候选人的目的。

通过以上分析，第三阶段的"中位值"实际上是"有限数量制后的合理低价"，由于第二阶段技术标详细评审的分值并不带入第三阶段，中标候选人的产生及排名带有一定的随机性，相对增加了投标的竞争性，也在一定程度上排除了人为因素的干扰。

6.2.7　三阶段评审法的优化

6.2.7.1　入围人数及条件

《省水利水电工程施工招标文件示范文本》规定："第三阶段首先按投标人第二阶段得分由高到低依次进行商务标报价符合性评审，对通过评审的前 N 家（N 一般取 7～15，由招标人根据项目具体情况确定），投标人依据有效最低价总价中位值法推荐中标候选人。"

本项目优化为："通过第一阶段评审投标人数量为 10 家以上时，按第二阶段技术标 28 分（满分的 70%）及以上，由高到低的顺序最多取前 7 家入围第三阶段的评审。通过第一阶段评审投标人数量为 10 家（含 10 家）及以下时，按第二阶段技术标 28 分（满分的 70%）及以上，由高到低的顺序最多取前 5 家入围第三阶段的评审。"

前者为固定入围数量，后者为差别化入围方式，即 10 家以上时入围 7 家，10 家及以下时入围 5 家，这样做可以在一定程度上增强投标竞争意识，同时约定"技术标得分 28 分以上"作为入围的条件，可以避免实力较弱的企业入围。

6.2.7.2 下浮系数 C 的选取

《省水利水电工程施工招标文件示范文本》规定下浮系数为：0.95、0.97、0.98、0.99、1.00。本项目在三个施工标段招标评标中将下浮系数调整为：0.980、0.985、0.990、0.995、1.000，下限提高了3%，同时将各值之间的差值由0.01调低为0.005，主要原因是一方面引导投标人更为理性报价，投标人投标报价受多因素的影响，系数仅仅是其中的一个因素，假设外部条件均一致的情况下，整体提升下浮系数，对于投标人报价有拉高幅度的作用；另一方面由于标段投资金额较大，投标人报价相对值相差较小，缩小 C 值差距，有利于随机抽取的 C 值发挥更大的作用。

6.2.8 三阶段评审法的适用性

三阶段评审法实质上属于综合评估法范畴，是以综合评估法评审思想为基础的一种改良方法，适用于需要竞争较为充分，且技术程度较为复杂的招标项目。10家以上入围7家，10家及以下入围5家，当投标人少于8家，特别是合格投标人为7家以下时，竞争的效果明显降低，与合格制下的合理低价法近似。

本工程采用三阶段评审法的42个项目中，投标人少于8家的有3个项目，合格投标人7家以下的项目有5个，此类项目一般为管道供水工程和枢纽工程，评标委员会综合打分的目的在于确定前5家入围单位，由于前5名的打分并不带入下一阶段，一定程度上失去了打分和竞争择优的意义，该情况下，项目适宜采用典型的综合评估法。

6.2.9 案例提示

三阶段评审法在水利工程评标中得到广泛的应用。本项目引水工程采用的三阶段评审法属于综合评估法，该方法既能保证入围单位的整体实力，又能选择到合理低价，体现了竞争择优的内涵，同时该方法又在增加竞争性和排除人为干扰方面均具有一定的优势，适用于需要竞争相对充分、技术复杂的招标项目。

6.3 公路改建项目标价得分计算案例

6.3.1 案例摘要

通过某公路工程评标实例，介绍了无标底招标投标价得分计算公式在公路施工中的应用，总结了计算公式应用中应注意的事项。

6.3.2 评标背景

某公路工程经过省发展改革委批准立项，并列入省基本建设计划。该公路环线 X 段改建工程，全长77.2km，工程采用城市快速干道4车道建设，路基宽28m，行车道宽17m，非机动车道及绿化带宽11m，桥涵设计荷载为公路-Ⅰ级，全线按一级公路技术标准设计，设计行车速度为100km/h。工程估算总投资5.575亿元，全线路基、路面基层、桥涵工程共9个标段。实行国内招标。

6.3.3 综合评分法得分计算公式

公路工程行业施工招标规定了四种评标方法，其中综合评分法是一种重要的方法（其他三种即合理低价法、技术评分最低标价法和经评审的最低投标价法）。

根据公路施工招标规范性文件,采用综合评分法时,投标报价得分的计算公式为:
$$F_i = F - |D_i - D|/D \times 100 \times E \tag{6-1}$$

其中,F_i 为投标人评标价得分;F 为评标价满分得分;D_i 为投标人的有效报价;D 为评标基准价(投标人评标价的平均值×95%);E 为一系数,若 $D_i > D$,则 $E = 2$,若 $D_i \leqslant D$,则 $E = 1$。

对于评标基准价的计算,其中规定可以将评标价的均值作下浮 $x\%$ 为评标基准价(可以在招标文件中事先明确规定,也可以在开标现场随机抽取)。则评标基准价可以表示为:
$$D = \sum D_i / n \times x\%$$

其中,$\sum D_i$ 为各投标人有效报价之和;n 为有效评标价个数。

在实际招标评标过程中,必须在符合以上原则的基础上,针对不同工程项目,采取不同的取值方式,计算出相应的评标基准价,进而得出相应的报价得分。在本公路工程项目招标中,招标人结合工程特点,对评标基准价的计算进行了修改,并引入了新的系数 K、J 和参数 A、B,具体公式如下:
$$D = K(A + B)/2$$

其中,K 为技术复杂系数,取值范围为 0.95~1.0,由招标人根据项目技术复杂情况取值;A 为投标人有效报价去掉一个最高价和一个最低价后,评标价的均值乘以调节系数 J,J 的取值范围为 0.95~1.10,由招标人根据实际情况取值;B 为投标人有效报价在 A 值的 105%(含 105%)~90%(含 90%)范围内投标人评标价的均值。K、J 的具体分值在开标前公布。

6.3.4 评标价得分计算公式分析

6.3.4.1 可以减弱高标价的竞争性,维护业主利益

招标时,招标人可以委托符合资质的工程造价编制单位在严格保密的情况下对招标的每一个标段编制一份工程量清单预算,业主可以根据工程的难易程度和投标人的情况(数量和资质),在各标段工程量清单的基础上适当下浮 0~5%,作为本标段的最高限价,高于此限价的投标价被视为无竞争性而不参与投标报价得分计算,也不进入评比。这样在一定程度上减少了相对较高标价对投标价得分的影响,使业主利益得到维护。

6.3.4.2 工程的复杂程度对投标价得分的影响

在计算投标价得分时,适当考虑工程复杂状况(K 的设置),对计算合理的投标价得分、确定合理的中标价有着重要作用。如果单纯地按照公路工程施工的有关规定计算评标基准价,就无法兼顾工程的复杂程度,计算出来的投标报价得分以及确定的中标价也就显失合理性。

6.3.4.3 解决个别投标人失误或低价抢标的问题

在投标活动中,投标人投标失误或个别投标人低价抢标的情况屡见不鲜。

这些现象的存在将导致评标价与工程的实际造价存在较大的差异,会出现两种不利的情况:一是施工单位高价中标,业主支付超出合理范围的工程费用,造成工程投资拉高,甚至超概算;二是施工单位低价中标,施工中有可能造成工期拖延或发生工程质量事故。所以在投标人投标价得分计算时应对高标价和低标价的影响加以考虑。

A 值为投标人有效评标价去掉一个最高价和一个最低价后的评标价均值乘以调整系数。B 为投标人有效评标价在 A 的 105%(含 105%)~90%(含 90%)范围内的投标人评标价的均值。这样一组(通常为一个标段)评标价中的最高价和最低价将不参与评标基准价 D 的计算,并且在 B 的计算中去掉了大于 A 的 105% 和小于 A 的 90% 的评标价,减少了相对较高标价和相对较低标价对评标基准价 D 的影响,从而利用式(6-1)计算的评标报价得分就会更加合理。

6.3.5 某标段评标得分计算

以本项目路面基层标中的某标段评标为例，该标段采用上述评标方法，各投标人投标报价得分如表 6-2 所示。

表 6-2 某标段在招标评标中的各投标人投标报价得分

投标人	投标报价/元	有效评标价/元	投标价得分 F_i	排名	备注
投标人 1	28333601	25757819	60.23	8	最低标价
投标人 2	28992592	26356902	62.33	6	—
投标人 3	36457227	—	—	—	无效标价
投标人 4	32686542	29715038	61.82	7	—
投标人 5	331085381	30095801	59.15	9	最高标价
投标人 6	32199352	29272138	64.92	4	—
投标人 7	32489597	29535997	63.07	5	—
投标人 8	32016080	29105527	66.09	2	—
投标人 9	31886696	28987905	66.91	1	—
投标人 10	32060388	29145807	65.81	3	—
工程量清单预算价/元			35926974		含 10%暂定金额
最高限价系数			0.95		—
最高限价/元			35926974×0.95=34130625		—
参数 K、J			$K=0.97;J=1.02$		—
参数 A、B/元			$A=29451671;B=29408316$		—
评标基准价 D/元			$D=K(A+B)/2=28547094$		—

注：1. 投标报价的权重为 70%；
2. 投标价得分 $F_i=70-|D_i-D|/D\times E\times 100$。

由表 6-2 的计算过程可以看出：

① 假如不设最高限价，那么，投标人 3 的报价就会成为有效报价，将参与评标基准价的计算，导致评标基准价提高，投标价的得分就会发生变化，第一名就会在 4、5、6、7、8、10 中产生，这样的结果一方面对合理的投标人不公平，另一方面将导致中标价增高，使业主的利益受到相当大的损失；

② 通过设置最高投标限价，排除了无效标价（投标人 3 的报价）后，计算 A 时，在剩余的报价中计算出有效评标价，去掉最高有效评标价（投标人 5 的评标价）和最低有效评标价（投标人 1 的评标价），保证了 A 的计算不受最高评标价和最低评标价的影响，使评标基准价的计算更为合理。

6.3.6 案例提示

本案例对评标价得分计算进行了介绍，对于公路工程综合评标方法的理解和认识，以及对其他工程项目的招标、评标工作具有一定的借鉴意义。当然在实际招标评标过程中，计算过程也不是一成不变的，以上公式中的参数和系数的取值仅供参考，应结合工程项目的具体环境，在符合国家法律和行业规定的原则下，采取不同的取值办法，发挥其作用，达到解决问题的目的。

6.4 高校新校区工程评标全过程案例

6.4.1 案例摘要

以某房屋建筑工程项目为例，介绍了该项目评标的工作过程，重点阐述了"定量制评审标准"的编制，提出了在评审中应注意的问题及解决的方法。

6.4.2　评标背景

某高校新校区建设施工项目面积约 30 万平方米，共划分为 8 个标段，最大标段面积 5 万平方米，招标内容主要包括：土建、装饰装修、给排水、消防、电气、采暖及通风、预留孔洞及预埋管件等。计划工期 325 日历天。工程施工质量达到施工验收合格标准，质量目标分别为"市优""省优"和"鲁班奖"工程，本项目运用综合评价法评标，同时进行了资格预审，技术部分采用明标评审。

6.4.3　评标程序

6.4.3.1　资格审查

按照招标文件约定的合格投标人的条件，对各投标文件进行资格审查，内容包括：投标人的营业执照、资格等级、安全生产许可证、财务状况、项目经理资格与经验、有无重大违法违规被责令整顿或重大质量安全事故等。对审查投标人递交的投标文件中关于资格和合格条件部分的相关资料进行定性判断（即"合格"与"不合格"）。对于资格审查不合格的投标，按废标处理，不再进行后续的评审工作。

6.4.3.2　初步评审

初步评审即"符合性及完整性评审"。在详细评审前，评标委员会根据招标文件的规定，审查每一份投标文件是否对招标文件提出的所有实质性要求和条件做出响应。响应招标文件提出的所有实质性要求和条件的投标文件，应与招标文件中包括的全部条款、条件和规范相符，无重大偏离则保留。具体步骤如下。

① 根据招标文件，审查并逐项列出所有投标文件的偏差。

② 将偏差分为重大偏差和细微偏差。重大偏差是指对工程承包范围、工期、质量、实施产生重大影响，或者对招标文件中规定的招标人的权利和投标人的义务等方面造成重大的削弱或限制的偏差，而且如果纠正或保留这些偏差将会对其他投标人的竞争产生不公正的影响。

③ 将存在重大偏差的投标文件视为未能对招标文件做出实质性响应，作废标处理。不允许相关投标人通过修改和撤销其不符合要求的文件而使其成为响应性投标，且不允许其参加后续的任何评审。

④ 书面要求存在细微偏差的投标人在评标结束前予以修改补正。拒不补正的，在详细评审时可以对细微偏差做出对投标人不利的处理。

⑤ 设置最高限价项目的评审：设置最高限价的项目，初步评审时，对超过最高限价的投标报价应给予拒绝，或由评标委员会判定为无效报价或废标，该投标文件将不再参与后续评审工作。

6.4.3.3　详细评审——技术部分

(1) 对技术部分实行量化评审

在评审办法中设定评审因素，针对不同的评审因素设定评分分值，针对不同的评分分值设定不同的评审标准。本项目在评审过程中按照上述的因素、分值和标准进行量化评审。

(2) 项目经理结构化面试

项目经理阐述对项目的理解和重点施工方案；评标委员会就项目经理的岗位职责、项目特征、投标文件中模糊不清的含义及不明确之处进行提问；项目经理对评标委员会的提问进行回复等。

6.4.3.4 详细评审——商务部分

投标文件的商务部分包含两部分内容,第一部分是:投标人致招标人的函、法人授权委托书、投标担保等;第二部分是:投标人已标价的工程量清单及工、料、机的相应佐证材料(如样本、合同等)。

第一部分的评审是最重要的"法律文件",是投标人对招标文件做出的明确响应,这一部分内容一般属于初步评审(符合性及完整性评审)阶段的评审内容。

第二部分的评审是针对"合格的投标"的投标报价的评审。

(1) 算术性错误分析与修正

算术性错误是指商务部分中的运算错误或在计算、表述中出现的笔误。找出并修正这些错误,并对此类错误对其报价的合理性所造成的影响进行评价。修正的原则按照《评标委员会和评标方法暂行规定》执行,但算术性错误修正不得改变投标函中标明的投标总价。

(2) 判断投标报价是否合理

评审的方法是对投标报价的各个构成要素进行必要的分析,找出不合理因素并通过必要的质疑与澄清、说明和补正程序得出最终的结论。综合评分法一般不将低报价作为评审的重点。

(3) 商务部分质疑与澄清

按照法规有关规定,评标委员会在评审的过程中有权要求投标人对其投标的文件中存在的非实质性响应招标文件的细微偏差(仅限于商务部分)进行质疑、澄清、说明或补正。质疑、澄清、说明或补正应以书面形式进行并不得超出投标文件范围或改变投标文件实质性内容。

6.4.3.5 汇总评审结果

详细评审完成后,需要汇总评审结果,为保证评审结果的公正性,防止在技术部分评审中出现个别评委评分奇高,或奇低的现象,技术部分评分的汇总采用去掉一个最高分和一个最低分后的算术平均值作为技术部分的最终评分的做法。投标人技术部分得分的算术平均值和商务部分得分的算术平均值之和,即为投标人综合得分。

6.4.4 定量制评审标准的编制

以上述工程项目为例,介绍定量制评审标准的编制方法。

6.4.4.1 技术部分量化评审标准

① 技术部分量化因素和评审标准的设定,因素要全面,评审标准要客观,分值分配要合理,同时,还需要充分考虑项目的特点和招标人的特定要求,有针对性地设定一些难点、重点因素作为重点考核点和评分项,土建工程如深基坑支护方案、降水方案、钢结构施工方案、紧急工程的进度安排和施工措施、有特殊要求的环保方案及文明施工方案等。

② 在设定技术部分评审因素和标准时,要充分考虑项目特点,规定一项或几项"关键评审项目",如果"关键评审项目"被评审为不合格,无论其技术部分总得分如何,其投标都会被否决。

③ 对于各评审因素的得分,评审标准要有明确的详细定义,尽量减少人为因素对评标结果的影响。评审因素的分值大于 5 分时,可设优、良、一般和差四个档次;评审因素的分值小于 5 分时,可设定优、中、差三个档次。

④ 同一评审因素不同标准间的分差要合理,以区域设定的分值还要确保不同区间分值的连续。

⑤ 技术部分也可以采用百分制评审,分项评审完毕后,再加权计算最终得分,更能体现出各投标文件中的细微偏差。

本项目技术部分主要的量化评审因素和标准设定为：①施工总进度计划和各阶段进度计划以及保障措施；②工程保障体系和创优措施；③主要分部分项工程施工方案和技术措施；④项目经理结构化面试。四个主要评审因素分别占总分值的20％、15％、12％和14％。

当然，技术部分的评审因素也可以根据项目特点对定位和测量放线施工方案、冬季和雨季施工方案、承包人自行施工范围内的分包计划、成品保护和工程保修管理措施和承诺、抗风险能力及措施等进行评审。本项目技术部分量化评审因素和评审标准如表6-3所示。

表6-3 技术部分量化评审因素和评审标准（百分制，权重30％）

序号	评审因素	标准分值	档次	评审标准	分值
1	施工总进度计划和各阶段进度计划及保障措施	20	优	合理、可行、翔实、有针对性，关键节点进度控制措施得力，可操作性强	16～20
			良	较合理、可行、针对性较强，关键节点进度控制措施较得力，可操作性较强	11～15
			中	基本合理、可行，关键节点进度控制措施基本得力，具有可操作性	6～10
			差	不合理、不可行，无关键节点进度控制措施	0～5
2	工程质量保障体系及创优措施	15	优	保证体系完整、措施具体有力、目标明确、责任到位	11～15
			中	保证体系较完整、措施一般、目标较明确	6～10
			差	保证体系及保证措施欠完整、目标不明确	0～5
3	主要分部分项工程施工方案和技术措施	12	优	施工方案科学、可行，施工重点难点明确，对施工方案关键技术、工艺认识深刻、措施得力	9～12
			中	施工方案较科学、可行，施工重点难点基本明确，对施工方案关键技术、工艺认识较深刻、措施较得力	5～8
			差	施工方案不科学、不可行，施工重点难点不明确，对施工方案关键技术、工艺认识不深刻、措施不得力	0～4
4	项目承包管理及配合协调服务方案	9	优	现场管理及总体协调方案可行，确保工期、质量目标实现措施完善，服务全面	7～9
			中	现场管理及总体协调方案基本可行，确保工期、质量目标实现措施较完善，服务较全面	4～6
			差	现场管理及总体协调方案不可行，确保工期、质量目标实现措施不完善，服务不全面	0～3
5	安全组织及保证措施	6	优	安全组织及措施完善、可靠，关键工序及环节安全控制保障措施得力	5～6
			中	安全组织及措施基本完善、可靠，关键工序及环节安全控制保障措施较得力	3～4
			差	安全组织及措施不完善、不可靠，关键工序及环节安全控制保障措施不得力	0～2
6	环境保护及文明施工方案及保证措施	6	优	环境保护和文明施工方案科学、可行，措施得力	5～6
			中	环境保护和文明施工方案较科学、较可行，措施较得力	3～4
			差	环境保护和文明施工方案不科学、不可行，措施不得力	0～2
7	施工现场总平面图	6	优	总体布置规范合理，切实满足技术、质量、安全、文明施工的需要	5～6
			中	总体布置较规范合理，基本满足技术、质量、安全、文明施工的需要	3～4
			差	总体布置不规范合理，不能满足技术、质量、安全、文明施工的需要	0～2

续表

序号	评审因素	标准分值	档次	评审标准	分值
8	项目管理人员组成、劳动力投入计划、持证上岗及保证措施	6	优	项目管理人员及劳动力投入满足施工需要、持证上岗率达到85%以上、调配计划合理、保证措施具体	5~6
			中	项目管理人员及劳动力投本基本满足施工需要、持证上岗率达到60%以上、调配计划较合理、保证措施较具体	3~4
			差	项目管理人员及劳动力投入不能满足施工需要、持证上岗率达不到60%、调配计划不合理、保证措施不具体	0~2
9	机械、办公、检测设备和投入、进场计划及保证措施	6	优	机械、办公、检测设备和投入能够满足施工需要,调配计划合理,保证措施具体	5~6
			中	机械、办公、检测设备和投入基本能够满足施工需要,调配计划较合理,保证措施较具体	3~4
			差	机械、办公、检测设备和投入不能够满足施工需要,调配计划不合理,保证措施不具体	0~2
10	项目经理结构化面试	14	优	对工程重点、难点把握准确,解决措施得力,对施工计划、工程质量、工期、安全及文明施工措施论述完整、科学合理,对评委提出的问题回答准确、重点突出、表述清晰	10~14
			中	工程重点、难点把握基本准确,解决措施基本得力,对施工计划、工程质量、工期、安全及文明施工措施论述较完整、较科学合理,对评委提出的问题回答较准确、重点较突出、表述较清晰	5~9
			差	对工程重点、难点把握不准确,解决措施不得力,对施工计划、工程质量、工期、安全及文明施工措施论述不完整、不科学合理,对评委提出的问题回答不准确、重点不突出、表述不清晰	0~4

6.4.4.2 商务部分量化评审标准

为鼓励以合理的价格竞标,防止恶意低价竞标;为防止投标人串标、恶意抬高标价,保证评审的公正性;为减少人为因素的干扰,保证评审的科学性,采取以下措施。

(1) 设置最高限价

最高限价是指招标人依据《建设工程工程量清单计价规范》(GB 50500—2013)及相关计价依据,按照工程量清单计算的对招标工程限定的最高工程造价。政府投资的项目,必须设定最高限价,目的是防止投标人的投标价突破经国家部门批准的工程预算,最高限价需要主管部门审批。

(2) 确定评标基准价

① 基准价设定方法一。

有效投标个数≤5时,基准价=各有效投标报价的算术平均值(或下浮3%~5%);有效投标个数>5时,基准价=各有效投标中去掉一个最高和一个最低投标报价后的各投标报价的算术平均值(或下浮3%~5%)。其中,最高报价和最低报价不是无效报价,应按照投标办法参与评审。

$$评标价格=有效投标价格-暂定金-预备金-专业分包项目等的暂估价$$

② 基准价设定方法二。

这种设定方法适用于技术特别复杂,施工方案对于工程造价影响较大,过度的竞争将会给工程质量造成一定影响的项目,且招标人编制了标底。基准价计算公式如下:

$$基准价=A+B$$

其中，A 为招标人的标底价×40%；B 为各有效投标中去掉一个最高和一个最低投标报价后的各投标报价的算术平均值×60%。

将各投标人的评标价格分别与基准价比较，负接近（或在一定额度内负接近）的评标价格得分最高。

(3) 商务部分分值分配

本项目商务部分的分值设定满分为 70 分，各部分分值分配如下。

① 规定投标报价（评标价）满分为 60 分。

商务部分基准价的设定为：经初步评审的有效投标报价去掉高于次高报价的 10% 的最高报价和低于次低报价 10% 的最低报价后计算其算术平均值乘以 0.97。通过确定各投标报价与基准价的偏离度评定各投标价的得分。

$$报价偏离度(D) = (各投标人的有效报价 - 评标基准价)/评标基准价 \times 100\%$$

不同报价偏离度对应的投标报价得分如表 6-4 所示。

表 6-4 不同报价偏离度对应的投标报价得分标准

报价偏离度(D)	$D<-15\%$	$-15\%\leqslant D<-14\%$	$-14\%\leqslant D<-13\%$	$-13\%\leqslant D<-12\%$	$-12\%\leqslant D<-11\%$	$-11\%\leqslant D<-10\%$
报价得分	0	40	42	44	46	48
报价偏离度(D)	$-10\%\leqslant D<-9\%$	$-9\%\leqslant D<-8\%$	$-8\%\leqslant D<-7\%$	$-7\%\leqslant D<-6\%$	$-6\%\leqslant D<-5\%$	$-5\%\leqslant D<-4\%$
报价得分	50	52	53	54	55	56
报价偏离度(D)	$-4\%\leqslant D<-3\%$	$-3\%\leqslant D<-2\%$	$-2\%\leqslant D<-1\%$	$-1\%\leqslant D<0\%$	$0\leqslant D<+1\%$	$+1\%\leqslant D\leqslant+2\%$
报价得分	57	58	59	60	58	56
报价偏离度(D)	$+2\%<D\leqslant+3\%$	$+3\%<D\leqslant+4\%$	$+4\%<D\leqslant+5\%$	$+5\%<D\leqslant+6\%$	$+6\%<D\leqslant+7\%$	$+7\%<D\leqslant+8\%$
报价得分	54	52	50	48	46	44
报价偏离度(D)	$+8\%<D\leqslant+9\%$	$+9\%<D\leqslant+10\%$	$+10\%<D$	—	—	—
报价得分	42	40	0	—	—	—

② 投标报价的完整性评价满分为 3 分。评委根据投标报价具体情况，酌情扣减分数。

③ 综合单价的合理性评价满分为 3 分。评委根据投标文件中的综合单价分析表情况酌情打分。

④ 措施费评价满分为 2 分。评委根据投标文件中的施工组织设计和措施项目清单以及措施项目清单分析表情况酌情打分。

⑤ 主要材料价格表的完整性与合理性评价满分为 2 分。评委根据投标文件主要材料价格表中的单价、产地、品牌等情况综合评审并进行量化打分。

6.4.5 案例提示

下面对在运用综合评价法评标的实践中常常会出现的问题进行归纳。

① "只评分，不评审"。

对投标报价不进行价格合理性分析，在个别投标报价明显低于其他投标报价或标底（设有标底时）时，也不启动质疑、澄清、说明及补正程序；技术部分评审受到评审时间和评委水平的限制，侧重于评审技术部分文件的编排和装订质量代替对投标文件实质性内容的解释和评审。

② 从形式上采用"综合评估法"。

实践中技术部分和商务部分之间的评分权重以及评分标准设定不合理、不科学，形成实质上投标价格决定中标结果的局面，或者投标价格分差过小，受人为因素影响较大的技术部分成为决定中标结果的关键。

③ 评标专家专业影响评审结果。

无论是技术部分评审，还是商务部分评审，分值评定易受主观因素的影响。技术类评审专家对于投标施工方案的合理性、正确性、完整性、工程质量及工期保证措施等技术部分的评审因素把握准确，并能够合理量化，而对于商务报价部分的评审因素，一般来说就不太熟悉，或仅仅有一些常规性的了解，解决深层次的专业经济问题与经济专家相比较就有一定的差距。经济类专家对于报价、财务、市场价格比较熟悉，但对于技术部分评审因素就比较困难。目前复合型评审专家比较少，有些地方不可避免地出现技术评审组与相邻的经济评审组相互抄袭该领域的评定分值的情况，易形成诱导或暗示的主观倾向。

对于上述可能存在问题，招标人可以采取下列对策。

① 在商务部分评审过程中，对于存在非实质性响应招标文件的细微偏差，评标委员会应积极开启质疑、澄清、说明和补正的程序，但不得超出投标文件的范围或者改变投标文件的实质性内容。当个别投标人报价明显低于其他投标报价或标底（设有标底时），评标委员会应要求该投标人做出说明并提供有关证明材料，投标人不能合理说明或提供有关证明材料的，按废标处理。

② 评审委员会在评审中，应由技术专家评审投标文件的技术部分，经济专家评审投标文件的商务部分，这样可以充分发挥各类专家的特长，提高评审效率和评审质量。

③ 各投标人技术部分评分的算术平均值，应在技术专家的范围内进行汇总统计；各投标人的商务部分评分的算术平均值，应在经济专家的范围内进行汇总统计；投标人的综合得分为各专家评委技术部分得分算术平均值和经济部分得分算术平均值之和，得分最高的投标人推荐为中标候选人。

第3篇
货物篇

货物是政府采购的三大类项目之一。国家发展改革委以及有关部委就招标投标活动制定了一系列专项规章和规范性文件，按照适用范围不同分为两类：一类是对国内货物招标投标活动的法律规范，如工程建设项目货物服务招标、政府采购货物服务招标、医疗机构设备药品集中采购等方面的规定；另一类是对国际机电产品招标投标活动的法律规范。本篇仅对工程货物、政府采购货物（工程、工程货物、服务除外）和机电产品国际评标方法予以介绍。

第 7 章

工程货物评标方法——经评审的最低投标价法、综合评估法

7.1 工程货物评标概述

7.1.1 评标方法依据

7.1.1.1 国家法律法规

(1)《中华人民共和国政府采购法》

第 4 条　政府采购工程进行招标投标的，适用招标投标法。

(2)《中华人民共和国招标投标法》

第 3 条　在中华人民共和国境内进行下列工程建设项目包括项目的勘察、设计、施工、监理以及与工程建设有关的重要设备、材料等的采购，必须进行招标。

(3)《中华人民共和国政府采购法实施条例》

第 7 条　政府采购工程以及与工程建设有关的货物、服务，采用招标方式采购的，适用《中华人民共和国招标投标法》及其实施条例；采用其他方式采购的，适用政府采购法及本条例。

(4)《中华人民共和国招标投标法实施条例》

第 2 条　招标投标法第 3 条所称工程建设项目是指工程以及与工程建设有关的货物、服务。所称与工程建设有关的货物是指构成工程不可分割的组成部分，且为实现工程基本功能所必需的设备、材料等。

为此，招标投标法及其系列法规的调整对象"工程建设项目"不仅包括工程，也包括工程货物、服务等采购招标。其中关于评标委员会的组成、评标方法、初步评审、详细评审、推荐中标候选人与定标的有关条款均适用于工程货物评标活动。

7.1.1.2 行业部门规范

《工程建设项目货物招标投标办法》是《招标投标法》发布后，与《工程建设项目施工招标投标办法》《工程建设项目勘察设计招标投标办法》等配套规章并列的规章。适用于在中华人民共和国境内的工程建设项目货物招标投标活动，该办法只限于与工程建设项目有关的重要设备、材料等货物，与工程建设项目无关的货物如纯粹的办公用品、车辆等的采购，则由《政府采购法》及其配套规章进行规范。该办法相关条款摘录如下。

第44条 技术简单或技术规格、性能、制作工艺要求统一的货物，一般采用经评审的最低投标价法进行评标。技术复杂或技术规格、性能、制作工艺要求难以统一的货物，一般采用综合评估法进行评标。

此外，其他行业部门制定的有关工程建设项目招投标管理办法，不仅适用于施工评标方法，而且均适用于各自行业的货物和服务招标评标方法。例如《公路工程建设项目招标投标管理办法》《通信工程建设项目招标投标管理办法》《民航专业工程及货物招标投标管理办法》《铁路工程建设项目招标投标管理办法》等为各行业工程货物采购评标方法的法规依据。

7.1.1.3 标准招标文件

(1)《标准设备采购招标文件》

国家发展改革委等九部委为提高招标文件编制质量，编制了《标准设备采购招标文件》《标准材料采购招标文件》《标准勘察招标文件》《标准设计招标文件》《标准监理招标文件》五大标准招标文件，适用于依法必须招标的与工程建设有关的设备、材料等货物项目。机电产品国际招标项目，应当使用商务部编制的机电产品国际招标标准文本。

该文件第3章规定评标方法为经评审的最低投标价法和综合评估法两种，并在《工程建设项目货物招标投标办法》的基础上，对评标方法、评标因素标准、评标程序进行了进一步的补充和细化。

该文件第3章对经评审的最低投标价法定义为："评标委员会对满足招标文件实质性要求的投标文件，根据本章第2.2款规定的评标价格调整方法进行必要的价格调整，并按照经评审的投标价由低到高的顺序推荐中标候选人，或根据招标人授权直接确定中标人，但投标报价低于其成本的除外。经评审的投标价相等时，投标报价低的优先；投标报价也相等的，按照评标办法前附表中的规定确定中标候选人顺序。"

(2)《标准材料采购招标文件》

《标准材料采购招标文件》是国家发展改革委等九部委编制的五大标准招标文件之一。其第3章规定评标方法为经评审的最低投标价法和综合评估法两种方法。并在《工程建设项目货物招标投标办法》的基础上，对评标方法、评标因素标准、评标程序进行了进一步的补充和细化，适用于依法必须招标的与工程建设有关的材料采购项目（机电产品国际招标项目，应当使用商务部编制的机电产品国际招标标准文本）。

在该标准招标文件的第3章还对经评审的最低投标价法的定义做了与《标准设备采购招标文件》相同的表述。

另外，各行业主管部门也制定了行业工程货物招标文件范本，如下。

(3)《铁路建设项目物资招标文件示范文本》（2015版）

该文本适用于铁路建设项目物资设备招标文件编制工作。其第3章评标方法规定采用经评审的最低投标价法。

(4)《通信建设项目货物招标文件示范文本》（2017版）

该文本适用于通信建设项目货物的招标文件编制工作。其中第6章评标办法规范了经评审的最低投标价法和综合评估法，供招标人选择使用。招标人选择综合评估法的各评审因素标准、分值、权重由招标人自主确定，法律法规有规定的从其规定。

上述各行业部门有关货物招标文件示范文本，是本行业货物招标评标规范招标文件编制的法规依据。

7.1.2 工程货物概念

7.1.2.1 工程货物的含义

《招标投标法》与《招标投标法实施条例》规定:"在中华人民共和国境内进行下列工程建设项目包括项目的勘察、设计、施工、监理以及与工程建设有关的重要设备、材料等的采购,必须进行招标。"所称"与工程建设有关的重要设备、材料",或称"工程货物",是指构成工程不可分割的组成部分,且为实现工程基本功能所必需的设备、材料等。

具体来说,构成工程货物需要同时满足两个要求:一是与工程"不可分割"的;二是为实现工程"基本功能"所必需的。

"不可分割"是指货物离开了建筑物或构筑物主体就无法实现其使用价值,例如钢材、木材、沙石、水泥、涂料等建筑材料和工程中的电梯、中央空调、水泵等设备都将作为工程的组成部分且不可分割。如门窗属于不可分割;而如家具、窗帘、电器、仪器等与工程可以分割,并且货物好坏不影响工程的质量和功能使用,因此,不属于工程货物。

"基本功能"是指建筑物、构筑物达到能够投入使用的基础条件,不涉及建筑物、构筑物的附加功能。如学校教学楼建设,楼宇建成装修后基本功能即已达到,而不能以楼宇将用于教学就把教学用的教学家具、仪器设备等这些为了实现楼宇的附加功能的货物作为实现楼宇基本功能的货物对待。

尽管如此,什么是"不可分割"、什么是"基本功能",实践中有时也难以判断。在此情况下,也可以从设计施工上进行判断:需要与工程同步整体设计施工的货物属于工程货物;可以与工程分别设计、施工或者不需要设计、施工的货物不属于工程货物。

7.1.2.2 工程货物的分类

工程货物可分为设备与材料两类,工程设备与工程材料概念的差异如下。

① 工程设备技术性能往往比较复杂,生产制作工艺难以统一,材料技术性能往往相对简单,生产制作工艺标准较为统一。

② 工程设备采购往往需要附带安装等伴随服务,售后维护(服务)要求高,如电梯、空调等。材料采购一般仅仅是供货,然后交由施工单位施工,并不太看重售后服务,如墙地砖、电线电缆及三大材料中的钢材、水泥、木材等。

③ 设备采购一般遵循技术先进性原则,即设备的生产性能和技术指标应当保持国内或国际的前沿性、科学性和先进性,并保证设备运行维护的可靠性,满足采购方的技术要求。材料采购评标中,则一般需要满足质量要求、环保要求、节能要求等。

④ 设备采购的单位价值较高,采购数量不大,且往往是成套设备,科技含量较高。材料采购的单位价值较低,采购数量较大,科技含量不高。

⑤ 设备采购的专利技术含量较高,市场潜在竞争者数量少,具有价格主导权,价格竞争相对较为温和。材料采购则往往技术通用性较强,且潜在竞争者较多,竞争较为激烈,可替代性强。

7.1.3 工程货物评标方法

7.1.3.1 工程货物评标方法特点

① 工程货物评标客体是实物,招标人看重的是投标人所供物品的性能和质量,为此,评标因素设置侧重于所供物品的性能、质量。工程(施工)项目评标,招标人看重的则是投标人的施工履约能力、技术方案与管理水平。

② 工程货物评标中,法定代表人为同一个人的两个及两个以上法人,母公司、全资子

公司及其控股公司，都不得在同一货物招标中同时投标。一个制造商对同一品牌同一型号的货物，仅能委托一个代理商参加投标，否则应作废标处理。

③ 在无法精确拟定货物技术规格的情况下，招标人可以采用两阶段招标：在第一阶段，招标人可以首先要求潜在投标人提交技术建议，当事人双方对建议的内容进行协商和讨论，达成一个统一的技术规格后编制招标文件；在第二阶段，招标人应当向第一阶段提交了技术建议的投标人提供包含统一技术规格的正式招标文件，投标人根据正式招标文件的要求提交包括价格在内的最后投标文件。

7.1.3.2 工程货物评标方法种类

《工程建设项目货物招标投标办法》第44条："技术简单或技术规格、性能、制作工艺要求统一的货物，一般采用经评审的最低投标价法进行评标。技术复杂或技术规格、性能、制作工艺要求难以统一的货物，一般采用综合评估法进行评标。最低投标价不得低于成本。"

工程建设项目货物招标采购实行上述两种评标方法的行业包括：建设、交通、铁道、水利、信息产业、民航业等。按照《政府采购法》的规定，属于工程货物采购的招标，适用《招标投标法》规定的评标方法；不属于工程货物的招标，则适用《政府采购法》所规定的评标方法。

7.2 经评审的最低投标价法

7.2.1 评标方法概念

7.2.1.1 定义描述

《标准设备采购招标文件》《标准材料采购招标文件》中对经评审的最低投标价法的规范性定义：评标委员会对满足招标文件实质性要求的投标文件，根据招标文件规定的评标价格调整方法进行必要的价格调整，并按照经评审的投标价由低到高的顺序推荐中标候选人或根据招标人授权直接确定中标人，但投标报价低于其成本的除外。经评审的投标价相等时，投标报价低的优先；投标报价也相等的，按照评标办法文件规定确定中标候选人顺序。

上述工程货物经评审的最低投标价法的定义与本书第2篇工程篇第3章中的定义描述一致。

7.2.1.2 适用范围

在工程货物采购中，经评审的最低投标价法适用于技术简单或技术规格、性能、制作工艺要求统一的货物评标。采用该方法评标的，在商务、技术条款均满足招标文件实质性要求时，评标价最低者推荐为中标人。

7.2.2 评标因素设定

由于标的物不同，工程货物的评标因素与工程类项目评标因素体系有所不同，评标因素设定主要围绕着工程货物特点、招标人对标的物所关心的问题而设定。依据《标准设备采购招标文件》和《标准材料采购招标文件》规范，一般工程货物评标因素设定如下。

7.2.2.1 资信因素

工程货物评标资信因素包括：资质因素、业绩因素、信誉因素、财务因素以及其他因素，与工程类评标资信因素相同。

7.2.2.2 技术因素

工程货物评标技术因素包括：工程货物规格标准、技术性能、货物的寿命、质量保证体系和保证措施、安装调试以及服务承诺等，与工程类评标技术因素不同。

7.2.2.3 价格因素

工程货物评标价格因素包括：投标报价，付款方式，知识产权，交货期，运输、仓储和保险费用、税费等，与工程类评标商务因素设定有别。

工程货物评标因素体系如图 7-1 所示。

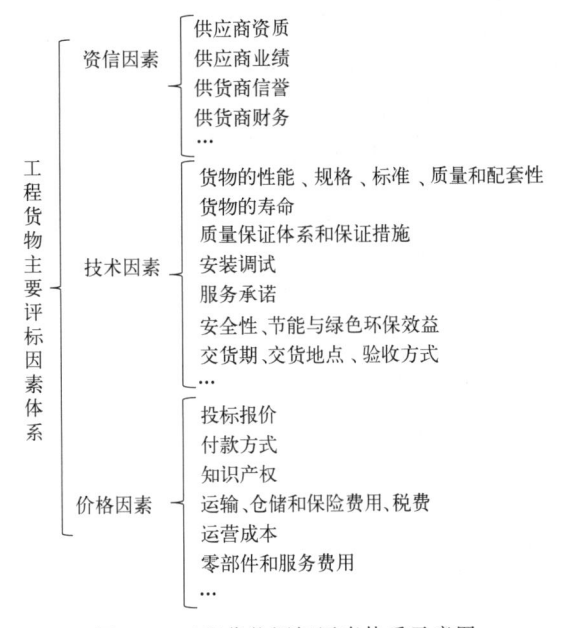

图 7-1 工程货物评标因素体系示意图

7.2.3 投标报价折算计分方式

正如本书 3.1.2 评标方法定义所述，经评审的最低投标价法是一种以价格为主的评标方法，是在经评审满足招标文件实质性要求的条件下，评委对投标文件各部分因素进行量化，并折算成相应的评标价格，评标价从低到高排序，从中确定折算评标价最低的投标人作为中标（候选）人的评标方法。工程货物采购的经评审的最低投标价法与工程项目大致相同。

投标报价折算的目的是对投标报价算术错误、缺漏项进行修正，统一各投标人的报价评比口径，以利于投标报价的比较。如查出投标人的报价明显低于其他通过初步评审和技术评审的投标人的报价，有可能影响产品质量或者合同履行，经投标人做出澄清或说明后，不能说明报价合理性的，视为低价竞标处理。

工程货物类经评审的最低投标价法的评审需要考虑的除价格因素外，有时还需要包括：支付条件（支付手段：币种，支付方式：是否可以延期）、货物的运费及保险费、竣工期提前（交货提前一般不考虑优惠）、零部件及售后服务和培训、设备的运转与维护以及其他的价格调整因素（如价格优惠承诺）等涉及价值的各因素。

对于采用经评审的最低投标价法时价格的折算计分方法，为给各行业留有充足的自主空间，在《标准设备采购招标文件》《标准材料采购招标文件》中并未做具体的规定。各行业、地方结合实际都做了较为具体的规范。招标人应结合工程货物的具体内容，在不违反有关规章的前提下，结合地区、自身实际确定评标基准价、偏差率，制定科学合理的折算计分方法。

下面以某省房屋建筑与市政基础设施货物采用经评审的最低投标价法的投标报价、商务标评审的规定为例，说明投标报价的折算计分方法。该方法规定如下：

对于投标价格的评审，应按照招标文件评标办法规定计算"基准价"。对通过了合格性评审、技术评审，并且未被认定为低于成本竞争的投标人的投标报价，计算其偏差率，对照其投标报价的偏差率，分别对投标报价进行计分。

基准价、投标报价偏差率的计算以及评审标准和计分方式如下：

(1) 方式一

① 满足招标文件要求且投标价格最低的投标报价为评标基准价，计 100 分。

② 其他投标报价得分=（评标基准价/投标报价）×100。

(2) 方式二（见表 7-1）

表 7-1　投标报价折算计分方式二

评审标准	计分方式	偏差率
投标报价＞基准价	$100 - 0.5 \times 100 L_1 - 100 L_2$	$L_1 = \dfrac{\text{基准价} - \text{经评审的最低投标价}}{\text{经评审的最低投标价}} \times 100\%$
经评审的最低投标价＜投标报价≤基准价	$100 - 0.5 \times 100 L_3$	$L_2 = \dfrac{\text{投标报价} - \text{基准价}}{\text{经评审的最低投标价}} \times 100\%$
投标报价＝经评审的最低投标价	100	$L_3 = \dfrac{\text{投标报价} - \text{经评审的最低投标价}}{\text{经评审的最低投标价}} \times 100\%$
投标报价＜经评审的最低投标价	0	

① 投标报价基本分为 100 分。
② 基准价：$Y = A$
式中　A——进入详细评审的有效投标报价中，取 X 值的_____（均含本数，建议取值区间：85%～110%，由招标人确定）范围内的报价的算术平均值；
X——进入详细评审的有效投标报价的算术平均值，$X = (X_1 + X_2 + \cdots + X_{n-1} + X_n)/n$；
n——进入详细评审的有效投标报价个数；
X_1、X_2、X_{n-1}、X_n——进入详细评审的有效投标报价。
③ 经评审的最低投标价，为进入详细评审的有效投标报价中大于或者等于 $Y(1 - P\%)$ 的投标报价中的最低报价。
④ P 值：_____（建议取值区间为 6～30）。如果招标文件对报价评审警戒线进行了规定，P 值应大于（1 - 报价评审警戒线）×100。

7.2.4　评标操作程序

采取经评审的最低投标价法时，工程货物与工程项目的评标程序一致，分为五个阶段，即初步评审、详细评审、质疑与澄清、推荐中标候选人、编制评标报告，各阶段的详细内容，请参阅本书 3.4 评标操作程序内容，在此不再赘述。

7.2.5　操作易出现的问题

经评审的最低投标价法在工程货物招标中具有很多优势，例如，可以节省项目成本，最能体现招投标法中公开、公平、公正的"三公"原则，使低价中标的经营理念深入人心，促进规范工程货物市场的健康发展。但也往往会出现一些问题。

例如：某单位供水工程的水处理设备采购，技术文件中要求具有"自动清洗"功能，但未对具体技术进行要求。在投标阶段，有的投标单位使用"反冲洗技术"，其他单位使用"电机驱动＋雨刷"技术。与"反冲洗技术"相比，"电机驱动＋雨刷"技术增加了部分硬件设施（雨刷及电机），因此报价较高，但清洗效果较好。对此，招标人及时进行澄清，明确技术要求，使投标人在同一技术水平进行竞争，避免了中标的"低价低质"。本例中，由于采用不同技术形式，成本价格相差较大，投标价格往往会有较大差距，采用先进技术的投标单位，往往容易失去中标机会。

再如：某单位对某种工程设备采购，采用经评审的最低投标价法，价格竞争激烈，报价最低的投标单位中标。合同签署后，中标人按时供货，招标人组织对货物进行验收，由于货物不满足技术要求，所有货物全部退回，不予接收。最后中标单位承担了违约责任，但由于延期供货，影响了招标人后续工作，给招标人带来了一定的损失。在运用经评审的最低投标法中，部分投标人为获得中标，在投标过程中可能会采取一些不正当的手段，进行不正当竞争，如：弄虚作假、围标、串标、低价中标高价索赔。对此，招标人应积极应对，做好预防措施，不给予不法投标人可乘之机。

7.2.6　操作中应注意事项

在工程货物评审中，采用经评审的最低投标价法应注意以下事项。

7.2.6.1 应明确工程货物技术要求

(1) 所确定功能要完善

确定采购设备,应先确定所有的设备功能是否完善,有无冗余或缺失。

(2) 应明确技术标准

为保证实现功能完善的要求,应明确需要使用哪些技术来实现,目前所使用的技术,是否为行业内通用的技术。技术要求中不要出现某一家单位所独有的技术,如必须出现时,应描述为相当于某技术标准。

(3) 关键部件品牌范围确定

关键部件应约定品牌,进口部件应明确产地。确定品牌时,不能指定某一单独品牌,一般列出同一等级的三个以上品牌,并注明不低于同档次的其他品牌也可接受。

为实现上述功能的完整、统一,技术标准的明确、关键部件品牌确定,最直接的办法就是进行广泛、公开的交流。交流时,可邀请行业内专家,另外也可邀请行业内知名企业。

7.2.6.2 设定合理的门槛条件

经评审的最低投标价法是根据投标人评价的高低,选择中标人。但在进行公开招标时,潜在投标人实力水平参差不齐,应将投标人放在同一水平线上竞争,需通过设置投标资格进行约束。设置投标资格时,首先明确法律、法规是否对投标资格具有要求;再参考行业内对投标资格如何确定;最后根据项目的实际情况,选择适合本项目的投标资格。一般将单位资质、生产许可、注册资金、体系证书、业绩等作为设置投标资格的基本条件。

7.2.6.3 明确各指标的合格标准

评审标准是评标方法的组成部分,应明确技术标和商务标的合格标准。

(1) 法律法规规定的合格标准

《评标委员会和评标方法暂行规定》第31条:"根据经评审的最低投标价法,能够满足招标文件的实质性要求,并且经评审的最低投标价的投标,应当推荐为中标候选人。"即中标人应满足技术及商务的实质性要求,如实质性要求未确定标准,那么,不妨根据具体的招标项目确定技术及商务实质性要求。

第32条:"采用经评审的最低投标价法的,评标委员会应当根据招标文件中规定的评标价格调整方法,对所有投标人的投标报价以及投标文件的商务部分作必要的价格调整。采用经评审的最低投标价法的,中标人的投标应当符合招标文件规定的技术要求和标准,但评标委员会无须对投标文件的技术部分进行价格折算。"

(2) 技术标及除价格外的商务标合格标准

技术标及除价格外的商务标可以采用打分的方法判断其是否合格,技术条件简单、规格统一、具有通用技术、性能标准的招标项目,可以约定技术部分和资信部分得60分即为合格(技术部分和资信部分总分合计为100分)。

部分技术条件较复杂的招标项目,在使用经评审的最低投标价法时,可适当提高合格标准,如技术部分和资信部分得80分为合格(总分合计为100分)。

对无法精确拟定其技术规格的货物,招标人可以采用两阶段招标程序。在第一阶段,招标人可以首先要求潜在投标人提交技术建议,详细阐明货物的技术规格、质量和其他特性。招标人可以与投标人就其建议的内容进行协商和讨论,达成一个统一的技术规格后编制招标文件。在第二阶段,招标人应当向第一阶段提交了技术建议的投标人提供包含统一技术规格的正式招标文件,投标人根据正式招标文件的要求提交包括价格在内的最后投标文件。

7.2.6.4 明确技术标及除价格外的商务标的评标办法

技术标中应编制技术参数比较表。评标办法中应对投标人的应答情况进行评分。对关键指标在招标文件中的技术参数比较表中明确，在投标阶段需要投标人进行应答。关键指标应分清层次，哪些技术要求及条件是重要条款，不可偏离；哪些技术要求及条件可以偏离，偏离幅度不得低于多少，如产生偏离则相应扣分。投标人的技术规格优于业内大多生产单位时，可将该技术参数量化，作为加分项，予以加分。

除价格外的商务标评标办法中，应明确后续维修保养及备品备件服务，防止出现投标人低价中标，后续服务进行高价索赔的情况。除此之外，一般将下列几项偏离作为价格调整的内容：供货范围偏离、交货期偏离、支付条件偏离。根据不同偏离情况，评标价格增加 0.5%~1%。

7.2.6.5 防止围标、串标

使用经评审的最低投标价法时，应重点防止出现围标、串标的情况。采用最低价评标法时，易被投标人围标、串标。组织围标的投标人控制其他投标人高报价，自己低报价试图中标，严重影响了招标人利益。防止围标、串标的措施如下。

（1）保证投标人的数量

投标人数量越多，围标、串标成功的机会越小，成本越高。因此，保证一定数量的投标人能有效防止围标、串标。

（2）合理设置投标人资格

对于关系密切、可能有投标嫌疑的投标人进行限制，如"母子公司""兄弟公司"数量应在招标文件中约定。同时，《工程建设项目货物招标投标办法》第 32 条："投标人是响应招标、参加投标竞争的法人或者其他组织。法定代表人为同一个人的两个及两个以上法人，母公司、全资子公司及其控股公司，都不得在同一货物招标中同时投标。违反前两款规定的，相关投标均无效。一个制造商对同一品牌同一型号的货物，仅能委托一个代理商参加投标。"

（3）对关键信息做好保密工作

在标前会议时，避免投标人之间产生不必要的接触。另外，指定专人做好投标人信息及资料的保管，其他无关人员不得接触。

7.2.6.6 明确投标产品的质量控制方式

投标人低价中标后，招标人应在合同签订时，明确投标产品的质量控制方式，以防止出现投标人的产品以次充好的情况。

① 合同中明确过程中招标人监造权利，定期及不定期进行抽查；
② 合同中明确要求提供正规实验室出具的原材料及半成品的检验报告；
③ 合同中明确要求提供产品进场前的检验报告；
④ 合同中明确违约责任。

同时，招标过程中如不能积极组织和对可能产生的风险提前制定应对措施，将带来"弄虚作假""围标串标""低价中标高价索赔"等风险。因此，在工程货物采购运用经评审的最低投标价法时，招标人或代理机构应继续进行探索及研究，将评标办法不断加以完善，做好应对各种弊端的准备，使其达到除弊扬善的效果。

7.3 综合评估法

7.3.1 评标方法概念

7.3.1.1 定义描述

《标准设备采购招标文件》《标准材料采购招标文件》对综合评估法的定义描述："综合评估法是指评标委员会对满足招标文件实质性要求的投标文件，按照招标文件规定的评分标

准进行打分,并按得分由高到低顺序推荐中标候选人或根据招标人授权直接确定中标人,但投标报价低于其成本的除外。综合评分相等时,以投标报价低的优先;投标报价也相等的,以技术得分高的优先;如果技术得分也相等,按照评标文件规定确定中标候选人顺序。"此处对综合评估法的定义描述,与本书5.1.2中综合评估法的定义基本一致,是综合评估法在工程货物招标中的具体应用。

7.3.1.2 适用范围

对于综合评估法在工程货物采购中的适用范围,《工程建设项目货物招标投标办法》第44条:"技术复杂或技术规格、性能、制作工艺要求难以统一的货物,一般采用综合评估法进行评标。"根据综合评估法,最大限度地满足招标文件中规定的各项评标标准的投标人,经综合打分得分最高者推荐为中标人。最大限度地满足招标文件中规定的各项评标标准,可以采用打分的方法、折算为货币的方法或其他方法进行衡量。工程货物采购中采用综合打分的方法也是比较常见的。

7.3.2 评分因素与权重设定

7.3.2.1 评分因素的设定

在实践中,采购工程货物的决策不仅仅只考虑货物初始成本,还应全面考虑设备、材料、系统以及项目的设计、规划、制造、购置、安装、运行、维护、改造、更新,直至报废的全过程成本,即全寿命周期成本。综合评估法的应用,一般基于两点考虑:

一是工程采购对象为集中采购框架招标外的具有功能复杂、技术含量高或技术要求特殊、通用性和可比性较低等特点的物资,这类物资经评审的最低投标价法难以适用;

二是为配合项目建设进度和工艺设计,需要鼓励投标人考虑合同履约期间的各类成本和风险规避、控制并将合同利润和履行联系起来,以鼓励投标人更好地完成合同目标,各投标人技术、管理优化方案往往各有特色,选择综合评估法能够较好地反映各方案的差异。

工程货物评分因素的设定是招标成功与否的关键,评分因素设定应从以下几个方面考虑。

(1) 资信标因素

资质业绩和保证体系:投标人若不能满足招标文件关于资质业绩和保证体系的要求,按废标处理;若优于招标文件标准要求的,可按规定标准量化评价。

履约信誉、财务状况:投标人的履约信誉和财务状况是反映投标人履约能力的两个主要因素。因此,招标人应对投标人的这两个因素进行量化评价。

(2) 技术标因素

① 技术标准

a. 货物的质量性能因素。货物的质量性能优劣直接决定货物的使用状况,评标应选取质量性能因素作为评标的实质性要求和主要评标因素。招标文件中应说明货物质量性能的保证值,不能满足该要求的按废标处理,若优于保证值则按照标准折算为分数进行评价。

b. 货物的经济因素。能耗、材料消耗、效率等决定着货物运行成本和整个项目的经济效益,是货物评标的重要技术因素。评标中通常对这些因素对货物设计寿命内运行成本的影响进行量化评价。

c. 货物的配套性和兼容性。如果货物的配套性和兼容性不好,可能导致货物无法使用,还会影响其他货物的采购和使用性能、效率以及整个工程的质量、进度和投资,为此应将货物的配套性和兼容性作为评标实质性要求,并根据具体情况对其进行量化评价。

d. 货物的使用寿命。货物的使用寿命直接影响到货物的使用效益,也是评标的重要因素，货物的使用寿命未达到招标文件规定要求的应该作废标处理。优于招标文件规定的货物的使用寿命，可进行量化评价。

e. 货物营运节能和环保因素。能源和环境问题越来越突出，国家对机械设备、材料的环保均有严格的标准规定，评标必须注重节能和环保问题，货物营运节能和环保因素应作为衡量货物优劣的因素之一。有国家或行业标准强制要求的，货物若达不到要求，作废标处理，如果允许一定范围的偏离，则应对货物能耗和环保因素进行量化评价。例如，可以将楼宇的电梯噪声作为评标的因素。

f. 技术支持服务。应考虑技术支持、人员培训和安装调试、检验、验收方案，依据设备复杂程度做出匹配、相适应的具体要求条款，根据具体情况做出量化评价。

g. 其他技术因素。除上述技术因素外，还应根据项目的具体情况考虑其他技术因素，如设备的先进性和成熟性，零配件供应和售后服务维修情况以及原材料的质量技术等因素。一个项目要想顺利、优质、圆满地完成，决不能使项目成为不成熟技术或不成熟设备、材料的试验场，项目必须使用先进而且可靠、成熟的技术和设备材料，对此应做出量化评价。

② 其他因素

如符合国家、行业对于鼓励、支持特色产品等规定的，如两型绿色产品等，可以适当加分。

(3) 价格标因素

① 报价因素

a. 货物本体价格及构成。将货物本体价格及构成作为评标因素，一方面是为了确定其投标价格的合理性，另一方面是为了确定投标价格的完整性，报价遗漏、重复、算术错误的处理方法也应在招标文件中约定。

b. 货物技术服务和培训费用。招标报价应包括货物安装、调试等技术服务以及对使用人员培训的费用，评标价应计入这些费用作为评分因素。

c. 运输、保险费用及其伴随费用。货物价格包括到达招标人指定地点（如有）的运输费、保险费、进口关税、进口增值税、进口消费税、其他杂费等费用，也应成为评分因素。

d. 运行和维护成本。运行和维护成本是货物使用阶段发生的费用，随着施工、安装设备等货物技术的复杂程度日益提高，运行和维护成本占据生产成本的比例也越来越高，直接影响到项目的整体经济效益，也是评标因素的重要内容之一，通常需要核实投标人提供的数据后，实行量化评价。

② 其他价格因素

例如，交货期、付款条件及方式。根据项目建设进度合理确定货物交货期，如果招标文件允许支付方式和交货期存在偏差的，按照投标人偏差程度量化打分评价。如果招标文件不允许支付方式和交货期存在偏差的，不能满足的按废标处理。

7.3.2.2 分值权重的设定

在工程货物评标项目中，在开标时唯一体现公开性的就是投标报价，而投标文件一旦通过初步评审，价格就成为中标的基本依据。因此，招标人要想在项目预算内寻求货物的供应商，就必须在投标报价方面谨慎地设置分值权重。如何设置价格分值权重？世界银行贷款项目通常采用的评分标准为：投标价 65～70 分、技术标 30～35 分（备件价 0～10 分，技术性能、维修、运行费 0～10 分；售后服务 0～5 分；标准备件等 0～5 分），总分为 100 分。

《工程建设项目货物招标投标办法》对货物综合评估法评标因素的分值权重未作明文规定，由招标人根据行业、项目具体特点确定。在工程货物采用综合评估法的实践中，各地政府的规定有所差别。例如,深圳市规定价格标权重一般不高于60%,福建省规定投标报价分值不超过60分,湖南省规定投标报价权重系数为0.30~0.50。工程货物投标价格分值的权重一般设定在60%左右。

在对工程货物进行技术性评标时,对客观评标因素中其他因素的分值权重,如业绩、信誉、交货期、商务条款的偏离等分值权重设定,由招标人或评委会根据项目具体情况设定评审,一般不会有太多的争议。对主观因素(投标货物质量、技术要求响应程度等)分值权重的设定必须合理,如果主观因素分值权重太低,评标结果一目了然,没有悬念,对投标人的劣势没有临时的处置方法。在货物招标时为减少评标给招标人带来风险,应既要尽可能地利用客观评价因素尺度进行评审,又要给评标专家现场主观判断留有一定的余地。一般来说,在实践中货物招标技术及质量的分值占总分值的20%~40%。这样,既体现了价格标的分量,也考虑了货物与工程招标的不同,给招标人对于货物购买力留有一定的空间。例如,深圳市规定工程建设项目货物技术标权重一般不低于40%,福建省对房屋和市政工程货物规定技术部分权重不超过40分,湖南省规定房屋和市政工程货物对技术标的权重为0.2~0.4。

工程货物的情况千差万别,产品质量和档次各不相同,分值权重设定要对产品的质量和技术特性有一定的预测性,需要经过深入的市场调查研究,再做出决策。综合评估法评标因素分值权重的设置是一个互动的规则,从招标人角度看,要通过分值权重设定评出符合采购方技术商务要求的供货方;而从投标人角度看,就是要通过研究评标方法,从中找出符合自己利益最大化的投标方案。工程货物招标中的分值权重设置需要经过长期的实践经验积累,才能摸索出合理、科学的分值权重系数,才能使采购方能够以经济合理的价格选择到质量上乘、性能优越的货物。

7.3.3 报价得分的计算

据统计分析,工程项目货物采购大部分采用综合评估法。在国家层面法规以及各部门联合颁布的《工程建设项目货物招标投标办法》《标准设备采购招标文件》《标准材料采购招标文件》等规范文件中,对综合评估法中各投标人得分计算的公式仅规定为:投标得分=Σ(报价得分+技术得分+商务得分+其他方面得分),但对于项目货物采购的具体报价得分计算方法并未详细做出统一的规定。在实际工作中,在不违反有关法律法规的前提下,具体报价得分计算方法实际上是由采购人或代理机构确定。

7.3.3.1 计算方法分类

工程建设项目货物采购报价得分计算方法,可以以评标基准价的选择不同而划分为以下类别。

① 最低报价法。以所有合格投标人投标报价中的最低报价作为评标基准价。

② 次低报价法。以所有合格投标人投标报价中的次低者为评标基准价。

③ 平均投标报价法。平均投标报价法按计算基数不同,分为三类:a. 全体平均报价法,是指以全体合格投标人的平均报价为基准价;b. 中间平均报价法,是指在全体合格投标人的投标报价中剔除一个最高报价和一个最低报价后,以其他投标报价的平均值作为评标基准价;c. 折扣平均报价法,是指以打折后的全体合格投标人的平均报价作为评标基准价。

④ 设定参考价格法。按照参考价格的设置不同可以分为两种,即单一设置法和综合设置法。单一设置法是指以招标人事先设定的参考价格作为评标基准价。综合设置法是指以招标人事先设定的参考价格和全体合格投标人的平均报价,各取一定比例,综合确定评标基准价。

请参阅本书 2.3.2 评标基准价内容。

7.3.3.2 计算方法分析

在工程建设项目货物采购招标中,依据其常用的报价得分计算方法,以评标基准价的选择不同,我们列举以下几种方法的示例进行分析。

(1) 最低报价法

［案例 1］ 某石油集团工程设计公司在收发球筒装置采购招标中,评标分为报价、商务两部分。评标办法采用百分制,其中报价部分占 85 分,商务部分占 15 分。报价部分评分标准:报价最低者得满分,其他报价与其相比每提高 1%,扣 1 分。

［案例 2］ 石油天然气输送钢管采购招标,评标办法采用百分制综合评分;报价部分占 55 分,商务部分占 20 分,技术部分占 25 分,计算报价部分得分的公式为:$F_1 = F \times (D_{min}/D_1)$。其中,$F_1$ 为投标报价得分;F 为投标报价满分值(55 分);D_1 为投标人的投标报价;D_{min} 为投标价中的最低投标报价。

案例 1 和案例 2 中的评标方法均属于最低报价法。它是以所有合格投标人投标报价中的最低者为评标基准价,投标报价等于基准价的得满分,其他投标人按其报价高于基准价的程度分值相应降低,报价越高得分越低。

案例 1 中的"收发球筒装置"属于一般设备,其报价部分占 85 分,价格分占绝对优势,投标人以低价就能够占领制高点,价格在很大程度上决定了投标人是否能够中标。其没有设置质量技术和售后服务评价因素,商务因素对评标结果来说作用甚微。

案例 2 中的石油天然气输送钢管属于技术规格、性能、制作工艺要求比较成熟的常用货物,生产企业都是国内大型钢管厂,商务和技术总分占 45 分,在一定程度上限制了价格因素的作用,价格优势不能很好地体现。投标人投标时容易出现提高利润空间的报价策略。

在确认具体投标人的报价偏差时,案例 1 运用了百分比法,即事先规定投标人报价每高出基准价 1% 就从标准分之中扣除 1 分,其余值作为该投标人的报价得分。这种方法计算复杂,如增减分设置不当,可能会出现价格得分为零分的不合理现象。此外,每高出基准价 1% 从标准分中扣除几分也很难把握。

案例 2 中采用比重法,即以基准价占某具体投标人报价的比重作为该投标人所得价格分占报价总分值的比重,这种方法计算简单,不会出现报价为零分的不合理现象。

(2) 全体平均报价法

［案例 3］ 注水泵采购招标采用综合评分法,商务部分满分为 40 分,技术部分满分为 60 分。商务部分分值中投标报价占 30 分,评标标准为以有效平均报价为基准价(得 25 分),相比评标基准价每高出 1%,扣 0.4 分,扣完为止;比评标基准价每低 1%,加 0.4 分,最高不超过 30 分。

［案例 4］ 清管阀采购招标采用综合评分法,商务部分满分为 40 分,技术部分满分为 60 分。其中投标报价部分为 30 分,评标标准为以有效平均报价为基准价(得 20 分),相比评标基准价每高出 1%,扣 0.4 分,扣完为止;比评标基准价每低 1%,加 0.4 分,最高不超过 30 分。

案例 3 和案例 4 中的评标方法均属于全体平均报价法。它是以全体合格投标人的报价均值作为评标基准价,投标报价等于评标基准价的得标准分值;对于高于评标基准价的报价,在标准分的基础上,按照报价偏离程度相应扣分;对于低于评标基准价的报价,在标准分的基础上,按照报价偏离程度相应加分。

注水泵和清管阀属于对技术含量和售后服务有一定要求的设备,商务、技术权重应设置合理。虽然价格权重相同,但是评标基准价的得分标准不同,对商务和技术的影响程度也会不同。但采用这种方法,当出现有效报价人少于五家或者只有三家等情况时,个别高或低报价会影响平均价的公正性、合理性。此外报价每高出评标基准价1%扣几分才算合理也很难把握。加减分幅度设置不当可能会出现报价得零分的不合理现象。

(3) 设置参考价格法

[案例 5] 高压非标设备采购招标采用综合评分法,综合评分满分为100分,投标报价部分为60分。评标标准:满足图纸要求企业保证产品质量的参考价格为 X 万元(开标拆封时公布),以此为评标基准价报价,在±5%范围内时,得60分。超出该范围后,对于超出部分,每高出基准价1%减2分,每低于基准价1%减2分。

案例5的评标方法属于设置参考价格法,它是以事先设定的参考价格在调整后作为评标基准价范围,投标价在基准价范围内得满分,在范围外的,各投标人报价得分在标准分值的基础上按其报价偏离基准价上、下限的程度相应降低。

高压非标设备属于按照图纸加工的非标设备,设置了开标拆封公布的满足图纸且保证产品质量的参考价格。评标标准的指导思想来源是低于参考价格一定范围的存在质量风险,高于参考价格一定范围的属于功能过剩。报价偏离的取值因货物设备的概算价和前期的询价而异。这种方法人为因素影响很大,保密也成为问题,很容易引起投标人的质疑从而使其放弃投标。

在计算投标价偏差时,案例5采取双向扣分法,对高于或低于基准价上、下限的均予以扣分,只有报价在基准价范围内才能得满分。采用双向扣分法会出现报价高者得分高或等于报价低者得分的反常现象。报价每高出基准价1%扣几分才合理仍需要全面考虑。

7.3.3.3 计算方法设置原则

通过上述示例分析,我们可以看出,报价得分计算方法的选择涉及的基本因素包括价格权重、评标基准价、报价偏差率和加(减)分等方面,它们都不是孤立的,对每个因素都要慎重做出选择。相应计算方法设置原则如下。

(1) 合理设定价格权重

如本节前面所述,工程货物要以突出技术因素为前提来设定价格权重,价格权重一般不高于60%。对于技术含量高,受市场供求规律波动影响较大的工程货物,其价格权重可以在此范围内取值偏上一些;而对于工程货物技术含量一般,不易受市场供求波动价格因素影响的物资项目,价格权重可以在上述范围内取值偏下一些。

(2) 科学设定评标基准价

评标基准价的确定不仅要结合物资的类别、控制(预算)价,更重要的是要结合投标人数及可能出现的报价进行考虑,对于一些技术含量较高、供应商积极参与的项目,可以考虑在计算价格分时,采取去掉一个最高报价和一个最低报价后计算平均报价作为评标基准价。这样可以更加突出质量和服务的重要性,淡化价格权重对采购结果的影响。

将体现招标人利益的最高采购限价以及体现投标人利益的投标平均价这两个因素,按测算确定的比例共同组合成评标基准价,这种评标基准价可以较为实际地评价现有投标人的价格竞争力大小,比较科学合理。实际上,当参考价格在评标基准价计算中权重占30%以上时,对中标结果就有较大的影响,甚至可能改变最终的评标结果。而参考价格占评标基准价权重的10%以下时,与不参与评标基准价计算相比,评标结果几乎是一致的(基准价选择请参阅本书第2章相关内容)。

(3) 正确选择报价偏差对价格得分影响的计算方法

在具体计算得分时,可采用百分比报价偏差法或比重报价偏差法。

百分比报价偏差法计算得分＝价格权重分－(该投标人报价－评标基准价)/评标基准价×每百分点加(减)分

比重报价偏差法计算得分＝评标基准价/该投标人报价×价格权重分

百分比法的计算比较复杂，一般会设定评分的上下限，避免加（减）分设置不当可能会出现价格分为零分的不合理现象，报价每高出基准价1％，扣几分才合理需要准确把握。比重法的计算比较简单，不会出现价格得零分的不合理现象。

（4）准确把握加（减）分的幅度

加（减）分的幅度是报价的得分计算方法的关键。对于报价较为分散、供应商较多的项目，加（减）分的幅度可以相应小些；对于报价较为接近、供应商较少的项目，加（减）分的幅度可以相应大些。尽可能避免出现报价差距大而加（减）分幅度也大，或报价差距小而加（减）分幅度也小的情况。

每百分点加（减）分可根据加（减）分的方向不同分为单向扣分法、双向扣分法和双向加减法。在实际操作中，与评标基准价相比，低于基准价的报价得分，按其比例相应加分；高于基准价的报价得分，按其比例相应减分。对同类货物品牌较多，价格变化幅度较大，需要着重考虑性价比的因素时，应设置得分的上、下限，这样可以减少由于报价因素造成投标人价格得分差距过大的情况，在一定程度上弥补价格权重设定的不足，避免其他因素权重的虚设。

7.3.3.4 计算方法对比

报价得分的计算方法都是以评标基准价的选择不同而各得其名，具体可回顾本书7.3.3.1相关内容。

在工程货物采购招标实践中，制定投标价得分计算方法时，要充分了解所采购货物的供应商、产品特性和价格，对于技术成熟，标准统一的货物，在计算报价偏差时采用比重法更简单易行。对于技术含量高、产品性能相差较大的货物，在计算报价偏差时采用百分法，通过加、减分的合理设置，更容易获得满意的产品。对于有特殊要求的非标货物，综合设置评标基准价有利于调动潜在投标人的积极性，有利于采购招标工作的顺利实施。

任何一种投标价得分计算方法都是"被动"的，因为投标人是针对计算方法报出可能对其最有利的报价。随着我国工程建设项目的快速发展，工程货物采购业务范围和数量不断增大，货物类别千差万别，但是，只要投标报价得分计算方法能够真实反映招标人对于货物的价值趋向，且对潜在投标人的可能报价做到心中有数，必将会正确引导潜在投标人进行合理报价，招标人也更容易为工程项目采购到最适宜的货物。

7.3.4 评分操作程序

工程货物与工程项目综合评估法评标程序框架是一致的。

各阶段的详细内容不再详述，请结合工程货物的实际，参考本书5.4评标操作程序相关内容。

7.3.5 操作应注意事项

7.3.5.1 处理好价格分值权重

工程货物采购在相关的行业规章中并未具体规定权重问题，一般是参照《政府采购货物和服务招标投标管理办法》规定的30％～60％设置的。从比例数据来看，价格分在总分值中占有很大比重，而其他评标因素则效果较轻。这样价格得分很大程度上直接决定着投标人能否中标，中标文件中的价格分值权重非常重要，需要招标文件编制人员熟悉产品市场情况，了解招标人的采购目的，合理设计，使投标方良性竞争，使招标方获得理想的产品。

如果价格分值权重定得过高，例如≥60％，一般的投标最低报价者只要符合招标文件的要求基本上就可以中标了。所以设置价格分值权重不能走"极端",需要走"中间",要充分考虑投标人的技术、财务、信誉、业绩、服务等方面对招标文件的响应性程度,综合考虑价格分值的权重分布,以体现价格分值权重的合理性和科学性。

7.3.5.2 分项因素判断标准应细化

对于分项分值的安排应尽量用易于对比和量化的词句,而不宜使用描述性语句。除价格外的评审分项标准举例如下。

(1) 投标人基本情况(满分 5 分)

① 投标文件的完整性,即投标文件是否对招标的内容全部响应;如有细微偏差,拒不修正的最多扣 2 分。

② 技术方案的符合性,即投标技术方案和投标技术参数是否符合或优于招标文件要求;如有细微偏差,拒不修正的最多扣 2 分。

(2) 设备性能与质量情况(满分 20 分)

考察投标人的质量体系认证以及企业管理控制措施,产品技术性能及保证值。

① 符合国家标准和招标文件要求,并具有省级以上生产许可证(满分 10 分,符合前者得 5 分,符合后者得 5 分)。

② 技术精度高、外观质量上乘,符合国家标准和招标文件要求,具有 ISO 9000 质量管理体系认证书(得 5 分)。

③ 产品质量在某个方面超过国家标准和招标文件要求,达到国际水平,高于国际标准,并且有国际标准认证书(得 5 分)。

(3) 投标人履约能力、品牌、业绩等情况(满分 15 分)

① 企业信誉和业绩等(满分 10 分)。

a. 企业信誉良好,财务状况良好,类似货物有五年运行业绩,并有出口业绩(得 10 分);

b. 企业信誉基本良好,财务状况良好,类似货物有五年运行业绩(得 6 分);

c. 企业信誉基本良好,财务状况良好,类似货物有三年运行业绩(得 4 分);

② 资信等级、注册资金等级情况(满分 5 分)。

a. 资信等级、注册资金、人员和资质情况满足招标书要求(得 3 分);

b. 对截至上年 12 月底的企业资产负债表审查负债情况(不负债得 1 分);

c. 投标产品销售业绩、年销售额达到指定数量(得 1 分)。

(4) 投标设备交货期(满分 10 分)

① 交货期承诺基本达到招标要求(得 6 分)。

② 交货期承诺基本达到招标要求前提下,每提前招标文件指定时间一周的得 2 分(此项最多得 4 分)。

(5) 售后服务和承诺情况(满分 10 分)

① 投标产品保证期(一般为产品投运 12 个月或交货 18 个月,也可以根据具体情况而定)基本符合招标文件要求(得 4 分)。

② 质量保证期每超过一年得 1 分(此项最多得 2 分)。

③ 备品备件提供情况(满分 2 分)。

a. 能够提供招标文件要求的备品备件(得 1 分);

b. 能够提供招标文件要求 2 倍的备品备件(得 2 分)。

④ 售后服务响应招标文件(得 2 分)。

第 8 章

工程货物评标案例

8.1 办公楼配置电梯投标价格折算案例

8.1.1 案例摘要

这是一起经评审的最低投标价法在工程货物评标中的应用案例。以采购办公楼电梯项目评标为背景,主要介绍了经评审的最低投标价法中投标价格调整的具体方法和计算过程,包含了对于付款条件偏离的折算,对于进一步理解该评标方法的运用十分有益。

8.1.2 评标背景

某办公楼项目配置电梯,采用的是经评审的最低投标价法,有 A、B、C、D、E 五家投标人参加了投标,经初步审查 D、E 两家投标人不合格淘汰,只有 A、B、C 三家符合招标文件实质性要求,进入详细评审。

8.1.3 价格调整

招标文件规定的价格调整因素如下。
① 交货地点为北京,交货地点不是北京的按照每公里 100 元计算运费。
② 投标报价中应包含暂列金安装配合费 10 万元,评标时予以扣除。
③ 供货范围中备品备件缺项的,按其他投标人该项的最高价进行加价。
④ 提前交货的,在投标价格的基础上减价 2%/周;延期交货的在投标价格的基础上加价 2%/周。
⑤ 提前或延期付款的,提前或延期付款部分按"周利率"0.3% 计算现值差作为加价或减价。
A、B、C 三家投标人进入详细评审,招标人要求及三家投标情况如表 8-1 所示。

表 8-1 招投标情况表

项目	招标人要求	投标人 A	投标人 B	投标人 C
投标价格	—	1000 万元	1200 万元	900 万元

续表

项目	招标人要求	投标人 A	投标人 B	投标人 C
交货地点		北京	北京	上海,距北京 1500km
暂列金额	安装配合费 10 万元	已含	已含	未含
供货范围	—	包含备品备件费用 3 万元	包含备品备件费用 5 万元	无备品备件
交货期	52 周	52 周	48 周	55 周
付款条件	合同签订后,预付 10%,交货后付 85%,1 年质保期后付 5%	预付 20%,交货后付 75%,1 年质保期后付 5%	预付 10%,交货后付 85%,1 年质保期后付 5%	预付 10%,交货后付 85%,1 年质保期后付 5%

8.1.4 价格折算

对三家投标人的投标价格进行折算,形成评标价格,折算过程如下。

8.1.4.1 投标人 A 的评标价格

投标人 A 的付款条件与招标文件要求有偏差,应予调整。要求业主多付 10% 的预付款,时间按照 52 周计算,报价中的暂列金也应该扣除。

10% 的预付款的现值为:
$$1000 \times 10\% \times (1+0.3\%)^{52} = 116.8553 \text{(万元)}$$

现值差为:$116.8553 - 100 = 16.8553$(万元)

投标人 A 的评审价格:$1000 + 16.8553 - 10 = 1006.8553$(万元)

8.1.4.2 投标人 B 的评标价格

投标人 B 的交货期与招标文件要求有偏差,应予调整。报价中的暂列金也应该扣除。

交货期偏差价格调整为:$1200 \times 2\% \times (48-52) = -96$(万元)

投标人 B 的评审价格为:$1200 - 96 - 10 = 1094$(万元)

8.1.4.3 投标人 C 的评审价格

投标人 C 的交货期、交货地点与招标文件要求有偏差,漏报备品备件,应予调整。报价中未报暂列金额,评标价不必扣除。

交货地点偏差价格调整为:$1500 \times 100 = 150000$(元)$= 15$(万元)

交货期偏差价格调整为:$900 \times 2\% \times (55-52) = 54$(万元)

漏报备品备件价格调整为:5 万元

投标人 C 的评审价 $= 900 + 15 + 54 + 5 = 974$(万元)

投标人 A、B、C 评审价格分别为:1006.8553 万元、1094 万元、974 万元。投标人 C 的评审价格最低,应推荐为中标候选人。

8.1.5 案例提示

① 通过本案例可知,在运用经评审的最低投标价法评标中,对商务标的价格调整主要的目的是为各投标人提供一个公平、公正的评标环境,将各个投标人的报价统一在同一起跑线上,以便于评标人比较优劣,选择评标价最低的中标人。

② 在评标实践中,评标价或称评审价,与投标报价确实很容易混淆,经常会有人以为两者是一个概念,其实不然。

投标价,也就是投标人投标时报出的工程合同价,是投标人根据招标文件中工程量清单以及计价要求,结合施工现场实际情况及施工组织设计,按照企业工程施工定额或参照各省工程造价管理机构发布的工程定额,结合市场人工、材料、机械等市场价格信息,完成招标方工程量清单所列全部项目内容的全额费用,由投标企业自主编制确定。

评标价是经过评标委员会按照招标文件的要求和标准，对投标价格中的算术性错误进行修正，充分考虑投标文件中工程量清单的缺项、报价范围、报价偏差折价等，在不改变投标报价的实质性内容并经过贴现修正后形成的价格。

③ 评标委员会依据调整后的投标报价确定评标价，并按照招标文件规定的评标方法和标准进行系统的评审和比较，从而最终得出结论。评标价需经投标人书面确认后才具有约束力，投标人不接受修正价格的，其投标将被拒绝。

8.2 浮式起重机评标全过程案例

8.2.1 案例摘要

这也是一起经评审的最低投标价法在工程货物评标中的应用案例。以某环保搬迁成品码头 4#泊位浮式起重机招标为例。从招标代理人的角度对采用经评审的最低投标价法的招标前准备、招标文件的编制、评标程序、开标和评标关键环节工作做了介绍，通过案例可以对经评审的最低投标价法在工程设备采购招标中的应用有一个全面的认识。

8.2.2 评标背景

某招标公司受业主委托负责整个搬迁工程全过程招标代理人，环保搬迁工程启动后，为确保工期、质量、安全，提高建设工程的投资效益，招标代理人严格按照国家有关规定，对项目勘察、设计、施工以及材料采购，运用经评审的最低投标价法进行了招标，环保搬迁成品码头 4#泊位浮式起重机招标，就是其中一项招标工作。

8.2.3 做好招标前的准备

招标代理人根据领导小组的指示到冶金行业进行了设备招标市场调研，了解相关设备招标市场行情，到其他各大型钢企收集、研究同类设备或相似项目的招标经验和档案资料，将招标投标法与本项目具体实际相结合，在国家招标投标法规和政策范围内，以最符合业主利益原则确定招标方案和评标原则。

8.2.4 精心编制招标文件

根据招标人的要求，本项目的招标范围是 2 台浮式起重机的制造、安装、调试和试验（试重）、试运行、交工验收、负责办理 CCS 检验证书及相关手续等服务工作。规格型号：40t-30m；交货地点：成品码头施工现场；起重机主要参数：最大起吊能力 40t，最大幅度 30m，最小幅度 10m；整机工作级别：A6（U6，Q2）；起升机工作级别：M6（T5，L3）；旋转机工作级别：M6（T5，L3）；起重机使用寿命：30 年。为了实现本项目招标预期目标，必须编制出高质量的招标文件，为此，招标代理人根据项目特点和需要，仔细分析、研究已经收集的技术、经济和市场情况，组织专题讨论，依据国家和项目所在地方的有关规定，组织环保搬迁有关职能部门专业项目部、设备材料采购部和集团审计处、纪检部门等共同审查、修改招标文件，力求做到招标文件内容完整、条款清楚、用词严谨、无疏漏条款，努力实现本项目预期投资控制目标。本项目招标方案经过领导批准予以实施。

8.2.5 合理确定评标程序

根据项目实际情况，结合国家相关招标规定，确定采用经评审的最低投标价法，分为初步评审和详细评审两个阶段进行。

8.2.5.1 初步评审
初步评审主要包括形式评审、资格评审、响应性评审,初步评审采用符合制。初步评审不符合,就不能进入详细评审阶段。

8.2.5.2 详细评审
详细评审主要包括技术标评审和商务标评审。技术标评审采用符合制,审查投标文件是否满足招标文件技术要求,投标文件有一项不能满足带"＊"号的重要技术条款的,技术标为不合格。投标文件不能满足其他技术指标参数和选型要求的,每一项按投标报价的1％加价,总加价超过投标报价5％的,技术标为不合格。商务标评审中,招标文件有一项不满足带"＊"的商务条款的,商务标判为不合格。

8.2.5.3 评标价计算方法
① 进行算术修正,调整投标总价。
② 与招标文件规定比较,每发现一项非"＊"条款偏差(与"＊"条款的偏差除外),按投标报价的1％加价,总加价不能超过投标报价的5％,否则被视为废标。
③ 投标人超出招标文件要求范围多报的配置,或高于招标文件技术要求的配置,评标时不减其报价。

以经评审的最低投标价为最优评标价(基准价),得分100分,其余评标价与最优评标价相比较,每增加1％扣1分,扣完为止。具体得分采用插入法进行计算,得分保留小数点后两位,第三位四舍五入,即:

报价得分＝100－(评标价格－最优评标价格)/最优评标价格×1×100。

评标委员会按照得分由高到低的顺序推荐三名中标候选人。

8.2.6 做好开标和评标工作

开标会议是顺利进行评标工作的组织保证,本项目的开标由环保搬迁指挥部、项目部、相关职能部门、投标人代表及监管部门共同参加,公开开标和唱标,开标程序和唱标内容规范。评标工作开始之前,评委会认真熟悉了环保拆迁成品码头4#泊位浮式起重机招标文件、补遗文件及评标办法。根据招标文件规定的评审标准,先对各投标文件进行初审,本项目有六家投标单位:A、B、C、D、E、F,初步评审F投标人交货期未响应招标文件,未能通过初步评审,其余五家投标单位顺利通过初审,通过初步评审的五家单位的技术标都通过了符合性评审,最后对通过初步评审和技术符合性评审的五家投标单位进行商务部分打分,初步确定了合格投标人的排名顺序。经评委综合评定,按得分高低顺序一致推荐A为第一中标候选人、E为第二中标候选人、D为第三中标候选人,本项目业主根据评标委员会推荐的中标候选人结果,确定排名第一的A投标人为中标人。

8.2.7 评标结果

招标人根据相关资料反复测算,本项目的最高限价为960万元,中标单位投标总报价即中标价为878万元,为项目业主节省了82万元。

8.2.8 案例提示

经评审的投标价法是我国《招标投标法》和《工程建设项目货物招标投标办法》规定的主要评标方法之一。如前所述,经评审的投标价法是以价格为主导评审因素对投标文件进行评价的方法,既适用于工程施工项目的招标,也适用于工程项目货物的招标。

采用经评审的投标价法,首先应审查投标文件的商务和技术上对招标文件的响应程度,对于满足招标文件实质性要求的投标，则按照招标文件中规定的办法对投标文件的价格因素作必要的调整，以便所有投标文件的价格因素按统一的口径进行比较。工程货物招标价格因素调整的内容与施工项目有所不同，可能涉及投标范围偏差、付款条件偏差引起的资金时间价值差异、投标缺漏项、多项内容的加价（或减价）、交货期偏差给采购人带来的直接损益、国外汇率转换损失以及虽未计入报价单但评标中不能不考虑的税费、运输及保险费以及其他费用的增减。经以上价格因素调整后的价格为经评审的投标价，该价格最低者为最优。

近年来，随着我国《招标投标法》《工程建设项目货物招标投标办法》的贯彻落实和市场实践，该方法不断得到完善，外部环境不断提升，招投标市场逐步走向成熟，与国际接轨的经评审的最低投标价法得到广泛运用，在招投标市场占有相当大的比例，在工程建设项目货物招标中发挥着越来越重要的作用。

在工程建设项目设备采购招标评标中，运用经评审的最低投标价法应注意以下问题。

（1）提高招标文件深度、符合项目要求

目前，工程建设项目往往是匆匆上马，限时招标，设计和招标文件的深度和精度有时达不到要求，使投标人对项目理解不透、不深或不全面，甚至不一，容易引起投标和实施内容的不一致，很多投标人往往按照对自己有利的方向去承诺和投标，出现"低价中标，高价索赔"现象，导致价格失控。经评审的最低投标价法要求提高招标前期工作的质量，提高设计和招标文件的深度和精度，为评标、中标人履约提供一个良好的法律依据，避免"低价中标，高价索赔"现象的发生。

（2）加强资格审查、把好入围标准

把握好投标人的资格审查是运用经评审的最低投标价法时十分关键的工作环节。严格审查投标人的资格，将不符合资格的投标人排除在外，可以使不合格投标人失去"可乘之机"，确保进入价格评审的投标人都有能力完成项目，保证项目顺利完成。

（3）推行工程担保、减少低价风险

经评审的最低投标价法的运用存在一定的风险，这需要大力推广和实施工程担保制度来护航，工程担保现在已成为工程交易中不可或缺的条件之一。工程担保主要有投标担保、承包商履约担保、建设单位支付担保、保修担保等类型，工程担保可以从风险分担的角度来保证项目的顺利完成。

8.3 水处理设备采购评标因素设定案例

8.3.1 案例摘要

这是一起综合评估法在工程货物中的应用案例。以某动力系统工程建设项目水处理成套机械设备招标为例，介绍了运用综合评估法的操作过程，对于加深对综合评估法的理解具有一定的参考价值。

8.3.2 评标背景

某动力系统工程建设项目采购水处理成套机械设备，此类产品为高压变频 PLC 控制，技术含量高，生产厂家较多，以往采购过程中出现过低价中标，致使产品存在运行不稳定的情况，导致停产维修，造成直接和间接损失远远高于当时评标时生产厂家的最高价，运营成本大大提高。本次设备采购对产品质量有很高的要求，在设定权重时，突出了机械设备的技术权重，评标方法采用综合评估法。

8.3.3 评审内容

8.3.3.1 评审内容概述

综合评估法评标主要评审内容应当包括招标文件的商务、技术、价格、服务、业绩，及其他方面，综合得分最高者推荐为中标人。

综合评估法应当对每一项评价内容赋予相应的权重，价格权重不得低于30%，技术权重不得高于60%。价格评价应当符合低价优先，经济节约的原则，并明确规定评标价格最低的有效投标人将获得价格评价的最高分值，价格评价的最大可能分值和最小可能分值为满分和0分。

8.3.3.2 评标因素设置

商务评标因素：资质、信誉、业绩、价格、财务状况、交货期、付款条件和方式、质保期以及其他商务合同条件。

技术评标因素：方案设计、工艺配置、功能要求、性能指标、项目管理、专业能力、项目实施计划、质量保证体系以及交货、安装、调试和验收等。

售后服务及其他评标因素：故障维修、零配件供应、技术支持、培训方案等。

8.3.4 综合得分计算

8.3.4.1 计算公式

第 i 个投标人综合得分公式：

$$C_v(i) = C_p(i) + K_t \times C_t(i) + K_c \times C_c(i)$$

式中 $C_v(i)$ ——第 i 个投标人评标综合得分；
  $C_p(i)$ ——第 i 个投标人投标报价得分；
  K_t ——技术评分权重，取 $K_t = 50\%$；
  K_c ——商务评分权重，取 $K_c = 15\%$；
  $C_t(i)$ ——第 i 个投标人技术得分；
  $C_c(i)$ ——第 i 个投标人商务得分。

其中，投标报价得分计算公式：

$$C_p(i) = A - K \times (N_i - N_{min})/(N_{max} - N_{min})$$

式中 A ——评标价格基础分值，若 $A = 35$，即价格权重为35%；
  K ——分数因子，$K = 10$；
  N_i ——第 i 个投标人的投标价格；
  N_{max} ——投标人中的最高投标价格；
  N_{min} ——投标人中的最低投标价格。

价格权重、商务评分权重、技术评分权重，合计为100%。

8.3.4.2 得分计算

按照表8-2综合评估比较表，计算评标得分。

表8-2 综合评估比较表

方案	价格/万元	价格排序	技术得分	技术得分排序	商务得分	商务得分排序
供货商 A	202	①	75	④	88	④
供货商 B	208	②	80	③	90	③
供货商 C	261	③	95	①	97	①
供货商 D	286	④	92	②	93	②

计算过程如下。

各方案投标报价得分：

$$C_p(A) = 35 - 10 \times (202-202)/(286-202) = 35.00$$
$$C_p(B) = 35 - 10 \times (208-202)/(286-202) = 34.29$$
$$C_p(C) = 35 - 10 \times (261-202)/(286-202) = 27.98$$
$$C_p(D) = 35 - 10 \times (286-202)/(286-202) = 25.00$$

各方案综合得分：

$$C_v(A) = 35.00 + 50\% \times 75 + 15\% \times 88 = 85.70$$
$$C_v(B) = 34.29 + 50\% \times 80 + 15\% \times 90 = 87.79$$
$$C_v(C) = 27.98 + 50\% \times 95 + 15\% \times 97 = 90.03$$
$$C_v(D) = 25.00 + 50\% \times 92 + 15\% \times 93 = 84.95$$

综合排序为：①方案 C；②方案 B；③方案 A；④方案 D。即投标报价权重取 35％，技术评分权重取 50％，商务评分权重取 15％时次高报价的供货商 C 推荐为中标候选人。

8.3.4.3 偏重价格因素时的得分计算

若招标人本次招标对于价格因素比较重视，可以调整各评标因素的权重，如取投标报价权重为 60％，即 $A=60$。同时，取 $K=30$，并取 $K_t=35\%$、$K_c=5\%$。则各投标人价格得分如下：

$$C_p(A) = 60 - 30 \times (202-202)/(286-202) = 60.00$$
$$C_p(B) = 60 - 30 \times (208-202)/(286-202) = 57.86$$
$$C_p(C) = 60 - 30 \times (261-202)/(286-202) = 38.93$$
$$C_p(D) = 60 - 30 \times (286-202)/(286-202) = 30.00$$

各投标人综合得分为：

$$C_v(A) = 60.00 + 35\% \times 75 + 5\% \times 88 = 90.65$$
$$C_v(B) = 57.86 + 35\% \times 80 + 5\% \times 90 = 90.36$$
$$C_v(C) = 38.93 + 35\% \times 95 + 5\% \times 97 = 77.03$$
$$C_v(D) = 30.00 + 35\% \times 92 + 5\% \times 93 = 66.85$$

最后，综合排序如下：①方案 A；②方案 B；③方案 C；④方案 D。即投标报价的权重为 60％，技术评分的权重为 35％，商务评分权重为 5％时，最低报价的供货商 A 推荐为中标候选人。

招标人对价格最为关注时，评标办法通常运用经评审的最低投标价法，综合评估法并不是在所有的情况下都能够达到选择出项目理想中标人的目的。

如果价格、技术和商务资信都占有相当大的比例，在出现价格相差过多，且技术得分悬殊时，无法达到上述效果。

8.3.4.4 价格因素与技术因素并重时的得分计算

若价格得分按照下列公式计算：

$$C_p(i) = A \times (N_{min}/N_i)$$

式中 A——评标价格基础分值，若取 $A=45$，即价格权重取 45％；

N_i——第 i 个投标人的投标价格；

N_{min}——投标人中的最低投标价格。

则各投标人价格得分如下：

$$C_p(A) = 45 \times (202/202) = 45.00$$
$$C_p(B) = 45 \times (202/208) = 43.70$$

$$C_p(C) = 45 \times (202/261) = 34.83$$
$$C_p(D) = 45 \times (202/286) = 31.78$$

依据公式 $C_v(i) = C_p(i) + K_t \times C_t(i) + K_c \times C_c(i)$，取 $K_t = 50\%$，$K_c = 5\%$，此时综合得分为：

$$C_v(A) = 45.00 + 50\% \times 75 + 5\% \times 88 = 86.90$$
$$C_v(B) = 43.70 + 50\% \times 80 + 5\% \times 90 = 88.20$$
$$C_v(C) = 34.83 + 50\% \times 95 + 5\% \times 97 = 87.18$$
$$C_v(D) = 31.78 + 50\% \times 92 + 5\% \times 93 = 82.43$$

最后，综合排序如下：①方案 B；②方案 C；③方案 A；④方案 D。即投标报价的权重取 45%，技术评分的权重取 50%，商务评分的权重取 5%时，次低报价的供货商 B 推荐为中标候选人。

上述这两种价格得分的计算公式存在较大的区别，第一种方法中通过对 K（分数因子）的控制，使得价格相差较大的方案价格分数始终处于 25～35 分范围内。第二种方法中是将价格较低值与其他价格相比较，分值变化随着价格变化范围增大，因此，就现在的价格方案而言，第二种方法对价格更为敏感。在综合评价法中价格、技术、商务资信三个方面权重的选取是关键，根据招标人的侧重点，确定价格、技术、商务资信之间权重的分配可以达到不同的效果。

从上述分析得知，综合评估法中价格权重取值在 50%～60%，技术权重在 30%～40%，低价中标的概率较大；价格权重取值在 30%～40%，技术权重在 50%～60%，中间价、技术优者中标的概率较大。

8.3.5 案例提示

为防止低价恶性竞争，规避总投资风险，工程建设项目货物招标评标采用综合评估法对于技术含量高、工艺和技术方案复杂的大型或成套设备招标项目、重大装备自主化依托工程是最合适的方法。

供货商要生存要盈利，如采取低价竞争，某些供应商会通过降低设备档次、降低质量来盈利，其提供的产品就会出现运行不稳定，甚至停机停产维修等情况，带来直接或间接的经济损失。

采用综合评估法比经评审的最低投标价法能够获得更好的产品质量和服务，使得供需双方互惠互利。国外权威机构评估，运用综合评估法获得的产品可降低工程全寿命周期运行成本的 10% 左右。

8.4 工程配置电梯性价比法应用案例

8.4.1 案例摘要

性价比法不但在政府货物采购中运用，也可以在工程货物采购中运用。以某工程电梯采购项目评标为例，对在招标过程中运用性价比法进行评价指标的设置、分值分配、得分计算过程进行了介绍，并总结出采用性价比法的注意事项。

8.4.2 评标背景

某工程 64 部电梯按照 30 万元/台的拟采购价格进行公开招标，共有 MAXIEZ、HGP、

OTIS GEN2、TE-GL1、TONE3000S、ELCOSMO-V 等品牌型号通过资格预审入围。采用性价比法对电梯进行评价，选择投标人。

8.4.3　电梯招标采购的难点

电梯采购是一个涵盖设备类、工程类和服务类招标过程的综合工作过程。在招标过程中，招标项目的类型不同决定了评标办法应具有不同的针对性。电梯招标采购有以下几点难点。

① 国家和国际标准仅对电梯产品的性能作一般规定，也就是最低的强制性限定。对于市场上的电梯产品，只要厂商的资质齐全，其电梯性能指标基本都能达到国家标准的规定。但由于国家标准只是一般的规定，因此，同样的合格产品，其性能、价格差别是较大的。

② 招标人往往容易对电梯部件配置要求盲目从高，认为部件档次越高越好，电梯的质量好坏、档次的高低取决于部件配置的高低，青睐于部件的进口数量和刻意提高运行速度、载人数量等主要参数，甚至增加一些无关紧要的功能配件，导致电梯招标价格高出招标人的估计。

③ 由于电梯采购招标具有复杂性的特点，许多招标人在评标实践中针对项目特征的评标办法制定得不够详细、具体，以致对于某一品牌的偏好代替了对产品主要结构部件、系统运行、使用成本的综合考虑。

④ 招标人对电梯招标工作时间安排不尽合理，未能充分考虑电梯生产厂家对订单、排产、出货等周期时长的特点，由于时间安排过紧，导致电梯供货、安装不能满足整体工程进度的要求。

⑤ 电梯招标评标由供货、安装和服务三类不同性质的评标内容组成，招标人对其评标因素的设定往往不全面，评标中顾此失彼，影响采购产品的性价比。因此，合理设定评价指标是评标工作中十分重要的步骤。

8.4.4　招标评价指标设定原则

电梯招标评价指标设定应考虑建筑物的用途、建筑物对电梯的质量要求、品质品位，以及电梯特有的复杂性特征等因素。因此，在电梯招标评价指标的设定中应遵循以下原则：

① 全面性。电梯招标评价指标的设定，不仅仅要考虑产品的自身性能，还要关注电梯的安装和售后服务等因素，在评价指标设定中要综合考虑企业生产能力、技术先进性、产品的市场有效率、品牌定位、施工组织设计、售后服务等指标。

② 系统性。电梯的制造与安装必须符合国家标准和规范，与此同时，招标人对电梯的总体需求与功能要求亦体现出招标人的招标定位和取向，因此，在控制系统、曳引机、轿厢与门机系统、门套、安全钳等总体要求和电梯所具备的基本功能、舒适功能、安全功能、其他必须具备的功能等评价指标的设定中，要系统甄别取消不必要的功能要求，如地震应急返回功能，就应视项目定位决定是否予以考虑，不忙于求全，在既定预算的前提下，以性价比最优的质量，合理设置电梯配置。

③ 针对性。评价指标的设定不盲目求全，应结合指标设定的全面性要求，对产品质量、企业综合实力、施工组织和售后维保等方面有针对性地设定相应评价指标。在评价指标设定中应注重量化分值和因素权重的合理确定和分配。

④ 可操作性。评价指标的选择与分值、权重的确定直接影响评标过程和评标结果，招标人应充分认识到不同的评价指标应有相适配的评标方法，即定性和定量因素的评标方法各有针对性，同时在招标文件中应明确各类评价指标的具体评标办法。

8.4.5 招标评价指标体系设定

电梯产品的特点决定了招标人在投标产品满足使用功能的前提下，将选择技术先进、安装售后服务水平较优者。按照上述评价指标设定的原则，本案例在性价比法下将评价指标划分为综合性能指标和综合成本指标两类，共设三级评价体系，其中综合性能指标下设 3 个二级评价指标、24 个三级评价指标。评价指标体系如图 8-1 所示。

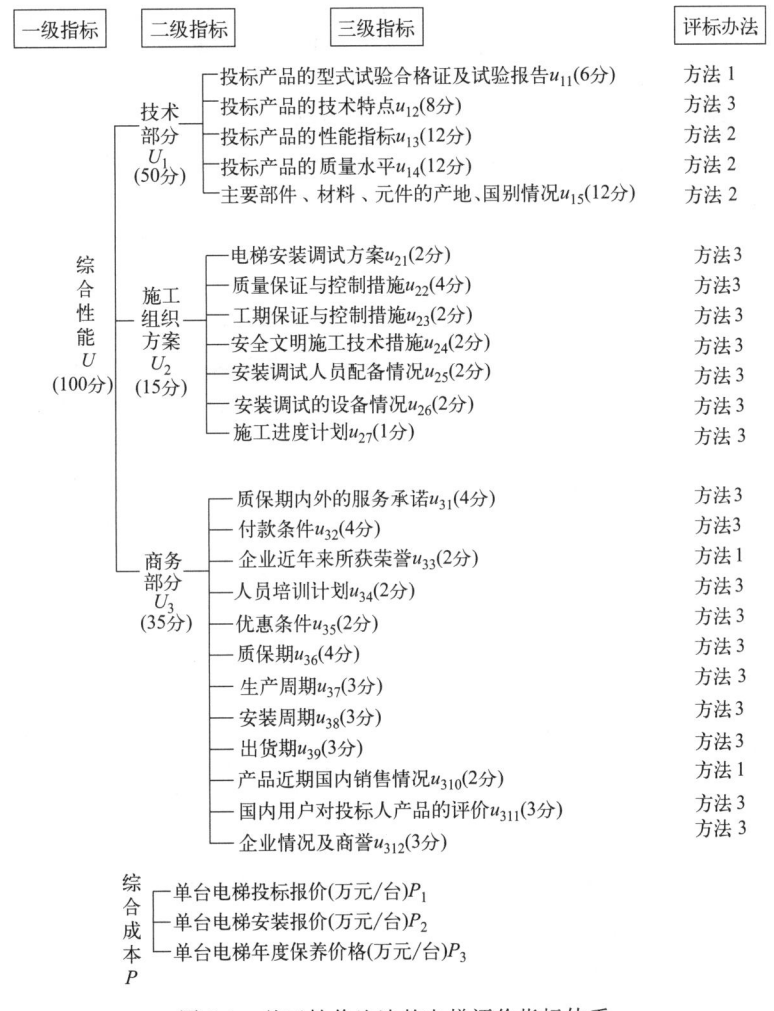

图 8-1 基于性价比法的电梯评价指标体系

8.4.6 电梯采购评分办法

8.4.6.1 评标的总体说明

依据性价比的评标原则，上述评价指标分为综合性能（U）和综合成本（P）两个因素。综合性能（U）采用百分制，由专家打分法给出各二级、三级因素所占分值。综合成本（P）考虑了单台电梯投标、安装和保养的价格。通过专家对各投标产品的综合性能打分和综合成本折算，可以计算出各投标产品的性价比得分，由此可进一步确定中标候选人的排序。

8.4.6.2 评价指标分项评分办法

基于性价比法的评价特点，综合性能（U）因素下设技术部分、施工组织方案、商务部分三个二级评价指标,每个二级指标下分为若干三级指标,评价指标设定全面,能系统地反映投标人在设备、工程、服务等方面的优缺点。

上述评价指标按照其属性可分为定量指标和定性指标两大类。其中定量指标主要是投标产品的基本性能(u_{13}),投标产品的质量水平(u_{14}),和主要部件、材料、元件的产地、国别情况(u_{15})这三个指标,作为量化电梯产品的技术部分的主要因素。该三个指标又可进一步细化为四级指标,如图8-2所示,评标方法采用图8-1规定的方法2(即五点量表打分法)。这三个指标的评价中,为保证评价口径的一致,在方法处理上采用五点量表打分法(1差、2较差、3一般、4好、5很好),评标专家仅按投标产品两两对比原则进行五点量表打分,以确定该评价指标的权重得分。

应用五点量表法最大程度上避免了专家个人由于对投标产品品牌的喜好对评标结果产生的影响。评标过程中各投标产品两两对比,专家仅按照五点量表法对投标产品间进行对比打分,保证了评标的公平原则。

对于定性评价指标,根据评价指标性质和评价内容可匹配性地选择方法1和方法3作为评价标准。

方法1指对投标文件的符合性因素进行打分评审,主要适用于投标产品的型式试验合格证及试验报告(u_{11})、企业近年来所获荣誉(u_{33})、投标人所投产品近期国内销售业绩(u_{310})等指标的打分,该指标的评价主要是符合性审查,按照投标文件的相应内容是否提交完整,结合招标文件制定的给分标准,逐项给予得分。

方法3是指除采用方法1和方法2之外的评标方法,主要针对施工组织方案各因素及商务因素中的服务承诺、付款条件、质保期、生产周期等而制定。在方法3的使用中应结合招标文件规定,依据每一项指标的得分标准,由专家认真地对各投标文件给予打分。

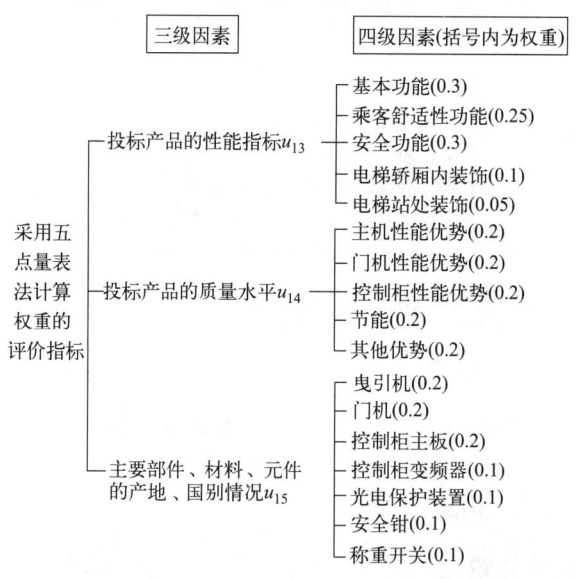

图8-2 采用五点量表计算权重的评价指标

8.4.7 本案评标性价比结果

性价比得分计算公式为:性价比得分(F)=综合性能(U)/综合成本(P)

定标原则为按照得分数 F 高低,由高到低依次确定中标候选人,上述得分相同的,以投标报价较低者为中标候选人。

本案例基于性价比法构建了评价指标体系及评标方法,其评标得分如表 8-3 所示。

表 8-3 本案例评标得分一览表

投标人	综合性能得分			综合成本/(万元/台)	性价比得分
	技术部分	施工组织方案	商务部分		
投标人 1	34.372	10.778	27.044	25.204	2.864
投标人 2	38.977	12.878	24.322	33.760	2.256
投标人 3	41.878	12.711	32.189	26.868	3.230
投标人 4	41.582	13.289	30.656	27.600	3.099
投标人 5	38.605	12.522	29.244	27.925	2.878

确定性价比得分最高者即投标人 3 为第一推荐候选人,评标结果充分体现了投标人各个方面的综合实力,令招标人和投标人满意,无质疑情况发生。

8.4.8 案例提示

8.4.8.1 资格预审阶段的注意事项

性价比法在电梯评价中适用前提是各投标产品属于同一档次。为保证投标产品处于同一个档次,在资格预审文件中,招标人可告诉潜在投标人招标采购电梯的价格区间、主要功能配置、对进口部件的要求等影响电梯价格的主要因素等内容,以便使潜在投标人能够在资格预审过程中明确投标主体资格、是代理商还是厂家,以便招标人在日后招标文件的编制中,在供货、安装和售后等方面明确各自的合同界面,同时也便于招标人在资格预审中能够对投标人进行更进一步的考察。

8.4.8.2 招标文件起草时的注意事项

招标文件应涵盖合同的大部分实质性条款,以保证在合同谈判签约过程中对实质性内容不再另行协商,合同一致性原则不被随意突破。招标文件中应对采购合同界面即供货、安装两类不同性质合同的主要内容明确考虑,并应遵守电梯供货的业内惯例,比如定金、排产、最终出货等电梯供货特有的条款约束应在招标文件中明确说明。本案中仅给出了评价指标体系和相应指标的评价方法,对于每个细化指标的评价及打分标准并未详细说明,招标人应结合项目实际定位,在招标文件中详细给出每个指标的具体评分标准,以便专家能有针对性地逐项进行打分。

8.4.8.3 评价阶段的注意事项

本案例中评价体系的分类较多,各类的评价指标有相应的评价方法,这就要求评标专家有较强的业务水平以胜任评标工作。同时,在评标前招标人应向专家详细介绍整套评价方法的操作细则,处理好各专业之间的任务分工,以充分发挥专家自身的优势,准确评定出合格的中标候选人。

第 9 章

政府采购货物评标方法——最低评标价法、综合评分法、性价比法

9.1 评标方法概述

9.1.1 评标方法依据

(1)《中华人民共和国政府采购法实施条例》

第 34 条 政府采购招标评标方法分为最低评标价法和综合评分法。

最低评标价法是指投标文件满足招标文件全部实质性要求且投标报价最低的供应商为中标候选人的评标方法。

综合评分法是指投标文件满足招标文件全部实质性要求,且按评审因素的量化指标评审得分最高的供应商为中标候选人的评标方法。

技术、服务等标准统一的货物和服务项目,应当采用最低评标价法。

采用综合评分法的,评审标准中的分值设置应当与评审因素的量化指标相对应。招标文件中没有规定的评标标准不得作为评审的依据。

(2)《政府采购货物和服务招标投标管理办法》

为了贯彻《政府采购法》及其实施条例,规范政府采购货物和服务招标投标行为,财政部 2004 年颁布了《政府采购货物和服务招标投标管理办法》,其后多次修订。

第 53 条 评标方法分为最低评标价法和综合评分法。

第 54 条 最低评标价法是指投标文件满足招标文件全部实质性要求,且投标报价最低的投标人为中标候选人的评标方法。

技术、服务等标准统一的货物服务项目,应当采用最低评标价法。

采用最低评标价法评标时,除了算术修正和落实政府采购政策需进行的价格扣除外,不能对投标人的投标价格进行任何调整。

第 55 条 综合评分法是指投标文件满足招标文件全部实质性要求,并且按照评审因素的量化指标评审得分最高的投标人为中标候选人的评标方法。

评审因素的设定应当与投标人所提供货物服务的质量相关,包括投标报价、技术或者服务水平、履约能力、售后服务等,资格条件不得作为评审因素。评审因素应当在招标文件中规定。

评审因素应当细化和量化,且与相应的商务条件和采购需求对应。商务条件和采购需求指标有区间规定的,评审因素应当量化到相应区间,并设置各区间对应的不同分值。

评标时,评标委员会各成员应当独立对每个投标人的投标文件进行评价,并汇总每个投标人的得分。

货物项目的价格分值,占总分值的比重不得低于30%;服务项目的价格分值,占总分值的比重不得低于10%。执行国家统一定价标准和采用固定价格采购的项目,其价格不列为评审因素。

价格分应当采用低价优先法计算,即满足招标文件要求且投标价格最低的投标报价为评标基准价,其价格分为满分。其他投标人的价格统一按照下列公式计算:

投标报价得分=(评标基准价/投标报价)×100

评标总得分=$F_1 \times A_1 + F_2 \times A_2 + \cdots + F_n \times A_n$

F_1、F_2、$\cdots$、F_n 分别为各项评审因素的得分;

A_1、A_2、$\cdots$、A_n 分别为各项评审因素所占的权重($A_1 + A_2 + \cdots + A_n = 1$)。

评标过程中,不得去掉报价中的最高报价和最低报价。

因落实政府采购政策进行价格调整的,以调整后的价格计算评标基准价和投标报价。

第56条 采用最低评标价法的,评标结果按投标报价由低到高顺序排列。投标报价相同的并列。投标文件满足招标文件全部实质性要求且投标报价最低的投标人为排名第一的中标候选人。

第57条 采用综合评分法的,评标结果按评审后得分由高到低顺序排列。得分相同的,按投标报价由低到高顺序排列。得分且投标报价相同的并列。投标文件满足招标文件全部实质性要求,且按评审因素的量化指标评审得分最高的投标人为排名第一的中标候选人。

(3)《关于加强政府采购货物和服务项目价格评审管理的通知》

为了加强政府采购货物和服务项目价格评审管理,规范评审行为,维护政府采购活动的公开、公正和公平,保护政府采购当事人合法权益,财政部下发该通知,其中:

(二)统一综合评分法的价格分评审方法

政府采购货物和服务项目采用综合评分法的,除执行统一价格标准的服务项目外,采购人或其委托的采购代理机构应当依法合理设置价格分值。货物项目的价格分值占总分值的比重(权重)不得低于30%,不得高于60%;服务项目的价格分值占总分值的比重(权重)不得低于10%,不得高于30%。

综合评分法中的价格分,统一采用低价优先法计算,即满足招标文件要求且投标价格最低的投标报价为评标基准价,其价格分为满分。其他投标人的价格分统一按照下列公式计算:

$$投标报价得分=(评标基准价/投标报价) \times 价格权值 \times 100$$

采购人或其委托的采购代理机构对同类采购项目采用综合评分法的,原则上不得改变评审因素和评分标准。

(三)竞争性谈判采购方式和询价采购方式评审方法

采购人或其委托的采购代理机构采用竞争性谈判采购方式和询价采购方式的,应当比照最低评标价法确定成交供应商,即在符合采购需求、质量和服务相等的前提下,以提出最低报价的供应商作为成交供应商。

(四)公开评审方法和评审因素

采购人或其委托的采购代理机构采用综合评分法的,应当根据采购项目情况,在招标文件中明确合理设置各项评审因素及其分值,并明确具体评分标准。投标人的资格条件,不得列为评分因素。加分或减分因素及评审标准应当在招标文件中载明;采用竞争性谈判或询价采购方式的,应当在谈判文件或询价文件中载明"符合采购需求、质量和服务相等"的评审方法、最后报价时间等相关评审事项。

(4)《政府采购非招标采购方式管理办法》

为了规范政府采购行为,加强对采用非招标采购方式采购活动的监督管理,依据《政府采购法》和其他法律、行政法规的有关规定,财政部颁布本办法。采用非招标采购方式采购货物、工程和服务的,适用本办法。

第 35 条 谈判小组应当从质量和服务均能满足采购文件实质性响应要求的供应商中,按照最后报价由低到高的顺序提出 3 名以上成交候选人,并编写评审报告。

第 36 条 采购人应当在收到评审报告后 5 个工作日内,从评审报告提出的成交候选人中,根据质量和服务均能满足采购文件实质性响应要求且最后报价最低的原则确定成交供应商,也可以书面授权谈判小组直接确定成交供应商。

第 48 条 询价小组应当从质量和服务均能满足采购文件实质性响应要求的供应商中,按照报价由低到高的顺序提出 3 名以上成交候选人,并编写评审报告。

(5)《政府采购竞争性磋商采购方式管理暂行办法》

竞争性磋商采购方式属于非招标方式。

第 23 条 经磋商确定最终采购需求和提交最后报价的供应商后,由磋商小组采用综合评分法对提交最后报价的供应商的响应文件和最后报价进行综合评分。

综合评分法是指响应文件满足磋商文件全部实质性要求且按评审因素的量化指标评审得分最高的供应商为成交候选供应商的评审方法。

第 24 条 综合评分法评审标准中的分值设置应当与评审因素的量化指标相对应。磋商文件中没有规定的评审标准不得作为评审依据。

评审时,磋商小组各成员应当独立对每个有效投标文件进行评价、打分,然后汇总每个供应商每项评分因素的得分。

综合评分法货物项目的价格分值占总分值的比重(即权值)为 30%~60%,服务项目的价格分值占总分值的比重(即权值)为 10%~30%。采购项目中含不同采购对象的,以占项目资金比例最高的采购对象确定其项目属性。符合本办法第 3 条第 3 项的规定和执行统一价格标准的项目,其价格不列为评分因素。有特殊情况需要在上述规定范围外设定价格分权重的,应当经本级人民政府财政部门审核同意。

综合评分法中的价格分,统一采用低价优先法计算,即满足磋商文件要求且最后报价最低的供应商的价格为磋商基准价,其价格分为满分。其他供应商的价格分,统一按照下列公式计算:

$$磋商报价得分 = (磋商基准价 / 最后磋商报价) \times 价格权值 \times 100$$

项目评审过程中,不得去掉最后报价中的最高报价和最低报价。

(6)《政府采购促进中小企业发展管理办法》

为了发挥政府采购的政策功能,促进中小企业健康发展,根据《中华人民共和国政府采购法》《中华人民共和国中小企业促进法》等有关法律法规,财政部、工业和信息化部颁布该办法。

第 9 条 对于经主管预算单位统筹后未预留份额专门面向中小企业采购的采购项目,以及预留份额项目中的非预留部分采购包,采购人、采购代理机构应当对符合本办法规定的"小微企业"报价给予 6%~10%(工程项目为 3%~5%)的扣除,用扣除后的价格参加评审。适用招标投标法的政府采购工程建设项目,采用综合评估法,但未采用低价优先法计算价格分的,评标时应当在采用原报价进行评分的基础上增加其价格得分的 3%~5% 作为其价格分。

接受大中型企业与"小微企业"组成联合体或者允许大中型企业向一家或者多家"小微企业"分包的采购项目，对于联合协议或者分包意向协议约定"小微企业"的合同份额占到合同总金额 30% 以上的，采购人、采购代理机构应当对联合体或者大中型企业的报价给予 2%~3%（工程项目为 1%~2%）的扣除，用扣除后的价格参加评审。适用招标投标法的政府采购工程建设项目，采用综合评估法，但未采用低价优先法计算价格分的，评标时应当在采用原报价进行评分的基础上增加其价格得分的 1%~2% 作为其价格分。组成联合体或者接受分包的小微企业与联合体内其他企业、分包企业之间存在直接控股、管理关系的，不享受价格扣除优惠政策。

价格扣除比例或者价格分加分比例对小型企业和微型企业同等对待，不作区分。具体采购项目的价格扣除比例或者价格分加分比例，由采购人根据采购标的相关行业平均利润率、市场竞争状况等，在本办法规定的幅度内确定。

(7)《政府采购框架协议采购方式管理暂行办法》

为规范小额零星采购活动，提升小额零星采购的便利性，促进小额零星采购效率和规范的有机统一，财政部研究制定了该办法。

第 2 条　本办法所称框架协议采购是指集中采购机构或者主管预算单位对技术、服务等标准明确、统一，需要多次重复采购的货物和服务，通过公开征集程序，确定第一阶段入围供应商并订立框架协议，采购人或者服务对象按照框架协议约定规则，在入围供应商的范围内，确定第二阶段成交供应商并订立采购合同的采购方式。

第 25 条　确定第一阶段入围供应商的评审方法包括价格优先法和质量优先法。

价格优先法是指对满足采购需求且响应报价不超过最高限制单价的货物、服务，按照响应报价从低到高排序，根据征集文件规定的淘汰率或者入围供应商数量上限，确定入围供应商的评审方法。

质量优先法是指对满足采购需求且响应报价不超过最高限制单价的货物、服务进行质量综合评分，按照质量评分从高到低排序，根据征集文件规定的淘汰率或者入围供应商数量上限，确定入围供应商的评审方法。货物项目质量因素包括采购标的的技术水平、产品配置、售后服务等，服务项目质量因素包括服务内容、服务水平、供应商的履约能力、服务经验等。质量因素中的可量化指标应当划分等次，作为评分项；质量因素中的其他指标可以作为实质性要求，不得作为评分项。

有政府定价、政府指导价的项目，以及对质量有特别要求的检测、实验等仪器设备，可以采用质量优先法，其他项目应当采用价格优先法。

9.1.2　政府采购货物概念

9.1.2.1　政府采购货物的定义

采购是指采购人在一定的条件下从供应市场获取产品、货物或服务作为自己的资源，以保证采购人正常生产、销售或消费的过程。对于政府采购，国际上没有统一的定义，世界各国都结合本国的实际，主要是从资金来源、采购主体两个角度对政府采购概念进行描述。例如，世贸组织的《政府采购协议》将政府采购定义为：各成员国的中央政府及次中央政府以任何契约形式采购产品、建筑工程和服务（以及产品与服务的联合购买），包括直接购买、租赁、分期付款购买、有无期权购买等行为。

我国对于政府采购的定义也是从上述的两个角度定义的。《政府采购法》第 2 条："本法所称政府采购是指各级国家机关、事业单位和团体组织，使用财政性资金采购依法制定的集中采购目录以内的或者采购限额标准以上的货物、工程和服务的行为。"

由上述定义可见,在政府采购的概念中,政府采购主体是国家机关、事业单位和社会团体组织;主体所使用的财政性资金是指纳入预算管理的资金;政府采购的内容是依法制定的集中采购目录以内或采购限额标准以上的工程、货物或服务。

依据《政府采购法实施条例》第7条:"政府采购工程以及与工程建设有关的货物、服务,采用招标方式采购的,适用《招标投标法》及其实施条例。采用其他方式采购的,适用政府采购法及其条例。"为此,本书"政府采购货物"的概念是指政府采购工程以及与工程建设有关的货物、服务以外的货物。

9.1.2.2 政府采购货物范围

政府采购货物是指各种形态和种类的物品,包括:原材料、燃料、设备、产品等。政府采购货物范围主要体现在各省级以上人民政府公布的集中采购目录中。属于中央预算的政府采购项目,其集中采购目录由国务院确定并公布;属于地方预算的政府采购项目,其集中采购目录由地方政府或者其授权的机构确定并公布。纳入集中采购目录的政府采购项目,应当实行集中采购。

对于政府采购货物范围,各地规定有所不同,具体可以参考当地政府财政部门发布的当年政府货物集中采购目录。例如,某省级政府集中采购货物项目公开招标评标方法一览表如表 9-1 所示。

表 9-1 某省级政府集中采购货物项目公开招标评标方法一览表

通用的政府采购项目	
品目名称	适用评标方法
(一) 一般设备	—
1. 电器设备	财政部规定的最低评标价法
摄影、摄像机	财政部规定的最低评标价法
空气调节设备(包括除湿设备)	财政部规定的最低评标价法
2. 办公自动化设备	财政部规定的最低评标价法
计算机	财政部规定的最低评标价法
打印机	财政部规定的最低评标价法
传真机	财政部规定的最低评标价法
速印机	财政部规定的最低评标价法
投影仪	财政部规定的最低评标价法
(二) 专用设备	—
1. 通信设备	财政部规定的最低评标价法
移动通信设备	财政部规定的最低评标价法
电话通信设备	财政部规定的最低评标价法
2. 网络设备	财政部规定的最低评标价法
服务器	财政部规定的最低评标价法
路由器	财政部规定的最低评标价法
交换器	财政部规定的最低评标价法
调制解调器	财政部规定的最低评标价法
3. 监理设备	—
系统集成	财政部规定的最低评标价法、综合评分法或性价比法
保安设备	财政部规定的最低评标价法
档案、保密设备	财政部规定的最低评标价法
灯光、音响设备	财政部规定的最低评标价法

续表

通用的政府采购项目	
品目名称	适用评标方法
文艺设备	财政部规定的最低评标价法
电梯	财政部规定的最低评标价法、综合评分法或性价比法
彩票销售设备	财政部规定的最低评标价法、综合评分法或性价比法
（三）交通工具	—
1. 汽车	财政部规定的最低评标价法
轿车	财政部规定的最低评标价法
越野汽车（含吉普车）	财政部规定的最低评标价法
大客车	财政部规定的最低评标价法
旅游车	财政部规定的最低评标价法
工具车	财政部规定的最低评标价法
专用汽车	财政部规定的最低评标价法
2. 摩托车	财政部规定的最低评标价法
（四）计算机通用软件	财政部规定的最低评标价法
（五）复印纸、打印纸	财政部规定的最低评标价法

9.1.3 政府采购货物评标方法

9.1.3.1 主要评标方法的种类

我国 2004 年财政部颁布的原《政府采购货物和服务招标投标管理办法》（财政部〔2004〕18 号，以下简称"第 18 号令"）规定，政府采购货物服务可以采取三种评标办法：最低评标价法、综合评分法和性价比法。从评标因素构成分类，最低评标价法仅从投标价格因素评价投标优劣，而综合评分法、性价比法则是以投标价格、商务条件、技术条件、服务等综合因素评价投标优劣的方法。第 18 号令对这三种评标方法的使用也没有作进一步明确的规定，由采购人自由选择。

在这三种方法中，综合评分法主要是依赖评标委员会主观因素评审，易受采购人控制，一般采购人都愿意采用此方法。因此，大多政府采购货物招标都采用了综合评分法，而最低评标价法和性价比法则很少被采用。财政部认识到综合评分法主观性比较强，易受采购人的控制和操作的弊端，于 2007 年发布《关于加强政府采购货物和服务项目价格评审管理的通知》，该通知指出："要充分认识价格评审的重要性，价格是政府采购货物和服务项目评审的重要因素，是评价采购资金使用效益的关键性指标之一，各地区、各部门在政府采购活动中，要严格执行《政府采购法》和《政府采购货物和服务招标投标管理办法》（财政部令第 18 号）的规定，科学选择评审方法，在满足需求的情况下，坚持低价优先、价廉物美的原则，加强价格评审管理，保护政府采购当事人的合法权益，切实提高采购资金的使用效益。"这项规定一定程度上遏制了高价中标、奢侈采购的问题。

第 18 号令实施十年后，在评标实践中，性价比法在业内引起争议，部分招标投标当事人认为，性价比法定义复杂、不好理解、操作难度大、各项因素权重不好把握，认为综合评分法完全可以代替性价比法。为此，财政部对其进行了修订，颁布《政府采购货物和服务招标投标管理办法》（财政部〔2017〕87 号，以下简称"第 87 号令"），规定中取消了性价比法，由三种评标方法，修订为两种评标方法。第 87 号令第 53 条："评标方法分为最低评标价法和综合评分法"。

9.1.3.2 两种货物评审方法分析

两种货物采购即指"政府货物采购"与"工程货物采购"，对两种货物采购的评标方法分析如下。由于政府采购货物和服务常适用同一规定,以下将一并提及。

(1) 评标方法比较

政府采购货物和服务的公开招标的评标方法称为最低评标价法和综合评分法。工程货物采购的评标方法称为经评审的最低投标价法、综合评估法。

(2) 资格预审规定

政府采购货物和服务除了邀请招标方式允许对供应商进行资格预审外,采用公开招标方式的政府采购货物和服务进行资格预审一般不被允许。而工程货物招标中对供应商进行资格预审则均被允许,而且比较普遍。

(3) 联合体资格

以联合体参加投标的,在政府采购货物和服务时,对供应商的一般资格条件要求联合体各方均应具备,对特定的资格条件,只需其中一方具备。工程采购货物一般则要求联合体各方均应具备,并按资格最低的一方确定资格等级。

(4) 政策规定要求

政府采购货物和服务对供应商的资格要求除了技术要求和能力要求以外,还有政策性方面的要求,例如对微小企业的扶持政策等。对于工程货物采购由于其主体无限制,除行政主体、政府财政资金落入政府采购规定范围外的工程,一般并没有特别强调此项要求。

(5) 评标方法适用

工程货物采购的评标方法主要有经评审的最低投标价法、综合评估法,主要适应于公开、邀请招标方式。而政府采购货物和服务的两种评标方法不限于公开、邀请招标方式,而且可以在竞争性磋商、竞争性谈判采购、询价采购、框架协议采购(框架协议采购时的价格优先法、质量优先法实际上是经评审的最低投标价法和综合评估法的特殊方法)等采购方式中运用。

(6) 打分因素的限定

政府采购货物和服务打分时,供应商的资格条件不得作为评审因素。对于基准价选择,则统一采用低价优先法计算。房屋建筑与市政工程货物打分时规定,企业获奖项不能作为打分因素,基准价的选择也并无上述限定。

(7) 价格因素调整限定

政府采购货物和服务采用最低评标价法评标时,除了算术修正和落实政府采购政策需进行的价格扣除外,不能对投标人的投标价格进行任何调整。房屋建筑与市政工程货物采用经评审的最低投标价法时,则可以就其他商务因素如付款条件、付款方式等因素对评标价进行调整。

(8) 对采购货物样品的要求

政府采购货物和服务规章规定对于仅凭书面方式不能准确描述采购需求或者需要对样品进行主观判断以确认是否满足采购需求等特殊情况下可以要求投标人提供样品,对于中标人提供的样品,应当按照招标文件的规定进行保管、封存,并作为履约验收的参考。而工程建设项目货物有关规章并没有与此项相关的规定。

9.2 最低评标价法

9.2.1 最低评标价法概念

9.2.1.1 评标方法定义

《政府采购货物和服务招标投标管理办法》对最低评标价法定义的描述为:投标文件满

足招标文件全部实质性要求，且投标报价最低的供应商为中标候选人的评标方法。

采用最低评标价法评标时，除了算术修正和落实政府采购政策需进行的价格扣除外，不能对投标人的投标价格进行任何调整。

9.2.1.2 定义要点

最低评标价法是"以价格为主导"，以"货币"为量纲的评标方法，其定义要点分析如下。

(1) 能够满足招标文件的实质性要求是前提

评委会首先要对投标文件商务和技术部分进行审查，判断其对招标文件的满足程度，对于能够满足招标文件的实质性要求的投标文件，则按照招标文件中规定的评价方法进行评审，这是投标中标的前提条件，对于不符合招标文件的实质性要求的投标文件，则作废标处理。

(2) 评标价是评标定标的核心

在政府采购货物采用的最低评标价法中，除了算术修正和落实政府采购政策需进行的价格扣除外，不能对投标人的投标价格进行任何调整。这一点是评标定标的核心，也是与工程货物经评审的最低投标价法在评标规则方面的重要区别。

工程货物采用经评审的最低投标价法中，除投标报价外，还应考虑包括支付条件、货物的运费及保险费、竣工期提前、零部件及售后服务和培训、设备、工厂的运转与维护以及其他涉及价格因素的调整。

(3) 最低评标价是中标的原则

中标原则是能够满足招标文件的实质性要求并且在法律允许范围内（算术修正、政策扶持）调整后的评标价，按评标价由低到高的顺序排序，最低者应当推荐为中标候选人。评标价相等时，投标报价低的优先；投标报价也相等时，由招标人自行决定。

(4) 投标价格不能低于企业的成本价是底线

投标价格应不低于投标企业自身成本的合理范围，这是为了制止不正当竞争、垄断和倾销的国际通行做法。

(5) 评标报告是评标的最终成果

同其他任何评标方法一样，评标报告是评标的最终成果，评标委员会编写评标报告，由全体评标成员签字。

9.2.1.3 对关键词的理解

对于最低评标价法的含义的理解，应抓住三个关键词："实质性""评标价""最低"。

实质性——是指在评标阶段，应首先考虑投标文件对招标文件实质性要求的响应，是否满足了招标文件的各项实质性要求，确定其投标的有效性。如有一项对投标文件的实质性要求未做出响应，则按照废标处理。由此可见，"满足实质性要求"是前提和关键，有人称之为"入门条件"。

评标价——是指对于满足招标文件的各项实质性要求的投标文件，按照招标文件规定的算术修正和扶持政策规定，以投标价为基础，经过统一调整而形成的评审价格。评标价不是投标价，最低评标价法应将评标价作为评审量化的核心依据。

最低——不是指投标人的原始"投标价"最低，并不是简单地以投标人的原始投标报价作为评审的依据，是指评标价最低。

9.2.1.4 评标方法适用范围

对于技术含量不高，或者有严格技术性能规范，或者技术标准统一，性能、质量接近或易于比较，或者货物通用性强，市场货源充足，或者投标文件的技术标和商务内容均能满足招标文件中所规定的评标因素标准的,且采购人不追求更高性能的情况下的货物,适合运用最低评标价法,例如空调、办公计算机、打印机、扫描仪等的采购。

9.2.1.5 评标方法的意义

政府采购中有时会出现采购人追求采购奢侈产品的现象,为了将采购资金用尽,想方设法提高采购货物档次,在社会上造成了负面影响,损害了政府形象。出现奢侈采购的原因很多,例如预测不科学、采购无计划、采购工作人员对采购资金的责任心不强等。但除此之外还有一个一直被忽视的问题,就是采购评价方法不合理。

国际上招标一般采用最低评标价法和综合评估法两种。由于采取最低评标价法可以使采购资金的价值得到最好的发挥,从而体现资金提供方的意愿。世界银行和亚洲开发银行等国际金融组织都规定,最低评标价法是货物(当然也是工程)的主要评标方法,只有服务和少数特殊工程才采用综合评估法。除了世界银行和亚行等国际金融机构以外,最低评标价法作为货物和工程招标的主要评标方法也已经是世界各国公共采购的普遍做法。采用最低评标价法的意义如下。

① 可以实现政府采购的目标,即"少花钱、多办事",少花钱是前提,多办事是追求。

② 可以杜绝奢侈采购。运用最低评标价法评标时,不再考虑投标货物除满足采购需求以外的额外功能和服务,即不为额外货物功能和服务买单,从而可以杜绝在政府采购货物中出现奢侈采购的行为。

③ 有利于减少采购中的腐败。由于评标时,在技术功能、商务条件满足需求的条件下,只考虑投标价格,投标人价格竞争更加充分,投标人为了中标只能尽量压低报价,中标价格降低后留给投标人进行腐败交易的资金减少,从而有利于减少腐败现象的出现。

④ 比较符合市场经济规律。最低评标价法可以充分发挥经济杠杆的作用,利用价格配置资源,质次价高的产品通过价格竞争,将逐步退出市场,质量符合要求、价格低的产品在竞争中的优势得以体现,从而得以生存和发展。

⑤ 采用最低评标价法更加公平。最低评标价法评标过程简单,评审因素可以全部量化,基本上没有人为的操作空间,可以实现评标的公开、透明,"阳光是最好的防腐剂",采用最低评标价法可以把评标的细节予以公布,接受投标人的监督,杜绝暗箱操作,使政府采购货物更加公平。

9.2.2 评标因素设定

依据《政府采购货物和服务招标投标管理办法》,政府采购货物评标因素体系与工程货物的评标因素体系构建基本相同,可参阅本书第7章工程货物评标方法7.2.2评标因素设定的内容。

9.2.3 评标操作程序

政府采购货物最低评标价法的评标操作程序如图9-1所示。

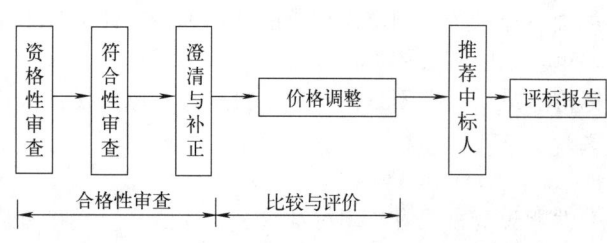

图9-1 政府采购货物最低评标价法评标操作程序图

① 合格性审查。资格性审查、符合性审查程序与工程货物经评审的最低投标价法操作程序基本相同。

② 比较与评价。按招标文件中规定的评标方法和标准,对资格审查和符合性审查合格的投标文件进行价格调整评审(包括算术错误纠正、政

策扶持加分,对其他评审商务因素不得进行调整),形成各供应商的评标价,对各投标人进行比较评价。

③ 除评标报告内容有所差别外,澄清与补正、推荐中标候选人、评标报告程序等与工程货物经评审的最低投标价法基本相同。

9.2.4 操作注意事项

当前最低评标价法是政府采购应用较多的一种评标方法,从实际的运用上看,以下几个方面应引起重视。

9.2.4.1 最低评标价法不是单纯的评价格

一些地区在运用最低评标价法时仍存在纯粹评价格的倾向,把报价最低作为评标的唯一依据。例如某单位在购置300张办公桌时,就以谁的报价低,谁就是中标人。这种倾向是不对的,曲解了最低评标价法的概念。最低评标价法是指以价格为主要因素确定供应商的一种方法,在全面满足招标文件实质性要求的基础上,依据统一的价格要素评定最低报价,以提出最低报价的投标人作为中标候选供应商的方法,显然,上述案例的这种最低报价倾向,与先要全部满足招标文件实质性要求的最低评标价是完全不同的。

最低评标价是建立在同技术标准、同品牌、同售后服务(三同)的基础之上的,忽视三同的任何一同,其报价都不能算是真正意义上的最低报价。因为确定不在同一基准线上的最低报价是不公平、不公正的。例如,名牌商标的货物价格总要高于非名牌货物。

最低评标价法中的最低价格是合理的价格,不是低于成本的最低价,低于成本价就会产生以次充好、贻误交货期、服务差等方面的问题。也不是次等材料货物的最低价,这样的最低价也毫无意义。为此在运用最低评标价法评标时,只能将价格作为评标主要因素之一,而不能将价格作为唯一因素。

9.2.4.2 最低评标价法不仅适用于公开采购

最低评标价法是以价格为主导因素的评标方法,适用于技术标准统一定制、通用性强的货物。由于对最低评标价法的理解偏差,一些采购人,甚至于集中采购机构就认为最低评标价法只适用于采购量和采购金额较大的公开采购,这种认识是片面的,理由如下。

① 众所周知,政府采购最低评标价法适用于标准定制的货物项目,主要考虑采购项目对象情况,只要是所采购的货物标准统一、通用性强,符合此货物采购的性质,其他采购方式同样可以适用。为此,最低评标价法不仅适用于公开采购,也可以适用于公开采购之外的邀请招标、询价采购等方式。

② 采购招标需要提高工作效率,既然最低评标价法、综合评分法以及性价比法都能公开、公正、公平地选取中标供应商,相比较最低评标价法较为简便易行,其他招标方式当然也可以选择简便易行的评标方法,这样可以大大提高评标效率。

③ 最低评标价法、综合评分法同属于政府采购招标评标方法范畴,方法之间处于平等地位,不存在你高我低的问题。因此,政府采购的最低评标价法不仅适用于公开采购方式,也适用于邀请招标等方式。

9.2.4.3 在履行具体评标程序时不能简单化

在采购货物评标实践中,有些采购人认为最低评标价法简便易行,在评标程序上也可以简单些,不必面面俱到,因而把应该履行的评标程序也省掉了。其主要表现在编写的评标报告的内容不全面、不认真,认为"中标人的最低报价有目共睹,是不可改变的事实,谁也否认不了,评标报告写得太详细似乎画蛇添足"。

评标方法和评标程序是两回事，评标方法正确不证明评标程序规范，评标程序影响着评标方法运用的效果和评标结果的准确性，省掉评标程序中任何一道程序就是不公正、不规范、不公开的评标，任何人有权要求政府采购管理机构取消其评标结果。在这一方面已经有过不少的教训。

在运用最低评标价法评标时应注意两个方面不能忽略。一是不能省略评标规范流程的任何一项程序。二是不能忽略规范性的评标顺序排列。一定按照评标价由低到高排序，评标价相同的，按投标价高低排序，若发现排在前面的最低评标价或某些分项明显不合理，或低于成本，有可能影响货物质量或不能诚信履约的，应要求其在规定的期限内提供书面文件予以解释和说明，并提供证明材料，以防价格陷阱。

9.2.4.4　失标的偏离标准制定

① 投标文件投标应答有一条及以上不满足招标文件项目技术规格、数量及质量要求的（"※"号标注的部分除外），投标人将失去成为中标候选人的资格。

② 投标文件投标应答有一条及以上不满足招标文件项目商务要求的（"※"号标注的部分除外），投标人将失去成为中标候选人的资格。

③ 评标委员会认为投标人的报价明显低于其他通过符合性审查投标人的报价，有可能影响产品质量或者不能诚信履约的，应当要求其在评标现场合理时间内提供书面说明，必要时提交相关证明材料。投标人不能证明其报价合理性的，评标委员会应当将其作为无效投标处理。

9.2.4.5　关于小微企业报价扣除比例说明

① 投标人为非联合体投标的，对小微型企业给予6%～10%（由采购人在幅度范围内确定）的扣除，以扣除后的报价参与评审。

② 接受大中型企业与小微企业组成联合体或者允许大中型企业向一家或者多家小微企业分包的采购项目，对于联合协议或者分包意向协议约定小微企业的合同份额占合同总金额30%以上的，采购人、采购代理机构应当对联合体或者大中型企业的报价给予2%～3%（由采购人在幅度范围内确定）的扣除，用扣除后的价格参加评审。

③ 监狱企业、残疾人福利性单位视同小型、微型企业。

9.2.4.6　评标报告编写要全面

评标报告编写要全面，至少应当包括以下内容：招标公告刊登的媒体名称；开标日期和地点；投标人名单和评标委员会成员名单；评标方法和标准；开标记录和评标情况及说明，包括无效投标人名单及判定原因；评标结果和中标供应商排列顺序表；评标委员会授标建议等。

9.3　综合评分法

9.3.1　综合评分法定义

综合评分法讲究"综合评审，全面量化"，是以"分值"为量纲的评标方法。尽管政府采购货物的综合评分法与工程货物综合评估法在操作上有所差异，实际上是综合评估法在政府采购货物评标中的具体应用。

依据《政府采购货物和服务招标投标管理办法》第55、57条规定：综合评分法是指投标文件满足招标文件全部实质性要求，并且按照评审因素的量化指标评审得分最高的供应商为中标候选人的评标方法。采用综合评分法的，评标结果按评审后得分由高到低顺序排列。

得分相同的，按投标报价由低到高顺序排列。得分且投标报价相同的并列。投标文件满足招标文件全部实质性要求，且按照评审因素的量化指标评审得分最高的投标人为排名第一的中标候选人。

政府采购货物的综合评分法适用于同类货物品种繁多、产品档次不一或技术指标要求复杂、存在多个评审因素的不易统一的货物采购评标。

9.3.2 评审因素体系的设定

9.3.2.1 评审因素的设定

《政府采购货物和服务招标投标管理办法》第55条第2款对政府采购货物和服务评审因素设置进行了概括性的总体要求："评审因素的设定应当与投标人所提供货物服务的质量相关，包括投标报价、技术或者服务水平、履约能力、售后服务等，资格条件不能作为评审因素。"

一般来说，政府采购货物评审因素与工程货物评审因素设定大体相同。在政府采购货物评审因素体系中，人们习惯将价格因素、信誉因素、财务状况因素、业绩因素、服务因素作为五大商务评审因素。

所称"价格"是指供应商在满足招标文件的条件下，完成政府采购货物项目的投标报价。

所称"信誉"，是指投标人投标前所获得的银行、工商部门等颁发的信誉证书，一般是投标人近三年来的"重合同、守信用"类证书或者"AAA"等级信用证书。另外，还应该有用户对过去完成的某项目的反馈意见等。

所称"财务状况"，按照《政府采购法实施条例》（释义）的表述："供应商是法人的，应提供经审计的财务报告，包括四表一注，即资产负债表、利润表、现金流量表、所有者权益变动表及其附注，或其基本开户银行出具的资信证明。"依照这个要求提供的财务审计报告原则上是没有问题的，但根据《企业会计准则——基本准则》第29条规定，所有者权益项目应当列入资产负债表，所以实践中资产负债表应包括所有者权益的内容，而不是单独地列一个表。

所称"业绩"，一般应当是指投标人所经历的与投标产品相类似的工作业绩，业绩必须以合同作为基础，业绩合同的数额应该与项目本身大小相适应，否则违反《政府采购法实施条例》第20条"不相适应"的规定，或可能受到供应商的质疑。

所称"服务"，是指在货物采购中，伴随货物采购所发生的伴随服务，这类服务应该指售后服务，包括质量保证期、服务时间（7×24小时或5×24小时）、响应时间（几小时内到达问题现场）、解决问题的时间（什么时间解决故障）、备品备件（发生设备非人为因素损坏需要提供备机等），另外，还应有操作培训等内容。（在服务项目采购中所指的服务，是指投标人围绕服务清单所提供的服务团队组成因素、服务制度、服务措施等，因为服务采购项目的采购周期较货物采购长，所以提供的服务不能以所谓的售后服务概之，而应当按照服务清单在服务周期全过程体现出来）。

除上述五大因素外，政府采购货物综合评分法中的商务因素还应包括付款方式、付款条件等。

对于付款方式，因为财政部门对大宗货物和服务的采购均实行财政集中支付，对于货物采购项目，一般是货到付款，比例是合同总价格的90%~95%，余款在质保期满一年后七日内付清。但服务类项目，如物业服务，是按月付给，软件开发项目是初验后，支付合同总价款的50%，终验后付至90%，余款在项目运行一年后七日内付清。

在评审因素设置时应注意：评审因素应当细化和量化，且与相应的商务条件和采购需求对应。商务条件和采购需求因素（指标）有区间规定的，评审因素应当量化到相应区间，并设置各区间对应的不同分值。

9.3.2.2　评审分值权重设定

对于评审分值的设定，财政部《政府采购货物和服务招标投标管理办法》《关于加强政府采购货物和服务项目价格评审管理的通知》规定：政府采购货物和服务项目采用综合评分法的，除执行统一价格标准的服务项目外，采购人或其委托的代理机构应依法合理设置价格分值。价格分数值占评价总分数值的比重不得低于30%，不得高于60%。

如果采购人资金有限，对价格控制的要求高，或市场供需规律原因，产品价格波动大，则价格分值可以设置高些，例如50%～60%；对于其他评审因素分值可设定为40%～50%。

对于价格波动小的产品，价格权重可以定得低一些，一般占到总权重的30%～40%为宜。价格之外的评审因素也需进行分值设定，例如对于执行国家统一定价标准和采用固定价格采购项目评审因素设置，参与评审的共有四个因素，应根据实际和采购人的需求加以设置分值，如性能质量60%、运载安装和调试14%、培训及售后服务14%、商务条件及其他12%。

9.3.2.3　报价得分计算

（1）低价优先法计算

"低价优先"是政府采购货物得分计算的显著特色。评标时，评标委员会各成员应当独立对每个投标人的投标文件进行评价，并汇总每个投标人的得分。

价格分应当采用低价优先法计算，即满足招标文件要求且投标价格最低的投标报价为评标基准价，其价格分为满分。其他投标人的价格分数统一按照下列公式计算：

$$投标报价得分=(评标基准价/投标报价)\times 价格分权重\times 100$$

评标过程中不得去掉报价中的最高报价和最低报价。符合中小微企业（落实政府采购政策优惠）认定标准的，应按照给予相应价格扣除后的报价计算评标基准价和投标报价。

（2）政策性加分计算

① 对小微企业报价评审政策　财政部《政府采购促进中小企业发展管理办法》规定，采用低价法的对小微企业报价给予6%～10%的扣除，用扣除后的价格参加评审。采用综合评估法，但未采用低价优先法计算价格分的，评标时应当在采用原报价进行评分的基础上增加其价格得分的3%～5%作为其价格分。

例如，某项目中某小微企业对货物报价为1000元，采用低价法评审，应以其原报价扣除6%，即1000－(1000×6%)＝940（元）的价格参加评审。采用综合评估法时，如该企业的原报价的价格评分为30分，则应增加3%，即其价格得分为30＋30×3%＝30.9（分）。

② 对联合体有小微企业的报价评审政策　对于联合协议或者分包意向协议约定"小微企业"的合同份额占到合同总金额30%以上的，采用最低评标价法时，采购人、采购代理机构应当对联合体或者大中型企业的报价给予2%～3%的扣除，用扣除后的价格参加评审。

③ 对节能、环保产品的报价评审政策　为贯彻落实财政部、原环保总局联合颁发的《关于环境标志产品政府采购实施的意见》，财政部、发展改革委颁布的《节能产品政府采购实施意见》文件精神，支持自主创新和节能、环保产品，我国各地方政府对政府采购货物都做了相关具体规定。例如，山东省规定对于当期有效进入环保清单内的产品，采用最低评标价法评标的项目，在评审时可以对节能、环保产品分别给予5%～10%不等的价格扣除。在采用综合评分法评标的项目中，可以对节能、环保产品分别给予价格评标总分值的4%～8%不等的加分。

(3) 投标人总价得分计算

各供应商评标总得分 $=F_1\times A_1+F_2\times A_2+\cdots+F_n\times A_n$

式中，F_1、F_2、$\cdots$、F_n 分别为各项评审因素的得分；A_1、A_2、$\cdots$、A_n 分别为各项评审因素所占的权重（$A_1+A_2+\cdots+A_n=1$）。

9.3.3 评标操作程序

政府采购货物综合评分法的评标操作程序如图 9-2 所示。

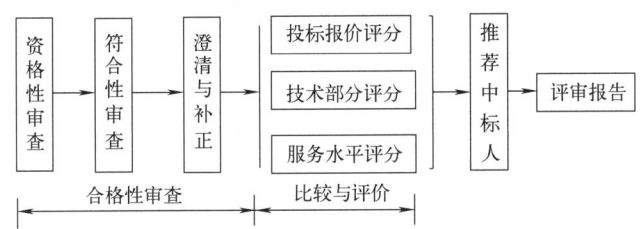

图 9-2 政府采购货物综合评分法评标操作程序示意图

9.3.3.1 合格性审查

合格性审查分为资格性检查和符合性检查。

(1) 资格性审查

① 基本条件　按照《政府采购法》第 22 条规定，投标文件的资格审查基本条件包括：

a. 具有独立承担民事责任的能力；
b. 具有良好的商业信誉和健全的财务会计制度；
c. 具有履行合同所必需的设备和专业技术能力；
d. 有依法缴纳税金和社会保障金的良好记录；
e. 参加政府采购活动前三年内，在经营活动中没有重大违法记录；
f. 法律、行政法规规定的其他条件；
g. 本项目的特定资格要求。

② 政府采购政策　满足政府采购扶持政策的要求提交相关资格材料（如果有）。

③ 投标保证金要求　按照招标文件要求足额交纳投标保证金。

依据上述三条是否满足，以确定供应商是否具备投标资格。

(2) 符合性审查

依据招标文件规定，从供应商投标文件的有效性、完整性和对招标文件的响应性程度进行审查，以确定是否对招标文件的实质要求进行了响应。

(3) 澄清与补正

对于投标文件中含义不明确、同类问题表述不一致或者有明显文字和计算错误的内容，评标委员会可以书面形式（由评标委员会成员签字）要求投标人做出必要的澄清、说明或补正，投标人做出必要的澄清、说明或补正应采取书面形式，且由授权代表签字。澄清内容不得超出招标文件范围或者改变投标文件实质内容。

9.3.3.2 比较与评价

按招标文件中规定的评标方法和标准，对资格审查和符合性审查合格的投标文件进行商务和技术标评审。

同一合同项（包）下为单一品目或非单一品目核心产品品牌的货物采购招标中，提供相同品牌产品且通过资格审查、符合性审查的不同投标人参加的，按一家投标人计算，评审后得分最高的同品牌投标人获得中标人推荐资格；评审得分相同的，由采购人或者采购人委托评标委员会按照招标文件规定的方式确定一个投标人获得中标人推荐资格，招标文件未规定的采取随机抽取方式确定，其他同品牌投标人不作为中标候选人。

评标委员会各成员独立对每个有效投标人（通过资格性审查、符合性审查的投标人）的投标文件进行评价、打分，然后由评标委员会对各成员打分情况进行核查及复核，个别成员对同一投标人同一评分项的打分偏离较大的，应对投标人的投标文件进行再次核对，确属打分有误的，应及时进行修正。

复核后，评标委员会汇总每个投标人每项评分因素的得分。

9.3.4 操作应注意事项

9.3.4.1 合理设定评审因素

评审因素设置应与项目需求相关。采购人或采购代理机构对采购的需求进行分析并组织专家论证，明确项目特点、质量要求、服务要求等，并考察市场、了解供应商情况。评审因素应与项目需求相关，不得将与项目需求无关的业绩荣誉作为加分项，或将采购需求未列明的技术参数、服务要求等列为评标因素。例如，将供应商的资格条件、注册资本、营业额、利润等作为评审因素，这是不允许的。资格条件是作为供应商投标报价文件是否有效，能否参与投标的条件，而不能作为评审因素。一些采购人或采购代理机构随意将荣誉、业绩作为评标因素，设定荣誉、业绩作为加分项目是可以的，但有时设定某些区域、行业或与采购无关的荣誉、业绩则限制了潜在供应商参与政府采购活动。

值得注意的是，在财政部颁布的《关于加强政府采购货物和服务项目价格评审管理的通知》中明确：采购人或其委托的采购代理机构对同类采购项目采用综合评分法的，原则上不得改变评审因素和评分标准。也就是说，在运用综合评分法时对同一类货物、不同次数的招标评标，招标代理机构制定的评审因素以及标准应该统一，所设置的评审因素和标准应该是一致的，而不能依据不同的采购人，设置不一样的评审因素和标准，例如，政府采购同一类办公桌，甲采购人招标时设置的评审因素和标准和乙采购人招标时设置的评审因素和标准应该是一样的。采购需求不同的同类货物，如果需要设置不同的评审因素和标准，最好不要选择综合评分法评标。

9.3.4.2 对评标因素进行科学的量化

（1）采购不同货物权重设定应有差异

采购人或采购代理机构设定评分因素权重时，应考虑采购货物项目的特点。在不同类的货物中使用相同的评分权重，会影响评标的科学性、合理性。例如，在采购车辆和计算机货物中都设置了售后服务评标因素，在这两类货物的售后服务评审因素均设定了相同的权重，这显然是不正确、不合理的，因为两类货物的售后服务在整个项目中所处的位置和重要性是不同的。

（2）评分权重分配应全面衡量

政府采购货物评标解决的是不确定性多目标的决策问题，但有些采购人在编制招标文件时未能充分考虑多重目标及其相互关系，导致分配权重与采购需求偏离，产生逆向选择。要拒绝平均性的权重分配倾向。

（3）明确评审因素区间的量化标准

评审因素的量化一直是综合评分法饱受争议的问题。一些政府采购货物的评审因素未量化，例如，在政府采购货物评分标准中经常见到"根据设备技术性能打分，优秀得 8～10 分、良好得 6～7 分、一般得 4～5 分"等标准条款，此条款等级标准及等级区间如何判定比较模糊,缺乏详细的量化指标,影响政府采购的"三公"性。

(4) 评分权重分配不能存在倾向性

采购人为了使某供应商中标,制定评标权重时,根据该供应商的具体情况量体裁衣,评标权重分配有明显的倾向性、针对性、迎合性,破坏公平竞争的环境。

9.3.4.3 严格评委的评标纪律

由于综合评分法中评审因素和权重的设定使得评委具有一定的自由裁量权,评标结果受评委主观影响较大。不同评委对采购需求和采购招标文件的理解以及侧重不尽相同,打分不可避免地受主观因素的影响,容易出现偏差甚至失误;有些评委由于道德欠缺,与投标供应商沟通一气,或利用采购的倾向性心理明示或暗示索要额外报酬,影响评标结果的公平性。因此,在使用综合评分法时,应严格按法律法规组建评标委员会,监督评标委员会依照招标文件规定的评标程序、方法和标准进行独立评审,维护评标秩序,及时制止和纠正采购人代表、评审专家的倾向性言论或者违法违规行为,尽量避免评委主观因素的干扰。

9.3.4.4 认真执行政府采购功能政策

在评标时,应严格执行政府采购功能政策条款,如支持小微企业发展,优先采购节能、环保产品等,设置对应的加分项,但实践中,有时会出现执行功能政策不严、流于形式的现象。例如,按规定应对小微企业给予6%的价格扣除,按照扣除后的报价参与评标,此处给予价格扣除的小微企业应该是"双小微"企业,即投标供应商是小微企业,所投产品的生产单位也应该是小微企业。但实践中有时会出现投标供应商仅凭自身的"小微企业"证明就能获得价格扣除优惠的情况。

9.3.4.5 妥善处理可能遇到的问题

(1) 对相同得分情况的处理

运用综合评分法评标,常出现供应商得分相同的情况,采购人或采购代理机构应根据可能出现的各种情况,预先制定应对方案。对供应商得分相同的,可按照投标采购人的评标价由低到高顺序进行排列;评标得分且评标价相同的,按照技术标优劣顺序进行排序,也可以按照技术指标和售后服务体系的优劣顺序进行排序来选择中标推荐人。

(2) 对优质供应商的评标应对

在运用综合评分法编制评标文件时,权值的总值不受评审因素数量的影响,对那些在履约方面确有非凡表现的供应商,应预留出充分展现的空间,才能评选出性价比高的产品。

综合评分法评审因素和标准的设定是一项细致且复杂的工作,采购人或采购代理机构应充分做好市场调研,根据项目需求和采购目标设定对应的评分标准。量化评标标准可以降低评委的自由裁量权,避免暗箱操作,使政府采购工作公平公正,营造良好的采购招标环境。

9.4 性价比法

9.4.1 性价比法概述

在评标实践中,由于对性价比法存在争议,智者见智,仁者见仁,性价比法已从法律法规中淡出,但该方法在评标方法体系形成发展中占有重要的地位和意义,介绍评标方法时,性价比法是绕不开的话题。

9.4.1.1 性价比法的由来

性价比法最初起源于管理工程学里的价值工程理论,价值工程又称价值分析,是一种管理技术,是降低成本、提高经济效益的有效方法。该理论起源于20世纪40年代的美国,麦尔斯(L. D. Miles)是价值工程理论的创始人。

第二次世界大战爆发后,美国军事工业迅速发展,军事工业所需要的原材料量也激增,造成军事物资供应十分紧张。由于原材料供应短缺,采购工作经常遇到难题,麦尔斯调查研究发现,有一些相对不太短缺的材料可以很好地替代短缺材料的功能。后来,麦尔斯逐步总结出一套解决采购问题的行之有效的方法。这一思想方法逐步推广到其他领域。例如,将技术和经济价值结合起来研究生产和管理问题等,这就是早期的价值工程。1955年这一方法传入日本后与全面质量管理相结合,得到进一步发扬光大,形成一套更加成熟的价值分析方法。麦尔斯编著的《价值分析的方法》使价值工程很快在世界范围内产生了巨大影响。

所谓价值工程是指通过集体智慧和有组织的活动对产品或服务进行功能分析,使目标以最低的总成本(寿命周期成本),可靠地实现产品或服务的必要功能,从而提高产品或服务的价值。价值工程的主要思想是通过对选定研究对象进行功能和费用分析,提高对象的价值,这里的价值是指反映费用支出与获得之间的比例,用数学公式表示为:价值=功能/成本。

麦尔斯在长期的实践中,研究总结出一套开展价值工作的原理,用于指导价值工程活动,这些原则包括:

① 分析问题要避免一般化、概念化,要做具体分析;
② 收集一切可利用的成本资料;
③ 使用最好、最可靠的情报;
④ 打破现有框架,进行创新和提高;
⑤ 发挥真正的独创性;
⑥ 找出障碍、克服障碍;
⑦ 充分利用有关专家,扩大专业知识面;
⑧ 对于重要的公差,要换算为加工费用来认真考虑;
⑨ 尽量采用专业化工厂的现成产品;
⑩ 利用和购买专业化工厂的生产技术;
⑪ 采用专门生产技术;
⑫ 尽量采用标准化产品;
⑬ 以"我是否这样花自己的钱"作为判断标准。

上述13条原则中,第①条~第⑤条属于思想方法和精神状态要求,提出要实事求是、要有创新精神;第⑥条~第⑫条属于组织方法和技术方法的要求,提出要重专家、重专业化、重标准化;第⑬条则提出了价值分析的判断标准。

作为一项技术经济分析的方法,做到了技术与经济的紧密结合。此外,该方法的独到之处还在于它注重于提高产品的价值,注重研制阶段开展工作,将功能分析作为自己独特的分析方法。

价值工程虽然起源于材料和代用品的研究,但这一原理很快扩散到各个领域。通过工程价值分析、产品价值分析、技术价值分析、设备价值分析、原材料价值分析、工艺价值分析、零件价值分析和工序价值分析等,以达到大幅度提高产品价值的目的。在组织经营管理方面,价值工程不仅是一种提高工程和产品价值的技术方法,而且是一种指导决策有效管理的科学方法,它体现了现代经营的思想。在工程施工和产品生产的经营管理中,这种科学思想和科学方法也可以得到应用,例如对经营品种的价值分析、施工方案的价值分析、质量价值分析、产品价值分析、管理方法价值分析、作业组织价值分析等。评标中的性价比法就是建立在这个基础之上的。

9.4.1.2 性价比法的定义

招投标的本质就是对性价比的追求,对于相同品质的产品应当价优者得,对于价格相当的产品则质优者得,当产品品质无法等同对待且价格各不相同时,那么就应当以性价比来决定供应商投标的胜负。性价比法可以作为经评审的最低投标价法和综合评估法的补充,优先在设备采购招标项目中尝试和使用。

性价比法也称性能价格比法,是指按照招标文件的要求,对投标文件进行评审后,计算出每个有效投标人除价格以外的其他各评审因素(包括技术、财务状况、信誉、业绩、服务对招标文件响应性程度)的汇总得分,并除以该投标报价得分,以商数(评价总得分)最高的投标人为中标候选人或中标人的评标方法。性价比值的计算公式为:

$$C=F/B$$

式中,C 为投标人评标总得分;F 为投标人的货物各性能评分的综合总得分;B 为投标人报价得分。

$$F=F_1\times A_1+F_2\times A_2+\cdots+F_n\times A_n$$

其中,F_1、F_2、$\cdots$、F_n 分别为价格以外的其他各评审因素的得分;A_1、A_2、$\cdots$、A_n 分别为价格以外的其他各评审因素评分权重($A_1+A_2+\cdots+A_n=1$)。

但是如何确定各评审因素的权重是需要认真研究的问题,由公式可见,各因素权重的变化直接会影响到每一位投标者的最终得分。我们可以将各权重因素定义为对评标影响较大,所占成本比例较多或我们对其关心程度较大的构成因素。要正确地确定各评审因素所占的权重,需要做好以下工作:将评标的构成因素进行细分;分析各评审因素之间的相互关系;通过专家讨论确定各评审因素的重要程度(即各因素权重值为多少)。通过以上程序慎重确定各因素的权重。

可见,性价比(商数)是一个需由性能和价格两方面决定的参数。性价比法综合考虑了设备性能和价格两方面的因素,价格最优不见得中标,只有同时兼顾价格与质量,性价比最优才能中标。这样才能引导企业进行产品研发,提升产品性能和质量,强化售后服务和持续改进等。同时,也有利于加强管理,节约成本和资源,树立绿色环保理念,长期坚持执行能够培养企业的经济意识,注入经济增长活力,增强国力。

性价比法适用于对招标货物的性能要求较高,或者对招标标的的价格很难确定的项目。

9.4.1.3 性价比法与综合评分法比较

综合评分法与性价比法的共同特点在于招标文件中均需对各项评审因素评分,通过对有效投标人进行评分后,按照最终得分的高低确定中标候选供应商的排序,并且除了价格因素的表现形式不同外,其他包括技术、财务状况、信誉、业绩、服务、对招标文件的响应程度等因素均相同。不同点在于综合评分法将价格作为评审因素之一,以包含价格因素等多项评审因素的评标总得分高低确定中标候选供应商的顺序。性价比法是通过除价格因素以外的其他各项评分因素的汇总除以投标报价的商数的高低确定中标候选供应商的顺序。

综合评分法主要考察的是投标人的综合实力,价格因素在所有评审因素中仅占有一部分分值权重。依据财政部规定,货物评标中的价格的权重占总权重的 30%~60%,如果采购项目只提出功能要求或需求目标,而项目的设计方案以及更加具体的技术方案由供应商在投标文件中以响应文件形式与投标报价一并提出,并由评标委员会最终决定投标方案优劣时,应当更适合采用综合评分法,且价格权重不应该太大。

性价比法，顾名思义就是性能与价格的比值，通过这个比值能够比较直观地展示投标产品是否为"优质低价"，选择排序在先的供应商中标能够有效地实现政府资金使用效益的目标。高性价比的理想情况就是"性能高"而"价格低"，而"性能"是通过得分来体现的。"性能"所包含的含义因项目具体情况而定，在制定评标方法时可单纯地确定为投标产品的性能指标或响应程度，也可以宽泛地将技术指标、投标人的财务状况、业绩、信誉、服务等均作为评审因素。如果无法将"性能"指标，尤其是技术方案、服务实施方案等科学地量化，使得评审因素、分值的设定和评定带有一定的随意性，就不宜采用性价比法。业内专家对此也总结出：性价比法主要适用于对采购项目要求较高的采购，对项目价格很难确定的也可以选用这一评标方法，但对于那些价格变化幅度大的项目，投标人的投标带有较大的不确定性，选择性价比法进行评审时价格权重很难控制，就极有可能造成投标单位的报价超出采购人的预算，而不得不废标，也可能出现"价格低、价格因素以外的综合得分也低"的供应商被确定为预评标供应商，性价比较好的供应商被排除在外的情况。

9.4.2 评审因素与权重的设定

对货物价格以外的评审因素设置主要包括：设备技术指标、项目交货期、售后服务等方面，招标人可根据项目的具体情况增加其他内容。例如自主知识产权、产品节能环保等项。以某一设备采购项目评审为例，其性能类评标权重分值为 40 分，其性能评审因素和权重分配如表 9-2 所示。

表 9-2 某设备采购项目性能类评审因素和权重分配

因素	分值		备注
设备技术性能	70～100 分	技术指标（____分） 设备功能（____分） 关键元器件性能（____分）	设备技术指标优于招标文件规定的技术性能指标的给予适当加分（招标人根据项目具体情况应细化加分规则）
付款条件	0～10 分		付款条件优于招标文件规定付款条件的，给予适当加分（招标人根据项目具体情况应细化加分规则）
交货期	0～10 分		交货期优于招标文件规定的交货期的，给予适当加分（招标人根据项目具体情况应细化加分规则）
售后服务承诺	0～10 分		售后服务承诺优于招标文件规定售后服务要求的给予适当加分（招标人根据项目具体情况应细化加分规则）
其他	…		—

投标报价得分以 60 分为起点，投标人投标报价与低价判定标准相比，以正比例计算得分。报价得分 $B=60\times B_0/DB$，投标报价低于低价判定标准的作废标处理。性价比法中价格方面评分标准设定，可参考表 9-3 所示。

表 9-3 性价比法中价格方面评分标准

评审因素	评分标准
低价判定标准（DB）	①招标人公布的招标控制价设定为 C_1；②评标基准价为 C_2；③取 C_1 和 C_2 的差值为 C_3。以投标人的投标价比 C_3 低 10%～40%（由招标人根据项目类别和具体情况在招标文件中明确该下浮比例）作为低价标准。低于上述低价标准 DB 的，评标委员会认定为"可能低于其个别成本"，作否决其投标处理
投标报价得分（B）	①投标人的投标总价低于低价判定标准的，作否决其投标处理，不参与后续评审；②对通过初步评审的投标人，取招标控制价（C_1）至低价判定标准（DB）区间投标报价，报价为 B_0 的投标人投标报价得分为 $60\times B_0/DB$，投标报价等于低价判定标准值时（即 $B_0=DB$ 时）为最优报价，得最优分 60 分

9.4.3 评标操作程序

性价比法评标操作程序示意如图 9-3 所示。

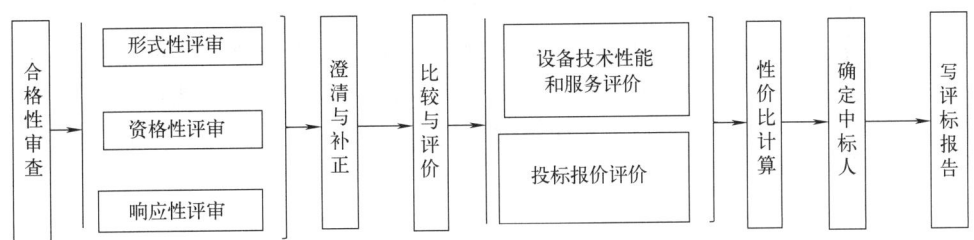

图 9-3 性价比法评标操作程序示意图

9.4.3.1 初步评审

性价比法初步评审即按照招标文件的要求，对形式、资格、响应性三个方面进行评审。资格条件包括一般资格条件和附加合格条件，前者为制式条款，后者为附加条件，即对供应商的特殊要求和禁止投标情况等，如投标人不得擅自改变采购人设置的财产、业绩要求等，招标人应根据项目特点和需求添加。响应性评审主要针对投标报价、投标内容、交货期、交货地点、设备技术指标和质量保证期间服务等方面的内容。只有在产品完全满足采购人对产品基本功能和性能要求的前提下，即通过技术符合性评审，才能进入下一阶段性价比的综合评审。

9.4.3.2 澄清与补正

对投标文件中含义不明确、同类问题表述不一致或者有明显文字和计算错误的内容，评标委员会可以书面形式（应当由评标委员会专家签字）要求投标人作出必要的澄清、说明或者纠正。投标人的澄清、说明或者补正应当采用书面形式，由其授权的代表签字，并不得超出招标文件的范围或者改变投标文件的实质性内容。

9.4.3.3 比较与评价

即对通过初步评审的投标人进行产品性能素质（设备技术性能及服务等）和价格两方面的综合比较评价，并计算性价比值。

9.4.3.4 推荐中标人

评标委员会按照性价比值对有效投标人进行排名，按性价比值由大到小的顺序推荐中标候选人，性价比值相等时，以综合性能得分高的优先（体现品质导向，引导创新），如果两者相同的，由招标人自己决定。

9.4.3.5 提交评标报告

评标报告是评标委员会根据具有全体评标成员签字的原始评标记录和评标结果编写的报告，其主要内容包括：招标公告刊登的媒体名称；开标日期和地点；购买招标文件的投标人名单和评标委员会成员名单；评标方法和标准；开标记录和评标情况及说明，包括投标无效投标人名单及判定原因；评标结果和中标候选供应商排序表；评标委员会的授标建议等。

9.4.4 操作应注意事项

性价比法和综合评分法着重考虑的评审因素都是价格、技术、财务状况、信誉、业绩、服务和对招标文件的响应性程度，但是性价比法追求的是价格作为分母，除其他综合因素得分总和，即各投标人评标得分与自己的投标报价成反比例关系。综合评分法是计算价格分值与其他因素得分的和。

性价比法与综合评分法类似，无法对人的主观因素进行控制而且计算比较复杂。在运用性价比法评标操作过程中，应注意以下问题。

① 招标人或招标代理方应对评审因素进行合理设置，并将其在招标文件中载明，不同的货物有不同的特点，应该根据货物的特点选择相应的评审因素和权重，避免由于过多突出技术因素和服务能力，淡化价格因素，造成价格抬高。

② 运用性价比法评标，建议细化"性能"分值的设定，最好将产品的"根本属性"作为评审因素，"根本属性"应包括：技术性能因素、政策功能因素、节能环境因素等几个部分，比如对技术性能重要指标的响应情况可分不同档次进行打分并细化各档次的评分范围，明确属于优先采购范围的节能产品和环保产品标志的评审标准，对投标人的服务承诺和技术响应程度优于招标文件要求的给予加分等。

③ 采用性价比法进行货物采购评标，应采取技术标书、商务标书的相关资料与投标报价表相分离的方式进行。由于投标报价直接与中标结果相联系，技术标书、商务标书的相关资料与投标报价表相分开，这样可以避免评标委员会在评标中受价格因素的影响，不能把真正的技术性能、售后服务、企业的实力状况评审出来，从而体现评审的公平、公正性。为此，在招标文件中可以要求投标人将投标报价表单独装订，以便先评审技术性能、企业实力、服务等，再公布各投标人的投标报价。

④ 正确处理性能和价格之间的关系。在性价比中，报价作为分母，其本身就是一个变量，技术性能档次高的产品价格也高，技术性能档次低的产品价格也低。而综合得分作为分子的综合得分是在 0～100 范围的一个变量，两者之间的不确定性使评标专家很难把性价比最好的供应商选择出来。因此，评标专家应合理利用招标文件中规定的各项评审参数来确定两个变量之间的关系，通过寻求采购招标的评审因素和价格的最优结合点来达到以最低的成本获得具有最佳使用功能的产品的目的。

⑤ 对供应商进行 SWOT 分析。

在项目货物采购中，无论是采用性价比法，还是采用其他评标方法，最终的目的就是以合理的价格选择更优的供应商，在评审推荐中标候选人即将结束时，招标人还要对供应商进行 SWOT 分析。

SWOT 分析是对供应商严格、系统评审后的有益补充，可以帮助对供应商有一个更为全面的认识，其中 S 代表优势、W 代表劣势、O 代表机会、T 代表威胁。具体分析示例如图 9-4 所示。

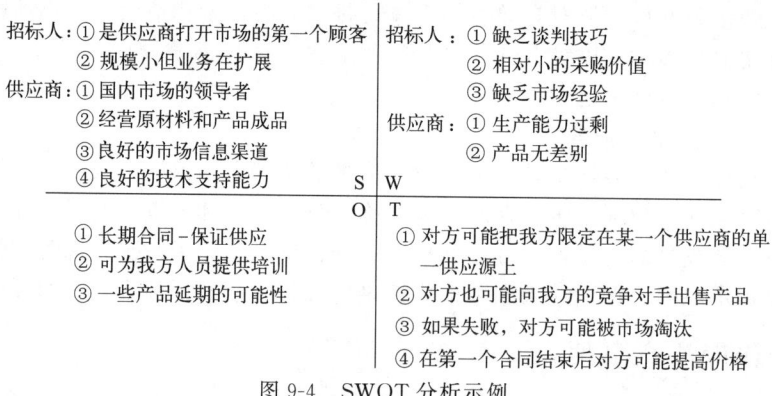

图 9-4　SWOT 分析示例

SWOT 分析不但可以帮助对中标候选人进行宏观的测评，也可以进行微观测评，例如将技术范围的有关内容列入测评之中，如技术性能的可靠性、交货的提前期、零部件的持续可获得性、技术支持、产品生命周期成本等，并可以在技术范围内对供应商的测评分配适当的权重，让专家更细致、准确、全面地测评出最佳的供应商。

第10章

政府采购货物评标案例

10.1 分体空调采购评标案例

10.1.1 案例摘要

这是一起最低评标价法在政府采购中应用的案例。以某省直单位空调采购评标为例,介绍了最低评标价法的应用,以及采购人在评标过程中所采取的采购风险防范措施。

10.1.2 评标背景

某省直单位根据需要批量采购642台分体空调,预算金额高达570万元,评标方法采用最低评标价法。

10.1.3 评标过程

依据该省公布的《省级政府采购项目公开招标评标方法一览表》,为了降低综合评分法频频出现的主观因素影响,对空调等通用产品实行最低评标价法。对于作为通用产品的家用式空调而言,在满足政府部门采购需求上,主流品牌在功能上差别不大,影响企业中标的因素主要取决于商务条款和产品最终报价方面。为此在当今家用空调采购项目中,在采用综合评分法时,评标人所赋予投标价格得分的权重也越来越高,基本保持在40~50分水平。当全国各地对空调采购使用综合评分法时,该省政府采购中心则采用了最低评标价法,该项目制定的评标方法规定,只要投标人满足招标文件的实质性要求,就将按统一的价格要素评定,最低报价者为中标供应商。

在评审投标价时,报价扣除政策因素是重要一环。根据该项目的评标方法规定,按照节能和环保金额设置的范围不同,将有3%~10%不等的价格扣除,节能环保的依据则以进入节能清单与环保清单为准。同时,根据《政府采购促进中小企业发展管理办法》规定:中小微企业参与政府采购项目同样有2%~8%的价格扣除。投标人享受中小微企业价格优惠政策需提交证明。

尽管该省政府对政府采购项目针对节能环保、中小微企业有多项的政策优惠,但对于空调企业的影响不大,由于空调属于强制采购节能性产品,节能价格优惠并不适用,主流空调企业也不在中小微企业之列。

投标人享受中小微企业价格优惠政策需提交证明,应注意两点:一是首先采购人应从网上下载有关证明,并注意避免因下载源不同导致产品所在页码不对的情况;二是由于本项目恰逢节能清单公示后并未正式公布期间,采购双方应及时关注节能清单变更情况,及时辨别、排查非清单内产品。

10.1.4 案例提示

最低评标价法有自身优势,但易造成产品的质量风险。为此,要采取措施避免质量风险,防止个别供应商以次充好、售后服务不到位等情况的发生。据有关报道,某空调供应商通过擅自张贴能效标识,用低能效产品冒充高能效产品,以达到非法牟利的目的,这是最常见的以次充好方式。因此,在本次空调批量采购项目中对空调安装调试和售后服务进行了严格的规定。例如,供应商不仅需要免费向采购人配送空调,而且需要提供详细的技术资料,空调安装好后,中标人和采购人同时对产品进行质量验收,中标人提供的安装、维修服务必须在投标价格之内,并提供免费的安装培训等,杜绝供应商变相收费的隐患。

本空调批量采购项目,为保证产品的正常运行,在货款支付上也采取了较稳妥的措施。针对变频多联机及单元机,合同签约总额的 10% 将转为履约保证金,设备到场后支付 30%,施工完成后支付 30%,验收合格后支付至总额的 95%,剩余 5% 转为质保金,在 2 年质保期结束后支付。

10.2 图书采购评标案例

10.2.1 案例摘要

图书采购是政府采购的重要对象。本小节对某高校采购图书过程中采用的综合评分法评分标准设定进行了分析,对于在招标中如何规范综合评分标准,以合理的招标程序选择优质供货商提出了有益的建议。

10.2.2 图书采购招标的特点

图书采购是图书馆文献资源建设的首要环节,其采购质量对馆藏质量、馆藏结构起着关键性作用。图书采购还关系到高校图书馆的服务水平和读者的满意度,是学校教学科研服务的重要保障之一。

图书采购招标的内容一般是未来一段时期内陆续出版和前一时期出版的图书,具有不确定性,是一个持续、分批次的过程,不可能每提供一次清单就招一次标。图书采购招标内容的特殊性决定了图书馆需要确定在一定时间内,在购书经费总量一定时,价格同比较低、服务质量同比最优的供应商。其不能表明具体的交货数量和交货日期,只能确定供应商的采购资格。因此,图书采购招标有以下几个特点:①招"资格标";②在供应商不能达到图书馆采购要求的情况下,图书馆有权终止合同;③图书馆是最终用户,有采购主动权,需细化采购项目要求。

10.2.3 实行政府招标采购的模式

现有的图书招标采购主要有三种模式:一是图书馆主导模式;二是单位(学校)资产管理部

门（或招标办公室）主导模式；三是学校属地政府的采购中心主导模式。前两种都是学校单独组织招标，后一种模式是政府采购部门根据图书馆招标要求，从政府采购专家库中抽取一定数量的评审专家组成评标委员会，负责实施各单位的招标工作。在图书采购招标实践初期，图书馆主导模式运用得比较多。随着招标规范化不断加强，第二种模式逐渐成为招标采购的主流模式。但是前两种模式都不可避免地在招标过程中受到主观倾向的影响，不及第三种模式客观、公正。

本案例发生地在 2013 年前所有高校的图书采购主要采用第二种模式，2013 年后该地区财政局印发了通知，要求图书采购经费在 100 万元以上的必须通过政府采购中心招标，到目前为止该地区全部高校的图书采购都实现了政府招标模式。

在政府采购招标中，评标方法和评标标准是招标文件的核心，是评标专家评标的主要依据，尤其综合评标标准的制定对确定中标人具有决定性作用。对该地区多所高校政府采购招标实践的结果进行分析可知，招标文件中的综合评标标准设定如果缺乏合理性，便不容易筛选出真正有实力的供应商。

10.2.4　某高校图书采购综合评标标准

以某高校图书采购招标文件综合评标标准设定为例，分析多数高校在图书采购招标中评标标准设定所存在的问题。某高校中文图书采购招标综合评标标准如表 10-1 所示。

表 10-1　某高校中文图书采购招标综合评标标准

项目	总分值	内容	满足条件		分项分值	本栏得分	备注
图书折扣率	25	投标报价	有效的折扣率中去掉一个最低折扣率和一个最高折扣率后进行算术平均，所得算术平均值为投标总报价的评标基准价。 按照下列公式计算每个投标人的报价得分。 ①投标报价高于或等于评标基准价的计算公式如下： 投标报价得分＝25－（投标报价－评标基准价）÷评标基准价×100×1 ②投标报价低于评标基准价的计算公式如下： 投标报价得分＝25－（评标基准价－投标报价）÷评标基准价×100×0.5		25		折扣率不得高于 78%，否则视为无效投标
资信业绩	30	注册资金/万元	500 以上		10		未列为 0 分
			300～499		7		
			有银行资质证明		3		无为 0 分
		业绩	2011 年至今,有供书关系的高校图书馆数量	全国 60 个以上且本地区 5 个以上	10		未列为 0 分
				全国 30 个以上且本地区 3 个以上	7		
				全国 30 个以上	2		
			提供招标方指定的出版社书目		3		否为 0 分
		现采面积	投标商所在地的现采面积	4000m² 以上	4		未列为 0 分
				2000～3999m²	2		
图书采购及加工服务	25	图书送货	送货上门		5		否为 0 分
		图书退换	可以退换		5		否为 0 分
		清单打包	提供详细的总清单和分包清单		5		否为 0 分
		MARC 数据	提供规范标准的 MARC 数据		7		否为 0 分
		前期加工	贴可冲销磁条、盖馆藏章		3		否为 0 分
到书时间、到书率	20	现采图书到书时间、到书率	60 天,90% 以上		10		未列为 0 分
			30 天,85% 以上		8		
		订购图书到书时间、到书率	60 天,85% 以上		10		未列为 0 分
			30 天,80% 以上		8		

从表 10-1 可见,图书馆制订的评标因素主要包括图书折扣率、资信业绩、图书馆采购及加工服务、到书时间、到书率等内容,基本上包括了招标人所关心的问题。但仔细分析不难发现有许多尚需改进的地方。

10.2.5　某高校图书采购综合评标标准问题分析

实施采购招标的主要目的无外乎两点：控制价格和保证质量。而本案例中评标标准把决定采购价格的折扣率、衡量供货商供货实力和服务质量的资信业绩分别设定为 25% 和 30%,这还不能够充分体现这两个指标的重要性。这两个指标对于任何图书馆的采购招标工作都同等重要,应分别提高分值权重,且设置成相等的数值,原因如下。

① 图书折扣率是综合评标标准中最重要的一个因素,政府采购招标的目的是提高采购效益,节约国家资金,政府采购法规定,对于规格和标准统一、货源充足且价格变化较小的货物尽量采用最低评标价法。采用综合评分法的,货物类价格原则上不得低于 30 分,服务类项目原则上不得低于 10 分。因此,案例中图书折扣率占总分值的 25% 权重偏少,不符合政府采购法的规定。

② 图书采购具有一般货物采购的特殊性,在综合评分标准中细化资信业绩考核标准十分重要,它不仅是防止投标人在招标采购过程中恶意压价、低价竞标后再降低服务质量和水平的重要标准,也是顺利完成采购、保证履约期间供应商服务质量的有力保障。因此,本案例中的资信业绩评标因素分值应提高,以从更多方面评审投标商的实力。

"图书采购及加工服务"和"到书时间、到书率"评标因素共包括图书送货、图书退换、清单打包、MARC 数据、前期加工、现采图书到书时间及到书率、订购图书到书时间及到书率等 7 个分项,但实际上将这些项作为评标因素并没有实质意义,因为每个投标商都会将这些项按照最高分标准填报投标书,至于后期履约如何不得而知。这类评标因素属于白白送分,在实际操作中没有必要进行设置。

10.2.6　案例提示

(1) 完善综合评标标准

图书采购招标时,可将图书采购及加工服务、到书时间、到书率等相关要求列入招标文件响应条款,不予响应者作无效标处理,并在招标文件中以及后期合同中约定违约责任以约束中标人后期行为。在综合评标标准设定上,应均衡考虑投标报价、资信、技术、业绩等因素,相应综合评标标准体系可参考表 10-2。

表 10-2　中文图书采购招标综合评标标准体系

评标因素及权重	评标标准
投标报价(50%)	评标基准价规则:投标人填报折扣率时按百分比数字填写,评标时去掉百分号模拟为投标价,完毕后恢复百分号为中标合同折扣率。 评标基准价的确定:以所有不高于最高限价且通过资格审查的投标报价中去掉六分之一(不能整除的按小数前整数取整,不足六家报价则不去掉)的最低价和相同数量的最高价后的算术平均值为评标基准价
	偏差率=100%×(投标人报价－评标基准价)/评标基准价 偏差率计算保留小数点后两位
	投标报价等于评标基准价,得满分 50 分。在此基础上投标总价与评标基准价相比,每增加 1% 扣 2 分,每减少 1% 扣 1 分,扣完为止;非整数按插入法计算。 在偏差范围内,未参与评标基准价计算的投标报价,仍应参加相应分值计算
资信、技术和业绩(50%)	1. 行业质量管理认证(1分): 经 ISO 9001 国际质量管理体系认证的得 1 分,否则得 0 分。

续表

评标因素及权重	评标标准
资信、技术和业绩(50%)	2. 企业注册资金(3分)： 1000万元以上得3分，500~999万元得2分，200~499万元得1分 3. 优秀馆配商(6分)： 上年度获得全国优秀馆配商的，得6分；获得省级优秀馆配商的，得4分；否则得0分(以图书馆报网评选为准) 4. 馆配经历(8分)： ①2010年至今与"985高校"或"211高校"图书馆有供书合作关系的数量(以合同为依据)，20家以上得4分，每减少1家减0.2分； ②上年度本市内一般本科院校(不含独立学院和职业学院)图书馆馆配及所配图书全加工经历，以合同为依据，每个合同得0.5分，最多得4分 5. 与国家级出版社有直接业务联系的数量(5分)： ①至今有直接业务联系的国家出版社的数量，500家以上的，得3分；每减少100家减1分； ②与所有甲类出版社有直接合同关系的得2分；否则得0分 6. 供货能力(4分)： ①能提供超过5万个普通中文图书品种的现采场所，得2分；否则得0分； ②有独立组织全国大型书市现采活动经历的，得2分；否则得0分 7. 信息处理能力(6分)： ①有已取得使用权1年及1年以上的图书管理系统的得3分；否则得0分； ②建有独立门户网站，能进行书目数据交换的得3分；否则得0分 8. 本地发行、分类、编目人员技能(12分)： ①正式员工(按劳动法规签订劳动合同，且合同期1年及以上，下同)取得出版发行员职业资格三级及技师的得4分；四级的得3分；五级的得2分；没有员工获得出版物发行员资格的得0分； ②具有经过技术单位培训、有相关证明材料的分编正式员工，每人得1分，最多得5分，不能充分证明得1分； ③具有常驻本地区(以身份证、租住合约、暂住证等证明)正式分编员工，每人加1分，最多加3分，不能充分证明得1分 9. 企业本地化服务能力(5分)： 企业主要经营活动在本地区或在本地区设置常驻机构、办事处、业务代表等的得5分，不能充分证明得3分

(2) 认真制定购销合同和违约规定

招标过程是在采购和履约之前实施的要约过程，而合同履约过程才是图书供应商做出承诺的过程。招标人应根据自身情况和对图书采购环节的管理能力确定上述"图书采购及加工服务"和"到书时间、到书率"7种分项评标因素中哪些属于必要条件，如果属于必要条件就直接写入招标文件，要求供应商必须执行相应要求或保障履行这些属于供货过程中必须履行的义务，并在招标文件和合同条款中约定不能履约时应承担的责任和违约处罚方式。例如供应商应上门送货，如果不上门送货，而是由招标人自提，所发生的费用按三倍标准由供货商支付，从供货商的货款中扣除。招标文件还可以约定供应商应提交详细的总清单和分包清单，实际供货时未提交这部分清单，给采购人的采编验收工作增大了工作量的，约定对该批次供货码洋采取折价1%（即降低结算价的1%）结算的方式作为违约处罚。

图书馆正式开展图书采购招标迄今已有十余年，如何科学地设定综合评标标准和权重，如何让图书采购在招标程序中不易量化的评标因素充分量化，以合理有效的方式度量供应商服务质量和水平，是政府统一招标采购图书的主要问题。管理部门应结合图书采购的特征，制定一套适用于图书采购招标的流程及规范，使图书采购招投标工作真正达到招标的目的——既能有效控制价格，又能筛选出符合采购人要求、能够提供优质服务的供应商。

10.3 医疗设备采购评标案例

10.3.1 案例摘要

这是一起政府采购医疗设备采用综合评分法的案例。评标标准的制定是否合理、科学,直接关系到医院和供应商的根本利益乃至招标的成败。本案结合某医院的招标实践,介绍了评审因素构建的过程。

10.3.2 评标背景

重庆某公立医院为了改善原有 1 台 X 摄像机的图像质量,提高工作效率,促进摄像机数字化升级,现需采购引入升级版 X 摄像机,采用综合评分法进行评标。

10.3.3 评审因素

本项目的综合评分法评审标准涉及投标价格、技术参数、公司信誉、售后服务 4 个方面。满分 100 分:投标报价 40 分,考察投标价格与市场价格、其他投标产品价格的比较;技术参数 20 分,包括产品的品牌优势及技术优势、技术参数及产品性能与科室需求的匹配度;售后服务 20 分,包括免费保修期限、本地化服务机构等;公司信誉 20 分,包括各竞标厂商之间进行业绩评价、对过往服务过的三家医院的供货情况、合同履约及设备到货及时性、供货商的服务、技术支持的历史评价。

经与有关科室沟通,确立技术参数详细需求标准如表 10-3 所示。

表 10-3 数字平板照片系统升级项目招标需求一览表

产品要求	进口/国产均可,有线式一套
技术参数要求	
产品配置名称	具体性能要求
平板探测器	平板类型 * :平板探测器
	影像区面积 * :≥14in×17in(1in=2.54cm)
	像素大小 * :≤160μm
	空间分辨率▼:≥3.5lp/mm
	对比分辨率▼:≥14bic
	图像获取时间▼:(从检测到显示结束)≤6s
	DQE(100%MTF 时):≥45%
	冷却方式:自然冷却
	具备自动感应功能
	工作环境功能:5~40℃
改造所需配件	厂家提供的产品必须能与本院拟升级平板系统配套使用,改造过程中所需其他配件和材料由厂家免费提供
图形处理工作站	具有与平板探测器相匹配的图像处理软件▼:(放大/缩小、局部放大、反相、窗宽/窗位调节、双窗位显示等;翻转、旋转、标记、局部剪切;任意长度、面积测量等)
	支持 HIC/RIC 连接,具备 DICOM 功能(双向传输/查询/打印,多种格式图像输出等)
	存储图像数据量:≥8000 幅

注:1. 带 * 符号的项为必须满足的指标,若出现一项负偏离,则视为废标。
2. 带▼符号的项为重要指标,若出现两项以上负偏离,则视为废标。
3. 其他项目为普通指标,若出现五项以上负偏离,则视为废标。
4. 图像处理工作包括:平板探测器一台、图像工作站一台、滤线栅一套。

10.3.4 评标过程

本项目招标经过谈判,有佳能、GRTECH、瓦里安、德润特、华伦共 5 个品牌的代理商参加了投标,并均为有效标。经过谈判后,由 5 名专家进行现场打分,评分统计结果如表 10-4 所示。

表 10-4 数字平板照片系统升级项目评标打分统计表   单位:分

评标内容	佳能 GXDI-70C	GRTECH KY-2000	瓦里安 4336R	德润特 WV3000	华伦 PDCQ-1
评标价格	38.1	40	37.7	33.9	35.3
技术参数	19.2	18.6	18.2	16.2	17.2
售后服务	18.8	18.2	17.8	18.2	19.1
公司信誉	19.2	18.3	18.2	19.3	18.2
总分	95.3	95.1	91.9	87.6	89.8
中标候选人	√				

结合表 10-4 进行分析:

① 在免费质保期相同的情况下,GRTECH 公司投标价最低,其次是佳能;

② 从技术参数方面看,佳能公司最佳,GRTECH 公司次之;

③ 从公司信誉方面看,佳能公司的代理商为重庆地区代理商,并且是该院长期合作的代理商,在年度评价中具有很好的信誉度,故得分较高;而 GRTECH 公司代理商是首次来该院投标,在重庆地区业务量少,具有一定的采购风险,因此得分较低。

综合各方面因素计算总分,推荐佳能公司为中标候选人。

10.3.5 案例提示

10.3.5.1 医疗器械采购的法律规范

自《政府采购法》颁布以来,国家卫生健康委发布多项规章规范医疗药品、设备的采购行为,例如 2001 年原卫生部等六部委发布《医疗机构药品集中招标采购工作规范》、2007 年原卫生部发布《关于进一步加强医疗器械集中采购管理的通知》、2009 年原卫生部等六部委发布《进一步规范医疗机构药品集中采购工作的意见》、2012 年原卫生部发布《甲类大型医用设备集中采购工作规范(试行)》、原卫生部等六部委联合印发《高值医用耗材集中采购工作规范(试行)》以及《医疗机构药品集中招标采购和集中议价采购文件范本(试行)》等。其中《医疗机构药品集中招标采购工作规范》第 71 条:"综合评价是将定量评价和定性评价综合应用进行评审和比较的评标方法"。《高值医用耗材集中采购工作规范(试行)》:"(七)关于集中采购的实施。集中采购要建立科学的评价办法,要坚持'质量优先、价格合理、性价比适宜'的原则,考虑临床疗效、质量标准、科技水平、应用范围等因素,对质量、价格、服务和信誉等进行综合评价"。由此看出,公立医院的医疗药品、设备的采购评标是政府货物采购的重要领域。

10.3.5.2 本案例的采购经验

通过本案采购实践经验,可以归纳出综合评分法具有以下特点和优势。

① 综合评分法可以使评标中评委的评审更多地关注技术参数,避免过多关注投标价格而影响打分。

② 低价中标(即得分最高)的原则可以使投标厂商不敢轻易报高价,使采购医院处在有利地位。

③ 招标需求中，规定"必须项"，如果投标人不能满足要求，则定为废标，这样可以将一些质量较差、价格便宜但不能满足使用要求的产品排除在外，提高设备采购的质量和评标工作效率。

10.4 公用车辆采购评标案例

10.4.1 案例摘要

以某政府单位车辆采购招标为例，介绍了性价比法在车辆采购中的运用过程。

10.4.2 评标背景

某政府单位根据工作需要，需购买一部分车辆，单辆车的价格控制在 10~20 万元人民币。市场上有多种不同型号规格的车供采购人选择，采购人采用性价比法进行采购招标。五种车型的主要指标如表 10-5 所示。

表 10-5　五种车型的主要指标

价格/万元	品牌	发动机	刹车系统	悬架(前/后)方式	内饰	售后服务
15	A	4G63S4M2.0L/直列四缸/顶置凸轮轴	前后盘刹 ABS 制动系统（ABS+EBD）	多连杆独立悬挂系统	织绒面料、普通内饰	8 年 20 万公里
16	B	IZZ4 缸直列顶置双凸轮电喷 16 门（VVT-i）	通风盘式/盘式 ABS+EBD	麦弗逊悬架/拖弋臂式悬架	天鹅绒面料	2 年 5 万公里
17	C	直列四缸 16 气门	四轮盘式制动 ABS+EBD、EVA 紧急刹车辅助装置	四轮独立悬架带横向稳定杆的准麦弗逊前桥/带可变形横梁的独立式悬挂	织绒面料、仿桃木内饰	5 年 10 万公里
19	D	Duratec DOHC 24VV6	前通风碟+后实心碟+ABS+EBD	前独立麦弗逊/后复合连杆式	真皮	3 年 10 万公里
20	E	2.0L/直列四缸/16 气门程序控制燃油喷射/DOHC 双顶置凸轮轴/i-VTEC 智能可变气门正时及升程电子控制系统	通风盘式/盘式 ABS（带 EBD 功能）	双横臂独立悬挂/五连杆双横臂独立悬挂	桃木、真皮	3 年 5 万公里

10.4.3 评审因素设置

汽车招标时其评价可以划分为发动机、离合器、变速器、变速箱、行驶系统、转向系统、润滑系统、冷却系统、刹车系统、悬架系统、车胎、外观、内饰、品牌、信誉、服务等因素。而上述每一个因素又由若干因素构成，如发动机又可分为：排量、转速、功率、气缸、活塞、气门、曲轴、连杆、高压线圈、点火器、火花塞、品牌等。评标委员会不可能对每个小部件都进行评价，可以在众因素中找出较为重要的，采购人十分关心的因素作为评审因素。

本案例采购人将车辆的品牌、发动机、刹车系统、内饰、售后服务五项指标作为评审因素。

10.4.4 评审因素分值权重确定

各评审因素的重要性如何确定呢?是内饰重要,还是品牌重要?是发动机重要,还是刹车系统重要?重要多少?内饰和售后服务哪个重要、重要多少?对于这些问题,由评审专家对各评审因素一一对比打分,功能甲比功能乙重要,则功能甲得1分,功能乙得0分,依此类推,由此得到表10-6。

表10-6 专家对各功能打分表

	品牌	发动机	刹车系统	内饰	售后服务
品牌		1	1	0	1
发动机	0		0	0	0
刹车系统	0	1		0	0
内饰	1	1	1		0
售后服务	0	1	1	1	
功能得分	1	4	3	1	1

从表10-6可以看出,专家们对各因素重要性的认识中,品牌不如售后服务重要,但品牌功能又比内饰功能要重要,而发动机功能比其他功能都重要……

通过表10-6中的功能得分可以计算出每一个评审因素所对应的功能系数,即除价格因素以外的其他各项评审因素所占的权重A_1、A_2、A_3、…、A_n。

评审因素功能系数(评审因素所占权重)=该评审因素的功能得分/所有评审因素功能得分

各评审因素功能系数如表10-7所示。

表10-7 各评审因素功能系数

项目	品牌	发动机	刹车系统	内饰	售后服务
功能得分	1	4	3	1	1
功能系数	A_1	A_2	A_3	A_4	A_5
	0.1	0.4	0.3	0.1	0.1

有了各评审因素的功能系数后,请评标专家对各项因素进行同类比较打分得到各项评审因素得分如表10-8所示。

表10-8 各项评审因素得分F(满分10分)

车型	F_1 (品牌)	F_2 (发动机)	F_3 (刹车系统)	F_4 (内饰)	F_5 (售后服务)
A	5	6	6	6	10
B	7	7	8	7	6
C	6	6	7	7	9
D	8	8	9	9	8
E	9	10	9	10	7

通过表10-7、表10-8,运用投标人的综合得分公式:

$$B = F_1 \times A_1 + F_2 \times A_2 + F_3 \times A_3 + \cdots + F_n \times A_n$$

即可计算出每一车型的综合得分B,计算结果如表10-9所示。

表 10-9　各车型的综合得分 B

车型	F_1 ($A_1=0.1$)	F_2 ($A_2=0.4$)	F_3 ($A_3=0.3$)	F_4 ($A_4=0.1$)	F_5 ($A_5=0.1$)	综合得分 B
A	5	6	6	6	10	6.3
B	7	7	8	7	6	7.2
C	6	6	7	7	9	6.7
D	8	8	9	9	8	8.4
E	9	10	9	10	7	9.3

在此基础上，进一步计算各车型的评标总得分值，即性价比 V，如表 10-10 所示。

表 10-10　各车型评标总得分 V（性价比值）

车型	价格 N/万元	投标人的综合得分 B	评标总得分 $V=B/N$	排序
A	15	6.3	0.42	4
B	16	7.2	0.45	2
C	17	6.7	0.39	5
D	19	8.4	0.44	3
E	20	9.3	0.47	1

10.4.5　案例提示

① 值得注意的是，上述评审因素选取为品牌、发动机、刹车系统、内饰、售后服务。如果评标因素发生改变（增多或减少），其计算的最终结果是不一样的。

② 性价比法不但适用于政府采购货物评标，同样可以对工程建设、成套技术项目、设备采购、服务采购等进行评审分析。对一件产品，或其中的某一部件，甚至产品的原材料采用方面都可应用此方法。

③ 从案例应用过程来看，性价比法的操作程序为：功能分析、功能选择、功能打分、计算综合得分 B、计算评标指标（评标指标 $V=$综合得分 B/价格 N）、排序。

第11章

机电产品国际评标方法——最低评标价法、综合评价法

11.1 评标方法概述

11.1.1 评标方法依据

(1)《机电产品国际招标投标实施办法(试行)》

为了建立公开、公平、公正、诚信、择优的国际招标投标竞争机制和评标原则,根据《招标投标法》等法律法规以及国务院对有关部门实施招标投标活动行政监督的职责分工,商务部编制了该办法。由于商务部与其他七部委对招标过程中的具体要求有所区别,所以商务部并未参与发布《工程建设项目货物招标投标办法》的编制。

第20条 机电产品国际招标的评标一般采用最低评标价法。技术含量高、工艺或技术方案复杂的大型或成套设备招标项目可采用综合评价法进行评标。所有评标方法和标准应当作为招标文件不可分割的一部分并对潜在投标人公开。招标文件中没有规定的评标方法和标准不得作为评标依据。

最低评标价法是指在投标满足招标文件商务、技术等实质性要求的前提下,按照招标文件中规定的价格评价因素和方法进行评价,确定各投标人的评标价格,并按投标人评标价格由低到高的顺序确定中标候选人的评标方法。

综合评价法,是指在投标满足招标文件实质性要求的前提下,按照招标文件中规定的各项评价因素和方法对投标进行综合评价后,按投标人综合评价的结果从优到劣的顺序确定中标候选人的评标方法。

综合评价法应当由评价内容、评价标准、评价程序及推荐中标候选人原则等组成。综合评价法应当根据招标项目的具体需求,设定商务、技术、价格、服务及其他评价内容的标准,并对每一项评价内容赋予相应的权重。

机电产品国际招标投标综合评价法实施规范由商务部另行制定。

同时,该办法第61条至第66条,对于最低评标价法、综合评价法的评审操作原则、程序做了规范。

(2)《机电产品国际招标综合评价法实施规范(试行)》

国际机电设备采购,长期以来按照原《机电产品国际招标投标实施办法》(商务部令

〔2004〕第 13 号）第二十二条"机电产品招标一般采用最低评标价法进行评标，因特殊原因需要使用综合评价法（即打分法）的，其招标文件必须详细规定各项商务要求和技术参数的评分方法和标准，并通过招标网向商务部备案"的规定，实践中普遍使用的是最低评标价法。但对于大型成套设备的采购评标，运用最低评标价法却产生了一定的困难。为进一步规范机电产品国际招标投标活动，提高评标工作的科学性，体现择优原则，鼓励采用先进技术和设备，商务部制定了《机电产品国际招标综合评价法实施规范（试行）》，该规范关于综合评价法的主要条款如下。

第二条　本规范所称综合评价法，是指根据机电产品国际招标项目（以下称"招标项目"）的具体需求，设定商务、技术、价格、服务及其他评价内容的标准和权重，并由评标委员会对投标人的投标文件进行综合评价以确定中标人的一种评标方法。

第四条　综合评价法适用于技术含量高、工艺或技术方案复杂的大型或成套设备招标项目。

第五条　采用综合评价法应当遵循公开、公平、科学合理、量化择优的原则。

第七条　综合评价法的评价内容应当包括投标文件的商务、技术、价格、服务及其他方面。商务、技术、服务及其他评价内容可以包括但不限于以下方面：

（一）商务评价内容可以包括：资质、业绩、财务、交货期、付款条件及方式、质保期、其他商务合同条款等。

（二）技术评价内容可以包括：方案设计、工艺配置、功能要求、性能指标、项目管理、专业能力、项目实施计划、质量保证体系及交货、安装、调试和验收方案等。

（三）服务及其他评价内容可以包括：服务流程、故障维修、零配件供应、技术支持、培训方案等。

第八条　综合评价法应当对每一项评价内容赋予相应的权重，其中价格权重不得低于 30%，技术权重不得高于 60%。

第十二条　综合评价法的价格评价应当符合低价优先、经济节约的原则，并明确规定评标价格最低的有效投标人将获得价格评价的最高分值，价格评价的最大可能分值和最小可能分值应当分别为价格满分和 0 分。

第十四条　综合评价法应当明确规定投标人出现下列情形之一的，将不得被确定为推荐中标人：

（一）该投标人的评标价格超过全体有效投标人的评标价格平均值一定比例以上的；

（二）该投标人的技术得分低于全体有效投标人的技术得分平均值一定比例以上的。

本条第（一）、（二）项中所列的比例由招标文件具体规定，且第（一）项中所列的比例不得高于 40%，第（二）项中所列的比例不得高于 30%。

同时，该办法对于综合评价法的评审操作、打分原则、评审程序等做了具体明确的规范。

(3)《机电产品国际招标标准招标文件》

该标准文件是在发布《机电产品国际招标投标实施办法（试行）》（商务部令〔2014〕第 1 号）的同时颁布的，旨在进一步提高编制机电产品国际招标文件水平，提高经济效益，保证项目质量。

23.1　评标由依照有关法规组建的评标委员会负责。评标委员会将首先按照本须知第 24 条款对投标文件进行初审。对初审合格的投标文件将按照招标文件投标资料表中确定的最低评标价法或综合评价法进行评议。对确定采用最低评标价法评标的项目，将按照本须知第 26 条进行价格评议；对确定采用综合评价法评标的项目，将按照本须知第 27 条进行综合评价。

23.2 最低评标价法是指在投标满足招标文件商务、技术等实质性要求的前提下,按照招标文件中规定的评价因素和方法进行评价,确定各投标人的评标价格,并按投标人评标价格由低到高的顺序确定中标候选人的评标方法。

综合评价法是指在投标满足招标文件实质性要求的前提下,按照招标文件中规定的各项评价因素和方法对投标进行综合评价后,按投标人综合评价的结果由优到劣的顺序确定中标候选人的评标方法。

同时,标准招标文件对最低评标价法、综合评价法的评标因素、标准、程序设置了第26条、第27条专项条款进行了详细规范。

11.1.2 机电产品概念

11.1.2.1 机电产品定义

《机电产品国际招标投标实施办法(试行)》第二条:"本办法所称机电产品是指机械设备、电气设备、交通运输工具、电子产品、电器产品、仪器仪表、金属制品等及其零部件、元器件。"

机电产品具有整体结构最佳化、系统控制智能化、操作性能柔性化、市场销售多样化的特征。

11.1.2.2 机电产品范围

依据《机电产品国际招标投标实施办法(试行)》附件1,机电产品的范围主要包括:金属制品、机械及设备、电器及电子产品、运输工具、仪器仪表、其他(含磨削工具用磨具、玻壳、钟表及其零件、电子乐器、运动枪支、飞机及车辆用坐具、医用家具、办公室用金属家具、各种灯具及照明装置、儿童带轮玩具、带动力装置的玩具及模型、健身器械及游艺设备、打火机等)。

11.1.3 评标方法种类

最低评标价法在机电产品国际评标实践中应用较多,该方法能够对投标文件做出科学、合理的评价,评标效率高,且能够有效避免人为的影响,充分体现评标的公正性、公平性。但是由于机电产品的多样化、成套设备的复杂化,许多因素无法量化,如果均采用最低评标价法,往往会影响评标的效果。因此,机电产品国际评标方法分为最低评标价法和综合评价法两种方法。这里需要注意的是机电产品国际评标的第二种方法的提法是"综合评价法"而不是"综合评估法"或"综合打分法"。

11.2 最低评标价法

11.2.1 定义与要点

11.2.1.1 定义描述

最低评标价法是世行、亚行管理项目中的主流评标方法,我国国际招标程序文件是借鉴世行等国际金融组织的相关内容编制的。自1981年其提供给我国第一笔贷款开始,"最低评标价法"就被引入我国各个领域。1999年开始,原外经贸部(商务部前身)为监管机电产品采购国际招标提出了"最低评标价法",至今并未改变。

商务部的最低评标价法源自文件《机电产品国际招标管理办法》(对外贸易经济合作部令〔1999〕年1号)、《机电产品国际招标投标实施办法》(对外贸易经济合作部令〔1999〕7

号)。上述办法对最低评标价法的定义和操作做了详细的规定。《机电产品国际招标管理办法》第 20 条:"机电产品国际招标的评标一般采用最低评标价法。最低评标价法,是指在投标满足招标文件商务、技术等实质性要求的前提下,按照招标文件中规定的价格评价因素和方法进行评价,确定各投标人的评标价格,并按投标人评标价格由低到高的顺序确定中标候选人的评标方法。"

国内货物采购采用商业部(机电产品国际招标)的最低评标价法的还有工业和信息化部的货物采购,其名称为"经评审的最低投标价法",而不是"最低评标价法",两者实质是一样的。

11.2.1.2 定义要点

根据上述对最低评标价法定义的表述,可以看出机电产品的国际招标中的最低评标价法与财政部的最低评标价法相类似,是以"价格"为主导因素、以"货币"为量纲的评标方法,其定义有以下 5 个要点。

(1) 能够满足招标文件的实质性要求是前提

评委会首先要对投标文件商务和技术部分进行审查,判断其对招标文件的满足程度,能够满足招标文件的实质性要求是前提条件。对招标文件全部做出实质性响应的投标文件,才能按照招标文件中规定的评价方法进行下一步的评审,对于不符合招标文件的实质性要求的投标文件,则作废标处理。

(2) 以价格标的折算价(评标价)最低中标是评标定标的核心

为了纠正各投标书中的投标报价的价格部分计算错误或前后矛盾等情况,确保各投标报价有一个统一的比较基础,按照招标文件中规定的评标价格调整方法和算术错误修正方法,对各标书报价的细微偏差、算术错误、遗漏进行修正、调整、扣除,进行价格折算,形成评标价。

除价格因素外,如需要,还要考虑非价格因素,非价格因素包括:质量,性能,交货方式,关税,运输费,保险费,设备的配套性和零部件供应能力,设备或工程交付使用后的运行、维护费用,环境效益,付款条件以及售后服务等,按照招标文件中规定的权数或量化方法,将这些因素偏差折算为一定的货币额,并加到评标价中,最终得出总的评标价(评标价不完全等于投标人在投标书中所填的投标价)。所谓评标价就是指经过对投标文件价格和非价格部分进行修正和调整后的投标价格。

(3) 最低评标价是中标的原则

中标原则是能够满足招标文件的实质性要求,并且将各投标人的评标价,按由低到高的顺序排序,最低者应当推荐为中标候选人。评标价相等时,投标报价低的优先;投标报价也相等时,由招标人自行决定。

(4) 投标价格不能低于企业的成本价是底线

投标价格应不低于投标企业自身成本的合理范围,这是低价评标方法应共同注意的问题和评审工作的重点,货物招标的评标工作也是如此,这是为了制止不正当的竞争、垄断和倾销的国际通行做法。

(5) 评标报告是评标的成果

最低评标价法的评审工作完成后,评标委员会形成的评标成果为书面评标报告和中标候选人名单。评标委员会的每位成员应当分别填写评标委员会成员评标意见表,评标意见表是评标报告必不可少的一部分。评标报告应当由评标委员会全体成员签字。对评标结果有不同意见的评标委员会成员应当以书面形式说明其不同意见和理由,评标报告应当注明该评标委员的不同意见。中标候选人应当不超过 3 个,并标明排序。

11.2.1.3 关键词理解

对于最低评标价法的含义的理解，与经评审的最低投标价法的关键词的理解基本相同，应抓住三个关键词："实质性""评标价""最低"。

(1) 实质性

实质性是指在评标阶段应首先考虑投标文件对招标文件实质性要求的响应，以确定其投标的有效性。如对投标文件的实质性要求有一项未做出响应，则按照废标处理。由此可见，"满足实质性要求"是最低评标价法的前提和关键。

(2) 评标价

符合需求、价格最低一直是政府货物与服务采购的原则，当然也是机电产品国际招标采购必须遵守的原则。最低评标价是指投标人对招标文件做出了实质性响应，在技术、商业部分，能够满足招标文件要求的前提下，将投标人的报价经过算术错误的修正、折扣调整，对遗漏和偏差进行调整，或根据其他规定经评标因素修正后得出各投标人的评标价。评标价与投标价只有一字之差，但在内涵上却有本质的区别。

(3) 最低

机电产品国际招标进行价格评审时，应在符合需求的前提下，贯彻低价优先的原则。评标价"最低"是招标的核心，符合市场经济竞争的法则，充分发挥了市场机制的作用。最低评标价法以评标价格最低者为排名第一的中标候选人，而不是投标价。同时，投标价最低不能低于中标人个别成本。在政府采购运用最低评标价法评标时，对于低于个别成本的投标进行鉴别，是一项重要的工作内容。不能低于投标人的企业成本价的判断成为最低评标价法操作的关键点。

11.2.1.4 评标方法意义

目前，国际上通行的主要采购规则如联合国贸易法委员会的《货物、工程和服务采购示范法》、欧盟的《公共采购指令》、世行的《信贷采购指南》和亚行的《贷款采购准则》以及英国、瑞士、韩国等一些国家的法律都把最低评标价法（或称最低评估标法）作为评标方法。由此可见，最低评标价法是一种全球范围内广泛使用的评标方法，它充分考虑了投标人的投标价格、商务因素和技术因素，是以价格形式反映综合评标因素的一种评标方法。商务部的最低评标价法实际上是从世行项目直接引进的方法。为此，该评标方法对于与国际接轨具有重要意义。

11.2.1.5 两部委方法区别

商务部与财政部货物最低评标价法提法相同，都是最低评标价法，但是两者是有区别的，主要体现在最低评标价法的评标操作、适用范围、适用招标方式方面。

(1) 评标操作差异

商务部在评标操作上，首先需要对投标文件的商务、技术部分进行审查，确保其满足招标文件的实质性要求，再按照招标文件所规定的价格评价因素对投标报价进行调整，最终计算出各投标人的评标价格，根据评标价格的高低来确定中标候选人。其价格评价因素包含一般商务、技术等要求的偏离修正，缺漏项而引起的价格调整等。同时，评标总价应当包含货物到达招标人指定地点之前的所有成本及费用。对于其评标总价的计算，还需要考虑关境内外产品的价格计算方式，在投标报价的基础上加上税费及运输、保险等费用。最终形成评标价。

2014年颁布的《政府采购法实施条例》对原《政府采购货物和服务招标投标管理办法》中的相关规定做了调整，取消了"依据统一的价格要素评定最低报价"的规定，在操作上，除了对价格的计算错误进行必要的算术修正或是在政策要求下对部分满足条件的投标人进行价格的优惠调整外，不再用价格因素对技术、商务、供货、服务范围内的正负偏离度进行调整。即"不再接受任何的价格修正"。在此处所言的最低评标价法，更类似于"经评审的最低投标价法"。

(2) 适用范围差异

商务部的最低评标价法主要针对国际公开招标的机电产品采购一般项目。除非对于技术含量高、工艺或技术方案复杂的大型或成套设备招标项目才采用综合评价法进行评标。

财政部的最低评标价法主要针对国内政府投资的货物和服务标准的项目。对于技术、服务等标准统一的货物服务项目，应当采用最低评标价法。

(3) 适用招标方式差异

商务部的最低评标价法，是指境内招标人根据采购机电产品的条件和要求，在全球范围内以招标方式邀请潜在投标人参加投标，并按照规定程序从投标人中确定中标人的一种采购行为。由此可见，商务部的最低评标价法适合于全球范围的公开招标。

财政部的最低评标价法在采购方式上适用范围很广，政府货物采购方式中，除了单一来源采购方式外，如竞争性谈判、询价方式，一般均可以采用最低评标价法。

机电产品国际招标项目与政府采购货物最低评标价法差异比较如表11-1所示。

表11-1 机电产品国际招标项目与政府采购货物最低评标价法差异

序号	对比项	政府采购货物	机电产品国际招标项目
1	定义	最低评标价法,是指投标文件满足招标文件全部实质性要求,且投标报价最低的投标人为中标候选人的评标方法	最低评标价法是指在投标满足招标文件商务、技术等实质性要求的前提下，按照招标文件中规定的价格评审因素和方法进行评审，确定各投标人的评标价格，并按投标人评标价格由低到高的顺序确定中标候选人的评标方法
2	价格修正因素	①算术修正； ②政府采购政策优惠	①商务、技术等要求的偏离修正； ②缺漏项； ③评标总价的计算方式； ④货物到达招标人指定地点前所有费用
3	适用范围	技术、服务等标准统一的货物服务项目	除技术含量高、工艺或技术方案复杂的大型或成套设备招标项目外的其他项目
4	确定中标人	满足招标文件的全部实质要求且评标价格最低的投标人为排名第一的中标候选人	满足招标文件的全部实质要求且评标价最低的投标人为排名第一的中标候选人

11.2.2 评审因素体系设定

① 符合性检查因素 投标书、企业法人营业执照、投标保证金、法人代表授权书、资格证明文件、同类业绩、获ISO质量认证、3C认证、技术文件和投标分项报价表。其中资格证明文件包括资格声明、制造商资格声明、贸易公司（代理人）的资格声明、制造商出具的授权函、证书、银行资信证明等。

② 商务因素 包括资质业绩、企业信誉、财务能力、交货期、质保期、付款条件等。

③ 技术因素 设备的方案设计、工艺配置、功能指标、性能指标、安全保证体系、环保绿色、社会责任等。

④ 服务因素 服务流程、故障响应、零配件的供应能力、技术支持等。

⑤ 价格因素 除价格指标外还应包括境外产品为CIF价、进口环节税及境内运输费、保险费，以及货物到达招标人指定地点之前的所有成本及费用等。

机电产品国际招标最低评标价法评审因素体系如图11-1所示。

11.2.3 评标价计算

11.2.3.1 投标报价的修正

(1) 算术性的修正

对投标报价算术性错误进行修正。修正的方法如下：投标文件的大写金额和小写金额不一致的，以大写金额为准；投标总价金额与按分项报价汇总金额不一致的，以分项报价金额计算结果为准；分项报价金额小数点有明显错位的，应以投标总价为准，并修改分项报价。如果投标人不接受对其算术错误的更正，其投标将被否决。

(2) 降价声明修正

在确保投标文件不被否决的情况下，对于投标人提出的降价声明进行折算，折算的基准价为该投标人的投标报价或经算术错误修正后的投标报价。

(3) 汇率折算

如果投标报价中有多种货币，为便于评标和比较，要进行汇率折算，统一转换为招标文件规定的评标货币。汇率折算以开标当日中国银行总行首次发布的外币对人民币的现汇卖出价进行转换，以便计算评标价。折算的基数为投标报价或经算术错误修正和降价声明修正后的投标报价。

(4) 统一价格术语

国外货物投标如果以 EXW（工厂交货）、FOB（装运港）、CFR（成本加运输）或 CPT（运费付至）为价格术语的，应转换为 CIF（安装现场）或 CIP（运费保险费付至）价格术语。相关公式为：

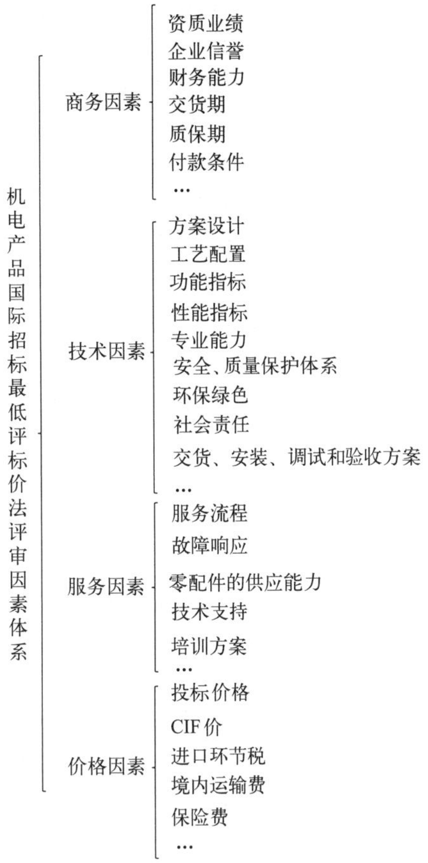

国外运输费＝FOB 价格×国外运输费率

CIF 价格＝FOB 价格＋国外运输费＋国外运输保险费

＝(FOB 价格＋国外运输费)/(1－国外运输保险费率×投保加成系数)

国外运输保险费＝(FOB 价格＋国外运输费)/(1－国外运输保险费率×投保加成系数)×国外运输费率×投保加成系数＝CIF 价格×国外运输费率×投保加成系数

图 11-1 机电产品国际招标最低评标价法评审因素体系

11.2.3.2 其他因素偏差修正

(1) 确定偏差修正基准价（付款条件偏差除外）

偏差修正基准价＝投标报价（如无须修正）＋供货范围偏差（如有）；或偏差修正基准价＝修正后的投标报价（含算术性错误修正和降价声明修正）＋供货范围偏差。

① 无供货范围偏差调整的评标基准价为前两大综合步骤修正后的投标报价。

② 有供货范围偏差的，先调整供货偏差，其偏差调整计入评标基准价。

供货范围偏差调整的原则是"只加不减"，即投标报价中如有漏项或供货数量不足，应对其评标基准价进行加价。缺漏项的应按其他有效投标人该项的最高价加价；供货数量不足的，应按投标中的单价补足数量。如果投标中超出了招标文件以外的内容，则评标时不予核减。

经过上述步骤计算得到的投标价格是计算其他评标价格调整的基准价（投标报价有明确的分项报价，且该分项报价存在偏差的除外）。

(2) 一般商务和技术偏差的调整

根据招标文件要求，对一般偏差进行调整（只加不减）。

① 对投标文件中有明确的分项设备报价，且设备产品存在一定的偏差的，修正基准价为该产品的分项设备报价；

② 投标文件中没有单独列出该设备分项报价的，评标价格按照前三大步骤修正后的投标总价计算。

(3) 对交货期、付款条件的调整

交货期、付款条件偏差的调整，依据《机电产品国际招标投标实施办法（试行）》，在计算交货期、付款条件偏差时，除招标文件另有规定的以外，供货范围偏差应计入评标基准价，予以调整。

(4) 计算进口环节税

$$进口环节税 = 进口关税 + 消费税 + 增值税$$

$$进口关税 = CIF 价格 \times 进口关税税率$$

$$增值税 = (CIF 价格 + 进口关税 + 消费税) \times 增值税税率$$

(5) 计算国内运保费（应按含税货值计算）

$$国内货物的国内运输费 = 出厂价(含增值税) \times 运输费率$$

$$进口货物的国内运输费 = (CIF 价格 + 进口环节税) \times 运输费率$$

$$国内货物的国内运输保险费 = 出厂价(含增值税) \times 运输保险费率$$

$$进口货物的国内运输保险费 = (CIF 价格 + 进口环节税) \times 运输保险费率$$

11.2.3.3 最终评标价确定

汇总评标价格。有不同的价格条件，以货物达到招标人指定的到货地点为依据进行价格调整后的价格作为最后评标价。

$$关境外产品最终评标价 = CIF 价格 + 进口环节税 + 关境内运输及保险费 + 其他相关费用 + 偏差调整$$

$$关境内制造的产品最终评标价 = 出厂价(含增值税) + 消费税(如适用) + 运输及保险费 + 其他相关费用 + 偏差调整$$

11.2.3.4 评标价计算示例

(1) 投标偏差分析

对成套设备开展国际采购招标，国外集成设备甲公司参加投标。本采购货物进口关税税率为10%，免征消费税，增值税17%，国内运输费率为1%，运输保险费率为2%，其他杂费20.16万元人民币。对甲公司投标文件进行评审时发现如下问题。

① 投标价格大写为 CIF 北京壹佰零伍万美元，小写为150万美元。

② 配件 A 产品存在缺项（1件），产生一项商务偏差，调整系数为每项1%，该配件其他有效投标人的最高报价为2万美元/件。

③ 招标文件要求提供2件配件 B 产品，投标人只提供了1件，该产品投标人分项报价为1万美元/件，其他有效投标人最高报价为3万美元/件；

④ 配件 C 产品存在算术计算错误，"10（件）×3万（美元/件）＝3万（美元）"；有两项技术偏差，调整系数为每项1%。

⑤ 该投标人的投标保函明确声明投标总价降2%（经过启动澄清程序，投标人予以认可），开标当日中国人民银行公布的汇率为1美元对人民币6.72元。

⑥ 该招标文件规定：合同签订后预付款 10%，签订合同后 3 个月交货（每提前或延期交货一周在投标价格基础上减价或加价 1%，不足 1 周视为 1 周），交货时付款 85%，1 年质保期后付款 5%。

投标人在投标文件中提出合同签订后预付款 20%，4 个月后交货，交货时付款 75%，1 年保质期后付款 5%，提前或延期付款部分，按每周的利率 0.3%（不足 1 周视为 1 周），现值差作为加价或减价。

(2) 评标价的计算

① 大小写的修正。按照招标文件规定，当大小写金额不一致时，以大写为准，确认投标价为 105 万美元。

② 算术错误修正。配件 C 存在算术计算错误，投标报价修正为：$10 \times 3 - 3 + 105 = 132$（万美元）。

③ 降价声明修正。投标报价修正为：$132 \times (1 - 2\%) = 129.36$（万美元）。

④ A 产品供货范围偏差调整额 2 万美元。

⑤ B 产品供货范围偏差调整额 1 万美元。

⑥ A 产品商务偏差调整 $(129.36 + 2 + 1) \times 1\% = 1.32$（万美元）。

⑦ C 产品技术偏差调整 $10 \times 3 \times 2\% = 0.6$（万美元）。

⑧ 其他杂费的汇率转换：$20.16 \div 6.72 = 3$（万美元）。

⑨ 进口关税：$129.36 \times 10\% = 12.94$（万美元）。

⑩ 进口增值税：$(129.36 + 12.94) \times 17\% = 24.19$（万美元）。

⑪ 国内运费：$(129.36 + 12.94 + 24.19) \times 1\% = 1.66$（万美元）（货值，不含偏差调整）。

⑫ 国内运输保险费：$(129.36 + 12.94 + 24.19) \times 2\% = 3.33$（万美元）（货值，不含偏差调整）。

⑬ 交货期偏差调整：$(129.36 + 2 + 1) \times 5 \times 1\% = 6.62$（万美元）。

⑭ 付款条件偏差调整：按招标文件规定的付款条件下，折算至签订合同时的现值。3 个月 90 天约 13 周，一年零三个月约合 65 周。

付款条件 65 周现值 $= (129.36 + 2 + 1) \times 10\% + (129.36 + 2 + 1) \times 85\% \times (1 + 0.3\%)^{-13} + 129.36 \times 5\% (1 + 0.3\%)^{-65} = 124.02$（万美元）

按投标文件的付款条件下，折算至签订合同时的现值。4 个月 120 天约 18 周，一年零四个月约合 70 周。

付款条件 70 周现值 $= (129.36 + 2 + 1) \times 20\% + (129.36 + 2 + 1) \times 75\% \times (1 + 0.3\%)^{-18} + (129.36 + 2 + 1) \times 5\% \times (1 + 0.3\%)^{-70} = 125.9$（万美元）

现值差 $= 125.9 - 124.02 = 1.88$（万美元）

因此，甲投标人评标价为：

评标价 = 投标报价修正值 + A 产品供货范围偏差 + B 产品供货范围偏差 + A 产品商务偏差 + C 产品技术偏差 + 其他杂费的汇率转换 + 进口关税 + 进口增值税 + 国内运费 + 国内运输保险费 + 交货期偏差调整 + 付款条件现值差 $= 129.36 + 2 + 1 + 1.32 + 0.6 + 3 + 12.94 + 24.19 + 1.66 + 3.33 + 6.62 + 1.88 = 187.9$（万美元）

11.2.4 评标方法程序

依据商务部《机电产品国际招标标准招标文件》，机电产品国际招标最低评标价法的评标程序，如图 11-2 所示。

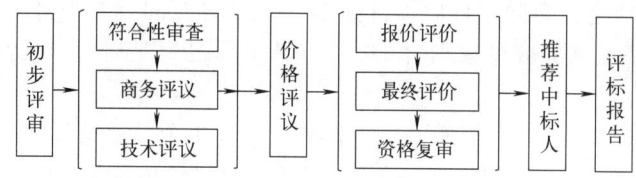

图 11-2　机电产品国际招标最低评标价法评标程序

12.2.4.1　初步评审

(1) 符合性审查

评标委员会将审查资格条件是否满足、投标文件是否完整、总体编排是否有序、文件签署是否合格、投标人是否提交了投标保证金、有无计算上的错误等。

① 算术错误将按下列方法更正：投标文件的大写金额和小写金额不一致的，以大写金额为准；投标总价金额与按分项报价汇总金额不一致的，以分项报价金额计算结果为准；分项报价金额小数点有明显错位的，应以投标总价为准，并修改分项报价。如果投标人不接受对其算术错误的更正，其投标将被否决。

② 对于投标文件中不构成实质性偏差的不正规、不一致或不规则，评标委员会可以接受，但这种接受不能损害或影响任何投标人的相对排序。

③ 在详细评标之前，评标委员会要审查每份投标文件是否实质上响应了招标文件的要求。实质上响应的投标应该是与招标文件要求的关键条款、条件和规格相符，没有重大偏离的投标。对关键条文的偏离、保留或反对，例如关于投标保证金、适用法律、税及关税、加注星号（"＊"）的条款等内容的偏离，将被认为是实质上的偏离。评标委员会决定投标的响应性应根据投标本身的真实无误的内容，而不依据外部的证据，但投标有不真实不正确的内容时除外。

④ 实质上没有响应招标文件要求的投标将被否决。投标人不得通过修正、补充或撤销不合要求的偏离从而使其投标成为实质上响应的投标。招标文件要求提供原件的，应当提供原件，否则将否决其投标。

(2) 商务评议

通过符合性评审的投标进入商务评议阶段。评标委员会要对每份投标文件的《商务条款偏离表》响应情况进行评议。在商务评议过程中，有下列情形之一者，其投标将被否决：

① 投标文件未按招标文件的要求签署的；
② 投标联合体没有提交共同投标协议的；
③ 投标人的投标书、资格证明材料未提供，或不符合国家规定或者招标文件要求的；
④ 未提交投标保证金或保证金金额不足、保函有效期不足、投标保证金形式或出具投标保函的银行不符合招标文件要求的；
⑤ 投标文件不满足招标文件加注星号（"＊"）的重要商务条款要求的；
⑥ 投标报价高于招标文件设定的最高投标限价的；
⑦ 投标有效期不足的；
⑧ 存在招标文件中规定的否决投标的其他商务条款的。

上述文件应当在开标前提供原件，开标后不得澄清、后补，否则将导致废标。

主要商务条款（加注"＊"）的不能出现偏离，发生偏离的一律作废标处理；对于一般商务条款（未加注"＊"）出现偏离的，对照招标文件规定的最高偏离项数，超过最高偏离项数的按废标处理；在规定的偏离项数之内的，不作废标处理，但将在评标价格比较时，计算每一个偏离因素对应的加价金额（一般为投标总报价的0.5%～1%），调整投标人的投标价格。评标委员会应对各投标人《商务条款偏离表》中所列的项目，逐项做出是否接受的判断。商务性评议完全通过的投标才能进入下一阶段技术评议阶段。

(3) 技术评议

评标委员会按照招标文件规定的技术因素进行评议。投标人需要对所提供的产品逐一对《技术规格偏离表》进行响应，评标委员会对投标人提供的技术规格偏离表进行审查。技术评议过程中，有下列情形之一者，其投标将被否决：

① 投标文件不满足招标文件技术规格中加注星号（"*"）的重要条款（参数）要求（原则超过指标要求的20%的），或加注星号（"*"）的重要条款（参数）无符合招标文件要求的技术资料支持的；

② 投标文件技术规格中一般参数超出允许偏离的最大范围或最多项数的；

③ 投标文件技术规格中的响应与事实不符或虚假投标的；

④ 投标人复制招标文件的技术规格相关部分内容作为其投标文件中一部分的；

⑤ 存在招标文件中规定的否决投标的其他技术条款的。

一般技术条件条款（未加注"*"的）出现偏离，未超出规定偏差项数的，将在评标价格比较时，计算每一个发生偏离因素的加价金额（一般为投标总报价的0.5%～1%），调整投标人的投标价格。评标委员会应对各投标人提供的《技术规格偏离表》中所列的项目，逐项做出是否接受的判断。

(4) 转换为同一货币

为了便于评标和比较，如果投标报价中有多种货币，以开标当日中国银行总行首次发布的外币对人民币的现汇卖出价进行投标货币对投标资料表中规定的评标货币的转换，以便计算评标价。

初步评审结论实行合格制，上述评审内容完全满足且符合招标人要求的为合格，上述检查内容文件缺少任何一个或任何一个不符合招标要求的即为不合格投标，不合格不能进入下一评议程序，作废标处理。

12.2.4.2 价格评议

评标委员会仅对初审合格的投标进行价格评议。评标委员会将按照招标文件规定的方法计算评标价，计算出的评标价为最终评标价。

(1) 报价评价

计算评标总价时，必须以货物到达招标人指定安装地点为依据，有价格调整的，计算评标总价时，要包含偏离加价。计算关境内产品偏离加价时，扣除投标报价中包含的相关税费。

(2) 最终评价

汇总评标价格。投标有不同的价格条件（如付款条件等），对不同条件按照招标文件规定的方法对价格进行调整，以调整后的价格作为最后评标价。

(3) 资格复审

评标委员会对于最低评标价中标候选人进行资格复审，复审的目的是审查其是否有能力圆满履行合同。授标时还要考虑其财务、技术、生产能力以及在手合同情况、目前未履行的义务和法律诉讼等重要事项，以及投标人在招标期间这些资格条件是否发生了某些变化。资格复审是机电产品国际招标评标程序的特色。

12.2.4.3 推荐中标人

推荐供应商中标候选人名单。中标供应商的数量应根据采购需要确定。按照各投标人的评标价，由低到高排序，如果评标委员会对最低评标价的投标人资格审查通过，评标委员会将推荐该供应商为中标供货商;如果没有通过审查,则将对下一个最低评标价的供应商的合同履约能力作类似的资格审查。中标候选人确定后,评标委员会拟定授标建议书。

12.2.4.4 评标报告

评标委员会评审工作完成后,评标委员会每位评委应向招标人提交《评标意见表》,按照政府采购相关监督部门制定的《最低评标价法评标报告》范本规定的格式编制评标报告,将项目简介、招标过程简介、评标程序和情况、评标结果以及招标文件发售情况、开标签到表、招标文件密封情况表、开标记录、各评委的评标意见、授标建议、评标委员会名单、废标情况说明、澄清补正等事项纪要由评标委员会填列在表格中,在规定的时间内提交中标人并报政府采购监督部门备案。

11.2.5 评标操作关键点

11.2.5.1 招标文件编制注意事项

(1) 编制标书前的调研

在编制机电产品国际招标书前,招标人或招标代理人必须通过各种渠道广泛与生产该设备的生产厂家进行技术交流,充分了解可能潜在的投标商所提供的设备的详细技术性能指标、现场使用情况、应用业绩、产品质量和执行标准等,做到心中有数,然后组织设计人员、现场使用人员、技术专家编写技术标书。编写标书应遵守以下原则:

① 通过标书中的相应条款让满足现场使用要求的设备生产厂家都能够参与投标,形成充足的竞争环境;

② 要限制那些技术不能满足要求、质量不过关、应用业绩少的厂家参与投标和中标;

③ 在标书上不能出现歧视条款,以免引起不必要的投诉;

④ 对设备的配置上的要求应在招标书中全部体现出来,保证整个设备的匹配和性能完整,不能留下任何漏洞,避免让个别投标人钻空子,出现低价中标、高价签合同的现象。

⑤ 贯彻上述标书编制原则,就必须通过广泛的调研,通过与厂商的技术交流来获取第一手资料。因此在采用最低评标价法招标时,深入调研、充分的技术交流是非常重要的关键环节,不可忽视和省略。

(2) 招标条款编制

招标文件条款的编制主要分为两部分,一部分是商务部分的评审因素的编制,如常规的交货期、付款方式、投标保函、售后服务、技术培训等;另一部分是技术部分的评审因素的编制,即标注"＊"的关键技术参数和一般技术参数的设置。技术标书的编制是招标文件的编制难点。

在标书编制过程中,必须合理地设置评标参数,做到既没有歧视性,又能突出业主要求。

① 一般来说,对于标注"＊"的关键技术参数的设置要注意的是把握合理的界限,既不能放低门槛,使得过多的厂商都可以满足招标文件的要求而造成"低价格、低性价比"的局面;又不能带有明显的倾向性,如标注的关键技术参数世界上只有一家厂商可以满足,这样会导致招标的失败。对于技术参数,应明确对关键技术参数和要求的任何偏离将导致废标。对每一项一般技术参数的偏离或不满足,则投标价格上浮一定比例(不超过1%)予以评议。

② 对于一般技术参数的设置要突出特色,对业主比较重视的参数进行不同程度的要求,如DCS、SIS系统中对点数的要求,当把点数要求作为关键技术参数时可能就是带有歧视性的条款,或许还会导致投标人的质疑,而作为一般技术参数时就是完全合理的要求。在一般

技术参数中也可以设置一些参数比较的条款，比如规定："近三年同类装置业绩最多的投标人加价1％，业绩次之的加价0.5％，业绩最少的则不加价"，这样也可以方便对投标人进行排序。另外，还可以设置一般参数偏离的上限，比如超过10项偏离，即导致废标等条款，也可以起到一定的限制作用。

③ 在编制标书过程中，尽量量化每个条款，尽量做到用指标或数字来衡量；对于不能量化的条款，也应规定明确、容易理解，以不产生歧义为准，以免评标过程中受到过多的人为因素的干扰，影响评标结果。招标机构应切实负责，在尽量保证实现用户的意愿前提下，科学、合理地设置招标条款，遵循招投标法及其实施细则的规定，确保评标工作的公平、公正的原则下顺利进行。

(3) 惩罚条款设置

为了防止某些投标商在投标工程中使用虚假数据来满足招标文件的要求或采用不正当手段以低于成本价的恶性竞争来达到中标的目的，致使设备质量无法得到保障，招标人应当在招标文件中采用履约担保和加大违约罚款额度来规范投标人或中标人的行为，以确保中标后合同履约能够顺利完成。

11.2.5.2 评议过程关键点

利用最低评标价法评标，并不意味着提供最低价格的供应商就是中标人。在市场经济条件下，同一型号的货物，在不同的使用条件下、不同生产时期、不同经营方法会产生不同的所有权成本。所以同一型号的货物不同供应商做出不同的报价是理所当然的。只要其报价是自己实际测算的，并加企业的合理利润，则其报价就是合理报价。因此，评标专家应转变最低报价就是最优报价的理念，提高评标水平。评标时应考虑以下因素。

① 企业性质和经营模式的不同对货物所有权成本构成了一定的影响。在这里应该考虑企业所有权总成本的构成：采购成本、运营成本、预防性维护成本、修理成本、处置成本、企业资金成本、保险成本（保护货物免遭丢失和损坏），以及防止企业产品被使用而引起的诉讼和索赔成本等其他成本。

② 不同供应商的报价可能导致不同的成本水平，还要考虑时间成本的影响。由于货币具有时间价值（支付利息的基础），时间效果选择很重要，考虑产品整个生命周期成本的同时，需要考虑机会成本。

③ 企业绩效能力对供应商成本的影响。考虑企业的绩效能力的两个关键要素就是企业的实际能力和积极性。简单地说就是考虑企业能否满足常规需求，保证质量、客户服务满意度，考虑其供应能力、创新能力、对合同条款的服从情况等。

评标专家组在评审过程中综合这些因素后，根据不同供应商分别确定不同的成本价，再与各投标报价进行比较，低于自己成本的不予考虑，在剩余的所有的有效报价中选择最低价作为中标人，这样做才是真正的公平竞争，这是货物招标的本意。

11.2.6 评标方法评价

11.2.6.1 方法优势

① 符合市场经济现实　最低评标价法遵循的是"最经济原则"，并非"最优原则"。社会主义市场经济条件下，评标方法就应该符合我国国情的选择和发展的需要，在各投标人满足招标文件实质性要求的前提下，围绕着最低的评标价格定标为核心，充分考虑技术和商务综合因素进行综合评估和审查，以物美价廉为标准选择中标人，符合市场经济客观规律的实际和发展的需要。

② 有利于与国际接轨　当前，我国经济与世界经济融合的步伐加快，在国际贸易中许

多法规和规则都要按照国际通行的标准进行，就机电产品而言，在国际招标和投标活动中，实际许多国家都采用这种评标模式，这种模式的运行和实践便于国内企业抓住机遇，提前准备，与世界市场接轨，有利于其投入到国际市场之中。

③ 为政府或企业节省大量投资　在政府或企业投资项目建设中，机电产品或物资费用往往占有建设投资相当大的比例，采用最低评标价法可以在满足技术要求和正当竞争的前提下，取得最低的采购价格，为政府或企业建设项目节省大量的投资，提高国家、企业的投资经济效益。

④ 有助于规范招投标程序　最低评标价法评标规则明确、量化程度高、漏洞相对较小、透明度高，加之有法律作保证，可以使在招投标活动中企图采取某些不当手段中标行为难以实施或难度加大，从而减少了腐败行为的发生，规范了市场竞争秩序。

11.2.6.2　方法不足

① 编制招标文件难度较大　最低评标价法的最大特点就是体现公平、公正、透明，所以在编制技术和商务部分标书时，就要明确标出其评标规则和偏差的加价比例，在评标时需要严格执行招标文件的规定，不得随意改动。如果编制的标书不严谨或对采购的设备技术指标市场情况不了解，就会造成中标的设备达不到实际要求的性能或给投标人留下加价的依据，导致招标失败或对决标造成困难，招标时间延长，甚至对项目投产造成重大影响。

② 抽取评标专家的难度大　由于商务部法规要求采用最低评标价法的项目需要在网上公开招标和实施，在网上随机抽取评标专家，其要求高级工程师或教授级高工的比例应占评标小组人数的三分之二以上，由于全国行业专家很多，计算机随机抽取的专家来自全国各个地区，调动起来难度很大，而行业外专家对于设备性能、现场工况、用户要求等又缺乏了解，所以这种选择专家的方法实施起来难度较大。

③ 招标过程时间相对较长　这往往导致紧急投产的项目实施起来难度增加。根据中国国情，许多企业在项目建设时间的安排上往往采取倒排方式，即先有投产日期，而在实施操作过程中，工程前期准备工作占用了很长的时间，等到采购设备时，项目建设周期已经十分紧张了，因此，招标都将"交货期"作为极其重要的问题来处理。商务部现行的规定，采用最低评标价法，一般设备采购在网上售标时间不少于 20 天，大型设备采购在网上售标时间不少于 30 天，加上网前审批和招标后公示等流程，完成一项设备招标的时间基本在 2 个月以上，这对于一个建设工期较紧的项目来说很难实现。

④ 最低评标价法适应性有限　由于大型成套设备往往是由许多不同种工艺设备组成的，特别像化工厂、炼油厂或天然气净化厂那样整厂进口的项目，根本不可能把每个细节都考虑得十分周到，标书也不可能写得完美无缺，在这种情况下，采用这种最低评标价法招标，工作难度很大，效果也不是很理想。

11.2.7　几种低价法的比较分析

到目前为止，本书已经分别对工程货物招标、政府采购货物招标、机电产品国际招标的最低价评标方法依次做了介绍。现将上述三者的相同点与差异点进行总结比较，帮助读者理解它们之间的联系与区别，以有利于选择正确的低价法进行评标。

11.2.7.1　最低评标价法与经评审的最低投标价法

(1) 两者前提的相同点

无论是最低评标价法，还是经评审的最低投标价法，都符合《招标投标法》第 41 条："（二）能够满足招标文件中实质性要求，并且经评审的投标价格最低；但是投标价格低于成本的除外。"两种评标方法的关键在于"评标价"和"经评审"。评标价最低和经评审的投标价最低都能使业主获得最为经济的标,但是两者都有一个前提,就是能够满足招标文件的实质性要求,在这个前提下,谁的评标价最低或经评审的投标报价最低,谁就作为中标人。所谓能够满足招标文件的实质要求,是指资格合格、具备能使项目顺利完成的技术、管理能力和资源达到了标准,使业主按期获得合格的项目。两者都允许对投标价格进行调整,形成用以评标排序的评标价,评标价低的排名在前。

这两种评标方法都能够突出评标专家的咨询作用,发挥专家的技术优势,依据招标文件重点评审投标人在技术、质量、进度、总工期、支付要求、机构设置、管理等方面是否满足招标文件的实质要求。评标价和经评审的投标价可以由评标委员会依据招标文件提供的计算方法计算出结果,评标价和经评审的投标价由低到高排序推荐中标候选人。

(2) 操作规则上的区别

如前面所述,商务部的最低评标价法在计算评标时,按照招标文件要求除了根据价格因素对报价进行调整外,还需要考虑非价格因素(商务、技术因素)的偏离度对报价进行折算。经评审的最低投标价法(工程项目)只对价格因素、商务因素进行评审折算,而对于技术因素评审则实行合格制。

11.2.7.2 商务部与财政部最低评标价法

商务部与财政部最低评标价法的区别,在前面已做过简要的介绍。在这里,我们稍微补充一下。在货物类评标规则中,商务部的最低评标价法和财政部的最低评标价法其在名词上是一样的。但实际上,两类项目对最低评标价法的界定和使用方式大相径庭。在选用最低评标价法时,首先应搞清楚是机电产品国际招标的最低评标价法(商务部),还是政府采购的最低评标价法(财政部),两者在要求和操作上是有区别的。

(1) 商务部的最低评标价法

如前所述,商务部的最低评标价法,首先需要对招标文件的商务、技术部分进行审查,确保其满足招标文件实质性要求,再按照招标文件规定的价格评审因素对投标报价进行调整,最终计算出各投标人的评标价,评标价最低者推荐为中标候选人。其价格评审因素一般包含商务、技术等要求的偏离修正、缺漏项而引起的价格调整。同时,投标总价应包括货物到达指定地点之前的所有成本及费用,对于其评标总价的计算还要明确关境内、外产品的价格计算方式,在投标报价的基础上加上税费、运输费、保险费等,最终才形成评标价。

商务部的最低评标价法适用范围:一般设备采购采用最低评标价法;对于技术含量高、工艺或技术方案复杂的大型成套设备才选择综合评分法。

(2) 财政部的最低评标价法

采用财政部最低评标价法评标时,投标人应满足招标文件中提出的实质性要求,除了算术修正和落实政府采购政策需进行的价格扣除外,不能对投标人的投标价格进行任何调整;投标人的资格条件,不得列为评分因素;统一采用低价优先法计算基准价,不得去掉最后报价中的最高报价和最低报价。评标结果按有效投标报价由低到高顺序排列。有效投标报价相同的并列。投标文件满足招标文件全部实质性要求且有效投标报价最低的投标人为排名第一的中标候选人。

由此可见,在政府采购货物项目中所采用的最低价评标法,除了对价格进行必要的算术修正或是在政府采购政策要求下需进行的价格扣除外,是不需要对投标人的投标价格进行任何调整的。

财政部规定的最低评标价法适用范围是:当采购货物项目在技术、标准以及服务等方面统一时,应当采用最低评标价法进行评标。财政部的最低评标价法与国家发展改革委等七部委的经评审的最低投标价法基本是一致的。

依据《机电产品国际招标投标实施办法（试行）》《政府采购货物和服务招标投标管理办法》《工程建设项目货物招标投标办法》，三种以货币为量纲的低价评标方法的主要异同如表11-2 所示。

表 11-2　三种以货币为量纲的低价评标法的主要异同

评标方法名称	最低评标价法 （机电产品国际招标）	最低评标价法 （政府采购货物与服务招标）	经评审的最低投标价法
部门	商务部	财政部	国家发展改革委等七部委
源自文件	《机电产品国际招标投标实施办法(试行)》	《政府采购货物和服务招标投标管理办法》	《工程建设项目货物招标投标办法》
相同点	1. 投标价值评标前，需要对投标合格性进行评审 2. 投标价值评标前，需要对投标报价进行评审 3. 以评标价由低到高的顺序推荐中标候选人		
不同点	需要对非价格评价因素的负偏离进行折价，该折算价与投标价构成最终评标总价，非价格评标因素在评标价中允许的最大权重约为 15%	对非价格评价因素进行定性的合格性评价，无须对非价格评价因素的负偏离进行折价(折价为零)，投标价修正后即为评标价	对非价格评价因素进行定性的合格性评价，无须对非价格评价因素的负偏离进行折价(折价为零)，投标价与基准价偏离度折算即为评标价
适用性	潜在投标人的非价格评标因素差异较大的项目 机电产品国际招标的评标一般采用最低评标价法。技术含量高、工艺或技术方案复杂的大型或成套设备招标项目可采用综合评标法进行评标	潜在投标人的非价格评标因素差异较小，可以忽略不计的项目 政府采购中技术、标准以及服务等标准统一的货物和服务项目，应当采用最低评标价法进行评标	技术简单或技术规格、性能、制作工艺要求统一的货物，一般采用经评审的最低投标价法进行评标

11.3　综合评价法

11.3.1　定义与要点

11.3.1.1　定义描述

《机电产品国际招标投标实施办法（试行）》与《机电产品国际招标标准招标文件》都对综合评价法进行了定义且描述完全一致："综合评价法是指在投标满足招标文件实质性要求的前提下，按照招标文件中规定的各项评价因素和方法对投标进行综合评价后，按投标人综合评价的结果由优到劣的顺序，确定中标候选人的评标方法。"

在《机电产品国际招标综合评价法实施规范（试行）》中具体定义为："综合评价法是指根据机电产品国际招标项目（以下称'招标项目'）的具体需求，设定商务、技术、价格、服务及其他评价内容的标准和权重，并由评标委员会对投标人的投标文件进行综合评价以确定中标人的一种评标方法。"

综合评价法适用于技术含量高、工艺或技术方案复杂的大型或成套设备招标项目。对于招标产品的功能指标、性能指标、服务质量要求等标准化程度较高的，不适用于综合评价法，单机产品不得采用综合评价法。属于国家首台（套）引进的产品或结合国产化要求进行技术引进的国家鼓励的项目产品除外。

11.3.1.2　定义要点

依据上述文件有关定义，对机电产品国际招标采用综合评价法的理解有以下要点。

(1) 实质响应

机电产品国际招标的综合评价法与其他类招标的综合评估法一样,投标满足招标文件实质性要求是参与评标与中标的前提条件,不满足招标文件的实质性要求的投标文件,将被招标人予以拒绝。

(2) 方法要素

机电产品国际招标综合评价法的评标体系组成包括:评价指标、评价标准、评价程序及推荐中标候选人原则等。不言而喻,这是评价方法应具备的基本要素,与其他类项目的综合评估法体系组成是相同的。

(3) 全面评审

机电产品国际招标综合评价法是对投标人的商务、技术、价格、服务及其他评价因素进行全面的评审,并由评标委员会对投标人的投标文件进行综合评价以确定中标人的一种评标方法。

11.3.1.3 适用条件

在采购实践中,有些项目的机电产品国际招标采购不适宜采用最低评标价法来选择投标人,因为这些项目具有以下特征。

① 采购机电产品项目技术比较复杂,并不能通过简单的"是""非"来做出判断。

② 采购的机电产品不但技术复杂,而且规模大、投资额高,例如生产线。

③ 业主对整个项目的机电产品希望采用先进的、可靠的新技术。

④ 项目潜在的投标人各自具有设计、工艺、技术、制造等方面的独特的、无法比拟的特征,不可能以一个简单的标准来评价其优劣。

⑤ 希望使机电产品和工艺的采购更具有合理性、经济性(经济性不是低价的代名词,而是先进性、前期投入和技术的可扩展性、设备投入运营的稳定性、后期维护的可操作性、维护的相对低成本等因素的综合考虑)。

具有以上特征的机电产品国际招标项目,就应该考虑采用综合评价法进行评标。

11.3.2 评价因素体系

机电产品国际招标综合评价法的评价因素包括:商务、技术、服务、价格及其他方面,如果将上述每一类都视为单一的评价因素,称之为第一级评价因素。每个第一级评价因素可以下设若干个第二级评价因素。综合评价法主要评价因素体系与最低评标价法基本相同,请参阅本章11.2.2小节相关内容。

11.3.3 评价值的计算

11.3.3.1 商务因素评价

商务因素包括:交货期、付款条件和方式、其他商务因素。

(1) 第一级评价因素的评价

如果招标文件仅规定对第一级评价因素的评价,将由评标委员会成员直接评价,最优的评价因素得基准评价值,其余的评价因素将依据其优劣程度获得相应的评价值。

(2) 第二级评价因素的评价

如果招标文件规定对第二级评标因素分别进行评价,则将按照下述方法进行。

① 交货期的评价　符合招标文件的交货期的,该投标文件赋予招标文件规定的基准评价值;在此基础上每延期交货一周,将按照招标文件规定赋予相应的评价值。

如果招标文件中规定可以在几周范围内交货(或启运)的,应设定详细的评标分值赋予规定。在可接受的时间范围内,若迟于招标文件规定的最早交货时间,将按照招标文件规定赋予相应的评价值。晚于或早于交货时间范围供货的投标予以否决。

② 付款条件和方式的评价　符合招标文件规定的付款条件和方式要求的,赋予基准评价值;在此基础上,如果要求提前支付,则按照招标文件规定的利率计算提前支付所附的利息以及招标人可能增加的风险,并按照招标文件的规定,依据利息的多少及可能增加的风险赋予相应的评价值。

如果招标文件规定了最大偏离范围或不允许有偏离,超出最大偏离范围或有偏离的投标将被视为非实质性响应投标而予以否决。

③ 其他因素的评价　对于其他因素的评价,按照招标文件规定进行,并赋予相应的评价值。

11.3.3.2　技术因素的评价

(1) 第一级评价因素的评价

如果招标文件仅规定对第一级评价因素的评价,将由评标委员会成员直接评价,最优的评价因素得基准评价值,其余的评价因素将依据其优劣程度获得相应的评价值。

(2) 第二级评价因素的评价

如果招标文件规定对第二级评价因素分别进行评价,将按照下述方法进行。

① 有具体数值的第二级评价因素的评价　将按照招标文件的相关规定计算评价值;最优的评价因素得基准评价值,其余的评价因素将依据其优劣程度获得相应的评价值。

② 没有具体数值的第二级评价因素的评价　将由评标委员会成员直接评价,最优的评价因素得基准评价值,其余的评价因素将依据其优劣程度获得相应的评价值。

无此项性能和功能的评标价值为0。

(3) 第一级评价因素下限评价值

按照招标文件的规定,若投标人第一级技术评价因素的评价值低于全体有效投标人的平均评价值一定比例以上的,其投标将被否决。

其他各级技术评价因素的设置和评价,按照招标文件规定进行。

11.3.3.3　服务因素的评价

(1) 第一级评价因素的评价

如果招标文件仅规定对第一级评价因素的评价,将由评标委员会成员直接评价,最优的评价因素得基准评价值,其余的评价因素将依据其优劣程度获得相应的评价值。

(2) 第二级评价因素的评价

如果招标文件规定对第二级评价因素分别进行评价,将按照下述方法进行。

① 可量化的第二级评价因素　按照招标文件规定的计算公式计算评价值;或由评标委员会成员直接评价,最优的评价因素得基准评价值,其余的评价因素将依据其优劣程度获得相应的评价值。

② 不可量化的第二级评价因素　由评标委员会成员直接评价,最优的评价因素得基准评价值,其余的评价因素将依据其优劣程度获得相应的评价值;若无此项服务则评价值为0。

其他各级服务因素评价,按照招标文件规定进行评价。

11.3.3.4　价格评价

价格评价应按照下列步骤进行。

(1) 报价的审核、修正或调整

① 如有算术错误,按照招标文件规定进行修正。

② 如有价格变更声明的,投标价作相应调整。

③ 如有不同货币，统一转化为招标文件规定的币种。
④ 如有不同的价格条件，以货物指定到货地点为依据进行调整。

关境外产品价格＝CIF价＋进口环节税＋消费税（如适用）＋关境内运输、保险费＋其他费用（采用CIP、DDP等其他报价方式的参照此方法计算）；

关境内产品价格＝出厂价（含增值税）＋消费税（如适用）＋运输、保险费＋其他相关费用；

已进口的产品价格＝销售价（含进口环节税＋销售环节增值税）＋运输、保险费＋其他相关费用。

(2) 价格评价值的确定

按照招标文件规定的价格评价函数（评标标准）计算投标价格的评价值；如果招标文件设置了最高投标价限价，其投标价超出最高投标价限价，投标应被否决。

11.3.3.5 综合评价值计算

若先评价后加权，投标综合评价值等于第一级各评价因素的加权评价值之和；若先加权后评价，投标综合评价值等于第一级各评价因素的评价值之和。

相关名词解释如下。

① 评价因素响应值　系指投标文件对评价因素的响应情况，例如包括具体数值、状况、说明等。

② 评价值　评价值＝评标委员会成员的有效评价值之和/有效评委数；最优的评标价响应值得最高评价值，最高评价值称为"基准评价值"，其余的评价因素响应值依据其优劣程度获得相应的评价值。

③ 评价因素权重　系指某一项评价因素或某一类评价因素在评价中的相对重要程度。全体一级评审因素权重之和等于1，某第一级评价因素所属第二级评价因素的权重之和等于1。

④ 加权后的评价值　又称加权评价值，加权评价值＝评价值×权重。

11.3.4 评标程序

依据《机电产品国际招标综合评价法实施规范（试行）》《机电产品国际招标标准招标文件》，采用综合评价法的评标程序如图11-3所示。

11.3.4.1 初步评审

评标委员会应当首先对投标文件进行初步评审，判定并拒绝无效的和存在实质性偏离的投标文件。

11.3.4.2 综合评价

通过初步评审的投标文件进入综合评价阶段。评标委员会成员应当根据综合评价法的规

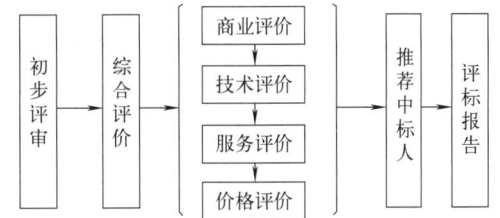

图11-3　机电产品国际招标综合评价法评标程序图

定对投标人的投标文件独立打分，并分别计算各投标人的商务、技术、服务及其他评价内容的分项得分，凡招标文件未规定的标准不得作为加分或者减分的依据。

投标人的综合得分等于其商务、技术、价格、服务及其他评价内容分项得分之和。

11.3.4.3 推荐中标人

评标委员会应当根据投标人的综合评价值的高低排出名次。综合评价最优者为排名第一的中标候选人。综合评价值相同的，依照第一级评价因素价格、技术、商务、服务的优先次序，根据其评价值高低进行排序。即综合评价值得分相同的，价格得分高者排名优先；价格

得分也相同的，技术得分高者排名优先；技术得分也相同，商务得分高者优先；商务得分还相同的，服务得分高者优先。

11.3.4.4 评标报告

评标报告应当载明综合评价得分的计算过程，其内容包括但不限于以下表格：评标委员会成员评价记录表、商务最终评分汇总表、技术最终评分汇总表、服务及其他评价内容最终评分汇总表、价格最终评分记录表、投标人最终评分汇总及排名表和评审意见表。

11.3.5 评标操作关键点

11.3.5.1 重要条款（参数）的设定

在制定综合评价方法标准时，首先要列明所有重要条款（参数），包括商务、技术、服务以及其他方面，并规定投标人对招标人重要条款（参数）的任何一项偏离将被视为实质性偏离，此时的重要条款（参数）就是初步评审时的标准。可以说重要条款（参数）尤其是技术条款（参数）相当于招标项目的准入门槛。重要条款（参数）设置要科学、适度，设置过少或过松，会导致投标人过多，会影响提供产品的质量；设置得过多、过严，则会导致投标人数过少，可能导致招标竞争性不充分，甚至出现只剩一家投标人的情况。因此，设置重要条款（参数）要根据项目实际需要和市场状况科学、适度设定。

技术评价标准应粗细得当，当技术因素非常重要，所占比例很大时，应当突出主要参数，既不能设定得过于笼统，又不能过于细化，应根据项目的特点合理设定。

11.3.5.2 评价因素的权值设定

价格因素不能完全反映投标人的实力，更多的要从技术等方面进行评审。招标人要依据规范确定的"价格权重不得低于30%，技术权重不得高于60%"，灵活地设定各项评价因素权值。如果项目需要采购技术先进的产品，可以将技术权重设置得高一些，但不能超过60%；如果售后服务非常重要，可以将服务权重设置得高一些。实践中的评价因素权重一般设定为：商务评价权重10%、技术评价权重45%、价格评价权重35%、服务及其他评价权重10%。商务加上价格的评价权重45%，技术和服务评价权重55%可以更好地反映出产品的性价比。

商务评价权值不应过大。商务因素技术含量较低，只要投标人在编制投标文件细心、认真基本都能满足招标文件的要求，因此，商务因素的权值不适合定得过高，否则很难反映出投标人的真实情况。

11.3.5.3 价格评价标准的设定

综合评价法的价格评价应当符合低价优先、经济节约的原则，并明确规定评标价格最低的有效投标人将获得价格评价的最高分值，价格评价的最大可能分值和最小可能分值应当分别为价格满分和0分。实践中，价格评价条款一般可以这样规定："修正后的最低投标总价为评标基准价，分值为100分，其他投标人修正后的投标总价比评标基准价每高出$x\%$，扣1分，最多扣100分。"

这种价格评价标准比较简单、直观、易于操作，当项目产品技术复杂、技术性能非常重要时，可以将x值放大，提高技术的竞争性；当所有投标人的技术水平比较接近时，将x值缩小，可以提高价格的竞争性。

11.3.5.4 对中标人的限制条款

商务部《机电产品国际招标综合评价法实施规范（试行）》规定：①该投标人的评标价格超过全体有效投标人的评标价格平均值一定比例以上的（该比例不得高于40%）；②该投

标人的技术得分低于全体有效投标人的技术得分平均值一定比例以上的（该比例不得高于30%），将不得被确定为推荐中标人。

这一条是对中标人的一种约束，要求投标人的价格不能太高，同时技术性能也不能太差，要体现出性价比最高。通过这一条款和权重条款的配合运用，可以引导投标人报出最好的产品和最优的价格。例如，将技术权重适当提高，同时将本条款定为：该投标人的评标价格超过全体有效投标人的评标价格平均值15%的不能成为中标人。那么，投标人就会考虑自己的报价，即使其技术部分得分很高，但是报价如果超过全体有效投标人的评标价格平均值15%，也不能中标。

另一方面，可以通过制定技术得分低于平均值一定比例以上的不能中标的条款，可以防止技术水平太低的投标人通过低价恶性竞争，这也与综合评价法鼓励采购先进的技术和设备的目标是一致的。同时，该规范条款并没有设定下限，从一定意义上说，技术得分低于全体有效投标人的技术得分均值的都有可能不中标。

11.3.6 方法的评价

11.3.6.1 方法优势

综合评价法有许多的优势，体现在以下几点。

① 综合评估法的优势在于它具有一定的"弹性"，有利于发挥专家的作用。综合评价法遵循量化择优的原则，通过对各项评价因素的量化来选择性价比高的产品，招标人在选择时也能全面了解产品的情况。

② 综合评价法是一种综合评价的方法，因此更能反映产品的综合实力，由于引入了权值的概念，有利于提高评标工作的科学性，鼓励采购先进的技术和装备，还可以避免恶性低价竞争。

③ 综合评价法可以客观地反映投标产品技术性能的优劣和价格高低的关系，可具体体现产品的"性价比"，使评标结果一目了然。

④ 综合评价法的评标结果既可符合机电产品的"性价比最优"的评标原则，又可避免因评标体系不完整而出现评标争议，甚至引起投标人的质疑，最大限度地杜绝了人为因素的影响，提高了评标决策的效率。

11.3.6.2 方法不足

综合评价法也有其固有的不足，主要体现在以下几点。

① 评价因素的权值赋予，招标人很难做出合理的设定，使价格、商务、技术、服务之间的权值分配达到科学、合理、平衡有一定的难度。

② 评标过程复杂，步骤较多，由于评标委员会成员都是从专家库中随机抽取的，各位专家在短时间内难以熟悉项目要求，要全面掌握评价因素、标准、权值也有一定的困难。

③ 评价因素和标准如果设置不当，容易导致评标过程中评标委员会成员的自由裁量权力过大，难以控制评标工作的公正、客观，容易招致投标人的质疑或投诉。

④ 评标标准制定得越细，可能导致投标人越容易了解和掌握评标中的得分点，使其编制的投标文件响应性越强。在不了解投标人信用的情况下，可能会造成一些投标人弄虚作假，反映不出投标人的真实状况。

11.3.6.3 两种评价方法比较

机电产品国际招标最低评标价法与综合评价法优劣势比较如表11-3所示。

表 11-3　机电产品国际招标最低评标价法与综合评价法优劣势比较

评标方法	优势	劣势
最低评标价法	既能满足商务、技术要求,价格又最低,评标结果较为客观	不能保证服务、质量最优
	能够体现较高的节资率	可能导致恶意低价等不良行为发生
综合评价法	适用于技术含量高、工艺和技术方案复杂的大型成套设备招标项目	如评分标准细化不足,评标委员会成员的自由裁量权容易过大
	可将难用金额表示的评标因素量化后比较,更好地发挥评标专家的作用	
	有效防止低于成本中标行为的发生	对于技术特别复杂、专业性特别强的项目,选取的专家可能很难全面评价投标人方案的优劣,对专家的要求较高
	有利于选取价格和技术能力、综合实力强的投标人中标,有利于后续项目实施质量和成本控制	

第12章

机电产品国际评标案例

12.1 最低评标价法评标程序案例

12.1.1 案例摘要

以某一机电产品国际招标为例,介绍了最低评标价法运用的具体过程和改进措施,内容包括:招标文件的编制、招标文件的审核、开标后评标专家的评审和评标结果的产生。论述了在运用最低评标价法评标过程中需要关注的重点,提出每个阶段应避免的问题和解决方案,对于最低评标价法的科学运用具有一定的指导意义。

12.1.2 评标背景

某工程项目设备机电产品进行国际招标,采用最低评标价法评标,有 A、B、C、D、E、F、G、H 共八家投标。

12.1.3 招标文件编制

12.1.3.1 招投标法规的运用

招投标工作的制度大纲的编制依据是《招标投标法》,以及在此基础上针对机电产品国际招标的《机电产品国际招标投标实施办法(试行)》(商务部),为整个招标工作提供了法律依据和保障,也为招标文件编制的合法、严谨提供了制度规范。按照法规规定,机电产品国际招标一般采用最低评标价法,如果采用综合评价法必须办理备案手续。

12.1.3.2 制造商和代理商的选择

编制招标文件初期,负责招标采购的部门要对潜在的供货商的情况有所了解,市场调查的目的就是寻找满足招标机电产品技术条件的制造商和符合招标条件的供货商。市场调查的方法有网上查询、电话沟通和面对面的交流等,调研的内容应涵盖价格、质量(企业生产规模、企业历史、业绩、技术参数)、交货能力、售后服务以及企业信誉、财务状况等。这是一个范围逐步缩小的过程,最终锁定的就是那些在同一起跑线上、业内公认的、符合招标要求的制造商和供应商。

12.1.3.3 招标文件的编写

招标文件编写的重点是商务条款和技术条款的制订。就机电加工设备而言，最主要的是要确定招标产品的技术规格书，且必须要有三家以上的制造商满足该招标文件的要求。因此，在设定主要参数和一般参数时，既要保护用户的利益和需求，又要保证有三家以上制造商的产品性能指标能够达到招标文件中技术参数的要求。

为防止招标文件中出现任何具有倾向性和歧视性的条款，可在中国国际招标网上随机抽取三位本项目领域内的专家独立审查招标文件，提出修改意见。经专家修改、招标文件售出后，投标人仍可以对招标文件提出疑问和更改要求。对所提出的合理要求，经招标人和专家确认后，作为招标文件的修改文件，修改文件和正式招标文件具有同样的法律效力，而且相关技术参数以修改后的为准，以保证招标文件的科学性、客观性、公平性和公正性。

12.1.4 开标

开标由招标人（或招标人委托的招标机构）主持，在招标文件规定的时间和地点，邀请所有投标人参加，开标时投标人代表检查所有投标文件的密封情况，也可以由招标人委托的公证机构检查并做出公证，经确认无误后，由工作人员当场拆封，由招标人对每家投标商所投产品进行唱标，用中英文宣读投标人名称、投标价格、投标产品的制造商名称、所投产品型号、报价方式、交货期、交货地点、投标保证金、投标声明等，经各投标人确认签字。此时，各投标人都相互了解了竞争对手的关键信息，如果所产生的中标人在价格、商务、技术方面存在问题，竞争对手就会提出疑问，这无疑对评标结果能起到一个很好的监督作用。

12.1.5 评标

最低评标价法是指推荐商务、技术指标均满足招标文件要求且评标价最低的投标人为中标人的评标办法。《招标投标法》第三十七条："评标由招标人依法组建的评标委员会负责。依法必须进行招标的项目，其评标委员会由招标人的代表和有关技术、经济等方面的专家组成，成员人数为五人以上单数，其中技术、经济等方面的专家不得少于成员总数的三分之二。"这条规定基本上消灭了甲方独大的现象，为创造科学、专业、公平的评标环境提供了法律保障。

评标委员会按照公平、公正、科学择优的原则评标。最低评标价法是按照逐步淘汰的程序进行，即让符合性检查通过的投标人进入商务条款的评议，对于符合性检查没通过的、不合格的投标文件不再进行商务评议；仅对于商务评议通过、合格的投标文件进行技术评议，没通过、不合格的投标文件不再进行技术评议；仅对技术评议通过、合格的投标文件进行价格评议，未通过、不合格的投标文件不再进行价格评议。进入价格评议阶段的投标文件均为商务标、技术标合格的投标文件。最终推荐的中标人为评标价排序第一（最低）的投标人。

12.1.5.1 符合性检查

符合性检查主要是审核投标人是否满足招标的基本资格，即是否提供了投标书、投标保证金、法定代表人授权书、资格证明文件、技术文件、分项报价表，如表12-1所示。本项目招标共有八家单位购买了招标文件，并参与了投标，在符合性检查中，F公司由于没有法定代表人授权书，被判定为不合格。本项目有7家公司通过了符合性检查，进入商务标的评议。

表 12-1 符合性检查表　　　　　　　　　招标编号/包号

因素	A公司	B公司	C公司	D公司	E公司	F公司	G公司	H公司
投标书	有	有	有	有	有	有	有	有
投标保证金	有	有	有	有	有	有	有	有

续表

因素	A公司	B公司	C公司	D公司	E公司	F公司	G公司	H公司
法定代表人授权书	有	有	有	有	有	无	有	有
资格证明文件	有	有	有	有	有	有	有	有
技术文件	有	有	有	有	有	有	有	有
分项报价表	有	有	有	有	有	有	有	有
结论	合格	合格	合格	合格	合格	不合格	合格	合格

12.1.5.2 商务评议

商务评议的重点是投标人的资格证明文件、投标有效期、投标保证金和投标保证声明、投标文件格式和签署等，具体内容如表12-2所示。商务条款评价表对投标人提供的重要指标进行汇总，投标人对其中任何一项指标的非实质性响应都有导致废标的风险。

例如招标文件中规定："开具的银行保函有效期超过投标有效期30天"，同时，招标文件另外还规定："招标文件须在投标截止日后120天有效"。那么，投标保函有效期将是投标截止日后的150天内有效才算是实质性响应了招标文件的要求。如果仅仅因为时间的漏算而导致商务重要条款未能响应，将对投标人造成无法弥补的损失。本次招标投标人D公司的投标有效期合格，但投标保证金（投标保函）的有效期不合格，原因正是日期漏算；而B公司未提供银行资信证明，造成严重失误。由于商务条款均为带星号"*"的条款，未提供相应证明，等于未响应招标文件的实质要求。最终这两家公司商务评议不合格。其他5个投标人进入技术评议阶段。

表12-2 商务条款评价表

	因素	A公司	B公司	C公司	D公司	E公司	G公司	H公司
	合格性	符合	符合	符合	符合	符合	符合	符合
有效性	是否有法人代表签章	是	是	是	是	是	是	是
	是否逐页签字	是	是	是	是	是	是	是
	投标有效期	符合	符合	符合	符合	符合	符合	符合
投标保证金	金额	符合	符合	符合	符合	符合	符合	符合
	有效期（采用投标保函时）	符合	符合	符合	不符合	符合	符合	符合
资格证明文件	投标人资格声明	符合	符合	符合	符合	符合	符合	符合
	制造厂家资格声明	符合	符合	符合	符合	符合	符合	符合
	代理公司资格声明	符合	符合	符合	符合	符合	符合	符合
	制造商授权证书	符合	符合	符合	符合	符合	符合	符合
		符合	符合	符合	符合	符合	符合	符合
	银行资信证明	符合	不符合	符合	符合	符合	符合	符合
	业绩	符合	符合	符合	符合	符合	符合	符合
	交货期	符合	符合	符合	符合	符合	符合	符合
	质量保证期	符合	符合	符合	符合	符合	符合	符合
	付款条件和方式	符合	符合	符合	符合	符合	符合	符合
	适用法律	符合	符合	符合	符合	符合	符合	符合
	其他	符合	符合	符合	符合	符合	符合	符合
	结论	合格	不合格	合格	不合格	合格	合格	合格

12.1.5.3 技术评议

技术评议包括审核投标文件的技术部分是否与招标文件的要求有偏差，投标人是否提供了设备的详细规格、性能的相关技术参数和指标以及满足或优于招标文件要求的支持性资料或样本等。当标书应答与支持性资料或样本发生矛盾时，技术专家判断所投产品是否实质性满足招标文件的依次顺序是："所投产品的权威机构检测报告"优于"产品样本"优于"技术方案"优于"技术偏离表的应答"。即权威机构给出的所投产品检测报告是判定所投产品技术性能是否实质性响应招标文件相关性能指标的最高级依据。

本项目技术参数比较表如表12-3所示，其中主要参数是标以星号"＊"的重大参数指标，投标人对其任何一条指标的非实质性响应都将带来废标的风险。例如，C公司在其技术参数应答表中对＊3.2条的±0.1参数的应答是满足的，但从其提供的产品样本查出该项参数为±0.3，故判定为不合格；而G公司在技术参数应答表中对＊5.1条的＜60℃参数的应答是56℃，而且其产品样本该项参数也是56℃，符合招标文件的要求，但从其提供的该型号产品检测报告中查出该项参数检测值为60℃，最终判定G公司＊5.1条款"不符合"。

一般技术参数是指招标文件技术部分对相关设备的规格、型号、指标、参数、标准等进行的细化描述，招标文件还会规定一般参数超出允许偏差最大范围和最高项数的参考值。如果一般指标超出5项（包括5项）不满足，投标人也将承担废标的风险。尽管H公司的一般技术参数5.2不满足招标文件的要求，但没有达到5项，其技术评议仍为合格。

通过技术参数比较表，可以将各投标人所投产品的技术响应情况如实反映出来，各投标人情况一目了然。

表12-3　技术参数比较表

项目			A公司		C公司		E公司		G公司		H公司	
制造商国家或地区			×/××		×/××		×/××		×/××		×/××	
型号			×/××		×/××		×/××		×/××		×/××	
招标文件需求			技术参数	评议	技术参数	评议	技术参数	评议	技术参数	评议	技术参数	评议
主要参数	＊2.4	≥50	100	符合	130	符合	80	符合	100	符合	100	符合
	＊3.2	±0.1	±0.05	符合	±0.3	不符合	±0.1	符合	±0.1	符合	±0.1	符合
	＊5.1	＜60℃	55℃	符合	60℃	不符合	50℃	符合	60℃	不符合	55℃	符合
一般参数	2.2	＞100℃	110℃	符合	155℃	符合	105℃	符合	105℃	符合	105℃	符合
	3.1	自动	自动	符合	自动	符合	自动	符合	自动	符合	自动	符合
	4.1	声光报警	满足	符合	满足	符合	满足	符合	满足	符合	满足	符合
	4.2	≥10kW	10kW	符合	10kW	符合	10kW	符合	10kW	符合	10kW	符合
	5.2	≥5	5	符合	5	符合	5	符合	5	符合	4	不符合
结论			合格		不合格		合格		不合格		合格	

12.1.5.4　价格评议

由于机电产品国际招标采取的是逐步淘汰程序，即商务评议合格进入技术评议，技术评议合格才能进入价格评议阶段。从表12-3可见，本项目最后进入价格评议的有A公司、E公司、H公司。由表12-4可以看出，A公司的唱标价为RMB1 936 000.00，开标时声明降价5%，则其投标总价（折合美元）为USD269 400.91，由于没有其他偏离，其投标总价就是评标价格。就投标总价而言，H公司价格最低。但是在技术评议时由于该公司的一般技术参数5.2不能满足招标文件要求，按照招标文件规定，每项偏离将使其价格上调1%，则其最终评标价格为USD269 670.00，导致其评标价格略高于A公司。最低评标价法是按照评标价最低中标为原则，因此，推荐A公司为中标候选人。

表12-4　评标价格比较表

投标人	A公司	E公司	H公司
制造商/国别	M1公司/××	M2公司/××	M3公司/××
唱标价	RMB1 936 000.00	EUR304 900.00	USD267 000.00

续表

投标人		A公司	E公司	H公司
投标报价	开标价	RMB1 936 000.00	EUR304 900.00	USD267 000.00
	算术修正值	0	0	0
	算术修正后的投标价	RMB1 936 000.00	EUR304 900.00	USD267 000.00
	投标声明(折扣或升降价)	−5%	0	0
	投标总价(原币值)	RMB1 839 200.00	EUR304 900.00	USD267 000.00
	投标总价构成 设备价	RMB1 820 000.00	EUR290 900.00	USD262 000.00
	备件及专用工具价格	RMB20 000.00	包含于设备价	包含于设备价
	技术服务和培训费	RMB96 000.00	EUR14 000.00	USD5 000.00
	汇率	6.8270	0.9428	1
	投标总价(折合美元)	USD269 400.91	USD323 398.39	USD267 000.00
价格调整	供货范围偏离	0	0	0
	技术偏离	0	0	USD2670.00
	商务偏离	0	0	0
	其他	0	0	0
	调整总价	0	0	USD2670.00
国内运保费		包含于投标价	包含于投标价	包含于投标价
进口环节税		0	0	0
评标价格		USD269 400.91	USD323 398.39	USD269 670.00
评标价格排序		1	3	2

12.1.6 最终审查

在推荐了中标人之后，评标委员会还需要对其进行必要的审查，例如，查验其注册资金及是否具有足够的支付能力，在以往的招投标活动中是否有过不良记录等，以便确定其有能力和有资格完整、有效地履行合同，否则，即使评标价格最低的投标文件也将被拒绝。本项目中标人A公司经济实力雄厚，多年来一直从事与本次招标产品相关的机电产品的贸易活动和投标活动，信誉良好，有能力和资格履行本项目合同，合同履约结果表明，本次招标工作是成功的。

12.1.7 案例提示

① 由本案例评审过程可以看出，机电产品国际招标的最低评标价法，除考虑价格因素外，还要考虑其他有关因素，来推荐中标候选人。凡是进入价格评议的投标文件，其商务、技术条件都符合招标文件的要求，对招标文件进行了实质性的响应，商务、技术没有对招标文件做出实质性响应的投标文件，是不能参加价格评议的。

② 通过本例可以看出，最低评标价法，不是最低报价法。在价格评议时，对投标人的价格，要按照招标文件规定，对其报价偏差进行计算，得出各自的评标价。而不是谁的报价低，谁就是中标候选人。

③ 在运用最低评标价法时，应做好实施前的工作。要使用政府采购监督部门制定的最低评标价法招标文件范本，规范招标行为。与此同时，还要在招标文件中对投标文件的格式进行统一要求，如投标文件封面格式、投标函格式、投标分项报价表格式、投标响应和偏离格式、资料证明文件格式、统一报价的项目、统一报价的构成等。

12.2 最低评标价法量化因素计算案例

12.2.1 案例摘要

以利用国内资金采购国外成套设备产品项目为例,介绍了评标委员会的组成、评标程序、投标报价的调整因素和计算过程,为同行评标提供了具有一定价值的参考。

12.2.2 评标背景

利用国内资金采购国外某机电产品项目,招标文件规定采用最低评标价法进行评标。评标委员会按照招标文件规定的评标因素和方法进行评审。本项目共有 A、B、C、D 四家投标单位,并确定了开标时间。

12.2.3 评审专家的组成

依法进行招标的机电产品国际招标项目,其评标委员会由招标人代表和从事相关领域工作满八年的具有高级职称或者具有同等专业水平技术、经济等相关领域的专家组成,成员为五人以上单数,其中技术、经济方面的专家人数不得少于成员总数的三分之二。评标由招标人依照《机电产品国际招标投标实施办法(试行)》组建的评标委员会负责。

评标委员会所需专家原则上由招标人或招标机构从国家、地方两级专家库内相关专业类别中采用随机抽取的方式产生,任何单位和个人不得以明示、暗示等任何方式指定或者变相指定参加评标委员会的专家成员。但对于技术复杂、专业性强或者有特殊要求,采用随机抽取方式确定专家难以保证其胜任评标工作的特殊招标项目,报相关主管部门后,可以由招标人直接确定评标专家。

依据《机电产品国际招标投标实施办法(试行)》,对评标专家随机抽取的原则和程序规定如下:

① 抽取工作应当使用招标网评标专家随机抽取自动通知系统。

② 除专家不能参加和应当回避的情形外,不得废弃随机抽取的专家。

③ 如有专家不能参加和应当回避的情形,招标机构收到回复后应当在网上注明原因并重新随机抽取专家。

④ 抽取专家超过 3 次的,应当报相关的行政主管部门备案后,再重新抽取评标专家。

⑤ 随机抽取专家人数为实际需要人数。

⑥ 一次招标金额在 1000 万美元以上的国际招标项目包,所需专家的二分之一以上应从国家级专家库中抽取,对于同一招标项目编号下同一包,每位专家只能参加其招标文件审核和评标两项工作中的一项。

⑦ 在抽取专家时,如专家库不能满足所需专家人数,不足部分可以由招标机构和招标人自己推荐,但应按照有关规定对符合条件的专家填写推荐表并提交"中国国际招标网",补充进入国家或地方的专家库,再随机抽取所需的专家人数。

⑧ 专家名单一经抽取确定,必须严格保密,如有泄露,除追究当事人责任外,还应报相应主管部门并重新在专家库中抽取。

⑨ 抽取评标专家的时间不得早于开标时间 3 个工作日,同一项目包评标中,来自同一法人单位的评标专家不得超过评标委员会总人数的三分之一。

12.2.4 量化因素和价格计算

依据《机电产品国际招标投标实施办法（试行）》有关量化因素和价格计算的规定，一般商务标和技术条款（参数）在允许偏差范围和条款数内进行评标价调整，每个一般技术条款（参数）的偏离加价为该设备投标价格的0.5%，最高不得超过该设备投标价格的1%，投标文件中没有单独列出该设备的分项报价的，评标价格调整时按投标总价计算。对交货期、供货范围、付款条件等商务条款的偏离加价应在招标文件中具体规定。

构成投标被否决的评标依据，除了重要条款（参数）不能满足外，还可以包括一般条款（参数）中允许偏离的最大范围和最多项目。

此外，还应按照招标文件对评标价格计算的具体规定，将有效投标报价统一折算成一种货币后，对供货范围、付款条件、维护费用等进行调整。评标价格的量化因素、调整方法如下。

① 以招标文件规定的交货期为基础，每延期交货一周，其评标价格将在投标价格的基础上增加0.5%，不足一周的按一周计算，提前交货的不核减评标价格。

② 一般技术条款（参数）每存在一项负偏差，其评标价格将在投标价的基础上增加1%，负偏差项目最多不能超过5项，超过5项按废标处理。

③ 供货范围的调整原则是只加不减，即投标价中如有缺漏项应根据招标文件规定加价，并规定将其他有效投标人该项最高报价作为缺漏项的价格，如果投标人的报价包含了招标文件要求以外的项目内容，则不予核减。

④ 查询汇率。本项目的开标时间为2015年12月15日，汇率为1日元＝0.053元人民币；1美元＝6.48元人民币；

⑤ 设备进口关税税率为4%，消费税为0，增值税率为17%，国内运输保险费为完税后货价的0.2%。

评标价格的公式如下：

$$CIF评标价＝FOB价＋国际运费＋国际运输保险费$$

$$国际运输保险费＝CIF投标价×国际运输保险费率×$$

货物投保加成系数(货物投保加成系数一般为110%)

进口关税＝CIF投标价×进口关税税率(机电产品进口关税税率一般为0～20%不等)

消费税＝(CIF投标价＋进口关税)×消费税税率/(1－消费税税率)

(只有部分生活性机电产品征收消费税)

进口增值税＝(CIF投标价＋进口关税＋消费税)×增值税税率

进口环节税＝进口关税＋进口增值税＋消费税

国内运输保险费＝(CIF投标价＋进口环节税)×国内运输保险费率

评标价＝CIF投标价＋进口环节税＋国内运输费＋国内运输保险费＋

供货范围偏差调整＋技术偏差调整＋商务偏差调整

12.2.5 开标程序

开标时，由投标人或者其推荐的代表检查投标文件的密封情况，也可以由招标人委托的公证机构检查并公证，经确认无误后，由工作人员当众拆封，宣读投标人姓名、投标价格和投标文件的其他主要内容、投标人的开标一览表、投标声明（价格变更或其他声明），否则在评标时不予认可，投标人对开标有异议的，应当在开标现场提出，招标人或招标机构应当当场做出答复。招标人或招标机构应当在开标时制作开标记录，并在开标后3个工作日内上传招标网存档，招标人在招标文件要求提交投标文件的截止时间前收到的所有投标文件，开标时都应当当众予以拆封、宣读，投标总价中不应包含招标文件以外的产品或服务的价格。

12.2.6 评标价计算

开标后，进入评标程序，评标委员会在评审时发现了两个问题：

一是投标人A投标价为"CIF大连13780000日元"，无折扣声明、无算术错误，投标价中未包含备品备件价格，其他有效投标中该项目内容的报价分别为4300美元、4800美元，投标价中包含了招标文件所要求的附加功能软件，该软件的报价为48000日元。

二是投标人A的交货期超过规定20天，一般技术条款（参数）存在3项负偏差，国内运费25000元。

由于属于利用国内资金采购国外机电产品（价格需要转换为人民币），结合评审过程中查出的问题，评标委员会对投标人A的评标价计算过程如下：

（1）CIF投标价＝CIF投标价(外币)×汇率＝13780000×0.053＝730340（元）

（2）进口关税＝CIF投标价×进口关税税率＝730340×4％＝29213.60（元）

　　消费税＝(CIF投标价＋进口关税)×消费税税率/(1－消费税税率)＝0（元）

（3）进口增值税＝（CIF投标价＋进口关税＋消费税）×增值税税率＝（730340＋29213.60＋0）×17％＝129124.11（元）

（4）国内运输费＝25000（元）

（5）国内运输保险费＝(CIF投标价＋进口关税＋进口增值税＋消费税)×国内运输保险费率＝(730340＋29213.60＋129124.11)×0.2％＝1777.36（元）

（6）供货范围偏差调整①＝其他有效标该项最高价＝4800×6.48＝31104（元）

（7）供货范围偏差调整②＝0（元）

（8）技术偏差调整＝CIF投标价×加价幅度×负偏离项目＝730340×1‰×3＝21910.2（元）

（9）商务偏差调整＝CIF投标价×加价幅度×偏离期＝730340×0.5‰×3＝10995.1（元）

（10）评标价＝CIF投标价＋进口环节税＋国内运输费＋国内运输保险费＋供货范围偏差调整＋技术偏差调整＋商务偏差调整＝730340＋29213.60＋129124.11＋25000＋1777.36＋31104＋21910.2＋10955.1＝979424.37（元）

通过最低评标价的计算得知，在四个投标人中，投标人A的评标价最低，推荐为中标候选人，并在规定的时间内进行了评标结果公示。

12.2.7 案例提示

利用最低评标价法计算评标价格时，招标文件中应当确定关境内、关境外产品价格计算方法，并说明指定到货地点。除国外贷款、援助资金项目外，评标价格应当包含货物到达招标人指定到货地点之前的所有成本及费用。

① 关境外制造产品价格计算方法为：CIF价＋进口环节税＋国内运输、保险费等（采用CIP、DDP等其他报价方式的，参照此方法计算评标价格）。

② 对于投标之前已经进口的产品，产品价格计算方法为：销售价（含进口环节税、销售环节增值税）＋国内运输、保险费等。

③ 关境内制造产品价格计算方法为：出厂价（含增值税）＋消费税（如适用）＋国内运输、保险费等。

计算评标价格时，有价格调整的，应当包含偏离加价。

12.3 综合评价法评分标准设定案例

12.3.1 案例摘要

本案例通过某项目实践,介绍了运用综合评价法打分的具体做法,对招标人选择评标办法具有借鉴意义。

12.3.2 评标背景

某企业拟改建加工生产线实现三种产品 A、B、C 的共线生产。项目分三步实施,一期实现 A、B 的共线生产;二期兼容 C 产品的共线生产;三期通过对一期生产线二次改造实现三种产品共线生产。项目拟新建气缸体、气缸盖生产线各一条,其具有加工中心、专机、自动上下线装置及 SPC 检测站等,组成自动化生产线,设计方案要求能够合理安排整线工艺流程,平衡各工序节拍,同时优化工件物流输送,可完成气缸体、气缸盖零件从毛坯至成品的金属切削加工。

该生产线项目为非标定制类设备采购,各投标人提供的技术方案个性强、差异性大,包括成本差异、技术差异、共线方案差异。基于该设备的特点,充分考虑方案、成本、技术水平、共线技术、换型难易、二期投资、产能扩展等因素,决定采用综合评价法进行招标评标。

12.3.3 备案形式和要求

按照综合评价法实施规范要求,使用国内资金和其他资金的项目采用综合评价法的,应将有关材料报送相关主管部门备案。该招标人的注册地、经营地为 W 市,招标代理机构的注册地、经营地为 Y 市,两者不是同一个行政区,所以需确认该项目归属主管部门和详细备案资料清单。经与 Y 市机电办多次电话沟通和讨论,并咨询上级主管部门后,最终确认备案形式为将纸质文件快递至 Y 市机电办相关负责人,备案资料为本项目选用综合评估法评标的原因说明和具体的打分标准文件。

12.3.4 综合评价权值的设定

针对本项目的特点、实际情况、成本控制等开展多次沟通和研讨,分别对价格、商务、技术、服务等确定了评标标准和权值设定。

12.3.4.1 价格部分

参照综合评价法实施规范有关条款:"价格部分权重不低于 30%,技术权重不高于 60%。"同时参照招标人《一般材料采购策略运用规范》有关条款:"复杂设备价格部分权重不得低于 40%,技术权重不得高于 60% 的要求。"价格部分设定满分为 40 分。

12.3.4.2 商务部分

商务标评价因素包括:资质、业绩、财务、交货期、付款条件及方式等,作为重要条款不允许偏离。业绩能力可以更好地反映企业经验和综合能力,因此,商务部分以业绩要求为主,对业绩数量、业绩内容和业绩合同金额等标准进行设定。商务部分设定满分为 5 分。

12.3.4.3 技术部分

技术部分的权重比较大,是打分环节的重中之重。经与招标人充分研讨,对技术部分权重进行了调整。因整体项目分两期进行，本次仅实施一期，考虑到二期方案和报价的经济合理性及对应的技术支撑资料，二期与一期衔接情况、现场实施便捷情况和对生产的影响等情况，同时，着眼于全局，各投标人具有价格差异、技术差异和共线差异的特点，最终决定提升二期实施成本的权值。为保证总分值不变，也适当调低了其他部分权值。权值调整前后对比如表 12-5 所示。综上，技术部分设定满分为 51 分。

表 12-5 技术部分分值调整前后的对比

类别	技术方案的先进性、合理性、完善性	加工中心	专用机床	共线方案	二期实施	工艺流程、参数设置及产线扩展性
初期	12	8	8	8	5	8
调整后	12	6	8	8	12	5

12.3.4.4 服务及其他部分

技术部分的权值调整后，增加了 2 分，服务及其他部分中技术资料要求的权值降低了 2 分，同时将技术响应要求的单一维度补充至响应情况和资料详细情况两个维度，使打分标准更加完善。

综上，服务和其他部分设定满分为 4 分。本项目分值设定如表 12-6 所示。

表 12-6 分值设定

评分项目	权值	评价因素
商务部分	5%	投标人业绩
技术部分	51%	技术方案的先进性、合理性、完整性，设备基本要求
价格部分	40%	评标基准价：以所有有效评标价中的最低价格作为评标基准价，与评标基准价等同的得 40 分；其他投标人得分统一按下列公式计算：评标报价得分 = 评标基准价/评标价×40
服务与其他部分	4%	备件交货和售后服务响应、技术资料及投标资料

12.3.4.5 评分标准的设定

项目初期制定的评分标准，是根据国内招标项目的历史经验而设定的，存在主观分值设定比重比较大、层次不太清晰、评标标准不够明确、评标方法不够规范等问题，不利于评委打分。经过查阅综合评价法实施规范的相关要求和研讨，将相对主观的评分标准调整为更加科学合理的"两阶段评价法"和"排序法"，根据项目特点选择合适的评分标准，以提升评委的评价效率和准确性。以本项目的"共线方案"评分标准设定为例，评分标准调整前后对比如表 12-7 所示。

对只需要判定是否符合招标文件要求和是否具有某项功能的评价因素，可以规定符合要求或具有某项功能即获得相应分值，反之则不得分。

以"加工中心"评价标准设定为例：不停机换刀技术成熟、可靠（需要详细描述）评分标准设定为"具备不停机换刀技术得 2 分，反之得 0 分"；主轴震动检测技术成熟的评分标准为"主轴具备震动检测功能得 2 分，反之得 0 分"。

表 12-7 "共线方案"评分标准调整前后对比

类别	评分标准	特点
初期	1. 共线方案合理、技术成熟； 2. 换型生产便捷、可靠； 3. 生产组织方便、合理。 以上设计方案合理、可靠得 6～8 分；基本合理、可靠 4～5 分；存在部分不合理处，但基本满足工艺要求，得 1～3 分；设计不合理、不可靠 0 分	涉及三方面内容，评委需整体判断方案优劣，打分区域可能产生较大差异，影响评标效率和准确性

续表

类别	评分标准	特点
调整后	1. 共线方案合理、技术成熟：采用两步法评审，等级评价 3～4 分为评价优，2～3 分为评价良，1～2 分为评价一般，0～1 分为评价差；由各评委评分平均值确定等级评价，评价优得 3～4 分，良得 2～3 分，一般得 1～2 分，差得 0～1 分； 2. 换型生产便捷、可靠：按照各投标人得分方案优劣排序，第一得 2 分，第二得 1 分，第三及其他排序得 0 分； 3. 生产组织方便、合理：按照各投标人得分方案优劣排序，第一得 2 分，第二得 1 分，第三及其他排序得 0 分	1. 由整体到层次，细化三点内容，针对每点具体内容打分而判断更易于评委评标，提高了评标效率和准确性； 2. 根据评价因素特点选择合适的评标方法。 （1）对总体设计、总体方案等无法量化比较的评标内容，采用两步评标方法：第一步评委成员独立确定投标人该项评价内容的优劣等级，将优劣等级对应的分值算术平均后确定投标人该项评价内容的平均等级；第二步评标委员会成员根据投标人的平均等级，在对应的分值区间内打分； （2）对可以比较的评价因素，规定不同名次的对应分值，根据投标人的响应情况进行优劣排序后依次打分

12.3.4.6 评标基准价的选择

国内项目评标基准价设定方法一般为：①所有有效评标价中的最低价格为评标基准价；②全部有效投标报价的算术均值为评标基准价；③全部有效投标报价的算术均值上下浮动一定百分比为评标基准价等。按照《机电产品国际招标综合评价法实施规范（试行）》第十二条规定："综合评价法的价格评价应当符合低价优先、经济节约的原则，并明确规定评标价格最低的有效投标人将获得价格评价的最高分值，价格评价的最大可能分值和最小可能分值应当分别为价格满分和 0 分。"本项目按照此项规定确定评标基准价。

12.3.4.7 固定关税和实际关税选择

由于是以所有有效评标价中的最低价格为评标基准价，计算评标价时固定关税和实际关税的选择将影响评标过程中评标价计算的难度和产品进出口过程的实际成本，表 12-8 是对两种方法的比较，经过分析和研究，本项目最终选择了实际关税法。

表 12-8 计算评标价时选择固定关税和实际关税的优劣势对比分析

类型	说明	特点和风险
固定关税	进口环节税以 CIF 价（不包含费 SV 价格）的 $B\%$（固定值）计算	特点：本项目结合历史类似项目，确定较为接近的固定关税值，便于评标结果的计算。 风险：与实际进口过程存在一定的偏差
实际关税（分项报价中各项设备的关税均实际计取）	进口环节税按照进口实际关税计算。招标文件应附"加工生产线对应关税税率表"和计取 13% 的增值税，如投标人列出的分项报价中得分项不在附件关税税率表中或无法对应的，均以税率表中的其他项明的 9% 关税为准，以税率税率表单个设备的 CIF 价（不包含费 SV 价格）为基准计算	特点：接近实际报关过程，最终进口价格差异小。对应关税税率表要求，尽可能全面，投标人分项报价可以对应或准确分类，其他关税必须明确标准。 风险：评标过程增加难度和复杂度，需要准确识别对应的关税

值得注意的是，为减少实际评标过程的难度并保证评标的效率，分项报价表的格式设定要注意税率分别给出，关税税率表应根据类似项目的历史采购经验尽可能列全对应设备的关税，同时规定分项内容不在关税税率表中或无法对应时，均以税率表中的其他项的固定关税为准，该固定关税建议参考税率表已列明设备的大多数税率值。

针对实际关税计算方法举例如下，以供评标手动操作时参考：如关税 6%，增值税 13%。计算过程：$100 \times 1.06 \times 1.13 - 100 = 19.78$，综合税率结果为 19.78%。

12.3.4.8 案例提示

众所周知，综合评价法在其他项目评标中应用得比较普遍，但在机电产品国际招标中一般采用最低评标价法。但随着国民经济建设水平的快速发展和提高，目前国内各行业已经不仅仅满足单机设备的引进，特别是随着"工业4.0"和"中国制造2025"理念的兴起，成套设备以及整套技术解决方案的引进越来越多地出现在各个行业（如冶金、化工等），这样就更需要依照引进设备和方案的特点和实际需求，考虑如购置成本、使用维护费用、技术支持条件等来制定招标评标方法，避免只以购置成本为关键评价因素的招标方案，因此，综合评价法在机电产品国际招标项目中逐步推广起来。本案例项目在运用综合评价法方面可为同类项目提供一定的经验。

12.4 综合评价法综合得分计算案例

12.4.1 案例摘要

本案例介绍了综合评价法在机电产品国际招标中评标方法的申报，评分标准的制定，对价格评价方法的分析、选择，以及项目整个评审的过程，具有一定的参考价值。

12.4.2 评标背景

某机电产品国际招标项目，评标委员会由五人组成，公开招标，有A、B、C三家供应商参与投标。

12.4.3 评标办法的申报

12.4.3.1 评标办法申报程序

《机电产品国际招标综合评价法实施规范（试行）》第三条："使用国际组织或者外国政府贷款、援助资金的招标项目采用综合评价法的，应当将综合评价法相关材料报商务部备案；使用国内资金及其他资金的招标项目采用综合评价法的，应当将综合评价法相关材料经相应的主管部门转报商务部备案。"

本项目向商务部对外贸易司（国家机电产品进出口办公室）提出书面申请报告，与此同时在中国国际招标网递交综合评价法的申请报告和具体的评分细则。

12.4.3.2 申请报告内容

报告内容包括：①工程简况；②投标设备名称；③设备特点，例如设计方案、设备先进性合理性、技术特点、制造水平、产品质量、相关配套设备构成复杂性、投资规模等；④分别阐述上述设备特点；⑤最后结论："鉴于……特点，最低评价法难以做出准确和全面的评价，特提出本项目采用综合评价法，望给予核准"；⑥附件——综合评价法评分标准。

12.4.4 评分标准的制定

基于综合评价法的特点，需要对商务标、技术标（含服务）、价格标等各评价因素的分值权重进行分配。技术权重应占较大比例，但权重不高于60%，价格权重不低于30%，其他各分值均为设定最高值后采用递减的办法计算。

12.4.4.1 商务评分标准

商务评价主要包括以下因素。

① 企业的业绩：企业业绩或相关业绩（招标文件规定），有需要还可以分制造商业绩、分包商业绩甚至代理商业绩。

② 企业实力和资质。

③ 企业财务状况：近三年来的经营情况。

④ 采购设备的交货期。
⑤ 付款方式。
⑥ 采购设备的质保期。

12.4.4.2 技术（含服务）评分标准

技术（含服务）评价可能会涉及以下内容。
① 设计方案、工艺的先进性、合理性、可操作性、生产能力及扩展性等。
② 功能指标：定性地描述项目设备的技术要求。
③ 性能指标：定量地描述项目设备的技术要求。
④ 项目实施计划。
⑤ 项目拟定的技术力量。
⑥ 安装、调试、验收等方案。
⑦ 培训。
⑧ 售后服务：故障响应时间、生产工艺的技术和支持、备品备件的供应等。
⑨ 对于复杂的项目甚至涉及分别交付的问题。

12.4.4.3 价格评分标准

国家对于有关机电产品招标综合评价法分值的计算方法并没有作详细的规定。这里列举的计算方法是在实际操作中各招标代理公司普遍采用的方法，分析如下。

(1) 价格分计算方法

计算方法 1：以统计学中计算"定基增长速度"的方法，计算价格得分。统计学中的"定基增长速度"是报告期的累计增长量与某一固定基期之比，表明某种现象在一段时期内总的增长速度。价格评价中的"定基增长速度"的方法是指以价格最低者为满分，其他投标报价比最低价每高 $X\%$ 减 Z 分，不足 $X\%$ 的按 $X\%$ 计算，最低分值为 Y 分。

例如，价格总分值为 30 分。其中 $Y=20$ 分；$X=0.1$；$Z=0.02$ 分。假设有 5 家投标人，对其价格进行评标，投标人得分计算结果如表 12-9 所示。

表 12-9 定基增长速度方法计算投标人得分结果汇总

投标人	A	B	C	D	E
报价/万元	15.7500	10.5105	10.5000	10.5050	16.5000
报价偏差率/%	50.0000	0.1000	0.000	0.0476	57.1429
计算价格得分	20.0000	29.9800	30.0000	29.9905	18.5714
计算价格排序	4	3	1	2	5
实际价格得分	20.0000	29.9800	30.0000	29.9800	20.0000
实际排序	3	2	1	2	3

注：1. 报价偏差率＝(投标人报价－最低报价)/最低报价×100%；
2. 计算价格得分＝价格总分－报价偏差率×$Z/X\%$。

计算方法 2：以统计学中计算"比较相对数"的方法计算价格分得分。比较相对数又称为"比较相对指标"，统计学中的"比较相对数"是指将在某一条件下两个同类指标作静态对比得出的综合指标，其公式为：比较相对数＝某一条件下的某类指标数值/某一条件下同类指标数值×100%。在评标打分方法计算中，是指以最低投标人报价为基准数，计算其他投标人的报价折算分。

假设，对 5 家投标人采用比较相对数方法进行价格评分，计算各投标人价格得分结果如表 12-10 所示。

表 12-10 比较相对数方法计算投标人价格得分汇总

投标人	A	B	C	D	E
报价/万元	15.7500	10.5105	10.5000	10.5050	16.5000

续表

投标人	A	B	C	D	E
报价折算分	66.6667	99.9001	100.0000	99.9524	63.6364
价格得分	20.0000	29.9700	30.0000	29.9857	19.0909
排序	4	3	1	2	5

注：1. 报价折算分＝（最低报价/投标人报价）×100；

2. 价格得分＝报价折算分×价格分权重；

3. 假设价格分权重为30％。

（2）计算方法分析

从表12-9所计算的结果可以看出，由于在计算方法1中设置了两个条件即：①不足$X\%$的按$X\%$计算，②最低分值为Y分，致使在计算出的实际价格得分出现了相对不公正的现象，掩盖了A投标人与E投标人、B投标人与D投标人的实际报价的差异，实际造成了对A投标人和B投标人的不公，有可能会产生争议。如果变成"不足一个百分点时使用直线插入法计算，并保留2位小数"，同时取消"最低分值为Y"，会相对客观些。

（3）两种计算方法的比较

① 假设C、E、D、B、A价格各相差375万元，$X=0.1$、$Z=0.02$分，计算结果如表12-11所示。

表12-11 两种计算方法结果对比（情况一）

投标人	A	B	C	D	E
报价/万元	2500	2125	1000	1750	1375
计算方法1					
报价偏差率/％	150	112.5	0	75	37.5
价格得分	0.00	7.50	30.00	15.00	22.50
排序	5	4	1	3	2
计算方法2					
报价折算分	40.00	47.06	100.00	57.14	72.73
价格得分	12.00	14.12	30.00	17.14	21.82
排序	5	4	1	3	2

从表12-11可以看出，在计算方法1中，C、E、D、B、A计算价格得分各相差7.5分；在计算方法2中，C、E、D、B、A计算价格得分相差不是定值。

② 假设C、E、D、B、A价格各相差375.1万元，$X=0.1$、$Z=0.02$，计算结果如表12-12所示。

表12-12 两种计算方法结果对比（情况二）

投标人	A	B	C	D	E
报价/万元	2500.4	2125.3	1000	1750.2	1375.1
计算方法1					
报价偏差率/％	150.04	112.53	0	75.02	37.51
价格得分	－0.01	7.49	30.00	15.00	22.50
排序	5	4	1	3	2
计算方法2					
报价折算分	39.99	47.05	100.00	57.14	72.72
价格得分	12.00	14.12	30.00	17.14	21.82
排序	5	4	1	3	2

A投标人的价格得分在计算方法1中已经是负值，也就是说A投标人此时无论价格多高，价格得分也是0分；方法2中价格得分计算正常。

③ 假设C、E、D、B、A价格各相差20万元，$X=0.1$、$Z=0.5$，各投标人报价得分计算结果如表12-13所示。

表 12-13　两种计算方法结果对比（情况三）

投标人	A	B	C	D	E
报价/万元	1080	1060	1000	1040	1020
计算方法 1					
报价偏差率/%	8	6	0	4	2
价格得分	−10.00	0.00	30.00	10.00	20.00
排序	5	4	1	3	2
计算方法 2					
报价折算分	92.59	94.34	100.00	96.15	98.04
价格得分	27.78	28.30	30.00	28.85	29.41
排序	5	4	1	3	2

由表 12-13 可以看出，在计算方法 1 中，此时 B 投标人计算价格的得分为 0 分；A 投标人计算价格的得分为负值，实际上，A 投标人价格得分取 0 分；A、B 投标人有价格差异，但是他们的价格得分是一样的。在计算方法 2 中 A、B 价格得分属于正常计算。

④ 假设 C、E、D、B、A 价格各相差 20 万元，$X=0.004$、$Z=0.02$，各投标人报价得分计算结果如表 12-14 所示。

表 12-14　两种计算方法结果对比（情况四）

投标人	A	B	C	D	E
报价/万元	1080	1060	1000	1040	1020
计算方法 1					
报价偏差率/%	8	6	0	4	2
价格得分	−10.00	0.00	30.00	10.00	20.00
排序	5	4	1	3	2
计算方法 2					
报价折算分	92.59	94.34	100.00	96.15	98.04
价格得分	27.78	28.30	30.00	28.85	29.41
排序	5	4	1	3	2

同样，在计算方法 1 中，此时 B 投标人计算价格的得分为 0 分；A 投标人计算价格的得分为负值，实际上，A 投标人价格得分为 0 分；A、B 投标人有价格差异，但是他们的价格得分是一样的。在计算方法 2 中 A、B 价格得分属于正常计算。

(4) 价格评价方法分析总结

总结上述分析，抛开计算方法 1 的额外设定 Y，设定的 X、Z 有可能成为我们调节采购取向的方法。

比较计算方法 1 的价格得分和计算方法 2 的价格得分，虽然两种方法的比较结果排序是一致的，但在计算方法 1 中，当报价差不同时，有可能会出现报高价而不影响其价格得分的现象。同样，当我们设定 X、Z 值时，也有可能掩盖投标报价报高价，而价格得分却没有相应降低的问题。这些可能会对实际的价格得分造成比较大的影响，更有可能会对最后的综合排序产生影响，有关这一问题，后面还会做进一步讨论。

12.4.5　评标过程

因为是国际招标，所以基本原则是应按照商务部《机电产品国际招标综合评价法实施规范（试行）》的要求进行评标，即进行符合性评审、商务评议、技术评议、价格评议、资格后审过程，这一点和最低评标价法是一致的。所不同的是商务评议要算出商务得分，技术评议除要核对投标设备与招标文件要求是否对应外，还要针对招标文件设定的技术评分标准进行相应打分。

12.4.5.1 商务评议打分

本项目A、B、C三位投标人商务评议得分分别如表12-15～表12-17所示。

表12-15 A公司商务评议评分表

序号	评议项目	权重/%	A公司					平均得分	加权得分
			评委打分						
			甲	乙	丙	丁	戊		
1	××	10	90	91	92	93	94	92	9.2
2	××	10	91	92	93	94	95	93	9.3
3	××	20	89	90	91	92	93	91	18.2
4	××	15	92	93	94	95	96	94	14.1
5	××	5	80	81	82	83	84	82	4.1
6	××	10	70	71	72	73	74	72	7.2
7	××	10	90	91	92	93	94	92	9.2
8	××	20	88	89	90	91	92	90	18
合计		100	—						89.3

注：1. 平均得分＝(甲＋乙＋丙＋丁＋戊)/5（五位评委打分的算术平均值）；

2. 加权得分＝平均得分×权重；

3. 合计＝各加权得分的合计。

表12-16 B公司商务评议评分表

序号	评议项目	权重/%	B公司					平均得分	加权得分
			评委打分						
			甲	乙	丙	丁	戊		
1	××	10	90	91	92	93	90	91.2	9.12
2	××	10	91	92	93	94	90	92	9.2
3	××	20	89	90	91	92	90	90.4	18.08
4	××	15	92	93	94	95	90	92.8	13.92
5	××	5	80	81	82	83	90	83.2	4.16
6	××	10	70	71	72	73	80	73.2	7.32
7	××	10	90	91	92	93	90	91.2	9.12
8	××	20	88	89	90	91	90	89.6	17.92
合计		100	—						88.84

注：1. 平均得分＝(甲＋乙＋丙＋丁＋戊)/5（五位评委打分的算术平均值）；

2. 加权得分＝平均得分×权重；

3. 合计＝各加权得分的合计。

表12-17 C公司商务评议评分表

序号	评议项目	权重/%	C公司					平均得分	加权得分
			评委打分						
			甲	乙	丙	丁	戊		
1	××	10	90	90	92	90	94	91.2	9.12
2	××	10	91	90	93	90	95	91.8	9.18
3	××	20	89	90	91	90	93	90.6	18.12
4	××	15	92	90	94	90	96	92.4	13.86
5	××	5	80	81	82	90	84	83.4	4.17
6	××	10	70	71	72	70	74	71.4	7.14
7	××	10	90	90	92	90	94	91.2	9.12
8	××	20	88	90	90	90	92	90	18
合计		100	—						88.71

注：1. 平均得分＝(甲＋乙＋丙＋丁＋戊)/5（五位评委打分的算术平均值）；

2. 加权得分＝平均得分×权重；

3. 合计＝各加权得分的合计。

12.4.5.2 技术评议打分

本项目 A、B、C 三位投标人技术评议得分分别见表 12-18～表 12-20 所示。

表 12-18 A 公司技术评议评分表

序号	评议项目	权重/%	A 公司						
			评委打分					平均得分	加权得分
			甲	乙	丙	丁	戊		
1	××	8	90	91	92	93	94	92	7.36
2	××	10	91	92	93	94	95	93	9.3
3	××	25	89	90	91	92	93	91	22.75
4	××	15	92	93	94	95	96	94	14.1
5	××	5	80	81	82	83	84	82	4.1
6	××	7	70	71	72	73	74	72	5.04
7	××	10	90	91	92	93	94	92	9.2
8	××	20	88	89	90	91	92	90	18
合计		100					—		89.85

注：1. 平均得分＝(甲＋乙＋丙＋丁＋戊)/5（五位评委打分的算术平均值）；
2. 加权得分＝平均得分×权重；
3. 合计＝各加权得分的合计。

表 12-19 B 公司技术评议评分表

序号	评议项目	权重/%	B 公司						
			评委打分					平均得分	加权得分
			甲	乙	丙	丁	戊		
1	××	8	90	91	92	93	90	91.2	7.296
2	××	10	91	92	93	94	90	92	9.2
3	××	25	70	65	73	77	71	71.2	17.8
4	××	15	92	93	94	95	90	92.8	13.92
5	××	5	80	81	82	83	90	83.2	4.16
6	××	7	70	71	72	73	80	73.2	5.124
7	××	10	90	91	92	93	90	91.2	9.12
8	××	20	88	89	90	91	90	89.6	17.92
合计		100					—		84.54

注：1. 平均得分＝(甲＋乙＋丙＋丁＋戊)/5（五位评委打分的算术平均值）；
2. 加权得分＝平均得分×权重；
3. 合计＝各加权得分的合计。

表 12-20 C 公司技术评议评分表

序号	评议项目	权重/%	C 公司						
			评委打分					平均得分	加权得分
			甲	乙	丙	丁	戊		
1	××	8	90	90	92	90	94	91.2	7.296
2	××	10	91	90	93	90	95	91.8	9.18
3	××	25	80	90	85	81	83	83.8	20.95
4	××	15	92	90	94	90	96	92.4	13.86
5	××	5	75	81	82	83	84	81	4.05
6	××	7	70	71	72	70	74	71.4	4.998
7	××	10	90	90	92	90	91	90.6	9.06
8	××	20	88	90	85	90	92	89	17.8
合计		100					—		87.194

注：1. 平均得分＝(甲＋乙＋丙＋丁＋戊)/5（五位评委打分的算术平均值）；
2. 加权得分＝平均得分×权重；
3. 合计＝各加权得分的合计。

12.4.5.3 价格评议打分

按照前述价格评分方法进行价格得分计算,分别采取三类设定:一为采取"计算方法1",设定报价比最低价每高0.1%,减0.02分,报价得分满分为30分;二为采取"计算方法2",设定报价得分满分为30分;三为采取"计算方法1",设定报价比最低价每高0.1%,减0.03分,报价得分满分为30分。

三类设定对应A、B、C价格得分分别如表12-21~表12-23所示。

表12-21 价格评议评分表(设定一)

投标人	A公司	B公司	C公司
评标价/万元	1600.0000	2000.0000	1500.0000
报价偏差率/%	6.6667	33.3333	0.0000
价格得分	28.6667	23.3333	30.0000
排序	2	3	1

注:采用前述"计算方法1",报价比最低价每高0.1%,减0.02分,报价得分满分为30分。

表12-22 价格评议评分表(设定二)

投标人	A公司	B公司	C公司
评标价/万元	1600.0000	2000.0000	1500.0000
报价折算分	93.7500	75.0000	100.0000
价格得分	28.1250	22.5000	30.0000
排序	2	3	1

注:采用前述"计算方法2",报价得分满分为30分。

表12-23 价格评议评分表(设定三)

投标人	A公司	B公司	C公司
评标价/万元	1600.0000	2000.0000	1500.0000
报价偏差率/%	6.6667	33.3333	0.0000
价格得分	28.0000	20.0000	30.0000
排序	2	3	1

注:采用前述"计算方法1",报价比最低价每高0.1%,减0.03分,报价得分满分为30分。

12.4.5.4 综合得分

结合商务评分、技术评分和价格评分及其各自的权重,计算出投标人各自最后的得分和排名。投标人A公司、B公司、C公司根据三类价格评分设定计算出的综合得分分别如表12-24~表12-26所示。

表12-24 投标人综合得分(设定一)

投标人	权重/%	A公司	B公司	C公司
商务得分	10	8.93	8.884	8.871
技术得分	60	53.91	50.724	52.3164
价格得分	30	28.6667	23.3333	30
合计	100	91.5067	82.9413	91.1874
排序	—	1	3	2

注:采用前述"计算方法1",报价比最低价每高0.1%,减0.02分,报价得分满分为30分。

表12-25 投标人综合得分(设定二)

投标人	权重/%	A公司	B公司	C公司
商务得分	10	8.93	8.884	8.871
技术得分	60	53.91	50.724	52.314
价格得分	30	28.125	22.5	30
合计	100	90.965	82.108	91.185
排序	—	2	3	1

注:采用前述"计算方法2",报价得分满分为30分。

表 12-26　投标人综合得分（设定三）

投标人	权重/%	A公司	B公司	C公司
商务得分	10	8.93	8.884	8.871
技术得分	60	53.91	50.724	52.314
价格得分	30	28	20	30
合计	100	90.84	79.608	91.185
排序	—	2	3	1

注：采用前述"计算方法1"，报价比最低价每高0.1%，减0.03分；报价得分满分为30分。

为了探讨哪种价格评标计算方法更接近客观，我们采用了三种设定方法。实际上第一种设定方法和第三种设定方法采用了同一种计算方法，只是设定值不同，但结果和排序却截然不同。这表明同一次投标当招标方在各参数值设定有细微变化时，评标结果有可能发生戏剧性的变化。换句话说，采用第一种设定方法和第三种设定方法计算价格时，人为的因素影响会更大些，而且这些人为的因素并不是有意为之，纯粹是在不知不觉中发生的，实际上这种现象更可怕。然而第二种设定方法避免了这种现象，这种方法除了设定价格权重外，并没有其他的设定值，因此更客观一些，不会产生歧义。

12.4.6　案例提示

评标是国际招标采购的关键环节之一，它的质量直接决定了业主能否选到满意的性价比最高的设备。商务部规定的机电产品国际招标评标方法分为最低评标价法和综合评价法两种，并且以最低评标价法为主要的评标方法。因特殊原因，需要使用综合评价法进行评标的招标项目，其招标文件必须详细规定各项商务要求和技术参数的评分方法和标准，并作为招标文件不可分割的一部分对投标人公开。

在《机电产品国际招标综合评价法实施规范（试行）》中明确规定了，"技术含量高、工艺或技术方案复杂的大型或成套设备"，在国际招标中适用"综合评价法"，并设定商务、技术、价格、服务及其他评价的内容和标准，遵循公开公平、科学合理、量化择优的原则。本案例项目对综合评价法的申报程序和评标过程中对商务、技术、价格进行评审的有关问题进行了探讨和交流，对同行在机电产品国际招标中采用综合评价法具有较大的参考意义。

第4篇
服务篇

服务类项目招标是《政府采购法》规定的除工程、货物以外的三大类招标内容之一。由于服务类项目标的物的特性,其评标过程具有自己的特点和方法。本篇将服务类项目划为工程服务和政府采购服务两类项目,并分别对其评标方法加以介绍。

第13章

工程服务评标方法

13.1 工程服务评标概述

13.1.1 基本概念

13.1.1.1 服务招标的含义

"服务"是指为集体(或别人)的利益或为某种事业而工作,这是《现代汉语词典》中给服务下的定义,即动词意义上的服务。而招标领域所称的服务是指以招标方式进行的服务采购,将服务作为与货物、工程并列的一类采购对象。因此,这里所指的服务是一种无形商品,是服务提供者向采购人提供的某种活动,通过提供这种活动使后者发生某种变化。由此可见,"服务"这个概念的内涵非常抽象,而"服务"概念的外延则非常广泛,包括社会服务、金融服务、技术服务和商业服务等。

对于服务这样一个内涵抽象、外延广泛的概念,国际上有关服务或服务贸易的文件都未明确地给出定义。通常采取的做法是:先在法则中泛泛地下一个定义,然后在附录中具体列出本法则所指服务的范围。如在关贸总协定乌拉圭回合谈判达成的第一个指导服务贸易的框架性文件——《服务贸易总协定》(GATS)中,由于参加方彼此在不同的服务贸易领域优势不同,在如何界定服务的范围上产生了极大的分歧,几经磋商,最后列出的"服务部门分类表"将服务分为商业、通信、建筑、教育、金融、环境、交通、旅游、娱乐等11大类40余部门。

具体到有关服务招标采购的国际规则,如《联合国国际贸易法委员会货物、工程和服务采购示范法》中,将服务定义为"除货物或工程以外的任何采购对象",同时,准许颁布国家列明某些当作服务看待的采购对象。

欧盟《关于协调授予公共服务合同的程序的指令》中,也在对公共服务合同给出定义(指服务提供者与缔约机构以书面方式缔结的为了金钱利益的合同)后,在所附的服务目录中将服务分为A、B两类,A类包括公路运输、通信、金融、保险、计算机、会计等服务,B类包括铁路运输、法律、娱乐文化、宾馆等服务,并分别适用不同的规则(A类完全适用指令,在欧盟范围内进行招标采购;B类只有一部分适用指令,不在欧盟范围内进行招标采购）和不同的要求（对 A 类合同的招标程序要求较严，如必须采用公开、选择或谈判性程序，并且除了谈判程序外都必须在欧共体《官方公报》上发布招标通告；必须以最低标或以经济上最优为基准授予合同等）。

13.1.1.2　工程服务的概念

"工程服务"的定义有广义和狭义之分。广义的工程服务是指与工程有关并围绕工程展开的一切相关服务工作。广义的工程服务业务范围较广，包含整个工程项目的生命周期内所有的服务业务，包括项目前期、建设期、项目后期的几个阶段的服务。例如，在项目前期阶段的立项、可行性研究、概预算服务、招投标代理、工程勘察与工程设计、工程造价咨询、工程测绘服务等。在建设期有施工承包、设备材料供应、劳务承包、工程检测、工程设备租赁，甚至为工程提供食宿服务等。运营阶段有生产原材料供应、成品销售、运输物流服务等。项目后期有决算审计、评估、维修、保养、物业管理以及工程改造和拆除服务等。这些都属于广义的工程服务业务范畴。

狭义的工程服务仅指项目前期、建设期内（除工程营造活动外）与工程建设有关的服务，并不含有项目后期的各类服务。项目后期的诸如决算审计、评估、维护、保养、物业管理等虽与工程有关，但不是完成工程所必需的服务，就不属于狭义的工程服务，本书所定义的工程服务是指狭义的工程服务。

我国《招标投标法实施条例》采用列举法对工程服务做了定义："所称与工程建设有关的服务，是指为完成工程所需的勘察、设计、监理等服务。"本书仅对勘察、设计、监理、全过程咨询进行讨论。

13.1.2　评标特点

工程服务由于标的物的特殊性，其评标具有许多不同于施工、工程货物评标的特点。

① 工程服务中有相当多的评审因素不可以量化，也不符合二值逻辑、排他律或排中律，具有"亦此亦彼"的模糊性。例如，方案设计的好坏、建筑设计的优劣、工程监理方案的先进性等，有时很难精确描述其技术规格，招标评标具有一定的难度。

② 工程服务评标程序侧重于质量（这主要由供应商或承包商的技术和专门知识决定），而不是施工、工程货物招标所偏重的价格。而且越是智力投入高、对专业技术水平有特别要求的招标项目，价格因素在评审中所占比例就越低。

③ 工程服务项目往往涉及特定的知识、专业技术、艺术或经验，如方案设计、建筑设计、工程咨询等，承包方属于专业知识密集型行业，标的具有较强的技术性特点。为此，招标聘用专家提供的咨询、研究、监理等服务更侧重对专家知识、技能、经验方面的考虑，聘用的企业更应侧重于企业业绩、资质、技术人员素质等方面的考虑。

④ 工程服务（如勘察、设计、咨询）是富有创造性的智力劳动。工程技术人员利用专业理论、技术与实践经验所完成的每项工程服务成果都凝结着他们的心血、智慧和创新精神，具有自己的知识产权，工程服务与知识产权紧密联系。

⑤ 工程服务与项目属性、特点紧密相连，具有一定的行业性、特定性，能够满足工程特定要求的服务企业具有一定的范围局限性。因此，在工程服务招标时应尽可能多地鼓励符合条件的投标者参加。

⑥ 由于工程服务提供的是一种无形产品或半产品，考虑因素多，情况比较复杂。为此，对工程服务评标一般均采用专家评分法，即由评标委员会在评标基准权重分值内直接对评标因素打分。

工程服务、施工、货物类项目在评标中侧重考虑因素的比较如表 13-1 所示。

表 13-1　工程服务、施工、货物评标侧重考虑因素比较

序号	分类	子项分类	评审因素
1	工程服务	方案设计	充分落实城市设计内容,主要考虑设计创新、绿色生态、地域文化、人文特色等因素,同时还应当保证功能结构合理、经济技术可行
		初步设计	投标方案经济性、技术可行性、功能结构合理性、设计精细化程度等因素
		施工图设计	投标方案经济性、技术可行性、功能结构合理性、设计精细化程度等因素
		工程监理	监理大纲、组织方案、监理经验与业绩
		全过程咨询	服务实施方案、服务团队、投标报价
2	施工	—	施工组织设计(方案)、技术响应等因素;投标人承诺采用新材料、新设备、新工艺、新技术
3	货物	—	性价比、技术指标及商务条款响应等因素

13.1.3　工程服务主要内容

工程服务是一项传统的服务项目,是指对工程项目提供的各种服务和技术协助业务。在《招标投标法实施条例》第二条:"所称与工程建设有关的服务,是指为完成工程所需的勘察、设计、监理等服务。"

工程勘察是指根据建设工程的要求,查明、分析、评价建设场地的地质地理环境特征和岩土工程条件,编制建设工程勘察文件的活动。

工程设计是指根据建设工程的要求,对建设工程所需的技术、经济、资源、环境等条件进行综合分析、论证,编制建设工程设计文件、提供相关服务。包括总图、工艺设备、建筑、结构、动力、储运、自动控制、技术经济等的设计工作。

工程监理是指根据法律法规、工程建设标准、勘察设计文件及合同,在施工阶段对建设工程质量、进度、造价进行控制,对合同、信息进行管理,对工程建设相关方的关系进行协调,并履行建设工程安全生产管理法定职责的服务活动。

全过程工程咨询是指受建设单位委托,在授权范围内对工程建设全过程提供专业化咨询和服务的活动,具体包括为建设方提供从项目立项、可行性研究、招投标代理、勘察设计、项目管理、施工监理到交工后评估的全过程集约化咨询服务。

13.2　工程勘察设计评标方法

13.2.1　评标方法依据

13.2.1.1　国家文件

(1)《中华人民共和国招标投标法》

第 3 条　在中华人民共和国境内进行下列工程建设项目包括项目的勘察、设计、施工、监理以及与工程建设有关的重要设备、材料等的采购必须进行招标。

(2)《中华人民共和国政府采购法》

第 2 条　在中华人民共和国境内进行的政府采购适用本法。本法所称采购,是指以合同方式有偿取得货物、工程和服务的行为,包括购买、租赁、委托、雇用等。

13.2.1.2　各行业部门文件

(1)《工程建设项目勘察设计招标投标办法》

由国家发展改革委等八部委联合颁布的该办法,适用于在中华人民共和国境内进行工程建设项目勘察设计招标投标活动。

第33条 勘察设计评标一般采取综合评估法进行。评标委员会应当按照招标文件确定的评标标准和方法，结合经批准的项目建议书、可行性研究报告或者上阶段设计批复文件，对投标人的业绩、信誉和勘察设计人员的能力以及勘察设计方案的优劣进行综合评定。招标文件中没有规定的标准和方法，不得作为评标的依据。

(2)《标准勘察招标文件》

由国家发展改革委等九部委联合颁布的该文件，适用于工程勘察招标活动。其中第三章"评标办法"规定："采用综合评估法，评委会对满足招标文件实质性要求的投标文件，按照规定的评标标准进行打分并按得分由高到低顺序排列推荐中标候选人，或根据招标人授权直接确定中标人，但投标报价低于成本价的除外。综合评分相等时，以投标报价低的优先；投标报价也相等的，以勘察纲要得分高的优先；如果勘察纲要得分也相等的，按照招标文件规定确定中标候选人顺序。"

在第三章中对评审标准进行了规范。初步评审因素分为：形式评审因素、资格评审因素、响应性评审因素。详细评审因素包括：分值构成（100分）、评标基准价计算、投标报价的偏差率计算公式等，在招标文件中应予明确。

(3)《标准设计招标文件》

由国家发展改革委等九部委联合颁布的该文件，适用于工程设计招标活动。第三章中规定采用综合评估法，并对于初步评审与详细评审因素进行了规范。在综合评估法中，各评审因素的评审标准、分值和权重等由招标人自主确定。国务院有关部门对各评审因素的评审标准、分值和权重等有规定的，从其规定。

各行业部门结合行业实际，对于工程勘察设计招标评标也发布了相关规定，以具体指导行业的勘察设计评标工作，举例如下：

(4)《铁路建设工程勘察设计招标投标管理办法》

由原中国铁路总公司颁布的该办法，适用于中国铁路总公司和总公司所属单位投资建设的国家铁路和合资铁路，包括新建铁路、改建铁路和铁路电气化以及铁路枢纽、特大桥、长大隧道、大型客运站房、通信信号、物流基地、新建（含改建）铁路土地综合开发等独立项目的勘察设计招标管理。

第31条 招标评标方法采用综合评估法和百分制、分项计分方式。原则上商务部分满分30分，技术部分满分70分，部分特殊项目可作适当调整。具体评分标准可在招标文件中明确，招标文件中没有规定的标准和方法，不得作为评审的依据。

(5)《公路工程建设项目招标投标管理办法》

为规范公路建设市场秩序，提高公路工程勘察设计水平和公路建设投资效益，确保工程质量，根据《中华人民共和国公路法》《中华人民共和国招标投标法》和国家有关规定，由交通运输部颁布了该办法。在中华人民共和国境内从事公路工程建设项目勘察设计、施工、施工监理等的招标投标活动，适用本办法。

第37条 投标文件按照招标文件规定采用双信封形式密封的，开标分两个步骤公开进行：第一步骤对第一信封内的商务文件和技术文件进行开标，对第二信封不予拆封并由招标人予以封存；第二步骤宣布通过商务文件和技术文件评审的投标人名单，对其第二信封内的报价文件进行开标，宣读投标报价。未通过商务文件和技术文件评审的，对其第二信封不予拆封，并当场退还给投标人；投标人未参加第二信封开标的，招标人应当在评标结束后及时将第二信封原封退还投标人。

第43条 公路工程勘察设计和施工监理招标，应当采用综合评估法进行评标，对投标人的商务文件、技术文件和报价文件进行评分，按照综合得分由高到低排序，推荐中标候选人。评标价的评分权重不宜超过 10%，评标价得分应当根据评标价与评标基准价的偏离程度进行计算。

(6)《水利工程建设项目勘察（测）设计招标投标管理办法》

由水利部颁布的该规定，适用于我国境内进行水利工程建设项目（包括新建、扩建、改建、加固、修复）以及配套和附属工程的勘察（测）设计招标投标活动。

第 53 条　评标方法一般可采取综合评估法进行。评标委员会应当按照招标文件确定的评标标准和方法，对投标人的业绩、信誉和相关技术人员的能力以及技术方案的优劣进行综合评定。招标文件中没有规定的标准和方法，不得作为评标的依据。

第 54 条　采用综合评标法的，应该先评审技术标，再评商务标。评标时分别打分，然后按照技术标评分占有 40% 权重、商务标评分占有 60% 权重评定最终得分，并按得分高低排序。

13.2.2　评标方法种类

《工程建设项目勘察设计招标投标办法》第 33 条："勘察设计评标一般采取综合评估法进行。评标委员会应当按照招标文件确定的评标标准和方法，结合经批准的项目建议书、可行性研究报告或者上阶段设计批复文件，对投标人的业绩、信誉和勘察设计人员的能力以及勘察设计方案的优劣进行综合评定。"

工程勘察设计评标一般采用综合评估法，原因如下。

首先，是由于项目招标特点所决定的。一是勘察设计招标属于服务类项目招标，由于勘察设计的不确定性，勘察设计者无法做出精确的工程量，难以像工程施工那样定量；二是工程勘察设计代价高，前期工作周期长，大型项目需要投入的投标费用很大；三是有的勘察设计项目涉及某些特定技术，往往与知识产权的保护息息相关，如著作权、专利权、商标权等，无法用设计定量方法加以衡量。

其次，工程勘察设计招标评标不能以其投标费用为主要因素。由于现行的勘察设计费只占工程总造价的 1% 左右，即使再提高也不会很多，而设计产品好坏对于工程造价的影响则远远比勘察设计费大得多，不是百分之几的问题，甚至是百分之十几、百分之二十几，乃至百分之三十几。越是大型项目、复杂项目，设计的质量对工程的影响就越大，因此，勘察设计费在大型工程项目招标评标中可以不做太多的考虑，而在中小型项目中才做适当的考虑。

对于投标人的投标文件在实质上符合招标文件要求的，应着重从投标人的技术能力、投标人拟投入勘察设计项目人员及设备，投标人拟投入勘察设计项目负责人及分项负责人资格，投标人拟采用的勘察设计新技术、新方法、新设备，投标人勘察设计资历、信誉和获奖情况，设计期的服务和施工期后续服务、工程技术设计方案的优劣、投标估算的经济性和合理性，投标人的勘察设计计划、组织方案等方面来进行综合评价。将经济和技术有效结合，引入竞争机制，按照设计任务书规定的投资估算，做好各投标人的技术方案比较，通过技术比较、经济分析和效益评价，在技术先进的条件下确保经济合理，在经济合理条件下确保技术先进，在满足使用功能前提下注意建筑外形美观，以最少的投入创造最大的经济效益。

总之，智力要求越高、对专业技术水平有特别要求的工程勘察设计招标项目，价格因素的评价分值比例就应该越低。同时，在工程勘察设计评标中，应充分考虑创造性设计的价值，并予以充分的体现。工程勘察设计应实行限额设计，可以增强建设单位和设计单位的责任感和经济意识，严格控制不合理变更，降低整体工程造价，通过严格规范的招标评标工作，选择能有效实施本项目合同的投标人。

13.2.3 评审因素体系

《工程建设项目勘察设计招标投标办法》第33条:"评标委员会应当按照招标文件确定的评标标准和方法,结合经批准的项目建议书、可行性研究报告或者上阶段设计批复文件,对投标人的业绩、信誉和勘察设计人员的能力以及勘察设计方案的优劣进行综合评定。"该条款对工程建设项目勘察设计评标因素的设定提出了总体要求。工程勘察设计主要评审因素体系如图13-1所示。

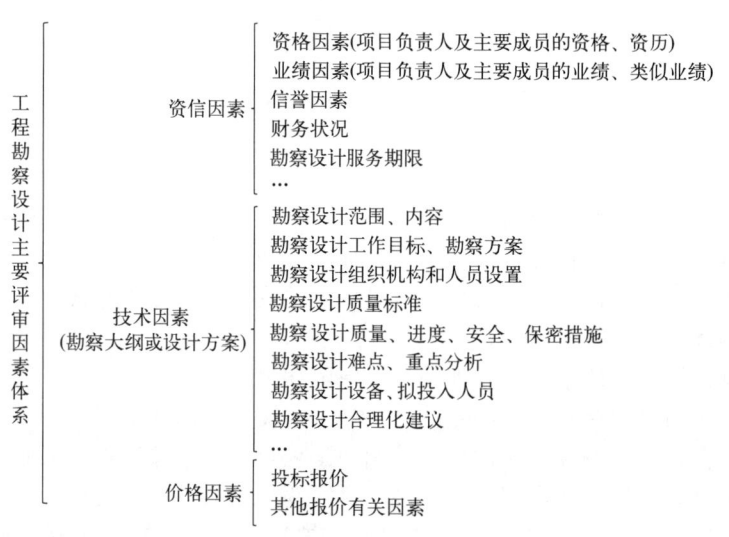

图 13-1 工程勘察设计主要评审因素体系

13.2.4 评标程序与工作安排

由工程勘察设计服务的特点和上述法规可以看出,工程勘察设计应采用综合评估法。

13.2.4.1 评标程序

工程勘察设计采用综合评估法,分为初步评审、详细评审、澄清补正、推荐中标人和提交评标报告几个步骤。在勘察设计评标中,一般采用双信封评标方法,按照以下程序进行:第一个信封的评审为商务文件和技术文件评审,包括商务文件和技术文件的符合性审查、澄清(如需要)、评审打分;第二个信封为报价评审,包括报价的符合性审查、澄清(如需要)、评审打分;综合评价,提出评价意见,撰写评标报告。评标程序框架如图13-2所示。

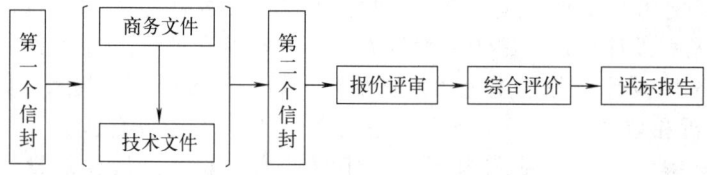

图 13-2 工程勘察设计评标一般程序

13.2.4.2 评标工作安排

依据评标程序,建筑工程勘察设计评标工作一般历时2~3天,评标日程可以作如下安排。

(1) 开标工作会议日程

宣布评标工作日程、介绍与会人员;请有关人员讲话;招标人介绍项目的有关情况、工程勘察设计招标组织和开标情况；招标人宣布该项目评标委员会组成成员；纪检监察或监督管理机构宣布评标委员会纪律。

(2) 评委会的工作程序

① 推荐评标委员会主任委员；评标委员会全体委员学习《工程建设项目勘察设计招标投标办法》；评标委员会专家研读招标项目的工程报告和招标文件。

② 对第一个信封即各投标人的商务和技术文件进行研读；评标委员会听取各投标人的投标陈述；评标委员会对投标人进行综合评议；评标委员会成员对投标人的第一个信封进行评审和打分。

③ 在监督人员及评委会全体人员在场的情况下，开启第二个信封即报价清单进行符合性审查；对报价清单进行打分。

④ 评标委员会对投标人进行综合评价；综合计算评分结果并排序；根据评分结果由高到低推荐第一候选人和第二候选人。

⑤ 评标委员会提出书面评标报告，全体评标委员会成员在评标报告上签字；评标工作结束；评标委员会主任委员对评标工作进行总结，监督部门对评标纪律的执行情况进行总结。

13.3 建筑工程设计评标方法

13.3.1 评标方法依据

13.3.1.1 各行业部门文件

对于建筑工程设计评标，除上述列举的法律法规外，其直接依据还包括以下规章。

(1)《建筑工程设计招标投标管理办法》

为落实《工程建设项目勘察设计招标投标办法》，住房和城乡建设部结合行业实际发布了该办法。该办法适用于依法必须进行招标的各类房屋建筑工程的设计招标投标活动。该办法针对建筑工程设计与综合评估法评标的特点，对评审专家组成提出了要求，明确了方案设计、设计团队招标的主要评审因素。

第 18 条 评标委员会应当按照招标文件确定的评标标准和方法，对投标文件进行评审。

采用设计方案招标的，评标委员会应当在符合城乡规划、城市设计以及安全、绿色、节能、环保要求的前提下，重点对功能、技术、经济和美观等进行评审。

采用设计团队招标的，评标委员会应当对投标人拟从事项目设计的人员构成、人员业绩、人员从业经历、项目解读、设计构思、投标人信用情况和业绩等进行评审。

第 19 条 评标委员会应当在评标完成后，向招标人提出书面评标报告，推荐不超过 3 个中标候选人，并标明顺序。

(2)《建筑工程方案设计招标投标管理办法》

该办法是为了解决国内工程设计市场存在的设计招标简单地以价格定标、业主忽视知识产权恶意侵占设计方案、设计方案片面追求形式等问题，进一步规范工程设计招标评标及其管理活动而出台的规范性文件，该办法适用于在中华人民共和国境内从事建筑工程方案设计招标评标及其管理活动。

该文件明确了设计招标类型，将方案设计招标分为建筑工程概念性方案设计招标和建筑工程实施性方案设计招标两种类型；完善了设计评标标准和方法，重点加强对技术标的审查。

在评标标准中突出节能、节材、节地、环保等方面的审查，以确保建筑方案符合节能环保的要求；评标标准加大技术标的权重，重点审查技术标。增强了设计招评标工作的可操作性。

评标办法主要包括记名投票法、排序法和百分制综合评估法等。《建筑工程方案设计招标投标管理办法》专门编制了11个附件,以指导设计招标、投标、评标、公示、定标等环节的具体工作。这是在以往的法律法规中比较罕见的。主要条款如下:

第3条 本办法所称建筑工程方案设计招标投标是指在建筑工程方案设计阶段,按照有关招标投标法律、法规和规章等规定进行的方案设计招标投标活动。

第6条 建筑工程方案设计应按照科学发展观,全面贯彻适用、经济,在可能条件下注意美观的原则。建筑工程设计方案要与当地经济发展水平相适应,积极鼓励采用节能、节地、节水、节材、环保技术的建筑工程设计方案。

第11条 根据设计条件及设计深度,建筑工程方案设计招标类型分为建筑工程概念性方案设计招标和建筑工程实施性方案设计招标两种类型。

第28条 评标方法主要包括记名投票法、排序法和百分制综合评估法等,招标人可根据项目实际情况确定评标方法。

第30条 大型公共建筑工程项目如有下列情况之一的,招标人可以在评标过程中对其中有关规划、安全、技术、经济、结构、环保、节能等方面进行专项技术论证。

(一)对于重要地区主要景观道路沿线,需考虑设计方案是否适合周边地区环境条件兴建的。

(二)设计方案中出现的安全、技术、经济、结构、材料、环保、节能等有重大不确定因素的。

(三)有特殊要求,需要进行设计方案技术论证的。

对于一般的建筑工程设计项目,必要时招标人也可进行涉及安全、技术、经济、结构、材料、环保、节能中的一个或多个方面的专项技术论证,以确保建筑方案的安全性和合理性。

13.3.1.2 各地方政府文件

同时,各地方政府结合地区实际,也制定了相应的具体规章,如下:

(1)《福建省房屋建筑和市政基础设施工程勘察设计招标投标管理若干规定》

第24条 房屋建筑工程,中小型设计项目评标办法可以采用"记名投票法""排序法",大型设计项目宜采用"综合评估法"。

市政基础设施工程,中小型设计项目评标办法可以采用"记名投票法",大型设计项目宜采用"综合评估法"。

(2)《山西省房屋建筑和市政基础设施工程设计招标评标办法》

第8条 建筑工程设计招标评标应当采用综合评估法。招标人可以根据项目特点和项目阶段,采用方案设计招标方式和设计团队招标方式进行招标。

该办法在附件"综合评估法"中对房屋建筑工程方案设计招标综合评估法规定如下:总分100分,商务标20分、技术标80分;对市政基础设施工程方案设计招标综合评估法规定如下:总分100分,商务标20分、技术标80分;对设计团队招标综合评估法规定如下:总分100分,商务标80分、技术标20分。

(3)《江西省房屋建筑工程设计招标评标办法(试行)》

该办法将建筑工程设计招标评标办法分为综合评估法、票决法、设计团队评分法,招标人可以根据工程实际情况选择。评标办法一经选定,即为招标文件的组成部分。园林绿化、构筑物和单项专业等工程设计招标评标办法可参照本办法执行。

(4)《海南省房屋建筑和市政基础设施工程建设项目勘察设计招标投标管理规定》

第18条 建设项目勘察设计评标一般采用综合评估法。勘察评标时,评标委员会主要对投标人执行国家有关《岩土工程勘察规范》和《工程建设标准强制性条文》有关规范要求,解决工程技术问题,勘探和测试工作量的合理程度,质量保证措施,勘察周期及进度和标书内容等方面进行综合评定。

设计评标时,招标人根据项目实际需要,应邀请有关政府职能部门参加评标会议。评标委员会可以结合各职能部门意见,按照招标文件确定的评标标准和方法,对各投标人的设计方案从经济、社会、环境等方面,进行功能、造型、技术、节能和业绩、信誉、履行合同能力等方面进行综合评定。招标文件中没有规定的标准和方法,不得作为评标的依据。

勘察设计招标要严格执行《勘察设计收费标准》,不得搞变相的勘察设计费招标,勘察设计费上下浮动不得超过20%。

第21条 评标采用记名投票的方式,评标委员会成员每人一票。在评标委员会对投标副本综合评定后,招标人应当众揭示投标文件正本,确定中标候选人及其排序。

评标委员会推荐中标候选人应当限定在一至三名,并表明排列顺序;采用公开中标方式的,评标委员会应当向招标人推荐二至三名中标候选人;采用邀请招标方式的,评标委员会应当向招标人推荐一至二名中标候选人。

13.3.2 基本概念

13.3.2.1 建筑工程设计的概念

所谓"建筑工程"系指通过对各类房屋建筑及其附属设施的建造和与其配套的线路、管道、设备的安装活动所形成的工程实体。建筑工程设计是根据建设工程和法律法规的要求,对建筑工程所需的技术、经济、资源、环境等条件进行综合分析、论证,编制建筑工程设计文件,提供相关服务的全部活动。建筑工程设计工作涉及房屋建筑及其附属设施的设计安排。

13.3.2.2 设计阶段的划分

建筑工程设计按照设计条件和设计深度,可分为概念设计、方案设计、初步设计和施工图设计几个阶段。概念设计是对设计对象的总体布局、功能、形式等进行可能性的构想和分析,并提出设计概念和创意。

方案设计是对拟建项目根据概念方向进行建筑设计创作的过程,对拟建项目总体布局、功能安排、建筑造型等提出可行性的技术文件,是建筑工程设计全过程的最初阶段,具有实际可行性。

初步设计是在方案设计的基础上进行的深化设计,解决使用功能、建筑材料、工艺、系统、设备选型等工程技术方面的问题,符合环保、节能、防火、人防等技术要求,并提交工程概算,以满足编制施工图设计文件的需要,是建筑最终产品的草图。

施工图设计是在初步设计的基础上的进一步深化设计,提出各有关专业详细的设计图纸,以满足设备材料采购、非标准设备制作和施工的需要,是开展采购、施工活动的依据。

法规规定,招标人一般应当将建筑工程的方案设计、初步设计和施工图设计一并招标。确需另行选择设计单位承担初步设计、施工图设计的,应当在招标公告或者投标邀请书中明确。

13.3.2.3 建筑工程设计招标评标类型

建筑工程设计招标可以分为设计方案招标和设计团队招标。设计方案招标是指主要通过对投标人提交的设计方案进行评审确定中标人。设计团队招标是指主要通过对投标人拟派设计团队的综合能力进行评审确定中标人。两种类型的评标因素侧重有所不同。

建筑工程设计评标可分为对概念性方案设计评标和实施性方案设计评标两种类型,同样,两种类型的评标因素侧重有所不同。

13.3.3 评标因素设定原则

《建筑工程设计招标投标管理办法》第18条：

评标委员会应当按照招标文件确定的评标标准和方法，对投标文件进行评审。

采用设计方案招标的，评标委员会应当在符合城乡规划、城市设计以及安全、绿色、节能、环保要求的前提下，重点对功能、技术、经济和美观等进行评审。

采用设计团队招标的，评标委员会应当对投标人拟从事项目设计的人员构成、人员业绩、人员从业经历、项目解读、设计构思、投标人信用情况和业绩等进行评审。

《建筑工程方案设计招标投标管理办法》第28条：

评标委员会必须严格按照招标文件确定的评标标准和评标办法进行评审。评委应遵循公平、公正、客观、科学、独立、实事求是的评标原则。评审侧重内容包括以下方面：

（一）对方案设计符合有关技术规范及标准规定的要求进行分析、评价；

（二）对方案设计水平、设计质量高低、对招标目标的响应度进行综合评审；

（三）对方案社会效益、经济效益及环境效益的高低进行分析、评价；

（四）对方案结构设计的安全性、合理性进行分析、评价；

（五）对方案投资估算的合理性进行分析、评价；

（六）对方案规划及经济技术指标的准确度进行比较、分析；

（七）对保证设计质量、配合工程实施、提供优质服务的措施进行分析、评价；

（八）对招标文件规定废标或被否决的投标文件进行评判。

13.3.4 方案设计评标方法

建筑工程方案设计评标方法主要包括：记名投票法、排序法和百分制综合评估法，采取何种方式由招标人自定。百分制综合评估法是评标委员会按照招标文件确定的评标标准和方法，结合经批准的项目建议书、可行性研究报告或者上阶段设计批复文件，对投标人的业绩、信誉和勘察设计人员的能力以及勘察设计方案的优劣进行综合评定的一种方法。投票法和排序法均属于综合评估法的一种特殊形式。

13.3.4.1 记名投票法

记名投票与无记名投票概念对称。投票是评标人行使自己选举权利的一种方式，评标人将所要选的人的姓名写在选票上，或在印有候选人姓名的选票上做出标记，投入票箱。投票人可以填写自己的姓名，也可以不写，注明的为记名投票，不写则成为无记名投票。在招标评标中运用专家投票的形式反映评审的结果。

记名投票法就是指，投标委员会对通过符合性初审的投标文件进行详细评审，各评委以记名方式投票，按招标文件要求推荐1~3名合格的中标候选方案，经投标汇总排序后，得票数最多的前1~3名投标人作为合格的中标候选人推荐给招标人。

13.3.4.2 排序法

投标委员会对通过符合性初审的投标文件进行详细评审，各评委按招标文件要求推荐1~3名合格的中标候选人，并按第一名得3分、第二名得2分、第三名得1分的方式投票，经投票汇总排序后，得票数最多的前1~3名投标人作为合格的中标候选人推荐给招标人。

13.3.4.3 百分制综合评标法

方案设计项目的招标人采用百分制综合评估法的，技术权重一般不低于85%，商务权重一般不大于15%，且按下列程序操作。

① 招标文件应当明确规定评标时的所有评标因素，需量化的评标因素的权重也应当在

招标文件中明确和细化。

② 评标委员会对投标技术文件进行评审（如采用暗标方式评审，投标技术文件在开标时应当进行保密和编号处理）。投标技术文件经评审、分数统计后进行投标商务文件评审，投标商务文件采用明标方式评审。

③ 投标技术性文件（暗标）编号所对应的投标人名单应当在评标委员会对各投标人提交的投标技术文件和投标商务文件评审打分完毕和总分汇总后进行开启。

④ 投标技术文件和投标商务文件分值汇总、标明排序并经评标委员会确认后，按招标文件要求确定1至3名合格投标人为中标候选人推荐给招标人。

表13-2～表13-4分别给出了建筑工程概念性方案设计、实施性方案设计的投标技术文件、投标商务文件得分表示例。表中分值为参考值，招标人可以根据项目实际情况进行调整。

表 13-2　建筑工程概念性方案设计投标技术文件得分表（满分100分）

序号	评分项目	分值	评分标准	分项分值	得分
1	建筑构思与创意	30	建筑创意、空间处理是否符合并满足设计方案需求书	30	
2	总体布局	25	是否符合规划要求	5	
			是否符合标书提出的指标要求	5	
			是否布局合理	5	
			与周边环境景观协调美化程度	5	
			是否满足交通流线及开口要求	5	
3	工艺流程及功能分区	20	是否符合拟定工艺要求(参照设计方案说明书)	10	
			功能分区是否明确	5	
			人流组织及竖向交通是否合理	5	
4	技术可行性和合理性	25	结构、机电设计与建筑是否符合性强	10	
			消防、人防、环境节能是否符合国家及地方要求	10	
			总造价是否满足招标书要求	5	
得分合计					
评委				日期	

表 13-3　建筑工程实施性方案设计投标技术文件得分表（满分100分）

序号	评分项目	分值	评分标准	分项分值	得分
1	规划设计指标	6	是否符合规划要求	2	
			是否符合标书提出的要求	4	
2	总体布局	25	是否布局合理	6	
			是否合理利用土地	4	
			与周边环境景观协调美化程度	5	
			是否满足交通流线及开口要求	3	
			是否满足消防间距要求	4	
			是否满足日照间距要求	3	
3	工艺流程及功能分区	28	是否符合拟定工艺要求(参照设计方案说明书)	10	
			功能分区是否明确	4	
			人流组织及竖向交通是否合理	8	
			各功能房间面积配置是否合理	6	
4	建筑造型	15	建筑创意、空间处理是否符合并满足设计方案需求书	15	
5	结构及机电设计	8	结构、机电设计与建筑是否符合性强	4	
			是否系统先进	2	
			是否造价经济	2	

续表

序号	评分项目	分值	评分标准	分项分值	得分
6	消防	3	是否符合国家及地方规范要求	3	
	人防	3	是否符合国家及地方规范要求	3	
	环境	3	是否符合国家及地方规范要求	3	
	节能	3	是否符合国家及地方规范要求	3	
7	造价估算	6	估算资料是否齐全、总造价是否满足招标文件要求、计算是否正确	6	
得分合计					
评委				日期	

表 13-4　建筑工程方案设计投标商务文件得分表（满分 100 分）

序号	评分项目	分值	评分标准	分项分值	得分
1	设计资质及管理体系认证	10	企业设计资质是否符合招标书规定的资质等级，是否通过 ISO 质量认证并成功运行一段时间	10	
2	设计人业绩	30	近年来有无完成类似项目	15	
			类似项目是否完成投入使用	15	
3	项目设计组人员及业绩	40	项目总设计师是否主持设计过类似工程	20	
			设计师技术水平（职称、论著、个人获奖情况）及同类工作经验	10	
			设计组成员是否齐备	10	
4	设计人的服务承诺	20	工期是否合理并满足招标书的要求，为建设好本工程，设计人向招标人提供的各种服务	20	
得分合计					
评委				日期	

13.4　工程监理评标方法

13.4.1　评标方法依据

13.4.1.1　国家文件

《政府采购法》《招标投标法》《招标投标法实施条例》《评标委员会和评标方法暂行规定》等法规的规范对象工程建设项目包括涉及工程的各种采购招标活动，不仅包括工程，工程货物，也包括工程服务等采购招标。上述法规均为工程监理评标方法的上位法。具体规范工程监理评标方法的是《中华人民共和国标准监理招标文件》。

国家发展改革委等九部委联合发布该标准文件，其第三章"评标办法"规定采用综合评估法。各评审因素的评审标准、分值和权重等由招标人自主确定。国务院有关部门对各评审因素的评审标准、分值和权重等有规定的，从其规定。

13.4.1.2　各行业部门文件

各行业部门制定的工程监理招标规章和规范性文件不尽相同，列举如下。

(1)《铁路建设项目监理招标投标实施细则（试行）》

由原中国铁路总公司颁布该细则，适用于总公司管理的大中型铁路建设项目。

第 16 条　监理招标采用经评审的最低投标价法和综合评估法两种评标方法。由招标人自主选择确定，并在招标文件中载明。其中，监理费用计算和最高投标限价应符合国家发展改革委和总公司相关规定。

(2)《公路工程建设项目招标投标管理办法》

由交通运输部颁布的该办法，适用于境内从事公路工程建设项目勘察设计、施工、施工监理等的招标评标活动。

第43条 公路工程勘察设计和施工监理招标，应当采用综合评估法进行评标。

(3)《水利工程建设项目监理招标投标管理办法》

由水利部颁布的该办法，适用于水利工程建设项目监理的招标投标活动。

第44条 评标方法主要为综合评分法、两阶段评标法和综合评议法，可根据工程规模和技术难易程度选择采用。大、中型项目或者技术复杂的项目宜采用综合评分法，或者两阶段评标法，项目规模小或者技术简单的项目可采用综合评议法。

(4)《水运工程施工监理招标投标管理办法》

由交通运输部颁布的该办法，适用于境内进行水运工程施工监理招标投标活动。水运工程是指港口、航道、航标、通航建筑物、修造船水工建筑物及其附属建筑物的新建、改建、大修和安装工程。

第46条 评标办法分为计分法和综合评议法。

13.4.1.3 各地方政府文件

各地区制定的工程监理服务采购招标方法也不尽相同，例如：《北京市建设工程监理招标投标实施办法》规定一般采用计分的方法。《深圳市建设工程监理招标投标实施办法》则要求采用综合评审法或方案优先法。《湖北省建设工程监理招标投标管理办法》《云南省建设工程监理招标投标管理办法（试行）》等则笼统地规定评标方法可以采用综合评估法，或者法律、法规、规章允许的方法。

各地方政府相应发布工程监理评标规章，举例如下。

(1)《江苏省房屋建筑和市政基础设施工程监理招标评标办法（试行）》

该办法适用于江苏省行政区域的房屋建筑和市政基础设施工程监理招标评标活动。

第4条 评标可以采用综合评估法、随机确定中标人法或者法律、法规规定的其他方法。随机确定中标人法仅适用于工程监理费低于30万元的工程项目，各地可根据本办法的有关规定，结合实际情况确定适用于本地区的评标方法。

(2)《湖南省房屋建筑和市政基础设施工程监理招标评标办法》

该办法适用于在湖南省行政区域内依法必须进行招标的房屋建筑和市政基础设施工程监理招标评标活动，所称工程监理是指施工阶段的监理服务。

第4条 评标办法包括综合评估法以及法律、法规允许的其他评标办法。

(3)《云南省房屋建筑和市政基础设施工程监理招标评标办法》

适用于在云南省行政区域内，进行房屋建筑和市政基础设施工程监理招标评标活动。

第19条 建设工程监理招标评标方法采用综合评估法，用打分的方法衡量投标文件是否最大限度地满足招标文件中规定的各项评价标准。

13.4.2 评标方法国际惯例

按照国际通行的惯例，建设工程监理服务的采购采用一套与施工招标不同的评审程序，从委托人一方说，选聘监理工程师的基本程序为招标的各项准备、邀请监理公司递交建议书、评价建议书和选择监理工程师等。其中确定合理的评标方法至关重要。一般按照公正性、合理性、清晰明确这三个原则来确定。为了更好地帮助业主采用适当的方法来选择符合要求的监理工程师，世界银行以及一些咨询工程师协会向业主推荐了几种选择咨询工程师的具体方法，这些方法适用于不同工程项目要求，业主可根据自身所需服务确定评审方法。

13.4.2.1 基于质量的评审方法（Quality-Based Selection，QBS）

其实质就是把技术资质因素作为选定咨询工程师的首要原则。在美国，QBS程序是政府投资项目在选定咨询人员时应用最为广泛的方式。此程序得到美国建筑师学会（AIA）、美国土木工程师学会（ASCE）、美国总承包商协会（AGC）、美国律师协会（ABA）等组织的推荐。该方法适用于以下任务。

① 技术复杂的或专业性很强，很难精确地制定任务大纲和预估所需咨询工程师的投入，而委托人又希望咨询工程师在某建议书中提出创新内容的咨询项目，例如国家经济、行业研究，设计一个有危险废弃物的工厂，制定城市规划或金融部门改革方案等；

② 对后续工作有很大影响且需要请最好的专家来做咨询的项目，例如大坝等重要基础设施的可行性研究与设计，国家重大政策研究等。

13.4.2.2　基于质量和费用的评审方法（Quality and Cost-Based Selection，QCBS）

这种方法是委托人对短名单（经过筛选的投标人名单）中的公司所提交建议书的服务质量和价格综合评审后确定中标人的方法。在这里，价格作为选择因素应当慎重使用，但其仍然必须依从"双信封制"方法，即在技术建议书评审结束后才能启封，兼顾了质量与价格双方面的因素。具体对于质量和价格的权衡应取决于具体咨询的任务和性质。QCBS是世界银行向所有借贷方推荐使用的一种与QBS方法类似的方法。世界银行试图通过这种方法在方案评审过程中兼顾质量与价格双审因素。QCBS适用于以下咨询任务：①大部分世界银行贷款的项目咨询；②任务的大纲内容详细，对咨询工程师工作范围及与费用相关的要求做出明确的规定，以便咨询工程师编制详细的财务建议书的任务；③对最终产品影响不大的咨询任务，如常规的详细设计、建设监管、简单的地表测量等。

13.4.2.3　固定预算下的评审方法（Selection under a Fixed Budget，FBS）

是指在咨询预算费用固定的情况下业主选择咨询服务的方法。预算固定的特点是首先要在建议征询文件中说明，咨询公司需要分别提交在预算范围内能够提供的最佳的技术和财务建议书，然后委托人按照基于质量和费用的评审方法（QCBS）那样，对所有技术建议书评审后再公开拆封价格建议书。这里需要注意的是：价格建议书中的金额中只设一个上限，不参与综合评审的权衡。该金额在指定预算范围以内者，技术建议书得分最高的咨询公司将被邀请进行合同谈判，而凡是该金额超过指定预算金额的建议书都会被拒绝。FBS适用于简单的，并且能够准确予以界定的咨询任务。

13.4.2.4　基于咨询工程师资历的评审方法（Selection Based on Consultants'Qualification，CQS）

此方法是委托人在不采用竞争性招标的情况下，根据咨询工程师的资质与经验直接选择合适的咨询公司，并就其提交的技术和财务建议书进行合同谈判的方法。该方法适用于小型、不宜采用竞争性招标的咨询任务，一般不超过20万美元。

13.4.2.5　最低费用的评审方法（Least-Cost Selection，LCS）

此方法需要对咨询任务的"质量要求"划定一个最低合格分值。在"双信封制"评审过程中，如果质量建议书评分高于"最低分"，则选取财务建议书报价最低的公司进行谈判；反之，如果质量建议书评分低于"最低分"，则被拒绝。该方法适用于标准的或常规性质的咨询任务（审计、不太复杂工程的设计等），并且这类任务通常都有公认的惯例和标准。

13.4.2.6　单一来源的评审方法（Single-Source Selection，SSS）

顾名思义就是指委托人不通过竞争性招标而直接确定一家公司进行谈判的方法，故而称其为单一来源。

SSS方法适用于：①该项咨询任务是咨询公司以前承担工作的自然连续，或该咨询公司在前期工作令人满意；②必须迅速做出选择的紧急情况；③非常小的任务，一般不超过10万美元；④对咨询任务而言，只有一家咨询公司是合格的或其经验具有特殊价值。

以上 6 种国际工程咨询服务选择方法的比较如表 13-5 所示。

表 13-5　国际工程咨询服务选择方法的比较

名称	评审方法	适用范围
QBS	只提交技术建议或在两个信封中分别提出技术建议和财务建议书	复杂和高度专业化的任务，需要提出创新内容；对后续工作影响大的任务，需要最好的专家；建议书不具备可变性
QCBS	只打开服务质量合格的咨询公司的财务建议书，总分由服务质量和费用加权计算，业主邀请总分最高的投标人来进行谈判	适用于大多数选择咨询服务的情况
FBS	评审所有技术建议书后打开财务建议书，拒绝超过制定预算金额的建议书，余者中技术建议书得分最高的投标咨询公司与业主进行谈判	适用于简单和咨询任务明确的情况
CQS	提交一份合并的技术和财务建议书，然后邀请其进行合同谈判	小型、不宜采用竞争性招标的咨询任务（低于 20 万美元）
LCS	拒绝低于所设定最低技术分的咨询公司建议书，最低技术分以上的咨询公司只竞争报价，业主选择最低报价者谈判合同	标准的和常规性质的咨询任务，并且这类任务通常都有公认的惯例和标准
SSS	提交技术和财务建议书，然后对这些建议书进行谈判	由于缺乏竞争和透明度或竞争不适用时；以前工作连续性的需要；需要迅速选择时；合同很小（低于 10 万美元）

根据选择咨询服务的方式不同，可选取不同的价格机制，总价报酬合同多选用 QCBS，预算固定时选用 FBS，最低费用选 LCS，而基于时间的合同则多选用 QBS，其中，基于质量的评审方法 QBS 以及基于质量和费用的评审方法 QCBS 使用最为广泛，也最能满足咨询服务招标的一般特点和要求。

工程监理属于工程咨询范畴。为适应国际竞争需要，我国工程监理服务招标评标应明确技术质量因素在咨询服务评审中的决定性地位，大力推行基于质量的评审方法 QBS，健全相关法律法规、规范咨询服务招标市场，尤其对于评标程序、标准予以严格控制。

13.4.3　常见评标方法

13.4.3.1　综合评估法

综合评估法是最主流、最常用的监理评标方法，也是国内工程监理招标评标推荐的方法。类似于国际上基于质量和费用的评审方法（QCBS），评标人对投标人的报价、监理大纲、监理人员配置、企业资历和信誉等方面进行综合评价，选择出最符合招标人要求的投标企业。该方法通常适用于工程量较大、技术较为复杂的项目。

13.4.3.2　经评审的最低投标价法

经评审的最低投标价法类似于最低费用的评审方法（LCS），评委会在有效投标文件中按照投标报价由低至高的次序向业主推荐 1 至 3 名中标候选人，并标明排序。这种方法一般适用于监理收费按规定可以执行市场调节价的工程项目。

13.4.3.3　随机确定中标人法

随机确定中标人法是由评标委员会经评审列出所有符合招标文件要求的合格投标，通过公开随机抽取确定中标人，工程监理费用按照招标文件载明的固定费率计取。该方法适用于小型的、标准的常规监理任务，并且这类任务通常都有公认的惯例和标准。

13.4.4　评审因素体系

在工程监理评标时，评标因素设定主要有以下内容。

13.4.4.1 监理大纲

工程监理招标中，招标人通常会要求投标单位根据项目的技术特点编制监理规划，并以监理大纲的形式列入投标书。监理大纲是监理工作的重要指导性文件，体现了监理企业对监理项目的理解和对招标人要求的响应程度，是评标的重点之一。其通常分值权重会占到30%~40%，现行评标办法中监理大纲的评审一般包括以下内容：监理目标、监理范围和任务、监理组织、监理方案、监理工作流程、监理措施等。

对监理大纲的评审应当侧重于考察投标人是否充分理解和全面响应招标文件明确的各项条件，是否对监理服务范围内容、招标设计图纸及说明进行了重点研读，大纲的编制是否重点突出、有的放矢，对结构设计方案的优化建议、施工难点的监理方案、关键部位和关键工序的控制措施、监理机构的管理制度和操作程序等。招标人应当要求总监和主要监理人员参与大纲编制，充分反映其技术能力，并在评标方法中加以考察，招标人可以根据关心的重点针对上述内容进行权重分配。

13.4.4.2 总监资历

工程建设项目监理实行总监负责制度，总监的工作能力和业务水平在相当程度上决定了监理工作成败。通过招标选择到优秀的工程总监是监理招标的根本目标之一。因而，总监的经验和资历也是监理评标的重点因素。

目前，对总监部分的评审一般包括：总监的资历，如职称、职业资格等；总监的经验，如是否曾获得省、部级表彰或优秀监理部称号等；总监的业绩，如担任总监监理过的工程，获得国家、省、市级优质工程数量等。同时，也有监理招标人通过现场答辩的方式对总监进行考察，答辩内容由评标委员会根据项目特点制定。重点围绕着监理工作要求和工程技术难点等内容考察总监组织监理工作和解决复杂问题的能力。

13.4.4.3 现场监理机构组成

实践证明，一个成功的监理项目，除了拥有一位可信赖的总监外，现场监理机构组成人员的素质和综合能力也是关键因素之一，因而也是评标的重点。监理机构的组成是监理招标评标中分值较大的因素，通常权重在20%~30%。考察的内容包括：现场监理人员数量、从事专业、职称、职业资格、所学专业等。在评标实践中，监理机构组成成员是分值差距较大的评标因素，往往决定中标的结果。按照工程实际需要配备结构合理、人数适中的现场监理机构，应该是评标办法倡导的主要方向。可以从以下三个方面进行评价。

一是满足需要的监理人员数量。国际上对监理应配备人员的指标常以"监理人员密度"来衡量，即在被监理工程的范围内应当被足够密度的监理人员所覆盖，才能进行有效的监理。

二是现场人员的职称结构。职称结构应当合理配套，宜以中级职称为主，占人员总数的50%~60%，项目总监和主要专业监理工程师应当具有高级职称。

三是监理人员必备的资格条件。主要专业监理工程师应具备监理工程师岗位证书，一般专业监理工程师及监理人员应当经过监理执业资格培训或监理业务知识培训并具有结业资格证书。招标人可以根据项目实际情况进行合理要求。

13.4.4.4 现场监理设备配备

现场需要配备的监理设备包括经纬仪、水准仪、测距仪、摄像机、计算机、监理软件等，各监理单位一般都能达到招标文件的要求。除招标人有特殊要求之外，通常设备配备可以不作为评分项目专门设置，通常在招标文件中作统一要求，评标时作综合性检查。

13.4.4.5 监理企业信誉与资历

企业信誉与资历是考察监理企业实力的重要内容，也是鼓励企业诚信经营的重要手段，通常评标方法与总监信誉及资历要求类似，如获得优秀工程数量、承担过类似工程经验、获得先进单位称号等内容。近年来，一些地区逐步建立了监理企业诚信信息库，监理企业信誉、资历可以结合诚信信息库进行评审，让信誉好、经验足、实力强的企业得到激励。

13.4.4.6 工程监理取费

国家发展改革委、原建设部颁布的《建设工程监理与相关服务收费管理规定》对工程监理收费做了明确的规定。由于执行政府指导价的项目设定了取费范围，监理收费报价一般不产生竞争。工程监理服务收费以建设项目工程概算投资额分档定额计费，并经统一执行系数调整后下浮20%的费率进行计算。从实际情况看，有些地方对于较大工程按规范完成全部监理工作的计费额及浮动幅度做了重新规定，如上海就规定监理取费按基准费率上浮20%计费。

从鼓励投标人认真完成监理工作和体现《建设工程监理与相关服务收费管理规定》文件优质优价原则出发，采用综合评估法的监理招标项目应当减少监理取费评分项目的权重，鼓励投标人通过加强监理大纲、配置优秀的总监和现场监理人员、提升投标企业信誉等方面开展竞争，优秀的投标人即使提出较高的监理费率，依然可以中标。

13.5 全过程咨询评标方法

13.5.1 评标方法依据

13.5.1.1 各行业部门文件

(1)《住房城乡建设部关于开展全过程工程咨询试点工作的通知》

文件要求："创新管理机制，试点地区住房城乡建设主管部门要研究全过程工程咨询管理制度，制定全过程工程咨询服务技术标准和合同范本等文件，创新开展全过程工程咨询试点。"

(2)《关于推进全过程工程咨询服务发展的指导意见》

文件要求："以服务合同管理为重点，加快构建适合我国投资决策和工程建设咨询服务的招标文件及合同示范文本。"

13.5.1.2 各地方政府文件

各地方政府根据上述文件精神，结合本地实际制定了相应的规章，指导当地的全过程咨询评标活动。

(1)《湖南省房屋建筑和市政基础设施项目全过程工程咨询服务招标投标管理暂行办法》

该办法适用于湖南省行政区域内依法必须招标的房屋建筑和市政基础设施项目全过程工程咨询的招标投标活动。

第15条 全过程工程咨询服务评标办法原则上采用综合评估法。评审的主要因素包括资信业绩、服务团队、全过程工程咨询工作大纲、设计方案、投标报价等。

(2)《浙江省建设项目全过程工程咨询企业服务能力评价办法（试行）》

第4条 评价咨询类企业服务能力的指标包括咨询服务的基础条件、交互能力和结果质量。

第5条 衡量咨询类企业基础条件的指标包括企业资信、人员设备和（咨询）服务流程。企业资信由企业类型、企业规模、业务领域覆盖面、组织机构、市场占有率、市场信用、注册资金、营业收入、销售（营业）利润增长率、企业荣誉、需求方评价等指标构成；人员设备由经营管理人才、员工数量、人才结构、咨询人员资历、仪器设备、信息设备等指标构成；服务流程由业务运行组织结构、业务流程、管理制度等指标构成。

第8条 评价采用按标准赋分方式进行评分，各指标的得分之和即为该企业服务能力得分。

(3)《江苏省房屋建筑和市政基础设施项目全过程工程咨询服务招标投标规则（试行）》（征求意见稿）

该办法可用于咨询类企业自行评价，也可用于社会评价机构对咨询企业的全过程工程咨询服务能力所进行的全面衡量和评估。

该办法适用于江苏省行政区域内，依法必须招标的房屋建筑和市政基础设施项目全过程工程咨询服务的招投标活动。

第17条　全过程工程咨询服务招标应当实行电子招标投标，采用综合评估法对技术标进行打分的项目还应实行远程异地评标。全过程工程咨询服务技术标，应当采用暗标制。

第18条　全过程工程咨询服务评标办法一般采用综合评估法。

13.5.2　基本概念

13.5.2.1　全过程咨询概念

全过程咨询的全称是"全过程工程咨询服务模式"，是对工程建设项目从前期研究和决策以及工程项目实施和运行（或称运营）的全生命周期，提供组织、管理、经济和技术等方面的工程咨询服务。其具体包括项目的全过程工程项目管理以及投资咨询、勘察、设计、造价咨询、招标代理、监理、运营维护咨询等专业咨询服务。

全过程工程咨询服务可采用多种组织方式，为项目决策、实施和运营持续提供局部或整体解决方案及管理服务。它是一种大力发展以市场需求为导向、满足委托方多样化需求的新型咨询服务模式。

13.5.2.2　全过程咨询特点

① 全过程　围绕项目全生命周期持续提供工程咨询服务。

② 集成化　整合投资咨询、招标代理、勘察、设计、监理、造价、项目管理等业务资源和专业能力，实现项目组织、管理、经济、技术等全方位一体化。

③ 多方案　采用多种组织模式，为项目提供局部或整体多种解决方案。

由于全过程咨询服务具有上述特点，因此，全过程咨询招标评标中对投标人的资质要求较高。全过程工程咨询单位应当在技术、经济、管理、法律等方面具有丰富经验，具有与全过程工程咨询业务相适应的服务能力，同时具有良好的信誉。建设单位根据项目规模和特点，本着信誉可靠、综合能力和效率优先的原则，依法选择优秀团队实施工程建设全过程咨询。招标人在选择全过程咨询单位提供勘察、设计、监理或造价咨询服务时，投标人应当具有与工程规模及委托内容相适应的资质条件。

13.5.3　评标方法适用范围

2017年，国家发展改革委颁布《工程咨询行业管理办法》，提出工程咨询服务范围包括全过程咨询项。国务院办公厅颁布《关于促进建筑业持续健康发展的意见》，倡导培育一批具有国际先进水平的全过程咨询企业。

随后，住房和城乡建设部颁布《关于开展全过程工程咨询试点工作的通知》，将北京、上海、江苏、浙江、福建、湖南、广东、四川8省（市）以及中国建筑设计院有限公司等40多个企业单位作为试点。

2019年3月，国家发展改革委、住房和城乡建设部又印发《关于推进全过程工程咨询服务发展的指导意见》，此后，试点省（市）、单位先后出台了关于推进全过程咨询服务的相关文件，对全过程咨询做出了一系列规范。

从试点省（市）的实践来看，全过程工程咨询服务评标办法原则上采用综合评估法。各地试点省（市）在评标规范方面，对综合评估法评审因素、权重分配以及规范的深度不尽相同，各有特色。例如：

(1) 江苏省的做法

总分100分，其中：①全过程工程咨询服务实施方案≤30分（服务总纲评价6分、服务组织方案13分、项目合同与信息管理各4分、含项目总负责人答辩3分）；②全过程工程咨询服务团队评分标准≤32分（项目总负责人≤7分、人员的配置≤25分）；③投标报价≥28分；④业绩评分≤6分（企业业绩3分、项目总负责人业绩3分）；⑤荣誉、信用≤4分。

(2) 浙江省的做法

评审内容包括技术标、资信标和商务标三部分，评审总分为100分，其中技术标满分50～70分、资信标满分0～20分、商务标满分30～50分。对于商务标的评审，主要是针对各投标人商务标中的投标总报价（还可以设置投标浮动率合理性）进行评审打分。对于合理性范围，应在招标文件中予以规定其上限和下限，超出范围的投标报价做否决投标处理。

(3) 湖南省的做法

评分标准分为：①业绩资信评分标准；②服务团队评分标准；③咨询工作大纲评分标准；④设计方案评分标准；⑤投标报价评分标准；⑥其他因素评分标准。对于分值权重并未作明确的规定，招标人根据项目具体情况确定各评标因素分值。

13.6 工程服务评标操作注意事项

13.6.1 选择恰当的评标办法

工程服务类标的不同，招标有多种评标方法。例如工程设计有综合评估法、记名投票法、排序法等，工程监理评标法方法有综合评估法、经评审的最低投标价法合理价随机确定中标人法，或者法律法规规定的其他方法。各种评标方法有其适用范围、限定条件，投标人应按照项目特点和有关规章加以选择。一般来说，招标人为了能采购到优质的服务，大多采用综合评分法。

13.6.2 明确评标因素侧重点

工程服务是高智商的投入，因此其评标因素与施工、货物评标因素有很大的差别，评标的侧重是对投标单位的服务实力、业绩、服务团队的组成等方面进行考察。例如方案设计招标重点考虑是否充分落实城市设计内容，主要考虑设计创新、绿色生态、地域文化、人文特色等因素，同时，还应当保证功能结构合理、经济技术可行。初步设计和施工图设计招标重点考虑投标方案经济性、技术可行性、功能结构合理性、设计精细化程度等因素。同等条件下，招标人可以优先考虑投标人服务便利度、合同稳定性、质量安全保障性、劳资纠纷可控度等因素。

13.6.3 项目负责人条件设置

项目负责人是由服务单位法定代表人书面授权，全面负责委托服务合同的履行、主持项目机构工作的责任人，是服务单位派往项目执行组织机构工作的全权代表。选择优秀的项目负责人是项目成败的一个关键性的因素，甚至在很大程度上决定项目的成败。一个优秀的项目负责人及其团队在遵守公平、公正、诚信、科学的原则基础上，能够更好地规避劣质服务的产生。因此，在评标时对于项目负责人的评审条件应根据项目需要周密设置，并赋予适当的分值权重。

第14章

工程服务评标案例

14.1 建筑智能化系统设计服务评标案例

14.1.1 案例摘要

通过对智能化系统设计招标评标标准和方法的案例介绍,说明设计招标评标应注重技术标的评审,并要通盘考虑各个因素,杜绝不合理因素的重复评价,且经得起潜在投标人的推敲,避免明招暗定、量身定做的嫌疑。

14.1.2 评标背景

某工程投资估算约为2500万元,计划开工时间为2019年某月某日,竣工时间为2020年某月某日,历时一年。方案调整及施工图设计周期为20日历天;招标内容为智能化系统设计方案征集和施工图设计,申请人应当具备专业人员的资格,主要资格条件略。

14.1.3 评标标准和方法

本项目采用综合评估法,满分100分,其中投标报价50分,企业综合实力15分,项目负责人和人员配备30分,服务承诺5分。本项目的技术标部分采用暗标方式评标,符合性评审详细内容略。

14.1.3.1 投标报价(50分)

本项目设计费招标控值价上限为人民币70万元,下限为人民币30万元,以所有投标人投标报价的最低价作为基准价,得50分,投标价与基准价相比每偏高1%扣0.3分,扣完为止。

14.1.3.2 企业综合实力(15分)

(1) 企业业绩(10分)

2018年1月1日以来,企业承担过合同设计费30万元至70万元之间的公共建筑智能化设计项目(厂房和住宅除外)设计的,得5分;承担过合同设计费70万元以上的公共建筑智能化设计项目(厂房和住宅除外)设计的,得10分。

(2) 项目获奖情况(5分)

2018年1月1日以来,企业参与的智能化设计项目获得行政主管部门或行业协会颁发奖励的，得 2 分；2018 年 1 月 1 日以来，企业参与的智能化设计项目获得国家级行政主管部门或行业协会颁发奖励的，得 5 分。

14.1.3.3 项目负责人及人员配备（30 分）

（1）拟派项目负责人职称与资格（10 分）

拟派项目负责人具备高级工程师职称且同时具备注册电气工程师资格的，得 10 分。

（2）拟派项目负责人业绩（10 分）

2018 年 1 月 1 日以来，拟派项目负责人承担过合同设计费 30 万元至 70 万元之间的公共建筑智能化设计项目（厂房和住宅除外）设计的，得 5 分；承担过合同设计费 100 万元以上公共建筑智能化设计项目（厂房和住宅除外）设计的，得 10 分。本项目最高得 10 分。

（3）项目人员配备（10 分）

本项目要求配备人员最多为 5 人，项目组人员中具备高级工程师职称的，每位加 2 分，最多加 10 分。

14.1.3.4 服务承诺（5 分）

企业承诺项目负责人及项目组主要成员中标后不得更换，接到业主通知后 2 小时内到现场服务的，得 5 分。

14.1.4 案例分析

以上招标公告一经公布，遭到多家潜在投标人的质疑，觉得评价办法有指向性嫌疑。认为该项目招标是针对智能化系统的设计招标，设计招标除具有一般工程项目的共性外，应该还有自身的特点。评标方法存在以下争议问题。

① 技术标作为合格性评审不妥。

《建筑工程方案设计招标投标管理办法》第二十八条："评标方法主要包括记名投票法、排序法和百分制综合评估法等，招标人可根据项目实际情况确定评标方法。"本案采取的是百分制综合评估法，智能化设计作为建筑设计的子系统，应对方案的科学性、合理性、全面性、功能完整性、先进性、开放性、扩展性、适用性和经济性做出评价并量化。只对技术标进行合格性评价，就不能体现设计招标为技术服务的特点。该管理办法附表九规定，技术权重一般不低于 85%，商务部分权重一般不得大于 15%，设计招标技术标所占分值应根据子系统方案具体情况调整，但其分值相对应占有大头，技术标通常采用暗标评审，投标人的技术标文件在开标时应当保密，编号处理。

② 所有投标人投标报价的最低价作为基准价不妥。设计招标不应引导最低价得分，常用的做法是在最高限价内，根据投标人人数的多少，去掉一个最高和一个最低报价，将剩余的投标人报价均价作为基准价。

③ 投标报价与基准价相比每偏高 1% 扣 0.3 分不合理。

一是扣分偏高，设计招标报价与施工招标报价有所不同，报价结果往往相差很大。二是正偏差与负偏差扣分没有区别，假设各潜在投标人有效报价均值为 50 万元，如报 51 万与 49 万，其分值相同，显然结果不太合理，会出现其他评价因素分值之和微占优势的高价投标人中标现象，从而引发投标人对招标结果合理性的质疑。

④ 单位和项目负责人业绩重复加分不妥。

案例标准规定："企业承担过合同设计费 70 万元以上的公共建筑智能化设计项目（厂房和住宅除外）设计的得 10 分"；同时对于拟派项目负责人规定："拟派项目负责人承担过合同设计费 100 万元以上公共建筑智能化设计项目（厂房和住宅除外）设计的得 10 分"。且企业"大于 70 万元"和项目部负责人"大于 100 万元"标准不一致，属于明显失误，应统一为"大于 70 万元"。此两处业绩加分标准会导致潜在投标人容易联想到招标人的规定带有"倾向性",从某种意义上说,企业的业绩也是项目负责人贡献的,招标人选择单位实质上是选择项目负责人,设计招标尤其如此。

⑤ 要求项目负责人具备高级工程师职称且同时具备注册电气工程师资格加分门槛偏高。

根据本案具体情况,对智能设计项目负责人要求同时具备上述两项条件非必须,也没有相关规定。如果设置为项目经理具备高级工程师职称加分的同时,具备注册电气工程师资格的适当加分,这样符合条件的没有注册电气工程师资格的潜在投标人不至于丧失竞争力。

⑥ 项目人员配备人数限定不妥。注册电气工程师再次加分不妥。

项目可以将主要人员列明,人员配备的数量上限不应限定为 5 人,应由企业根据项目实际情况配备,注册电气工程师上述已有加分,虽说不是同一人加分,但会导致没有注册电气工程师的企业再次计分落空,对其竞争力带来极大的影响。

此外,本案中最高限价、最低限价对照国家标准也值得商榷。建筑智能化系统工程设计收费标准应按照国家和本省有关建筑智能化系统工程设计收费标准执行,不得进行不正当竞争,奖项的起始年份并没有按照国家级、省级区别对待,给潜在投标人留下想象的空间,如为什么奖项是从 2018 年起,而不是三年前呢?会使潜在投标人联想招标人是否在为某 2018 年才有奖项的意中人创造条件。

14.1.5 案例提示

① 合理确定最高限价和最低限价。建筑设计子系统较为复杂,各子系统设计招标应符合国家和省建设行业有关管理规定,按照国家和本省有关建筑工程设计收费标准确定最高限价、最低限价。

② 设计标技术部分应占主要分量。建筑工程设计是创造性工作,建筑构思和创意是开放性的脑力活动,建筑智能设计也是如此,在满足项目使用功能要求下,评委应按照系统工程设计方案的技术先进性、系统工程的经济性(概算投资额)、维修管理及后续可扩充性等确定候选中标人。如采用百分制综合评分法,设计技术标应纳入分值评估范围并细化指标,且其分值相对应占大头。

③ 类似工程业绩和奖项合理确定有效期。如江苏的做法,类似工程业绩有效期一般是自竣工备案之日起 5 年内;获得工程奖项的有效期为国优工程 3 年,省优工程 2 年,市优工程 1 年,有效期自发证或发文之日算起,发证、发文不一致的,以发文时间为准。江苏已将这些关键要素列入规范性文件中加以规范。在招标公告和招标文件备案时予以审核,避免人为干扰,随心所欲。

④ 设计标项目负责人资格和人员组成的限定应有依据和必要。

项目负责人是整个项目的灵魂与核心,项目负责人和人员组成的要求因项目具体情况而异,资格的设定要依法依规,恰如其分。在没有规定的情况下,既不能搞那些高大上没有实际意义浪费人才的虚招,也不能不顾实际情况生搬硬套。再有,对稀缺的任职资格设置要考虑是否必要,如有必要则对其评价不能重复,也就是说不能有意无意地提高门槛,以免评标标准和方法的公正性、合理性受到质疑,客观上导致排斥了本可以进入的潜在投标人,或者严重影响其竞争力。

⑤ 提高设计招标文件的质量,重点对评标标准和方法等进行审核。

众所周知,招标文件是招投标活动的最重要的文件,而评标标准和方法则是其核心内容,一方面对招标文件编制人的资格必须做出要求,编制人员的水平决定招标文件的编制质量,如江苏省规定,要取得建筑类国家注册工程师,且要经过培训考核。不仅如此,还需适时掌握相关最新法律法规、规范性文件精神。另一方面，编制招标文件通常使用模板，这本无可厚非，但不能不顾实际情况，生搬硬套。对重要项目或必要时，可进行模拟操作，检查拟定的评标标准和方法的操作性如何、合理性怎样。再一方面招标文件发布前要认真审核，对重点核心内容字字句句斟酌，这一点在实践中往往会被忽略。只有这样才能保证评标标准和方法的严谨、科学、合理，具有可操作性，才能达到业主招标预期目的。

14.2 市政大桥勘察设计服务评标案例

14.2.1 案例摘要

以某市政大桥项目招标评标为例，介绍了在综合评估法下的双信封评标程序的应用和具体操作，为双信封评标程序在勘察设计项目招标评标的应用提供了借鉴。

14.2.2 评标背景

某市政大桥是一座特大桥梁，工程大体南北走向，线路全长 2.818km，占地面积 267.41 亩（1 亩 $\approx 666.67m^2$），工程估算总额 6.3 亿元人民币，招标人对该大桥进行勘察设计（不含咨询费）的招标。招标人对投标的勘察设计单位的资格、业绩、设计方案、服务费用等方面进行了要求和规定。

14.2.3 评标方法

根据《招标投标法》《评标委员会和评标方法暂行规定》《工程建设项目勘察设计招标投标办法》等法律法规规定，结合本项目招标文件的要求，编制了评标方法。

14.2.3.1 第一个信封（商务文件、技术建议书）的评审与打分

(1) 商务文件初步评审

评标委员会对第一个信封中的商务文件进行初步评审，只有通过商务文件初步评审才能参加下一个阶段的评审。

初步评审内容包括：投标文件格式、内容符合招标文件要求，填写内容真实、有效、完整、字迹清晰等，投标人法人代表或委托人的签章、投标担保、资格条件符合招标文件要求，投标人分包符合招标文件和国家的法律规定，投标文件中未出现报价或与报价相关的内容。

不符合上述条件之一的，属于重大偏差，按废标处理。

(2) 商务文件详细评审

对通过商务文件初步评审的，进行详细评审，其内容包括：投标人同意招标人提出的风险划分原则，未提出异议；投标人未增加业主的责任，也未减少投标人的义务；投标人未提出不同的支付方法；投标人按照招标文件的规定提交了合格的投标担保；投标人未对合同纠纷、事故处理办法提出异议；投标人在投标活动中没有欺诈行为；投标人对合同条款没有重要保留；投标人未附有招标人不能接受的条件。

投标人第一个信封中的商务文件如有不符合上述条件之一的，属于重大偏差，按废标处理。

(3) 对商务文件打分

对通过初步评审和详细评审的商务文件进行打分，满分为 50 分。

通过第一个信封（商务文件）详细评审的得 33 分，如投标人有下列情况，可在此基础上进行加分。

① 自2015年1月1日起至投标截止日，每完成一座主跨不小于150m的桥梁设计任务的加1分，最多加5分。

② 自2015年1月1日起至投标截止日，完成的道路、桥梁设计项目获国家级奖（詹天佑奖、鲁班奖、国家优质工程金奖或银奖、国家科学技术进步特等奖或一等奖、全国优秀工程设计金奖或者银奖），每获得一项得3分，最多得6分。

③ 自2015年1月1日至投标截止日，完成的道路、桥梁设计项目获得中国公路勘察设计协会颁发的公路交通优秀设计一等或二等奖的，每项得1.5分，最多得6分。

上述①~③加分若为同一项目，仅加分一次，按最高获奖计分，不重复加分。

(4) 技术建议书的评审

通过技术建议书评审的主要条件是：投标文件按照招标文件规定的格式、内容和要求填写；投标人法人代表或委托人的签章齐全，对本项目勘察设计服务范围、质量标准或实施方面没有改变；勘察设计服务时间满足招标文件要求，技术建议书合理、可行，方案等无实质性偏差；技术建议书未附有招标人不能接受的条件。不符合上述条件的属于重大偏差，作废标处理。

(5) 技术建议书的打分

对通过评审的技术建议书进行打分。技术建议书满分共40分：通过技术建议书评审的得基本分30分；对招标项目的理解和总体设计的思路，设置1分；对本项目桥梁的勘察设计方案及总体思路，设置2分；工程造价初步估算、对本项目勘察设计的特点及关键技术问题的对策措施，2分；环保、绿化、城市景观、工作计划及质量管理等方面，1分；对本项目勘察设计进行优化设计的方案和措施，2分；对本项目建设的其他合理化建议，1分；必要的设计图纸，1分。

14.2.3.2 第二个信封（财务建议书）的评审与打分

(1) 财务建议书的评审

财务建议书评审内容为：投标文件按照招标文件规定的格式、内容和要求填写，字迹清楚可辨；投标人法人代表或委托人的签章齐全，符合招标文件规定；投标函中大写报价与小写报价一致；投标人仅提交了一份投标书，且仅有一个报价；勘察设计收费依据符合勘察设计的取费标准规定；勘察设计费计算方法合理；取费计算清单明晰；财务建议书没有招标人不能接受的条件。不符合上述条件的属于重大偏差，按废标处理。

(2) 财务建议书报价校核

对算术错误和累加运算上的差错进行修正。

① 如果财务建议书修正后的最终报价与原报价相比偏差在1%以内（含±1%），且投标人报价不高于招标人优惠后的勘察设计费（不包括地质钻探费）控制价的上限，不低于招标人优惠后的勘察设计费（不包括地质钻探费）控制价的下限，地质钻探费用单价不高于招标人控制价上限、不低于控制单价下限，则按照评标委员会修正后的报价作为最终投标报价。

② 如果财务建议书修正后的最终报价与原报价相比偏差在1%以上，或相应报价高于招标人优惠后的勘察设计费（不包括地质钻探费）控制价的上限，或低于招标人优惠后的勘察设计费（不包括地质钻探费）控制价的下限，或地质钻探费用高于招标人控制单价上限或低于控制单价下限，属于重大偏差，按废标处理。

修正后的最终评标价仅作为判别投标价是否通过初步评审及签订合同的一个依据，并不影响投标人按评标办法规定排名的先后次序。对于评标委员会修正后的最终报价，投标人应予以接受，否则招标人有权考虑不授予其合同。若修正后的最终投标报价 B 小于开标时的投标报价 A，则签订合同时以最终投标报价 B 为准；若修正后的最终投标报价 B 大于开标

时的投标报价 A，则签订合同时以最终投标报价 A 为准；同时招标人和投标人应协商修正相应项的单价或合价。

(3) 财务建议书报价打分

财务建议书满分共 10 分，其中优惠后的勘察设计费（不包括地质钻探费）报价得分占 7 分，地质钻探费报价得分占 3 分。

① 优惠后的勘察设计费（不包括地质钻探费）报价得分计算如下。

计算公式如下：

$$F_i = F - \frac{|D_i - D|}{D} \times 100 \times E$$

式中　F_i——优惠后的勘察设计费（不包括地质钻探费）报价得分（最低得分为零）；
　　　F——优惠后的勘察设计费（不包括地质钻探费）报价得分满分值，取 $F=7$；
　　　D_i——经修正后的投标人优惠后的勘察设计费（不包括地质钻探费）；
　　　D——优惠后的勘察设计费（不包括地质钻探费）报价的基准价；
　　　E——偏差扣分系数，若 $D_i \geq D$，则 $E=0.75$；若 $D_i < D$，则 $E=0.5$。

优惠后的勘察设计费（不包括地质钻探费）基准价 D 的计算公式为：

$$D = (f \times A + B)/2$$

式中　A——优惠后的勘察设计费（不包括地质钻探费）控制价上限；
　　　B——所有有效投标人优惠后的勘察设计费（不包括地质钻探费），拆封时未修正的报价去掉一个最高值和一个最低值后的平均值，当有效投标人少于 5 家时，则不需要去掉最高值和最低值；
　　　f——下浮系数，f 的取值范围在 97%～99% 范围内，提供 3 个下浮率（95%、96%、97%），采用摇珠方式，在第一个信封开标完毕后，抽取一名投标人，由其在 3 个下浮率中抽取一个下浮率，即为 f 值。

② 地质钻探费报价得分计算如下。

计算公式：

$$G_i = G - \frac{|H_i - H|}{H} \times 100 \times K$$

式中　G_i——地质钻探费报价得分；
　　　G——地质钻探费报价得分满分值，取 $G=3$；
　　　H_i——经修正后的投标人地质钻探费用单价；
　　　H——地质钻探费用单价基准价；
　　　K——偏差扣分系数，若 $H_i \geq H$，则 $K=0.75$；若 $H_i < H$，则 $K=0.5$。

地质钻探费用单价基准价 H 的计算公式为：

$$H = (f \times M + N)/2$$

式中　M——地质钻探费用单价控制价上限；
　　　N——所有有效投标人地质钻探费用单价（拆封时未修正的报价）去掉一个最高值和一个最低值后的平均值，当有效报价少于 5 家时，则不需要去掉最高值和最低值。

14.2.3.3　综合得分

投标人最终得分＝商务文件得分＋技术建议书得分＋财务建议书得分

14.2.3.4　定标

评标委员会将各投标人的综合得分由高到低排序，推荐得分第一名的投标人为本项目勘察设计第一中标候选人；推荐综合得分第二名、第三名的投标人为本项目勘察设计第二、第三中标候选人。当综合得分相等时，以投标报价较低者优先，投标报价相等时以技术建议书得分高者优先。

14.2.4 案例提示

本勘察设计项目采用的是双信封评标程序。双信封评标法是指投标人将投标人的商务和技术文件密封在一个信封中；将投标报价文件密封在另外一个信封中，分两次开标的评标方法。双信封评标可以消除技术部分和投标报价的相互影响，更显公平、公正、合理的原则。双信封评标在开标前，两个信封同时提交给招标人。评标程序如下：

① 第一次开标时，招标人首先打开商务和技术文件信封，报价信封交监督机关或公证机关密封保存。

② 评标委员会对商务和技术文件进行初步评审和详细评审：

a. 若采用合理低标价法或最低评标价法，评标委员会应确定通过和未通过商务和技术评审的投标人名单；

b. 若采用综合评估法，评标委员会应确定通过和未通过商务和技术评审的投标人名单，并对这些投标文件的技术部分进行打分。

③ 招标人向所有投标人发出通知，通知中写明第二次开标的时间和地点。招标人将在开标会上首先宣布通过商务和技术评审的名单，并宣读其报价信封。对于未通过商务和技术评审的投标人，其报价信封将不予开封，当场退还给投标人。

④ 第二次开标后，评标委员会按照招标文件规定的报价评标办法进行评标，推荐中标候选人。

双信封评标程序比较适合规模较大、技术比较复杂或特别复杂的工程项目，应按照项目的不同特点，采用综合评估法或合理低价法、最低评标价法。

采用双信封评标程序操作比较复杂、评标时间较长，应特别注意技术评标期间的信息保密和报价信封的保管工作。

14.3 建设工程监理服务评标案例

14.3.1 案例摘要

我国的监理服务招投标源于施工招投标，又区别于施工招投标。本节介绍了工程监理招标评标的三个案例，其根据工程项目的特点和需要，采取三种不同的评标方法，选择不同的评审因素与权重，并分析了三种评标方法的特点。

14.3.2 案例一

14.3.2.1 评标背景

青海玉树某城镇道路工程灾后恢复重建监理招标项目，监理招标内容为城镇道路15km，主要建设车行道、人行道、地下管网、照明、绿化、拆迁等的工程监理。分为两个标段，一标段是河西路、河北路、青年路等六条道路土建施工和电灯及电器安装；二标段为思源中路、思源北路、行政路等八条道路土建施工和电灯及电器安装。

14.3.2.2 评标依据

本工程项目监理按照《招标投标法》和项目所在省制定的《房屋建筑与市政基础设施工

程监理招标投标管理办法》等招投标法规、规章、规定,通过公开招标来择优选择中标候选人。

14.3.2.3 评标方法

本工程监理项目属于通用技术、通用性能标准类,招标人对其技术、性能没有特殊的要求。依据"综合评审、择优选择、合理低价中标"的原则,制定了评标细则,规定评标方法按照技术标评审和商务标评审两步进行。第一步为技术标评审,按百分制量化打分,满分100分,最低门槛分值设定为70分。只有通过技术标评审的投标单位(技术标得分≥70分)才能进入第二阶段的商务标评审,并最终以商务标的评审结果确定中标候选人。

(1) 技术标评审标准

① 监理大纲(25分)

其中质量控制6分,进度控制6分,造价控制6分,安全和职业健康4分,合同和信息管理3分。

对质量、进度、造价、安全等控制的方法科学、合理、具有先进性,措施得力、有针对性,有相应奖惩承诺的得满分;方法可行、措施一般、承诺不具体的酌情扣分;措施不力、方法不合理、无奖惩承诺的不得分。

② 现场监理机构人员资格(25分)

a. 总监理工程师(9分):符合招标文件相关规定的得7分;监理过类似规模工程的,有一个加1分;监理过的工程获得市级以上优质工程称号的,有一个加1分,获得省级优质工程称号的加2分。该项的总分值不得超过9分。

b. 人员专业配套(6分):专业人员配备基本齐全的得3分;专业人员配备齐全,监理人员具有监理业绩的得满分。

c. 人员职称、年龄结构等(5分):项目监理机构人员数量配备合理,以高、中级职称为主,老、中、青搭配合理的得3分;全部为高、中级职称,且年龄结构合理得5分。

d. 注册监理工程师所占比例(5分):20%以下0~2分;20%~40%(不含40%)3分;40%~50%(不含50%)4分;50%及以上5分。

③ 监理取费(20分)

a. 监理费报价高于国家取费标准上限的,按废标处理。

b. 监理费报价在国家取费标准范围内的,得10分。

c. 以在国家取费标准范围以内的各投标单位的报价平均值为准,监理费每下浮1%加1分,每上浮1%减1分;但加分最多不得超过10分,减分最多减至该项为零分。

④ 检测设备(10分)

a. 检测设备的配备基本满足工程检测要求的得7分。

b. 检测设备齐全,完全满足工程检测要求的得10分。

⑤ 企业信誉(10分)

a. 企业资质等级:甲级资质6分;乙级资质5分;丙级资质4分。

b. 企业获得荣誉:获州、市(县)级荣誉称号的加2分;企业通过ISO 9000质量体系认证的加2分。

⑥ 监理业绩(10分)

a. 监理过3个(含3个)以上同等级工程的得10分。

b. 监理过2个(含2个)以上同等级工程的得8分。

c. 监理过1个(含1个)以上同等级工程的得6分。

以上各项所得分数之和不得超过该项的总分值。

(2) 技术标评审程序

① 评标委员会成员根据本细则规定，各自进行打分，并记录在综合评分表中，然后按平均值计算出各投标单位的得分值。

② 计算各投标单位的平均得分值，并应在全体评标小组成员在场的情况下公开进行，分值一经得出，并核对无误签字后，任何人不得更改。

只有分数值大于 70 分的投标单位，即通过了技术标评审，才能进入商务标评审。

(3) 商务标评审

① 已通过技术评审的投标单位，评标委员会将对监理报价的合理性进行评审。

② 评标基准价：以技术评审通过后的投标单位报价的算术平均值为评标基准价。

③ 按照投标人报价低于评标基准价的程度，由小到大对投标人排序，对中标候选人排序。

(4) 定标

以报价低于并最接近评标基准价的投标人为第一中标候选人；以报价低于并第二接近中标基准价的投标人为第二中标候选人；报价低于并第三接近中标基准价的投标人为第三中标候选人。

14.3.2.4 评标方法特点

该方法相当于对技术标进行量化的合格性评审，然后评审监理价格，同时，兼顾了质量与价格双方面的因素，实际上是经评审的最低投标价法在工程监理评标中的应用。

在商务评审中，该方法通过评委会对监理报价的合理性进行了评审，使得投标人所报监理费的费率均在规定的取费标准范围以内。一般来说该方法的中标人为次低报价者。该方法适用于通用技术、通用性能标准类，招标人对于对其技术、性能没有特殊的要求的工程监理项目。

14.3.3 案例二

14.3.3.1 评标背景

某综合办公楼及附属设施项目监理。总建筑面积 $9910m^2$，新建综合办公楼 $7790m^2$，附属设施 $2120m^2$，监理内容还包括设备购置安装等。

14.3.3.2 评标依据

本工程项目监理按照《招标投标法》和项目所在省制定的《房屋建筑与市政基础设施工程监理招标投标管理办法》等有关规定，通过招标择优选择中标候选人。

14.3.3.3 评标方法

本项目属于工程规模大、履约工期长、技术复杂、施工难度较大、质量及工期受不同施工方案影响大、工程管理要求较高的监理项目。本次评标分为两个阶段，即按照初步评审、详细评审（技术标评审、商务标评审）的程序进行。首先进行初步评审，即合格性评审，初步评审合格后，进入详细评审。在详细评审中，依据评标方法分别对技术标（监理大纲、项目监理人员素质、检测设备、企业社会信誉）和对商务标（工程监理报价）进行综合打分，最后由评标委员会根据招标人授权确定综合得分最高者为本项目中标人。

(1) 初步评审

初步评审是对投标文件进行合格性评审，并对其报价是否低于成本价和超过工程监理费的最高限价进行评审、鉴别。初步评审后，确定合格的投标文件和作废的投标文件。

(2) 详细评审

① 技术标评审（50分）

a. 项目监理组织措施（15分）

ⅰ. 项目监理组织措施的相适及合理性程度，满分为 4 分。

ⅱ. 人员派驻计划：专业配套、年龄结构、技术职称等的合理性程度，满分为 8 分。具体包括：拟派驻监理人员的专业配套满足程度（2 分）；人员数量、年龄结构的满足程度（2 分）；持证监理人员不得少于 5 人（2 分）；从事监理工作的其他人员（1 分）；参与监理工作人员的独立性（1 分）。

ⅲ. 机构岗位分工、职责明确程度，满分为 3 分。项目监理组织措施、人员配置、岗位分工等满足工程需要，且针对工程实际的，可给满分；基本满足工程需要但缺乏针对性的可在评分中酌情扣分。

b. 项目目标控制的监理措施（15 分）：质量控制监理措施、方法，满分为 4 分；进度控制监理措施、方法，满分为 4 分；投资控制监理措施、方法，满分为 3 分；安全生产和文明施工监理措施、方法，满分为 4 分。

质量控制、进度控制、投资控制、安全生产和文明施工等内容的监理措施科学、合理、具有先进性，措施得当，针对性强的得满分。

c. 监理人员资格审查（20 分）

ⅰ. 总监理工程师资格和能力及类似工程监理业绩，满分为 12 分。

总监理工程师能力审查可通过答辩方式进行评审打分，如果要求总监理工程师进行答辩的，招标人应在招标文件中明确要求答辩的主要问题。

总监理工程师资格和能力满足工程需求的得满分，总监理工程师资格满足工程需求，能力一般的酌情扣分。

ⅱ. 专业监理工程师资格、经验和业绩综合评审，满分 8 分。

专业监理工程师资格、经验和业绩满足工程需要，各方面相对较好的得满分；基本满足工程需要，经验、业绩一般的酌情扣分。

② 历史业绩、在监工程考核（15 分）

ⅰ. 以往的工程业绩（同类或类似工程，与项目实施地同一地区的业绩）：近三年内完成过同类或类似工程监理且该工程竣工验收质量等级为合格的得 7 分，不是同类工程的得 5 分。

ⅱ. 在监理工程中有同类工程业绩的得 3 分，有不是同类工程业绩的得 2 分。

ⅲ. 对近三年来企业信誉及服务质量进行评审，满分为 5 分。

③ 商务标评审（35 分）

复合标底的计算公式：

$$F = A \times Y + (T_1 + T_2 + \cdots + T_n)/n \times B$$

式中　　　F——复合标底；

A——加权平均系数，取值为 0.3、0.4、0.5、0.6、0.7 其中之一，由评标委员会负责人在开标前当众抽签确定；

Y——监理费控制价，在标书中设定，报价高于控制价及低于企业成本价的投标文件将被拒绝；

$T_1, T_2, \cdots, T_n$——各投标人的报价；

n——投标人数，$n \geqslant 3$；

B——加权平均系数，$B = 1 - A$。

商务标评审标准：

ⅰ. 当投标申请人的投标报价符合招标文件的要求（小于或等于工程控制价）的得35分。

ⅱ. 当投标申请人的投标报价在F的基础上每降低2%加3分，降低超过6%每降低2%加2分，超过12%部分不予加分。

ⅲ. 当投标申请人的投标报价在F的基础上每增加2%扣3分，增加超过6%每增加2%扣2分，增加超过12%部分不予扣分。

④ 总分计算

工程监理投标人得分＝技术标得分＋历史业绩、在监工程考核得分＋商务标得分

(3) 定标

按照工程监理投标人得分由高到低排序，综合得分最高者为中标候选人，评标委员会根据业主授权确定中标人。

14.3.3.4 评标方法特点

本项目评标时，在初步评审中，定性判断是否低于企业成本价，设立最高限价以防止串标抬高价格的行为，同时兼顾了质量与价格双方面的因素，确定综合得分最高者为中标人，该方法的中标结果往往是中间报价者中标。

该方法实际上是综合评估法在工程监理评标中的运用，适用于工程监理项目规模大、工期长、技术复杂、施工难度较大的监理项目评标。

14.3.4 案例三

14.3.4.1 评标背景

某市人民医院分院总建筑面积$71154.36m^2$，地上$46075.35m^2$，地下$25079.01m^2$，门诊楼五层，医技楼四层，为框架结构，投资约1个亿。施工工期2年，工程监理工期2年零2个月。监理招标范围：施工图纸范围内的土建工程、安装工程、装饰装修工程及相关配套工程、项目施工期和缺陷修复期的所有监理服务工作。

14.3.4.2 评标依据

该办法依据项目所在省制定的《建设工程监理招标评标（暂行）办法》和《建设工程监理与相关服务收费管理规定》文件等法规、规章、规定制定。

14.3.4.3 评标方法

工程监理评标方法采用综合评估法，用打分的方法衡量投标文件是否最大限度地满足招标文件中规定的各项评价标准，满分分值为100分，通过初步评审和详细评审两个阶段，择优选定工程监理中标人，评分标准如下。

(1) 初步评审

按照招标文件规定进行合格性评审，合格者进入详细评审阶段。

(2) 详细评审

① 监理大纲（70分）

a. 项目监理组织措施（20分）：项目监理组织措施的相适及合理性程度，满分为10分；人员的专业配套、年龄结构、技术职称等的合理性程度，满分为5分；机构岗位分工、职责明确程度，满分为5分。

项目监理组织措施、人员配置、岗位分工等满足工程需要且针对工程实际，可给满分；基本满足工程需要但缺乏针对性的可在评分中酌情扣分。

b. 项目目标控制的监理措施（30分）：质量控制监理措施，满分为10分；进度控制监理措施，满分为8分；投资控制监理措施，满分为8分；安全生产和文明施工监理措施，满分为4分。

质量控制、进度控制、投资控制、安全生产和文明施工等内容的监理措施科学、合理、具有先进性，措施得当，针对性强的得满分。

c. 监理人员的资格审查（20分）：

ⅰ．总监理工程师资格和能力及类似工程监理业绩，满分为12分。

总监理工程师能力审查可通过答辩方式进行评审打分，如果要求总监理工程师进行答辩的，招标人应在招标文件中明确要求答辩的主要问题。

总监理工程师资格和能力满足工程需求的得满分；总监理工程师资格满足工程需求，能力一般的酌情扣分。

ⅱ．专业监理工程师资格、经验和业绩综合评审，满分为8分。

专业监理工程师资格、经验和业绩满足工程需要，各方面相对较好的得满分；基本满足工程需要，经验、业绩一般的酌情扣分。

② 监理资信（15分）

a. 对近三年来企业类似工程业绩的考核（5分）。

b. 对近三年来企业信誉及服务质量进行评审（10分）。

以上业绩、企业信誉及建设各方的评价均以监理业务手册评价为准或现场考查进行评审。

③ 监理报价（15分）

a. 投标人监理费报价在控制价88%～109%范围内的得基本分9分。

b. 投标报价高于控制价的，每高1%，扣1分；高于控制价9%的，监理报价得零分；

c. 投标报价低于控制价的，每低1%，加0.5分，但加分最多不超过6分。

最终该项工程监理报价的得分最高为15分。

④ 总分计算

$$工程监理投标人得分＝监理大纲得分＋监理资信得分＋监理报价得分$$

(3) 定标

经评标委员会对商务和技术部分的综合评审，量化评分得出各投标单位的最终得分，并从高分到低分依次排序确定中标候选人，排名第一者为第一中标候选人。中标人由招标人或招标人授权评标委员会直接确定。

14.3.4.4　评标方法特点

设立限价区间可防止串标抬高价格或压低价格的行为。但价格不是主要因素，评标定标原则类似于QBS方法（基于质量的评审方法），采用此方法能更大概率使综合实力强、企业信誉好的投标人中标。

14.3.5　案例提示

上述几种工程监理的评标方法均有不足和局限性，同样的工程监理评标方法往往会产生不同的评标结果。完善、科学、合理的评标方法必须依托于当时当地的行业环境、制度背景、市场化程度，乃至具体工程的具体特征和工程监理的需求，应理性决策，才能制定出合适的评标方案。

同时，在实际招标工作中，应加强对工程项目的研究，在法律规范的范畴内对评标方法不断改进，对评标中存在的各种问题，不断吸取经验，开拓创新，摸索科学适用的评标方法，为监理工程服务。

14.4 市政地下管廊造价咨询服务评标案例

14.4.1 案例摘要

以某地下综合管廊造价咨询项目招标为例,介绍了招标人针对项目特点制定的评标方法,包括评标因素设置、分值权重以及评标程序等,对同类项目造价咨询服务评标方法具有一定的参考意义。

14.4.2 评标背景

某国际新城二期工程规划,建筑面积 23.4km²,本项目地下综合管廊建设里程约 15.15km,工程管廊控制中心建筑面积约 2125.12m²,地上两层、地下一层,投资估算 340 万元,全过程造价咨询服务期为 2 年,服务时限从咨询服务合同签订起至招标人工程结算止。

本项目全过程造价咨询招标范围包括:方案设计阶段已审批的投资估算分析与评估、初步设计阶段已审批的概算分析与评估、施工图设计阶段已审批的施工图预算分析与评估、招投标阶段协助业主参与合同谈判与签署、施工阶段负责建立 PPP 项目工程申报与审批体系、进度款支付审核、现场计量控制和造价控制、变更签证审核、工程结算审核等。

本项目投标报价方式为费率报价,投标报价暂定取费基数为 8.48 亿元,投标报价上限值费率为 4‰,超出上限值的投标报价为无效投标报价,按无效投标处理。

14.4.3 评标方法

14.4.3.1 评标依据

根据《招标投标法》《评标委员会和评标方法暂行规定》以及项目所在省《实施〈中华人民共和国招标投标法〉办法》等有关法律、法规、规章,制定评标方法。

14.4.3.2 评审程序

(1) 初步评审

首先对投标文件进行资格审查,本项目采取资格后审。资格审查主要是对照强制性规定要求比照投标人的资质、业绩、经营状况和拟投入人员是否满足强制性要求,有一项不合格,该投标人将被拒绝,不再进入后续评审。

然后对投标文件进行形式审查和响应性审查,并检查投标文件是否有重大偏差和保留,如果这些重大偏差和保留的存在会导致对其他投标人产生不公平的影响,相应投标人将被拒绝。对投标算术错误进行调整和修正,拒绝调整和修正的,将被取消投标资格。

(2) 详细评审

本项目采用综合评估法,即百分制计分进行评标,具体权重取值如表 14-1 所示,造价咨询服务方案评标标准如表 14-2 所示,拟投入团队情况及信誉评标标准如表 14-3 所示,投标报价评标标准如表 14-4 所示。

表 14-1 权重取值表

序 号	评审内容	权重取值
1	造价咨询服务方案	0.30
2	拟投入团队情况及信誉	0.40
3	投标报价	0.30

注:1. 造价咨询服务方案由评标委员会集体评议后评标委员会成员单独打分,去掉一个最高分和一个最低分后取算术平均值。

2. 拟投入团队情况及信誉、投标报价由评委集体打分。

表 14-2 造价咨询服务方案评标标准

序号	评审因素	分值	评分标准
1	造价咨询服务工作方案	15	编制方案完整、流程科学合理、技术水平和技术装备先进、管理制度严格:优计12~15分;良好计8~11分;一般计3~7分
		15	编制人员配备合理、经验丰富、能安排专业对口人员常驻采购人处和项目现场办公沟通,根据人员安排方案,优计12~15分;良好计8~11分;一般计3~7分
		15	编制进度计划合理、能在最大程度上节省时间、保证效率;根据进度安排,优计12~15分;良好计8~11分;一般计3~7分
		10	编制所需设施设备合理:根据设备配备方案,优计10分;良好计6~7分;一般计2分
2	综合服务能力	15	委托人和咨询人工作界面划分清晰,咨询人全过程管理能力、图纸审核能力、清单编制能力、合同把控能力、现场变更签证管理水平、服务特点、信誉程度、服务态度及其管理经验:优计12~15分;良好计8~11分;一般计3~7分
3	市建设造价中没有发布预算价的主要材料设备的种类、定价的方案及途径	10	主要材料、设备的种类齐全,定价方案及途径明确、科学可行得10分; 主要材料、设备的种类基本齐全,定价方案及途径基本明确、科学可行得5~7分; 主要材料、设备的种类不齐全,定价方案及途径不够明确、欠科学可行得0~3分
4	服务承诺	8	承诺严格按照采购人需要在规定的时间内完成编制报告并通过验收的计4分;承诺估算指标编制成果科学合理、切合实际、保证编制质量的,计4分
5	投标人认为需要补充的内容及合理化建议	12	补充的内容和合理化建议对如何准确编制控制价具有重要意义,且切实可行的,每一条加4分,本项最多加12分
	合计	100	—

注:1. 造价咨询服务方案中应当具备的项目缺项的,该项目计零分。
2. 单项得分为对评委会成员个人评审计分去掉一个最高分和一个最低分后的算术平均值。

表 14-3 拟投入团队情况及信誉评标标准

序号	评审因素	分值	评分标准
1	投标文件的编制	5	符合招标文件规定的,计5分; 每出现一处细微偏差,视偏差程度扣1~5分,扣完为止
2	企业业绩	30	近5年每完成一个单项合同金额不少于35000万元综合管网项目的招标控制价编制或招标控制价审核或结算审核或施工阶段全过程造价业绩的加5分,最多加25分;若同个项目同时具有结算审核和施工全过程造价咨询业绩的再加2.5分,最多加5分
3	获奖情况	15	近3年内,投标人获得市级颁发的造价咨询先进单位的每计5分,最多计15分
4	项目负责人业绩	30	拟任项目负责人近5年每完成一个单项合同金额不少于35000万元综合管网项目的招标控制价编制或招标控制价审核或结算审核或施工阶段全过程造价业绩的加5分,最多加25分; 如果同一个项目同时具有结算审核和施工全过程造价咨询业绩的再加2.5分,最多加5分。 每个项目根据要求提供相应合同及业主方面证明资料原件(如有),不能提供的不计分
5	专业技术人员配备	5	拟配专业人员领域涵盖土建、市政、安装、电力、审计等专业的造价咨询人员,每一个专业人员计1分,最多计5分
		15	投标人具有全国注册造价工程师30名以上(其中安装专业的造价工程师8人及以上)计15分;20人及以上的(其中安装专业的造价工程师6人及以上)计10分;10~19人的(其中安装专业的造价工程师5人及以上)计5分;其他不计
	合计	100	—

注:1. 细微偏差是指投标文件的内容、格式、字体、分数等不符合招标文件规定要求影响评审的。
2. 变更公示期内的注册造价工程师及相关人员不能作为该投标单位人员计入名单,其人员只需投标企业的造价工程师相关信息,不需要填写注册在外地的分支机构的注册造价工程师的人数,所有注册造价工程师需要提供劳动保障部门出具的连续3个月缴纳社保的证明原件,不能提供社保证明材料的注册造价工程师人员不能作为有效人员计算。
3. 以总公司的人员、业绩进行评分,不接受联合体、分包、港澳台地区或境外业务。
4. 本表中的2条至5条所涉及的资料,投标人须在投标文件中附齐复印件,并提供原件,由评标委员会审核符合要求才能计分。
5. 资格后审不合格的不进入该部分评审。

表 14-4　投标报价评标标准

序　号	项　　目	评 分 标 准
1	最终投标价＞基准价	比基准价每高 1% 减 2 分
2	最终投标价＝基准价	100
3	最终投标价＜基准价	比基准价每低 1% 减 1 分

注：1. 投标报价得分满分为 100 分。

2. 在投标报价上、下限值之间的合格投标人的投标报价计入基准价计算：基准价＝$(A_1+A_2+\cdots+A_n)/n$。其中，$A_1,A_2,\cdots,A_n$ 为进入基准价计算的投标报价，n 为进入基准价计算的投标报价的个数。

3. 计算保留小数点后两位（百分比亦然）。

(3) 定标方式

评标委员会依据各投标人最终得分由高到低排序，推荐不超过 3 名中标候选人，招标人应在评委会推荐的中标候选人中确定中标人。

14.4.4　案例提示

工程造价咨询服务是工程咨询的一个分支服务业务，是提供智力成果的重要工作。为此，在工程造价咨询服务招标的评标中，同其他服务（除设计）一样主要考虑企业的信用、规模、同类服务业绩、专业技术人员数量、拟投入项目人员的经历和能力以及服务价格等，主要遵循先择优、后竞价的原则。

值得注意的是，在工程造价咨询服务商务评审中，业主的招标文件往往对报价方式有不同的要求，例如，本项目招标采用的是费率报价的方式。采用不同的报价方式，其计算方法有不同：

（1）以总价投标的评审：以有效报价去除一个最高报价和一个最低报价后的算术平均值（投标人在 5 个以下的采取简单平均值）作为评标基准价；投标价与评标基准价比较，按照事先规定，计算各投标人的投标报价得分。

（2）以费率投标的评审：以有效投标费率去除一个最高费率和一个最低费率后的算术平均值（投标人在 5 个以下的采取简单平均值）作为评标基准费率；投标费率与评标基准费率比较，按照事先规定，计算各投标人的费率报价得分。

（3）以基本收费和追加收费相结合报价：按照（1）和（2）的方法打分，两项得分按照一定权重（如 50%）相加即得此项商务评审得分。

招标文件对报价有其他计价方法要求的，应参照上述类似方法，在招标文件中明确商务标评审得分计算方法。

第 15 章

政府采购服务评标方法

15.1 政府采购服务评标概述

15.1.1 评标方法依据

财政部的《政府采购货物和服务招标投标管理办法》《关于加强政府采购货物和服务项目价格评审管理的通知》《政府采购竞争性磋商采购方式管理暂行办法》《政府采购促进中小企业发展管理办法》《政府采购框架协议采购方式管理暂行办法》等法规文件适用于政府采购货物的,也同样适用于政府采购服务项目,均为政府采购服务类项目评标的法律法规依据。

随着政府采购法的不断深入实践和招标投标制度的推广,服务招标投标领域不断扩展,国家部门为进一步规范服务招标投标活动,自《政府采购货物和服务招标投标管理办法》颁布后,财政部又相续颁布了一些有关服务类项目的专门规定,例如:

(1)《关于推进和完善服务项目政府采购有关问题的通知》

为大力推进政府采购服务工作,根据《政府采购法》《国务院办公厅关于政府向社会力量购买服务的指导意见》等有关规定,财政部下发了该文件。其中,通知第一条要求按照"方式灵活、程序简便、竞争有序、结果评价"的原则,针对服务项目的不同特点,探索与之相适应的采购方式、评审制度与合同类型。该条款对于积极探索与各种采购方式相适应的评审方法提供了政策依据。

(2)《政府购买服务管理办法》

为了进一步转变政府职能,推广和规范政府购买服务,财政部下发了该文件。该文件对于完善购买方式程序,强化绩效管理机制做了明确的规定。

第 7 条 政府购买服务的承接主体应当符合政府采购法律、行政法规规定的条件。

购买主体可以结合购买服务项目的特点规定承接主体的具体条件,但不得违反政府采购法律、行政法规,以不合理的条件对承接主体实行差别待遇或者歧视待遇。

第 8 条 公益一类事业单位、使用事业编制且由财政拨款保障的群团组织,不作为政府购买服务的购买主体和承接主体。

第9条 政府购买服务的内容包括政府向社会公众提供的公共服务,以及政府履职所需辅助性服务。

第15条 ……政府购买的基本公共服务项目的服务内容、水平、流程等标准要素,应当符合国家基本公共服务标准相关要求。

第17条 购买主体应当根据购买内容及市场状况、相关供应商服务能力和信用状况等因素,通过公平竞争择优确定承接主体。

第20条 购买主体实施政府购买服务项目绩效管理,应当开展事前绩效评估,定期对所购服务实施情况开展绩效评价,具备条件的项目可以运用第三方评价评估。

财政部门可以根据需要,对部门政府购买服务整体工作开展绩效评价,或者对部门实施的资金金额和社会影响大的政府购买服务项目开展重点绩效评价。

第21条 购买主体及财政部门应当将绩效评价结果作为承接主体选择、预算安排和政策调整的重要依据。

上述条款为政府采购服务的方法、程序提供了法规依据,为政府购买服务的评价活动定下了基本原则。

15.1.2 政府采购服务概念

15.1.2.1 政府采购服务的定义

依据《政府采购法》第2条,政府采购服务是指各级国家机关、事业单位和团体组织,使用财政性资金采购依法制定的集中采购目录以内的或者采购限额标准以上的服务的行为。《政府采购法》所称"服务"必须同时具备四个要素:一是需求者是国家机关、事业单位和团体组织;二是采购资金属性是财政性资金;三是采购对象在集中采购目录以内或者采购限额标准以上;四是采购目标是维护国家利益和社会公共利益的。同时第2条还指出:"本法所称服务是指除货物和工程以外的其他政府采购对象。"从经济学角度讲,服务属于第三产业,政府采购法对服务的含义界定采用了排除法,主要考虑到服务领域项目繁多,很难用简单的法律语句来表述,这也符合国际通用的做法。

15.1.2.2 政府采购服务范围

依据《政府采购法实施条例》第2条,政府采购服务不仅包括行政机关、事业单位和团体组织自身需要的服务,还包括向社会公众提供的公共服务项目。公共服务产品可分为基础公共服务、经济公共服务、公共安全服务、社会公共服务等。公共服务采购产品与采购人自身需求服务产品相比其范畴较为广泛,有时甚至包括提供服务载体的采购,属于混合型采购。

政府采购服务范围包括专业服务、技术服务、信息服务、课题研究、运输、维修、培训、劳力等类别。其内容具体包括:专业咨询(法律、心理)、专业设计(建筑、网站)、工程监理(道路、桥梁)、中介服务(买卖、拍卖等)、保险(工程保险、人身意外保险等)、租赁、物业管理、维修保养服务、信息技术、信息管理软件的设计与开发、票据、证照、报表的定点印刷、制作;国际机票定点供票、公务旅行、公务员体检、企业代理记账、大型会议、会展、文化活动、演出等;公务车的维修、加油、保险;职业培训、公务考察、高校的科研课题等。

由此可见,服务类采购的项目所涵盖的内容相当广泛。某省级政府集中采购服务项目公开招标评标方法一览表如表15-1所示。

15.1.2.3 政府采购服务评标难点

(1) 投标人资格确认难

《政府采购法》中规定供应商参加政府采购活动必须具备六个条件。在投标人资格审查

表 15-1　某省级政府集中采购服务项目公开招标评标方法一览表

通用的政府采购项目	
品目名称	适用评标方法
（一）印刷品	最低评标价法
（二）信息技术、信息管理的软件开发设计	最低评标价法、综合评分法或性价比法
（三）交通工具的维护保障	
1. 交通工具的保险	最低评标价法、综合评分法或性价比法
2. 交通工具的加油	最低评标价法、综合评分法或性价比法
3. 交通工具的维护	最低评标价法、综合评分法或性价比法

时涉及：工商营业执照，国税、地税登记证，企业法人代码证；生产经营范围、办公场所证明；生产厂家或销售总代理提供的书面授权书、委托书或证明文件；符合国家环保标准、安全标准的证明材料；经营国家有特殊规定标准的服务应持有的特殊行业许可证；与政府采购活动有关的记录和信誉证明材料等文件资料。对于特殊服务的供应商，国家还有特别要求。例如公务车辆维护供应商，要具有道路运输经营许可证，这涉及交通运输局；定点加油供应商应取得成品油零售许可证，这将涉及发展改革委、商务局等部门。因此，资格是否真实、资质是否有效，难以识别和界定。

（2）招标文件编制难

服务业领域宽，政府采购涉及类别十分广泛。在招标文件编制时，需要考虑包括服务方案、服务设备设施要求、服务质量、服务标准、服务要求、服务企业以及人员要求、企业服务管理制度等方面。而上述内容许多都是"软指标"，须通过与采购单位、行业协会、上级管理部门取得联系，做好深入细致的调查，把握好行业规范、服务标准、标准用语的基础上才能确保文字描述准确，服务质量和标准服务要求符合实际。

（3）评标方法制定难

因为服务项目具有非物质形态性，在服务项目采购中有些东西看不见、摸不着，但确实存在，服务项目完成后才能产生效果，使采购人发生变化。因此，要对服务类项目做出客观、准确的评价有一定的难度。评标方法中的项目价格、技术标准、服务方案、服务质量、服务措施在评标中的权重，需要慎重设定。

（4）采购风险预测难

客观分析，服务类采购与货物、工程采购相比较，起步较晚，各地实践时间不长，可以借鉴的经验不多，每一种服务类采购都隐藏着一定的风险，如招标预期目标风险、采购实际结果风险、供应商高价围标或低价抢标风险、行业垄断强买强卖风险等。这些风险在招标评标过程中预测和防范的难度很大，且不好把握。

15.1.2.4　政府采购服务的发展

政府采购招标是市场经济国家政府及公共部门集约采购的特有方式，最早主要在货物、工程领域进行，后来推行到服务领域。联合国贸易法委员会 1993 年 7 月召开的第 26 届会议通过了货物和工程采购的示范法，在 1994 年 5 月召开的第 27 届会议又将服务采购纳入示范法的调整范围。欧盟分别在 1971 年 7 月 26 日和 1976 年 12 月 11 日颁布了《关于协调授予公共工程合同程序的指令》和《关于协调授予公共供应合同程序的指令》。

随着欧盟经济一体化进程的加快，开放包括服务领域在内的公共采购的行动纲领和时间表已经拟定。因此，1992 年 6 月 18 日欧盟专门颁布了《关于协调授予公共服务合同程序的指令》，与修订后的《关于协调授予公共供应合同程序的指令》《关于协调授予公共工程合同程序的指令》等构成了独具特色的公共采购法律体系。

英国财政部也制定了《公共供应合同规则》《公共工程合同规则》《公共服务合同规则》

以及《公共设施和公共事业工程条例》等四个关于政府采购方面的法规。可以说，将货物、工程和服务三大内容作为各国公共采购及招标规则的调整对象，已在世界范围内得到共识。

20世纪末，随着我国社会主义市场经济体制的逐步建立，服务领域的招标活动也取得了很大发展。新产品开发、设备改造、科研课题、勘察设计、科技咨询、证券发行等项目的招标不断拓展。例如，在通信技术方面，国际通信卫星组织于1988年2月就卫星地面站和监控站的建设及对卫星跟踪、遥控、监测提供技术服务进行招标，我国有关企业投中其中的两个标。

在科研课题方面，天津市原科学技术委员会曾在1997年就"工业化农业技术研究及示范区建设"这一天津市重点农业科技攻关项目进行招标，从8家投标人中选择了港田集团公司作为项目承担单位。

在石油勘探方面，从1982年起我国陆续在海洋及陆上石油的勘探开发领域开展对外招标，1993年至今，塔里木盆地的部分区块已进行过几轮对外招标，既利用了外资又促进了对外开放。在工程项目建设方面，作为国家重点建设项目的哈同公路在建设中对国际招标代理机构、招标文件的编写机构和监理咨询公司的选择等项目所需的各种服务进行了招标，取得了较好的经济效益和社会效益。

进入21世纪，随着我国市场经济体制的逐步建立和竞争机制的不断完善，服务领域的招标投标活动越来越蓬勃地发展起来，特别是随着《政府采购法》及其系列法律文件的颁布，有力地推动了我国服务领域的招标投标事业迅速发展，同时也推动了我国政府采购服务评标方法研究的深入发展。

15.2 政府采购服务评标方法的差异与选择

15.2.1 基本评标方法

《政府采购货物和服务招标投标管理办法》明确了政府采购货物和服务有两种评标方法，即最低评标价法和综合评分法。最低评标价法适用于技术、服务等标准统一的货物、服务项目，适用于公开招标、邀请招标、竞争谈判、询价等采购方式。综合评分法则适用于需要对报价、技术、服务水平、履约能力、售后服务进行综合评价的政府采购服务项目，适用于公开招标、邀请招标、竞争性磋商等采购方式。

政府采购法规对服务和货物两者的招标评标总体要求方面是相同的。上述两种评审方法的评标方法依据、基本概念、操作程序等内容在本书第9章政府采购货物评标方法中已经做了讨论，请参阅相关内容，在此不做赘述。

15.2.2 两种评标方法差异

尽管政府采购法律法规对货物和服务两种项目招标、评标的总体要求是相同的，但在个性化设计和程序安排上，针对项目特点存在不同，这是业界必须认清的一个重要问题，两者的评标差别分析如下。

15.2.2.1 采购需求确定程序差异

《政府采购法实施条例》第15条："采购需求应当符合法律法规以及政府采购政策规定的技术、服务、安全等要求。政府向社会公众提供的公共服务项目，应当就确定采购需求征求社会公众的意见。除因技术复杂或者性质特殊，不能确定详细规格或者具体要求外，采购需求应当完整、明确。必要时，应当就确定采购需求征求相关供应商、专家的意见。"这里的共同点是无论是货物还是服务的采购需求确定都应符合政府采购政策，应当征求相关供应商、专家的意见。不同点是向社会提供的公共服务产品的项目应在实施采购之前向社会公众征求意见，这说明其采购方案不是采购人单位一家说了算，而必须有一个向社会征求意见的环节。

15.2.2.2 投标主体限制范围差异

《政府采购法实施条例》第18条："单位负责人为同一人或者存在直接控股、管理关系的不同供应商，不得参加同一合同项下的政府采购活动。除单一来源采购项目外，为采购项目提供整体设计、规范编制或者项目管理、监理、检测等服务的供应商，不得再参加该采购项目的其他采购活动。"这条规定一方面对于有上述回避因素的供应商参加同一个项目政府采购活动加以限制。例如甲是集团公司，乙是集团成员，双方有控股和管理关系，甲和乙就不能够同时参加同一项目的政府采购活动，这对货物和服务类采购都适用，这是共同点。另一方面又特别指出，除单一来源方式外，已经为项目提供整体设计、规划编制或项目管理、监理、检测等的供应商不得再参加该项目其他采购活动。这是服务类项目的特别规定，目的是防止出现倾向性，防止围标串标等违法违规行为的发生。

15.2.2.3 合同履约验收主体差异

《政府采购法实施条例》第45条："采购人或者采购代理机构应当按照政府采购合同规定的技术、服务、安全标准组织对供应商履约情况进行验收，并出具验收书。验收协议书应当包括每一项技术、服务、安全标准的履约情况。政府向社会公众提供的公共服务项目，验收时应当邀请服务对象参与并出具意见，验收结果应当向社会公告。"可见，社会公共服务项目的验收与一般货物验收或者政府自身需求服务采购项目验收不同，作为社会公共服务产品的使用者，社会公众有权参加验收，而且验收结果需向社会公开，公共服务产品用之于民必先取信于民。

15.2.2.4 评审因素设置的差异

货物和服务评审因素设置有区别。一般政府采购货物和服务的综合评审因素分为两部分，即技术因素和商务因素。货物采购技术评审因素具体为：质量性能、适应性与兼容性、可靠性、使用寿命、安全性等方面；商务评审因素包括：投标报价、信誉、财务状况、业绩、售后服务等。服务采购技术评审因素为：服务实施规划、计划、方案，服务项目人员构成情况等。服务采购评审商务因素与货物采购基本相同，为业绩、经验、信誉、财务状况、投标报价等，其主要差异在于技术评审因素的设置上。此外，执行国家统一定价标准和采用固定价格采购的项目，其价格不列为评审因素。政府采购服务评审因素体系如图15-1所示。

15.2.2.5 评审权重分配的差异

《政府采购货物和服务招标投标管理办法》第55条："评审因素的设定应当与投标人所提供货物、服务的质量相关，包括投标报价、技术或者服务水平、履约能力、售后服务等。资格条件不得作为评审因素。评审因素应当在招标文件中规定。""货物项目的价格分值占总分值的比重不得低于30%；服务项目的价格分值占总分值的比重不得低于10%。执行国家统一定价标准和采用固定价格采购的项目，其价格不列为评审因素。"可见，货物和服务采购在评审因素设置、权重分配上是存在差异的。服务采购更加重视服务质量，而不是将价格作为主要的评审因素，从一定程度上降低了虚假服务承诺、以奇低报价谋取中标的可能性。应该说在服务采购评审中体现的是"服务有所值优先"而非"投标低价优先"的理念。

15.2.3 评标方法的选择

政府采购中，最低评标价法或者综合评分法并不是适合于任何一种招标方式，两者必须

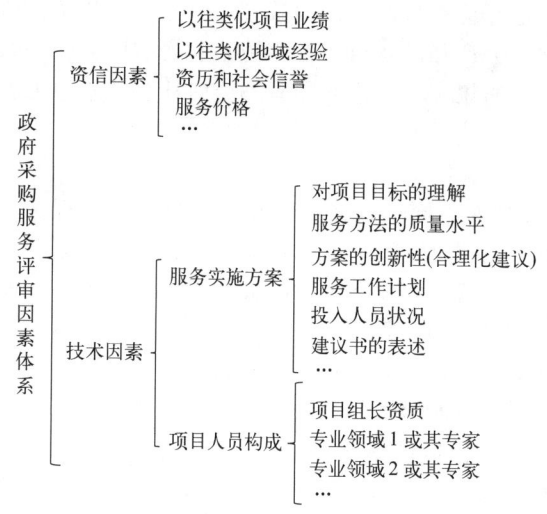

图 15-1 政府采购服务评审因素体系

相适应。政府采购服务法定的采购方式有公开招标、邀请招标、竞争性谈判、单一来源采购、询价、竞争性磋商、框架协议。采购人应根据各种采购方式，按照财政部有关规定对评标方法做出正确的选择。

《政府采购竞争性磋商采购方式管理暂行办法》第 23 条："经磋商确定最终采购需求和提交最后报价的供应商后，由磋商小组采用综合评分法对提交最后报价的供应商的响应文件和最后报价进行综合评分。"

《政府采购非招标采购方式管理办法》第 41 条："采用单一来源采购方式采购的，采购人、采购代理机构应当组织具有相关经验的专业人员与供应商商定合理的成交价格并保证采购项目质量。"

《政府采购框架协议采购方式管理暂行办法》第 25 条："确定第一阶段入围供应商的评审方法包括价格优先法和质量优先法。

"价格优先法是指对满足采购需求且响应报价不超过最高限制单价的货物、服务，按照响应报价从低到高排序，根据征集文件规定的淘汰率或者入围供应商数量上限，确定入围供应商的评审方法。

"质量优先法是指对满足采购需求且响应报价不超过最高限制单价的货物、服务进行质量综合评分，按照质量评分从高到低排序，根据征集文件规定的淘汰率或者入围供应商数量上限，确定入围供应商的评审方法。货物项目质量因素包括采购标的的技术水平、产品配置、售后服务等，服务项目质量因素包括服务内容、服务水平、供应商的履约能力、服务经验等。质量因素中的可量化指标应当划分等次，作为评分项；质量因素中的其他指标可以作为实质性要求，不得作为评分项。

"有政府定价、政府指导价的项目，以及对质量有特别要求的检测、实验等仪器设备，可以采用质量优先法，其他项目应当采用价格优先法。"

政府采购方式适用的评标方法汇总如表 15-2 所示。

表 15-2 政府采购方式适用的评标方法

序号	招标方式	评标方法	法规依据
1	公开招标	最低评标价法 综合评分法	《政府采购法》《政府采购法实施条例》
2	邀请招标	最低评标价法 综合评分法	《政府采购法》《政府采购法实施条例》
3	竞争性谈判	最低评标价法	《政府采购非招标采购方式管理办法》
4	单一来源采购	商定	《政府采购非招标采购方式管理办法》
5	询价	最低评标价法	《政府采购非招标采购方式管理办法》
6	竞争性磋商	综合评分法	《政府采购竞争性磋商采购方式管理暂行办法》
7	框架协议	质量优先法 价格优先法	《政府采购框架协议采购方式管理暂行办法》

15.3 政府采购服务评标程序方法

本节分别以两省政府采购服务项目规定为例,介绍政府采购服务评标程序和评标方法。

15.3.1 A省评标程序方法规定

15.3.1.1 评标方法
最低评标价法、综合评分法和性价比法。

15.3.1.2 评标程序
投标文件初审(资格性评审、符合性评审)、澄清有关问题,随后按照招标文件规定的评标方法和标准,对资格审查和符合性审查的投标文件进行商务和服务评估,综合比较与评价。推荐中标候选供应商名单,中标供应商数量应当根据采购需要确定。

15.3.1.3 综合评分因素
价格、服务、财务状况、信誉、业绩、招标文件响应程度和(如涉及)节能、环境标志产品及投标文件规范性等。

15.3.1.4 中标候选供应商推荐方法
中标候选供应商数量应当根据采购需要确定,但必须按顺序排列中标候选供应商。其推荐方法如下。

(1) 最低评标价法
按投标报价由低到高顺序排列。投标报价相同的,按技术指标优劣顺序排列。排在前面的中标候选供应商的最低投标价或者某些分项报价明显不合理或者低于成本,有可能影响商品质量和不能诚信履约的,应当要求其在规定的期限内提供书面文件予以解释说明,并提交相关证明材料。否则,评标委员会可以取消该投标人的中标候选资格,按顺序由排在后面的中标候选供应商递补,以此类推。

(2) 综合评分法
按评审后得分由高到低顺序排列。得分相同的,按投标报价由低到高顺序排列。得分且投标报价相同的,按技术指标优劣顺序排列。

(3) 性价比法
按商数得分由高到低顺序排列。商数得分相同的,按投标报价由低到高顺序排列。商数得分且投标报价相同的,按技术指标优劣顺序排列。

15.3.1.5 评标细则和标准(以综合评分法为例)
综合评分法明细表样例如表15-3所示。

表15-3 综合评分法明细表(样例)

序号	评分因素及权重		分值	评分标准	说明
1	报价__%		__分	以本次最低投标报价为基准价,投标报价得分=(基准价/投标报价)×报价满分值	
2	服务__%	(1)系统设计(项目信息化可选)__%	__分	根据对投标人服务总体思路的科学性、合理性、灵活性、可复用性等。优秀的得__分,良好的得__分,一般的得__分,差的得__分	
		(2)整体设想和规划__%	__分	对项目的整体设想、规划、解决方案等。优秀的得__分,良好的得__分,一般的得__分,差的得__分	
		(3)运作方案和管理制度__%	__分	对项目的管理机制、工作职能组织运行、项目经理的管理职责、内部管理职责分工等。优秀的得__分,良好的得__分,一般的得__分,差的得__分	

续表

序号	评分因素及权重		分值	评 分 标 准	说明
2	服务__%	(4)项目实施方案（项目信息化可选）__%	__分	项目实施总体方案的完整性、合理性。应包含完善可行的实施计划、工期管理方案、突发事件处理方案。优秀的得__分，良好的得__分，一般的得__分，差的得__分	
		(5)实施力量及服务团队整体评价__%	__分	投标人针对本项目的服务团队人数、组成结构及人员相关资质等。优秀的得__分，良好的得__分，一般的得__分，差的得__分	
		(6)项目服务方案（物业可选）__%	__分	服务项目应急处理方案。优秀的得__分，良好的得__分，一般的得__分，差的得__分	
		(7)维护方案（可选）__%	__分	针对项目服务及维护方案的科学性、完整性、合理性。优秀的得__分，良好的得__分，一般的得__分，差的得__分	
		(8)培训计划__%	__分	针对投标人培训计划的完整性、合理性、可行性。优秀的得__分，良好的得__分，一般的得__分，差的得__分	
		(9)现场讲标（可选）__%	__分	针对投标人表述，考察项目实施方案对招标文件要求的符合性、优于招标文件要求的服务承诺。完全符合招标文件要求的得__分，优于招标要求的，一项加__分，最多加__分；与招标文件要求有非实质性负偏离的，一项扣__分，最多扣__分	现场讲标，主要由项目负责人进行
3	信誉__%		__分	产品获得中国名牌或优质产品称号的得__分；制造厂家获得ISO 9001质量管理体系认证得__分；制造厂商获得ISO 1401环保认证的得__分	以国家行业管理机构有效证书为准
4	业绩__%		__分	以投标产品近两年的销售业绩计算，销售金额在__万元以上的得__分；在__万元以上，__万元以下的得__分；没有销售业绩的不得分	以销售合同为准
5	财务状况__%		__分	以投标产品近两年的财务报表进行评价，财务状况良好的得__分，一般的得__分，差的不得分	财务报表应经会计师事务所审计
6	（如涉及）节能、环保标志产品__%		__分	认定为节能产品或者环境标志产品的得__分，非节能产品或者环境标志产品的不得分	以国家有关部门机构认定的为准
7	投标文件的规范性__%		__分	投标文件编制规范，没有细微偏差情况的得__分，有一项细微偏差的扣__分，直至该项分值扣完为止	

15.3.2 B省评标程序方法规定

15.3.2.1 评标方法

(1) 最低评标法（技术、服务等标准统一的货物服务项目）

投标文件满足招标文件全部实质性要求，投标报价最低的投标人为中标候选人。

采用最低评标价法评标时，除了算术修正和落实政府采购政策需进行的价格扣除外，不能对投标人的投标价格进行任何调整。

(2) 综合评分法（技术、服务等标准复杂、不统一的货物服务项目）

将依据投标人投标文件对其资信、业绩、投标产品质量、服务、技术方案、价格等各项因素进行评价，综合评选出最佳报价方案。每一投标人的最终得分为所有评委评分的算术平均值。评标结果按评审得分由高到低顺序排列。得分相同的,按投标报价由低到高顺序排列。得分且投标报价相同的,按技术指标优劣由高到低顺序排列。

采购代理机构在评审结束后 2 个工作日内将评标报告报送采购人。采购人应当自收到评标报告之日起 5 个工作日内,在评标报告确定的中标候选人名单中按顺序确定中标人,并向采购代理机构出具确认函。如采购人 5 个工作日内未按评标报告推荐的中标候选人顺序确定中标人,又不能说明合理理由的,视同按评标报告推荐的顺序确定排名第一的中标候选人为中标人。

15.3.2.2 评标标准

(1) 初步评审

初步评审的评审因素如表 15-4 所示。

表 15-4 初步评审的评审因素

评审方式	序号	评审因素	评审标准
资格评审	1	以招标文件规定的方式获取招标文件	
	2	在中华人民共和国境内注册	
	3	营业执照等证明	
	4	法定代表人/负责人身份证明书或法定代表人/负责人授权委托书	
	5	具有良好商业信誉和健全财务会计制度的证明文件	
	6	社保缴纳记录和依法纳税记录	
	7	无重大违法记录的书面声明	
	8	信用记录	
	9	投标人须知资料表中要求的投标人其他资格文件	
	10	其他内容	
符合性评审	1	未按照招标文件规定要求签署、盖章的	
	2	开标一览表	
	3	投标分项报价表	
	4	技术明细表(含偏离)	
	5	未按规定提供强制节能产品	
	6	未按规定提供进口产品	
	7	"项目说明"中实质性要求条款情况	
	8	报价超过项目预算或最高限价的	
	9	投标有效期不足的	
	10	联合体投标文件未附联合体投标协议书的	
	11	不符合招标文件中有关分包规定的	
	12	属于串通投标,或者依法被视为串通投标	
	13	评标委员会认为投标人的报价明显低于其他通过符合性检查投标人的报价,有可能影响履约,且投标人不能证明其报价合理性的	
	14	投标文件含有采购人不能接受的附加条件的	
	15	属于招标文件规定的其他投标无效情形	
	16	不符合法规和招标文件中规定的其他实质性要求的	

(2) 评分细则

根据项目的特点,按照相关法律法规的要求制定。评审因素应当细化和量化,且与相应的商务条件和采购需求对应。商务条件和采购需求指标有区间规定的,评审因素应当量化到相应区间,并设置各区间对应的不同分值。

(3) 优惠条款

① 根据《政府采购促进中小企业发展暂行办法》《关于政府采购支持监狱企业发展有关问题的通知》和《关于促进残疾人就业政府采购政策的通知》的规定,对满足价格扣除条件且在投标文件中提交了《投标人企业类型声明函》《残疾人福利性单位声明函》或省级以上

监狱管理局、戒毒管理局出具的属于监狱企业的证明文件的投标人,其投标报价扣除一定比例后参与评审。对于同时属于小微企业、监狱企业或残疾人福利性单位的,不重复进行投标报价扣除。

② 联合协议中约定,小型、微型企业和监狱企业的协议合同金额占到联合体协议合同总金额 30% 以上的,可给予联合体一定比例的价格扣除。联合体各方均为小型、微型企业和监狱企业的,联合体视同为小型、微型企业和监狱企业。

③ 投标人为提供服务在投标中伴随投标的产品如被列入财政部与国家主管部门颁发的节能产品目录、环境标志产品目录或无线局域网产品目录,应提供相关证明,在评标时予以优先采购,具体优惠措施为:对属于优先采购的产品类别,可给予认证产品 5%~10% 幅度不等的评审价格扣除优惠或者给予不超过 5 分的评审加分,同等条件下,优先采购认证产品。

15.4 操作注意事项

(1) 应采取两阶段评标

作为政府采购机构和负责集中采购的工作人员,应把握重点,针对每一服务项目制定科学、合理的评标方法。政府采购服务评标应采取两阶段评标程序来完成。第一阶段可以要求投标方递交不列明投标报价的投标方案,通过谈判达成虚拟的采购项目服务规范和要求。第二阶段要求投标方投报出具有竞争力的投标方案,充分利用投标人之间的竞争性选出合适的预中标人。

(2) 应重视评标因素的设置

因为服务项目具有非物质形态性,而并非像货物项目一样,具有物质形态,为此,应慎重对待评标因素的设置,坚持评标可操作性、科学性的原则,评标因素设置中,要使评标因素的"软指标"变成"硬指标",对于权重的设置要坚持服务价格合理和质量优良并重的原则,根据服务项目的特点和采购人的需求、偏好设置各评审因素的权重,以达到选出合适中标人、节约政府资金的目的。

第16章

政府采购服务评标案例

16.1 某住宅小区保安服务评标案例

16.1.1 案例摘要

以某住宅小区保安服务采购评标为例,介绍了运用最低评标价法和综合评分法评标的过程和做法,为同类服务项目采购评标提供了经验。

16.1.2 评标背景

某招标采购中心受某单位的委托,在省采购网上发布了某单位住宅小区保安服务采购招标公告。公告明确了本次招标的范围、服务期限、服务的具体要求、评标办法等,应采购人的要求本项目采用最低评标价法。但在投标文件规定的递交截止时间前只有两家公司递交了投标文件,按照政府采购法及相关法律规定,本次招标废标。

16.1.3 原因分析

本案是该招标采购中心自开展省级政府集中采购代理业务以来第一次接触保安采购招标的代理工作。采购招标失败后,采购招标中心与采购单位进行了积极沟通,邀请了包括若干保安公司在内的相关单位举行座谈,就保安市场的情况、保安服务的质量要求、保安服务的内容等进行了调研、充分讨论和深入了解。同时,招标采购中心就政府采购的相关法律、法规、流程等内容向参加座谈的保安公司等相关单位进行了介绍。通过座谈了解到第一次招标失败的主要原因在于保安公司对政府采购法不甚了解,同时本次采用最低评标价法,招标文件要求较高,由于各个保安公司提供的服务、人员素质存在差异,一些公司认为采用最低评标价法自己不具备竞争力,所以就放弃了本次的投标。

招标采购中心在调研的基础上,重新编制了招标文件,确保招标文件文字描述准确、质量和标准规范、服务要求符合实际。在招标文件中尤其是着重对保安服务的具体内容,包括项目基本情况和守护要求、保安服务企业及人员的要求、保安服务质量要求、保安服务标准、保安设备设施要求、保安服务质量检查和改进等要求进行了详细的说明。由于本次采购单位的资金紧张,本项目涉及保安服务内容相对单一,具有一定的通用性,最终仍然确定采用最低评标价法。

16.1.4 最低评标价法评标程序

评标分为初步评审和详细评审两部分。其中初步评审包括资格审查和符合性审查,详细评审内容设置如表16-1所示。

表 16-1 详细评审内容设置

评审项目	具 体 内 容
服务承诺技术部分	保安服务实施方案
	服务质量保证措施
	公司内部管理制度
保安公司状况部分	硬件及相关配套设施,包括办公场地、设备和相关配套设施等
	企业实力,包括注册资金、服务能力、整体规模、规范化管理、质量控制等
	财务状况、企业信誉
	类似本项目保安的业绩

依据招标文件中规定的详细评审内容,评价意见分为"满意"和"不满意"两种情况,详细评审内容中的任何一个条件,如评价为"不满意",投标人将不能被推荐为中标人。然后对满足所有评审内容的投标人进行报价比较。

本项目经过评审最终确定了一家完全满足招标要求且报价最低的保安服务公司,代理机构圆满完成了本次的招标任务。

16.1.5 综合评分法评标程序

本次采购的是保安服务,且为住宅小区的保安服务,涉及内容相对较为简单,如果服务采购的内容比较复杂,最低评标价法就不太适用了,例如一个既包括住宅小区又包括办公区域的保安服务,则应采用综合评分法。综合评分法应操作如下。

首先,确定投标价格、技术、商务部分的分值和权重,由于项目涉及的内容比较复杂,通用性较差,价格因素权重不宜过高,评审的重点应是技术和商务部分,为此,价格权重设置为0.1,技术部分权重设置为0.5,商务部分设置为0.4。

其次,确定技术和商务部分的评审因素,并制定出详细的评审标准,如表16-2所示。

表 16-2 综合评分法详细评审标准

评审项目	评审因素	评审标准
技术部分	保安服务实施方案 (满分 40 分)	1. 实施方案完整且具有针对性,得 40 分; 2. 实施方案完整但针对性一般,得 32 分; 3. 实施方案一般且针对性一般,得 24 分; 4. 实施方案不完整,得 10 分
	服务质量保证措施 (满分 40 分)	1. 措施完整且具有针对性,得 40 分; 2. 措施完整,针对性一般,得 32 分; 3. 措施一般,针对性一般,得 24 分; 4. 措施不完整,得 10 分
	公司内部管理制度 (满分 20 分)	1. 内部管理制度完善,科学规范,得 20 分; 2. 有较完善的内部管理制度,得 16 分; 3. 内部管理制度完善程度一般,得 12 分; 4. 内部管理制度不完善,得 3 分

续表

评审项目	评审因素	评审标准
商务部分	硬件及相关配套设施 （满分 25 分）	包括对办公场地、设备和相关配套设施等因素进行综合评价。 1. 硬件及相关配套设施齐全，得 25 分； 2. 硬件及相关配套设施较齐全，得 20 分； 3. 硬件及相关配套设施一般齐全，得 15 分； 4. 硬件及相关配套设施不齐全，得 5 分
	企业实力 （满分 25 分）	包括对注册资金、服务能力、整体规模、规范化管理、质量控制等因素的评价。 1. 企业实力强，得 25 分； 2. 企业实力较强，得 20 分； 3. 企业实力一般，得 15 分； 4. 企业实力差，得 5 分
	财务状况、企业信誉 （满分 25 分）	1. 财务状况、企业信誉好，近 2 年经会计师事务所或审计机关审计的财务会计报表齐全，附有最近 1 年银行出具的资信证明或信用等级证明，得 25 分； 2. 财务状况、企业信誉较好，近 2 年经会计师事务所或审计机关审计的财务会计报表齐全，附有银行出具的资信证明或信用等级证明，得 20 分； 3. 财务状况、企业信誉一般，最近 2 年经会计师事务所或审计机关审计的财务会计报表不全，得 15 分； 4. 财务状况、企业信誉差，未提供财务会计报表，得 5 分
	类似本项目保安的业绩 （满分 25 分）	1. 类似业绩优，附有相关证明资料（提供合同复印件），得 25 分； 2. 类似业绩良好，附有相关证明资料（提供合同复印件），得 20 分； 3. 类似业绩一般，附有相关证明资料（提供合同复印件），得 15 分； 4. 类似业绩差，未提供相关证明资料，得 5 分

最后，按照上述详细评审标准进行打分后，得分最高的投标人即被推荐为中标人。

综合评分法的关键是价格因素权重的设置，在近些年的招标实践中，法规虽然对包括价格、技术、商务等的评审标准进行了大致规定，但由于采购项目不同，对于具体的评审因素如何确定，其权重如何确定，并没有一个具体统一的标准。如果评审标准设定可信度差，不能够真实反映采购项目的特点，因素设置无的放矢或评审因素没有细化，将会导致评标可操作性差，使各位评委根据自己所掌握的资料进行评价，评审出的分值之间相差必然悬殊。因此，制定科学、合理、可行的评审因素及其权重，规范评分标准，是亟需加强的一项工作。

如果采用性价比法，按照上述评审标准进行打分后，除以投标人的报价，所得商数最高者即被推荐为中标候选人。性价比法与综合评分法相比较最根本的区别或关注点在于采购项目的性能和价格。在实际操作中，性价比法一般强调采购项目的性能，且适用于其他不确定因素相对较少的项目。相对于综合评分法，性价比法更简便、更能突出重点。

16.1.6 案例提示

① 编制招标文件应深入调查市场，摸清招标对象的实际情况，在此基础上才能编制出符合市场、企业实际的文件，才能保证充分调动投标人的积极性。

② 采用最低评标价法的项目在评标过程中需要在招标文件中事先确定采购项目的评标标准，评标委员会以评标标准为依据评定出投标价格最低的投标人中标。因此，在编制招标文件时应考虑周全，评标标准要制定详细，以避免在招标过程中出现争议。

③ 通过案例可以看出，采购服务项目重点关注的是：价格合理、服务设施齐全、服务措施和质量保障、管理制度完善等。

④ 对于服务采购项目，应根据服务项目的特点选择评审方法。本项目是住宅小区的保

安服务招标，涉及的服务内容相对较为简单，如果采购服务内容较为复杂，例如对于办公区域或办公区域加住宅小区的保安服务，则应考虑采用综合评分法进行评标。

16.2 公务车定点维修服务评标案例

16.2.1 案例摘要

以某公务车定点维修服务采购评标为例，介绍了采用综合评分法时评审因素和权重的设置，可供同类服务项目参考。

16.2.2 评标背景

某政府对公务车定点维修服务采购运用综合评分法进行招标，公务车定点维修采购属于政府采购服务范围。

16.2.3 评标程序

本项目采用两阶段评标，第一阶段要求投标方提供不列明投标报价的投标方案，通过谈判达成虚拟的采购项目服务规范和要求。第二阶段要求投标方报出具有竞争力的投标报价，充分利用投标人之间的竞争性评选出合适的预中标人。

16.2.4 评标标准设置

评标方法基于两方面考虑：一是遵循公平公正竞争的原则，公平对待所有投标人，反对不正当竞争，让有实力和有能力提供质优价廉产品和服务的投标人中标；二是坚持服务价格合理与服务质量优良并重的原则，尽量使评标方法中的"软指标"变为"硬指标"，使评标方法具有可操作性。

该项目采购评标采用综合评分法。总分 100 分，其中价格因素占 40%，企业等级及厂房面积、人员素质、设备、财务状况、配件情况占 55%，维修质量、服务承诺占 5%，评标标准见表 16-3。

16.2.5 案例提示

从以上车辆定点维修服务采购评标案例具体评标标准设计来看，其关注点可归结为：地理位置优越、项目价格合理、服务设施齐全、优质方便快捷。这种地域性定点采购，不可能像货物、工程类采购一样，要求尽可能多的供应商参与竞标，外地供应商参与竞争成本较高，而当地供应商无须很高的成本就能满足采购人的要求。在评标时价格仅是考察因素之一，而服务方案、服务设施、服务质量才是考核的重点。因此，在组建评委会时，应该侧重于聘用具有较高知识结构、相关工作经验丰富的专家参与其中。

表 16-3 某公务车定点维修服务评标标准

序号	评标项目	评 标 标 准
1	价格 (40分)	以维修投标报价为评标依据,抽取桑塔纳 2000、捷达、帕萨特 B5、广州本田、长城皮卡五种车型和 15 种修理、保养项目,以总报价合计(五种车型修理项目合计)为依据进行评分,去掉一个最高报价,一个最低报价,然后计算平均值,基础分为 36 分(最高、最低报价同样参与打分)。投标报价合计每低于平均值的 2%加 0.1 分；每高于平均值的 2%减 0.1 分,加减分最多不超过 4 分(得分在 32～40 范围之间)

续表

序号	评标项目	评标标准	
2	企业等级及厂房面积、人员素质、设备、财务状况、配件情况（55分）	1. 设施条件（15分）：生产厂房和停车场的结构、设施应满足维修作业需要，符合环境保护、安全、消防等有关要求	①生产厂房和停车场(11分)： 一类汽车修理厂厂房面积达到800m² 得5分，800～1500m² 得5～7分；停车场面积达到200m² 得2分，200～1000m² 得2～4分； 二类汽车修理厂厂房面积达到200m² 得3分，200～800m² 得3～6分；停车场面积达到150m² 得3分，150～600m² 得3～5分
			②接待室（含客户休息室）(2分)： 接待室应整洁明亮，明示各类证照、主修车型、作业项目、工时定额及单价。一类企业40m²，二类企业20m²，达到要求得2分，无接待室不得分
			③制度健全情况(2分)： 质量管理制度、安全生产管理制度、人员培训制度、设备管理制度、配件管理制度健全，每少一项制度减0.4分
		2. 设备条件（15分）： 根据一、二类维修企业必须具备设备齐全率，达到80%得6分，达到90%得8分，达到97%得10分； 按照设备的先进性及新旧程度，视情况得2～5分	
		3. 人员条件（11分）： 从事一、二类维修企业应当各配备至少一名技术负责人员和质量检查人员，应当配备至少一名从事机修、电器、钣金、涂漆等关键岗位具有高、中级职称的维修人员，得6分； 维修工人达到8人得2分；超过10人得3分；超过15人得4分；超过20人得5分	
		4. 企业等级（5分）： 一类企业得3分、二类企业得2分；企业有特约维修品牌的，每有一个品牌加1分，以授权书或协议书为准，满分为5分	
		5. 财务状况（3分）： 实行汽车维修档案微机管理，建立进出厂登记台账，会计制度健全，有良好的盈利能力（提供近年汽车维修财务报表），视情况得1～3分	
		6. 配件供应（6分）： 汽车维修企业具有配件库房一间的，得基础分2分； 配件库内本厂主修车型配件率达到50%及有稳定的配件供应商（投标时提供合同原件），视情况加2～4分	
3	维修质量、服务承诺（5分）	根据维修质量标准、维修承诺（符合《机动车维修管理条例》第29、36条等的规定）及优惠措施（各种免费项目承诺）等进行综合评定，有相应承诺、措施的，得2分；措施完善、得力、可行加1～3分； 没有提供维修承诺、措施的，此项不得分	

注：技术负责人应该具有全国统一考试合格资格证书及本行业主管部门从业资格证书；技术工人有上岗证、技术等级证、身份证。评标时以提供的证书原件为依据。

16.3 城市规划咨询服务评标案例

16.3.1 案例摘要

以城市规划咨询服务采购为例，对投标分档次报价项目运用综合评分法的分值计算方法进行了分析和探讨，为同类服务项目报价分值的计算提供了新思路。

16.3.2 评标背景

某地籍管理中心开展城市规划咨询采购招标，采用综合评分法评标。该项目采购预算总额为5000万元，多个细分项目按预算额度共分100万元以下、100万元（含）～500万元、

500万元（含）～1000万元三个档次。对于投标报价，招标文件要求投标人对所有细分项目按照不同的档次分别报出具体的费率，对投标报价分值进行计算。

16.3.3 价格分值计算

该项目开标后，共有 A、B、C 三位投标人符合招标文件资格要求，三位投标人报出的费率如表 16-4 所示。

表 16-4 三位投标人报出的费率表

投标人	100万元以下	100万元（含）～500万元	500万元（含）～1000万元
A	5%	3.1%	1.6%
B	4%	3.3%	1.8%
C	4.5%	3%	2%

招标文件对价格分值计算办法如下。

价格分满分为 30 分，投标报价超过采购预算额的，价格分为 0 分；未超过采购预算额的投标报价按以下公式计算得分：

$$投标报价得分 = 评标基准价 / 投标报价 \times 30$$

其中，满足投标文件要求且投标报价最低的投标报价为评标基准价。

但在评审阶段评标委员会对如何计算价格分值产生了不同意见。有评委认为按照招标文件规定，将投标人报出的多档费率加总，以加总值最低的作为基准价计算；有的评委则认为费率不是价格，应该计算与项目额度的乘积后再求和，以最低值作为评标基准价。最终评委会通过投票表决的方式确定以各档费率之和最低值作为评标基准价：

$$价格得分 = 所有投标人各档费率之和最低值 / 投标人各档费率之和 \times 30$$

经过计算，三位投标人的价格分值如表 16-5 所示。

表 16-5 三位投标人的价格分值表

投标人	价格分值	投标人	价格分值
A公司	28.14	C公司	28.74
B公司	30	—	—

16.3.4 价格分值计算分析

根据财政部有关货物和服务招标管理文件的规定，服务采购项目公开招标时采用综合评分法的，采购人或委托的招标代理人应当合理设置价格分值，且价格分值占总分值的比重（权重）不得低于 10%，不得高于 30%。同时规定综合评分法中的价格分值统一采取低价优先法计算即将满足招标文件要求且报价最低的投标报价作为评标基准价，其价格分值为满分。其他投标人价格分值统一按照下列公式计算：

$$投标价格得分 = 评标基准价 / 投标报价 \times 价格权重 \times 100$$

尽管本次招标文件大体遵循了财政部有关货物和服务招标管理文件的规定，却忽略了评标基准价的选择，因为本次采购要求投标人报出不同档次的费率，而不是具体的费用，这就增加了基准价确定的难度。而确定不同的基准价不仅会影响投标人价格分值差异的大小，甚至还会导致完全不同的价格分值排序。下面结合本项目，从不同角度分析确定不同基准价会带来什么样的计算结果。

(1) 以各档费率之和作为评标基准价

如果以各档费率之和作为评标基准价计算，其公式为：

$$价格得分 = 所有投标人各档费率之和最低值 / 投标人各档费率之和 \times 30$$

计算结果为:

A 公司价格得分为 28.14 分;

B 公司价格得分为 30 分;

C 公司价格得分为 28.74 分。

所以,投标人价格得分排序为 B＞C＞A,最高分比最低分高 1.86 分。

(2) 以不同档次费率分别作为评标基准价

如果以不同档次费率分别作为评标基准价,那么价格分值的计算公式为:

价格得分＝(所有投标人一档费率最低值/投标人一档费率＋所有投标人二档费率最低值/投标人二档费率＋所有投标人三档费率最低值/投标人三档费率)/3×30

计算结果为:

A 公司价格得分为 27.68 分;

B 公司价格得分为 27.98 分;

C 公司价格得分为 26.89 分。

所以,投标人价格得分的排序为 B＞A＞C,最高分比最低分高 1.09 分。

(3) 以总收费作为价格评标基准价

将各档次项目金额进行简化平均,可以计算出所有投标人的总收费即:

投标人总收费＝一档项目金额×一档项目费率＋二档项目金额×二档项目费率＋三档项目金额×三档项目费率

依照上述公式,三个投标人的总收费分别为:

A 公司的总收费＝(0＋100)×5‰＋(100＋500)×3.1‰＋(500＋1000)×1.6‰＝23.8（万元）

B 公司的总收费＝(0＋100)×4‰＋(100＋500)×3.3‰＋(500＋1000)×1.8‰＝25.4（万元）

C 公司的总收费＝(0＋100)×4.5‰＋(100＋500)×3‰＋(500＋1000)×2‰＝26.25（万元）

如果以总收费作为评标基准价,那么价格分值的计算公式为:

价格得分＝所有投标人总收费最低值/投标人总收费×30

计算结果为:

A 公司价格得分为 30 分;

B 公司价格得分为 28.11 分;

C 公司价格得分为 27.20 分。

所以,投标人价格得分的排序为 A＞B＞C,最高值比最低值多 2.8 分。

16.3.5 价格分值计算对策

出现上述计算结果的差异根源在于评标基准价选择的差异,由于本项目涉及三个档次的费率,而招标文件中又未能明确不同档次的具体金额及数量,若仍以财政部有关货物和服务招标管理文件的规定设置价格分值的计算方法,显然无法准确地比较投标人的价格差异。对于这类服务项目的采购,有专家建议在制定招标文件时要和采购人确定不同档次的价值权重比例,然后根据不同档次的权重比例确定价格分值计算的权重,在财政部有关货物和服务招标管理文件的基础上科学合理地计算价格分值。详细操作步骤如下。

(1) 第一步:确定不同档次的价格权重

采购人根据以往项目情况和本次申报的项目数量、额度及重要性确定不同档次的价格权重。

(2) 第二步:按权重计算投标人的总收费

按权重计算的总收费＝一档项目费率×考虑权重后一档项目总金额＋二档项目费率×考

虑权重后二档项目总金额＋三档项目费率×考虑权重后三档项目总金额

（3）第三步：计算价格分值

价格得分＝按权重计算所有投标人总收费最低值/按权重计算投标人总收费×30

由此可见，投标人的价格得分取决于不同档次的价格权重。

不妨假设本次项目最终执行情况分为 10 个 50 万元的项目、11 个 300 万元的项目和 2 个 600 万元的项目，那么各投标人的实际收费总额如表 16-6 所示。

表 16-6 各投标人的实际收费总额

投　标　人	实际收费总额/万元	投　标　人	实际收费总额/万元
A 公司	146.5	C 公司	145.5
B 公司	150.5	—	—

假设 3 个投标人除价格分值外的得分都一样，那么，按照实际情况应该是 C 公司中标。下面按照前述 4 种方法分别计算价格分值，得出的价格分值排序和中标供应商如表 16-7 所示。

表 16-7 价格分值排序和中标供应商

计算方法	价值分值排序	中标供应商	计算方法	价值分值排序	中标供应商
方法一	B＞C＞A	B 公司	方法三	A＞B＞C	A 公司
方法二	B＞A＞C	B 公司	方法四	C＞A＞B	C 公司

观察计算结果，发现方法一、方法二、方法三出现与实际相悖的中标结果和排序，同时不难发现，只要改变各个档次的项目数量，方法一、方法二、方法三仍将得出不同的中标结果和排序。只有方法四可以得出与实际情况相同的中标结果和排序。

16.3.6 案例提示

在政府采购服务的评标中，设定价格分值的计算方法时，除了遵循政府采购相关政策法规外，采购人或采购代理人更要根据项目的特点加以科学、灵活处理。在符合物美价廉的原则下，要科学设计价格评价方法，促使采购结果更加贴近实际，才能提高政府采购资金的使用效率。

16.4 计算机终端维护服务评标案例

16.4.1 案例摘要

以某市海关计算机终端设备维护服务评标为例，介绍了项目采购评标标准和评标方法的选择经验，对于计算机终端设备维护服务的评标具有参考价值。

16.4.2 评标背景

某市海关计算机终端设备维护服务进行公开招标，按照招标文件要求，所提供的技术服务应符合国家标准（没有国家标准的应符合行业标准或企业标准）。

16.4.3 评标标准

16.4.3.1 商务部分（47 分）

（1）资质部分（4 分）

① 具有 ISO 9000 质量认证证书的（2 分）；

② 具有涉及国家秘密的计算机系统集成资质证书的（2分）。

（2）业绩、合同履约情况（10分）

① 提供连续近三年计算机和通信类终端维护业绩证明的（5分），没有连续近三年实质性案例和证明的（0分）；

② 提供连续近三年为单一用户提供2000台以上计算机终端维护服务的证明（包括用户证明、服务评价和服务合同或付费凭证）（5分），未满足条件的（0分）。

（3）投标文件编制质量（3分）

① 纸质投标文件完整、易读的（1分）；

② 电子投标文件完整、易读的（0.5分）；

③ 电子与纸质投标文件一致的（0.5分）；

④ 点对点应答翔实的（0.5分）；

⑤ 装订、印刷工整的（0.5分）。

（4）价格（30分）

$$投标报价得分 = 评标基准价/投标报价 \times 30$$

其中，满足招标文件要求，且投标价最低的为评标基准价。

16.4.3.2 服务实施方案（33分）

（1）服务流程（12分）

① 服务流程方案较好（能结合项目需求，提出完善的服务流程方案）（7～12分）；

② 服务流程方案一般（能够基本满足所需的服务流程要求）（1～6分）；

③ 服务流程方案较差（服务流程方案简单，不能满足所需的服务流程要求）（0分）。

（2）服务规范（11分）

① 服务规范方案较好（能结合项目需求，提出完善的服务规范方案）（6～11分）；

② 服务规范方案一般（能够基本满足所需的服务规范要求）（1～5分）；

③ 服务规范方案较差（服务规范方案简单，不能满足所需的服务规范要求）（0分）。

（3）服务标准（10分）

① 服务标准方案较好（能结合项目需求，提出较好的服务标准方案）（5～10分）；

② 服务标准方案一般（能够基本满足所需的服务标准要求）（1～4分）；

③ 服务标准方案较差（服务标准方案简单，不能满足所需的服务标准要求）（0分）。

16.4.3.3 服务保障方案（20分）

（1）保障项目实施的措施（10分）

① 第二部分的服务流程、服务规范、服务标准被评为较好，同时又具有相对应的、完善的保障实施手段和措施（6～10分）；

② 第二部分的服务流程、服务规范、服务标准被评为一般，但相对应的保障实施手段和措施较好的（2～5分）；

③ 第二部分的服务流程、服务规范、服务标准被评为一般，相对应的保障实施手段和措施一般的；第二部分的服务流程、服务规范、服务标准被评为较差，相对应的保障实施手段和措施较好的（1分）；

④ 第二部分的服务流程、服务规范、服务标准被评为一般，相对应的保障实施手段和措施较差的；第二部分的服务流程、服务规范、服务标准被评为较差，相对应的保障实施手

段和措施为一般或较差的（0分）。

（2）保障服务质量的措施（10分）

① 服务质量保障方案较好，能结合项目要求，提出较完善的技术服务方案，能满足并高于招标文件要求的（6~10分）；

② 服务质量保障方案基本满足招标文件要求（1~5分）；

③ 服务质量保障方案较差，技术服务方案较为简单，重复罗列招标文件要求的（0分）。

16.4.3.4 供应商不良行为记录

（1）出现以下情况的扣5分

① 不认真制作投标文件，包括纸质和电子文件，且应答的纸质和电子文件内容不一致；

② 未按照合同履约的；

③ 经核实的其他不良记录。

（2）出现以下任何情形取消投标资格

① 围标或陪标；

② 扰乱评标现场秩序，无理取闹，恶意诽谤的；

③ 提供虚假材料牟取中标、成交的；

④ 不认真制作投标文件，复制招标文件的技术条款相关部分内容作为其投标文件的一部分的，或技术点对点应答均无具体内容的；

⑤ 不实应答或虚假应标的。

该计算机终端设备维护服务项目评标因素体系如图16-1所示。

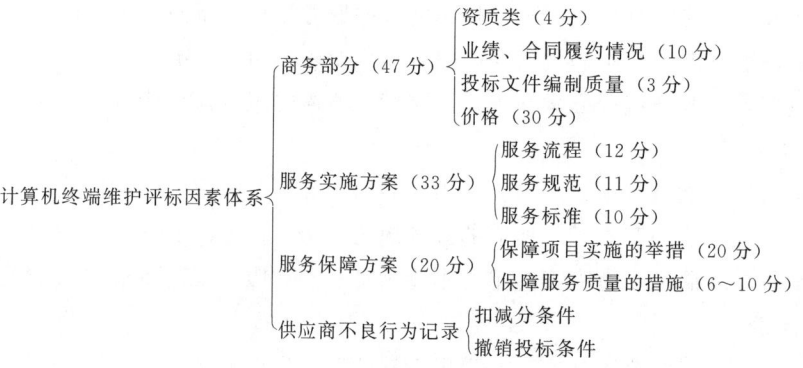

图 16-1 计算机终端设备维护服务项目评标因素体系

16.4.3.5 评标方法

该项目采用综合评分法。采用百分制，各评委分别独立对实质上响应招标文件要求的投标逐项进行打分，各项得分进行汇总后为该评委对该供应商的打分。各评委对每一评标因素的打分去掉一个最高分和一个最低分汇总后取平均，即为该供应商的最终得分。

按投标人最终得分由高到低次序确定中标候选供应商，最终得分相同的，按投标报价得分由高到低次序确定中标候选供应商，最终得分且报价得分相同的，按照技术因素好坏次序推荐中标候选供应商。

如由公开招标方式转为竞争性谈判方式，对比最低评标价法进行评审，即在切实满足采购服务需求、质量和服务相等的前提下，以提出最低报价的供应商作为中标候选供应商。评标分为两个阶段：①对投标人的资格、业绩、合同履约情况、服务实施方案、服务质量保障措施等方面，进行综合评审排序；②投标人完成最后报价后，依据排名计算评标价，计算方法为：

$$M=[(N-1)\times 100\%+1]\times P$$

其中，M 为投标人评标价；N 为排名；P 为投标人最后报价。

16.4.3.6 案例提示

本评标文件中规定了如果需要由公开招标方式转为竞争性谈判方式的评标方法。政府采购公开招标过程中，因对招标文件进行实质性响应的供应商只有两家而废标，并在现场变更为竞争性谈判方式进行采购的情况不为少见，其法律依据为《政府采购非招标采购方式管理办法》第 27 条："公开招标的货物、服务采购项目，招标过程中提交投标文件或者经评审实质性响应招标文件要求的供应商只有两家时，经本级财政部门批准后，可以与该两家供应商进行竞争性谈判采购。"但应满足以下条件才具有可行性：①公开招标现场能够完成竞争性谈判方式的申请和审批；②公开招标现场能够完成谈判文件的制定；③将招标文件发出时间视为谈判文件的发出时间；④将投标文件视为响应文件，由于采购需求没有发生变化，故供应商无须重新提交响应文件；⑤由评标委员会担任谈判小组。

第5篇
工程总承包篇

工程总承包项目由于其技术复杂、业务面广、合同结构复杂、风险系数大等特点，其评标方法无论在评标委员会的组成要求、评标因素设置、评标标准等方面均不同于工程（施工）项目的评标方法，为此，本书将工程总承包项目的评标方法单独作为一篇进行介绍。

第17章

工程总承包评标方法

17.1 评标方法概述

17.1.1 评标方法依据

17.1.1.1 国家文件

(1)《关于进一步推进工程总承包发展的若干意见》

该文件对于工程总承包的评标方法以及评审因素提出了建议:

(六)建设单位可以依法采用招标或者直接发包的方式选择工程总承包企业。工程总承包评标可以采用综合评估法,评审的主要因素包括工程总承包报价、项目管理组织方案、设计方案、设备采购方案、施工计划、工程业绩等。

(2)《标准设计施工总承包招标文件》(2012 年版)

该标准文件适用于设计施工一体化的总承包招标。该标准文件不分行业,各个行业都通用,不仅仅是房建项目,同样,工业项目也可以适用。其第三章评标办法分别规定了综合评估法和经评审的最低投标价法两种评标方法,供招标人根据项目具体特点和实际需要选择使用。同时规定,采用综合评估法时各评审因素的评审标准、分值和权重由招标人自主确定,国务院有关部门对各评审因素的评审标准、分值和权重等有规定的,从其规定。

17.1.1.2 各行业部门文件

为贯彻《关于进一步推进工程总承包发展的若干意见》,各行业主管部门结合行业实际,对于工程总承包项目的招投标条件、评标方法等做出了规定,举例如下。

(1)《房屋建筑和市政基础设施项目工程总承包管理办法》

为贯彻落实《国务院办公厅关于促进建筑业持续健康发展的意见》要求,加快推进工程总承包的发展,完善工程总承包管理制度,提升工程建设质量和效益,住房和城乡建设部、国家发展改革委发布该办法,适用于从事房屋建筑和市政基础设施项目工程总承包活动。

第 9 条 建设单位应当根据招标项目的特点和需要编制工程总承包项目招标文件,其中要求发包人列明项目的目标、范围、设计和其他技术标准,包括对项目的内容、范围、规模、标准、功能、质量、安全、节约能源、生态环境保护、工期、验收等的明确要求。

第10条 工程总承包单位应当同时具有与工程规模相适应的工程设计资质和施工资质，或者由具有相应资质的设计单位和施工单位组成联合体。工程总承包单位应当具有相应的项目管理体系和项目管理能力、财务和风险承担能力，以及与发包工程相类似的设计、施工或者工程总承包业绩。

第18条 工程总承包单位应当建立与工程总承包相适应的组织机构和管理制度，形成项目设计、采购、施工、试运行管理以及质量、安全、工期、造价、节约能源和生态环境保护管理等工程总承包综合管理能力。

第19条 工程总承包单位应当设立项目管理机构，设置项目经理，配备相应管理人员，加强设计、采购与施工的协调，完善和优化设计，改进施工方案，实现对工程总承包项目的有效管理控制。

第20条 工程总承包项目经理应当具备下列条件：

1. 取得相应工程建设类注册执业资格，包括注册建筑师、勘察设计注册工程师、注册建造师，或者注册监理工程师等；未实施注册执业资格的，取得高级专业技术职称；

2. 担任过与拟建项目相类似的工程总承包项目经理、设计项目负责人、施工项目负责人或者项目总监理工程师；

3. 熟悉工程技术和工程总承包项目管理知识以及相关法律法规、标准规范；

4. 具有较强的组织协调能力和良好的职业道德。

工程总承包项目经理不得同时在两个或者两个以上工程项目担任工程总承包项目经理、施工项目负责人。

以上条款对工程总承包单位的管理机构和管理制度、项目经理的资格条件提出了要求，为评标因素设置等提供了法规依据。

(2)《运输机场专业工程总承包管办法（试行）》

该办法适用于从事新建、迁建、改扩建专业工程总承包活动。

第13条 工程总承包项目应当采用综合评估法评标，建设单位应当根据工程特点和要求合理设置评分因素和权重。

同时，该办法对于承包企业的组织机构和管理制度、工程总承包项目经理的条件做出规定，为评标因素的设置提供了依据。

(3)《公路工程建设项目招标投标管理办法》

该办法适用于境内从事公路工程建设项目勘察设计、施工、施工监理等的招标投标活动，包括对工程总承包评标活动的规定，主要条款如下：

第45条 招标人应当根据工程地质条件、技术特点和施工难度确定评标方法。设计施工总承包采用综合评分法的，评分因素包括：评标价、项目管理机构、技术能力、设计文件的优化建议、设计施工总承包方案、施工组织设计等因素，评标价的评分权重不得低于50%。

17.1.1.3 各地方政府文件

(1)《上海市建设项目工程总承包招标评标办法》

该办法适用于上海市行政区内的以建设工程总承包方式招标的建设项目。

第3条 评标办法种类

工程总承包的评标办法包括经评审的合理低价法和综合评估法两种。由招标人根据项目情况自行选择，两种评标办法均采用两阶段评标模式。

1. 经评审的合理低价法采用合格制评审，即在信用标、技术标合格且通过商务标评审的投标人中，以投标报价最低的投标人为第一中标候选人，次低的为第二中标候选人。

2. 综合评估法采用百分制评审,即在通过信用标、技术标和商务标评审的投标人中,取技术标得分前5名的投标人进入商务标得分计算,以信用标、技术标及商务标得分之和最高的投标人为第一中标候选人,次高的为第二中标候选人。信用标满分5分,技术标满分30分,商务标满分65分。

(2)《浙江省关于进一步推进房屋建筑和市政基础设施项目工程总承包发展的实施意见》

(十) 工程总承包项目评标一般采用综合评估法,评审的主要因素包括工程总承包报价、项目经理能力、项目管理组织方案、设计技术方案、设备采购方案、施工组织设计或者施工计划、质量安全保证措施、工程总承包项目业绩及企业信用情况等,其中报价评分权重不宜低于50%。探索推进评定分离方法。

(3)《福建省政府投资的房屋建筑和市政基础设施工程开展工程总承包试点工作方案》

该办法适用于福建省内房屋建筑和市政工程工程总承包项目。方案中试点措施有以下规定:

工程总承包评标应采用综合评估法,评审的主要因素包括工程总承包报价、项目管理组织方案、设计方案、设备采购方案、施工计划、工程业绩等。在试点期间,不宜将工程业绩限定为工程总承包业绩,可以设置为相应施工业绩或设计业绩。

(4)《陕西省政府投资的房屋建筑和市政基础设施工程开展工程总承包试点实施方案》

该办法适用于陕西省内房屋建筑和市政基础设施工程总承包项目。其中工作措施有如下规定:

工程总承包项目评标应采用综合评估法,评审的主要因素包括工程总承包报价、项目管理组织方案、设计方案、设备采购方案、施工计划、工程业绩等。在试点期间,不宜将工程业绩限定为工程总承包业绩,可以设置为相应施工业绩或设计业绩。

17.1.2 工程总承包概念

17.1.2.1 定义描述

《关于培育发展工程总承包和工程项目管理企业的指导意见》中,对工程总承包的概念描述为:"工程总承包是指从事工程总承包的企业(以下简称工程总承包企业)受业主委托,按照合同约定对工程项目的勘察、设计、采购、施工、试运行(竣工验收)等实行全过程或若干阶段的承包。"强调了"全过程或若干阶段的承包"。

《关于进一步推进工程总承包发展的若干意见》(以下简称《若干意见》)中的描述为:"工程总承包是指从事工程总承包的企业按照与建设单位签订的合同,对工程项目的设计、采购、施工等实行全过程的承包,并对工程的质量、安全、工期和造价等全面负责的承包方式。"

《房屋建筑和市政基础设施项目工程总承包管理办法》(以下简称《办法》)中的描述为:"本办法所称工程总承包,是指承包单位按照与建设单位签订的合同,对工程设计、采购、施工或者设计、施工等阶段实行总承包,并对工程的质量、安全、工期和造价等全面负责的工程建设组织实施方式。"

《办法》和《若干意见》对工程总承包定义描述基本保持了一致,只是增加了工程总承包方的责任。

17.1.2.2 概念的理解

根据上述文件对工程总承包定义的描述,可以从以下几个方面予以理解。

① 工程总承包是指从事工程总承包的企业受业主委托,按照合同约定对工程项目的勘察、设计、采购、施工、试运行(竣工验收)等实行全过程或者设计-施工等阶段的承包,

即只有所承包的项目中同时包含项目发展周期中两项或两项以上，才能被称为工程总承包。

② 我国推荐的工程总承包模式主要是指对工程设计-采购-施工（EPC）或者设计-建造（DB）实行的工程总承包形式。

③ 在工程总承包模式下，工程总承包企业按照合同约定对工程项目的质量、工期、造价等向业主承担全面责任。

④ 工程总承包企业可依法将所承包工程中的部分工作根据合同约定或者经建设单位同意，直接将工程项目的设计或者施工业务择优分包给具有相应资质的企业。分包企业按照分包合同的约定对总承包企业负责。

⑤ 工程总承包的具体方式、工作内容、合同价款支付、风险分担以及对质量、安全、工期、其他责任等，由业主与工程总承包企业在合同中约定。

17.1.3 评标方法分析

17.1.3.1 工程总承包的特点

(1) 技术的复杂性

相较于传统的承包项目，工程总承包业务涵盖了设计、采购、施工、试运营等业务范围，工程总承包项目由于是两个以上建设阶段的承包（尤其是化工、冶金、石油、铁路等工程总承包项目），项目的技术、工艺都较为复杂，技术接口众多，承包单位必须具有驾驭大型项目的能力和管理经验。对承包单位的技术水平提出了更高的要求。

(2) 业务面广

工程总承包项目涵盖深化设计的内容，设计方案及其配套的施工方案的优劣对于整体成本控制、工程质量、施工进度保障等至关重要，为此，设计方案成为工程总承包项目重要的技术组成部分。在评标方法上更宜采用综合评估法，这也是各地通常均采用综合评估法的主要理由。

(3) 合同结构复杂

由于工程总承包项目合同涉及比以往工程合同更多的单位，一个工程承包项目，往往涉及几十个、上百个，甚至上千个分包合同，合同结构复杂，管理接口众多，是否具有驾驭众多合同的经验成为重点评审的内容。

(4) 风险系数较高

工程总承包项目由于规模大、建设周期长、一般实行总价固定等因素的存在，其合同风险性因素较多，风险系数高，这就需要检验一个工程总承包商的综合风险管控能力。为此，业主考察承包单位的风险管理能力成为选择投标人的一个重要因素，更适合通过综合评估法对承包商进行选择。

由于上述工程总承包项目的特点，对于技术、工艺复杂的工程总承包项目，招标人不但应考虑价格因素，而且更多地应考虑投标人质量、技术、信誉、专业知识、能力等因素。可见综合评估法更适合于工程总承包项目的评标。

17.1.3.2 评标方法地方规章

目前，国家层面专门针对工程总承包项目评标方法并未有明确统一的规章规定。2017年12月住房和城乡建设部在关于《房屋建筑和市政基础设施工程总承包管理办法》征求意见稿一中，评标办法曾规定为"一般采用综合评估法"，虽然最终正式发布的文件并未对工程总承包项目评标的方法做出指导性的统一规定，但在最低投标价法被广泛应用的大背景下，作为住房和城乡建设部制定的在全国范围具有适用性的规范性文件的征求意见稿中有此意向，足以见证综合评估法在工程总承包项目招标评标中的地位。

近年来，从工程总承包试点省（市）来看，浙江、福建、湖南、四川、上海、江苏等在各自制定的工程总承包指导意见中，虽然措辞各异，但大多都明确了工程总承包的评标应当采用综合评估法。工程总承包评标方法部分相关规定汇总如表 17-1 所示。

表 17-1　工程总承包评标方法部分相关规定汇总

文件名称	适用范围	评标方法规定
《关于进一步推进工程总承包发展的若干意见》	工程总承包	工程总承包评标可以采用综合评估法
《标准设计施工总承包招标文件》（2012 年版）	设计施工一体化项目招标	综合评分法、经评审的最低投标价法
《房屋建筑和市政基础设施项目工程总承包管理办法》	房屋建筑和市政基础设施项目工程总承包招标	—
《浙江省关于进一步推进房屋建筑和市政基础设施项目工程总承包发展的实施意见》	浙江省房屋建筑和市政基础设施项目工程总承包招标	工程总承包项目评标一般采用综合评估法
《关于房屋建筑和市政基础设施项目工程总承包招标投标活动有关事项的通知》	福建省房屋建筑和市政基础设施项目工程总承包招标	工程总承包项目应当采用综合评估法
《湖南省房屋建筑和市政基础设施工程总承包招标评标暂行办法》	湖南省房屋建筑和市政工程基础设施工程招标	评标办法采用综合评估法以及法律、法规允许的其他评标办法
《四川省房屋建筑和市政基础设施项目工程总承包管理办法》	四川省房屋建筑和市政基础设施工程招标	工程总承包项目评标一般采用综合评估法
《上海市建设项目工程总承包招标评标办法》（沪住建规范〔2022〕4 号）	上海市建设项目工程总承包招标	经评审的合理低价法、综合评估法
《江苏省房屋建筑和市政基础设施项目工程总承包招标投标导则》	江苏省房屋建筑和市政基础设施项目工程总承包招标	工程总承包评标一般但不限于采用综合评估法

通过表 17-1 可见，在工程总承包项目评标实践中，应用较为普遍的是综合评估法。为此，本章仅介绍综合评估法在工程总承包项目招标评标中的应用。

17.2　评标因素设定

17.2.1　评标因素分析

工程总承包文件包括两大部分：技术标和商务标，技术标又可分为纯技术标和管理标。其中，纯技术标为设计方案，管理标包括投标企业的资格、工程施工方案等。业主通过对设计方案进行评审，可以看出工程总承包商将提供一个什么样的"产品"；通过对投标者管理方案的审查可以看出工程总承包商是否能够顺利完成工程；通过对投标者商务标的审查，可以看出业主要为最终产品支付多少费用。三部分评审因素分析如下。

17.2.1.1　技术因素

对于工程总承包的投标，招标文件一般要求投标人根据自身对业主的要求的理解，提出自己的设计方案。在国际上，对于投标人在投标阶段提供设计的深度并无统一的规定，一般是达到基础设计或初步设计的深度。业主将判断投标人设计方案的优劣。业主关心的主要因素有以下几个方面：

① 设计方案的完整性，是否符合业主要求；

② 整体工程施工设施在现场地区气候和环境条件下的总体适宜性；
③ 拟使用的设备和仪器的功能、质量、操作的便利性等技术优点；
④ 整体工程设施是否达到了规定的性能标准；
⑤ 工程运行期间所需备件类型、数量、易购性及相应的维修服务等；
⑥ 设计方案的创新性以及可建造性，是否有偏差；

对于施工而言，业主要看工程总承包商施工方法是否合理，施工所需的仪器与机械设备的充分性、适用性、先进性如何。

17.2.1.2 管理因素

在技术可行的条件下，工程总承包商能否按期、保质、安全并以环保的方式顺利完成整个工程，主要取决于工程总承包商的管理水平，管理水平则体现在工程总承包商项目管理计划、组织和各种控制程序与方法是否科学合理可行，包括：选派的项目管理团队的组成、分包计划的实施、整个工程的设计-采购-施工计划的周密性、质量管理体系与 HSE 体系（即健康、安全、环保三位一体的管理体系）的完整性（公司与项目两个级别）。实质而言，主要表现在项目人力资源配置的合理性，尤其是项目经理与其他关键管理人员的素质与管理经验等。

17.2.1.3 商务因素

商务标的评价是以控制业主的工程造价为目的。因此，投标报价是业主评判投标书的一个重要因素。对于工程总承包项目而言，在满足业主招标要求的条件下，投标人的报价可能基于不同的设计方案，因此，不但需要考虑投标人的工程报价，而且还要考虑由于不同的设计方案所导致的工程完工后在整个工程生命周期中不同的运营成本。运营成本越高，该项目指标得分就越低。此外，还要考虑投标报价组成的合理性，如整个报价可以分解为设计、采购、施工三大项费用，有的投标人采用不平衡报价，会导致业主支付一定的隐性不合理费用。有些投标人甚至采用"低于成本报价"的报价策略，对工程质量、进度、造价等造成严重的隐患。

17.2.2 评标因素体系

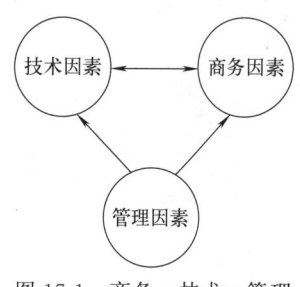

图 17-1 商务、技术、管理指标关系示意图

通过上述评标因素分析，可以看出工程总承包模式下的评标因素体系是以技术、管理、商务三大方面为核心的，三者之间的关系如图 17-1 所示。

由图 17-1 所示，技术因素和商务因素的实现都是以管理因素的实现为基础的。同时，技术因素和商务因素之间又相互影响、相辅相成。

建立工程总承包评标因素体系，首先要以工程总承包的独特性质为前提，兼顾设计、采购、施工等多方面的影响。因此从理论上讲，工程总承包项目评标因素体系应参照咨询评标因素、设计承包评标因素以及施工评标因素，并对它们进行综合分析整理。其次，评标因素体系应始终反映业主对该工程项目的目标要求，充分考虑各指标在设计-采购-施工乃至整个工程项目生命周期的影响。图 17-2～图 17-5 示意了工程总承包评标因素体系的建立的过程，并给出商务、技术、管理因素的分层细化。

以上四图示意了商务、技术、管理与业主目标的关系以及各因素的分解。在评标因素体系中没有考虑工程总承包商的资质等级、工程业绩和财务状况等信誉指标，因为根据招标惯例，这些因素都是在招标前的资格预审阶段考虑的因素，对于没有资格预审的工程总承包项目，则需要加上"工程总承包信誉"这一评价因素。

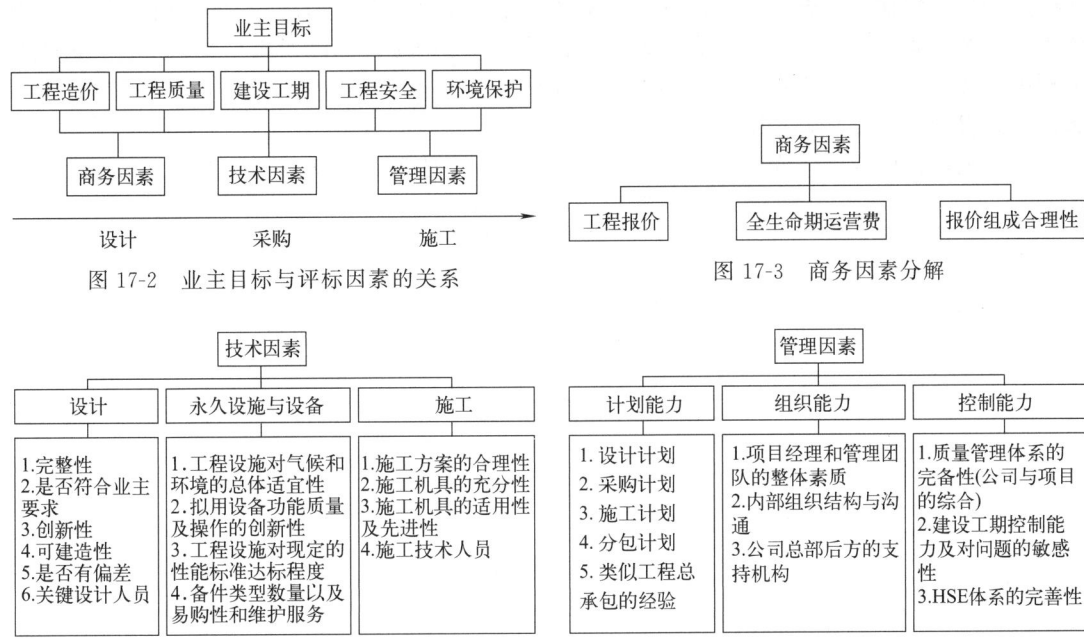

图 17-2 业主目标与评标因素的关系

图 17-3 商务因素分解

图 17-4 技术因素分解

图 17-5 管理因素分解

另外,这里对各个评标因素的分解是示意性的,在具体工程招标项目中,可以根据自身的特点,进行合并与再分解,分解的目的是将评标过程客观化,将指标具体化,从而具有可操作性和公平性。

17.2.3 评标因素量化

上述评标因素体系的构建只是从定性的角度确定了工程总承包评标应考虑的因素。在实际评标中,还应将其实用化和可操作化,将定性因素定量化。

17.2.3.1 评标因素量化原则

(1) 因素层次性与合理性

为了将评标因素定量地进行客观的评价,首先应将评标因素体系按层次进行合理细化。同时评标因素的选择需要建立在实际调查研究的基础之上,可通过对从事工程总承包的人员进行问卷调查的方式对评标因素进行筛选。

(2) 因素权重的合理分配

由于商务、技术、管理三大因素共同影响工程项目目标,因此,因素权重应反映出工程总承包商在这三个方面的实际水平,对于新技术、新工艺和设计施工难度大的工程总承包项目,技术指标的权重应该大些;对于工艺简单、施工方法成熟的工程总承包项目,工程价格就显得更加重要。

(3) 设计因素权重的设定

工程总承包商的设计工作对工程质量、造价等都有很大的影响,因此,反映设计水平的评标因素在整个评标体系中的地位很重要,其权重应合理增大。

17.2.3.2 评标因素量化应用

工程评标因素量化的方法很多,但其量化方法应简单、直观,符合评标因素体系的可操作性原则。如果需要合理分配各项因素的权重,那么组建高水平的专家评审委员会的方法不失为评选最佳工程总承包商的有效手段。

工程总承包项目的综合评估法的具体步骤与施工项目综合评估法的步骤基本相同：①构建评标因素体系，将评标内容分类归纳为综合因素；②确定评标因素权重及每一个因素的评标标准；③专家打分；④将各项评标因素的分数乘以权重并累加各因素项得分，确定各投标者的综合得分，得分高者为中标推荐人。

以上述评标因素体系为例，假定投标人为三家，构建评标矩阵表，如表17-2所示。

表 17-2 评标矩阵表

准则层	评标因素层		权重	投标人甲得分 X(100分)	投标人乙得分 Y (100分)	投标人丙得分 Z (100分)
商务标 (c)	投标报价(c_1)	C_1	c_1	X_{c1}	Y_{c1}	Z_{c1}
	全寿命期运营费用(c_2)	C_2	c_2	X_{c2}	Y_{c2}	Z_{c2}
	报价组成(c_3)	C_3	c_3	X_{c3}	Y_{c3}	Z_{c3}
技术标 (t)	总体设计(t_1)	T_{11} … T_{1n}	t_{11} … t_{1n}	X_{t11} … X_{t1n}	Y_{t11} … Y_{t1n}	Z_{t11} … Z_{t1n}
	永久设施设备先进性(t_2)	T_{21} … T_{2n}	t_{21} … t_{2n}	X_{t21} … X_{t2n}	Y_{t21} … Y_{t2n}	Z_{t21} … Z_{t2n}
	总体施工(t_3)	T_{31} … T_{3n}	t_{31} … t_{3n}	X_{t31} … X_{t3n}	Y_{t31} … Y_{t3n}	Z_{t31} … Z_{t3n}
管理标 (m)	计划能力(m_1)	M_{11} … M_{1n}	m_{11} … m_{1n}	X_{m11} … X_{m1n}	Y_{m11} … Y_{m1n}	Z_{m11} … Z_{m1n}
	组织能力(m_2)	M_{21} … M_{2n}	m_{21} … m_{2n}	X_{m21} … X_{m2n}	Y_{m21} … Y_{m2n}	Z_{m21} … Z_{m2n}
	控制能力(m_3)	M_{31} … M_{3n}	m_{31} … m_{3n}	X_{m31} … X_{m3n}	Y_{m31} … Y_{m3n}	Z_{m31} … Z_{m3n}

表17-2中，省略了评标因素层对具体内容的描述，以大写字母替代，准则层括号内的小写字母代表权重，取值区间为0～1，以技术标为例，

$$t = t_1 + t_2 + t_3$$

其中，$t_1 = t_{11} + t_{12} + t_{1n}$；$t_2 = t_{21} + t_{22} + t_{2n}$；$t_3 = t_{31} + t_{32} + t_{3n}$。

商务标与管理标以此类推，因为 $c + t + m = 1$，并有如下关系：

$$\sum_{i=1}^{3} c_i + \sum_{i=1}^{3}\sum_{j=1}^{n} t_{ij} + \sum_{i=1}^{3}\sum_{j=1}^{n} m_{ij} = 1$$

投标人甲、乙、丙的综合得分的计算公式为：

$$(X \quad Y \quad Z) = [c_1, c_2, c_3, t_{11}, \cdots, t_{3n}, m_{11}, \cdots, m_{3n}] \begin{bmatrix} X_{c1} & Y_{c1} & Z_{c1} \\ X_{c2} & Y_{c2} & Z_{c2} \\ X_{c3} & Y_{c3} & Z_{c3} \\ X_{t11} & Y_{t11} & Z_{t11} \\ \cdots & \cdots & \cdots \\ X_{t3n} & Y_{t3n} & Z_{t3n} \\ X_{m11} & Y_{m11} & Z_{m11} \\ \cdots & \cdots & \cdots \\ X_{m3n} & Y_{m3n} & Z_{m3n} \end{bmatrix}$$

得分最高者为最优中标人,应该推荐为第一中标人。

一套评标因素体系需要在实践中检验其可靠性和效果,对于工程总承包项目来说,评价标素体系的价值主要体现在其预测的准确性上,即采用该体系选择的工程承包商是否顺利完成工程,并达到了业主的各项预期目标。

17.3 各地评标实践做法

近年来,许多地方政府对于工程总承包项目的综合评估法进行了有益的实践。本节通过对先行的、具有代表性的省(市)综合评估法的做法加以简介,以供读者参考。

17.3.1 上海市

相关依据为《上海市建设项目工程总承包招标评标办法》。该办法适用于在上海市行政区内采用工程总承包方式招标的建设项目。

17.3.1.1 信用标评审标准

根据上海市住房建设管理委员会发布的计算机信用评价体系计分,在沪建筑业企业的信用评价大于等于60分的为合格,在沪建设工程勘察设计企业的信用评价大于等于65分的为合格。以联合体方式投标的,联合体各方的信用评价均应大于等于合格分,且联合体投标人的信用标得分以联合体各方信用评价的算术平均值进行折算,满分为5分。通过信用标评审的投标人才能进入技术标评审。

17.3.1.2 技术标评审标准

(1) 设计方案(可含勘察)评审

采用百分制方式进行评审,分值区间为50~100分,权重70%,以各评标委员会成员的评审分值经算术平均并加权后为得分 A。

(2) 施工方案(可含采购)评审

采用百分制方式进行评审,分值区间为50~100分,权重30%,以各评标委员会成员的评审分值经算术平均并加权后为得分 B。

(3) 技术标得分

技术标得分 $C=A+B$,$C \geqslant 80$ 分为优良,折合得满分30分;60 分 $\leqslant C < 80$ 分的为合格,折合得基本分28分;$C < 60$ 分的为不合格,得0分。技术标评审合格的投标人才能够进入商务标的评审。

17.3.1.3 商务标评审标准

① 当通过报价合理性评审的投标人数大于5人时,取技术标得分由高到低的前5人(得分并列的取报价低者,如报价也相同则同时取)进入商务标得分计算,以5人中最低投标报价作为基准价,得满分65分,每高于基准价1%的扣1分(中间按线性插入法计算),扣至基本分,基本分由招标人在招标文件中明确,且不得高于50分。

② 当通过报价合理性评审的投标人数小于等于5人时,则以最低投标报价作为基准价,得满分65分。每高于基准价1%的扣1分(中间按线性插入法计算),扣至基本分,基本分由招标人在招标文件中明确,且不得高于50分。

17.3.1.4 评标结果

总得分为信用标、技术标和商务标得分之和,总得分最高的投标人为第一中标候选人,总得分第二的为第二中标候选人,依此类推。

17.3.2 湖南省

相关依据为《湖南省房屋建筑和市政基础设施工程总承包招标评标暂行办法》。该办法适用于在湖南省行政区域内，依法必须进行招标的房屋建筑和市政基础设施工程总承包采用综合评分法招标的评标活动。

17.3.2.1 评审因素和评审标准

评审因素和分值权重如表17-3所示。

表17-3 评审因素和分值权重

序号	评审因素	权 重
1	技术方案	0.05～0.30
2	企业资信及履约能力	0.35～0.45
3	投标报价	0.35～0.50
评审因素权重合计		1.00

(1) 技术方案评审标准

分阶段的技术方案评审标准分别如表17-4～表17-6所示。

表17-4 技术方案评审标准（适用于房屋建筑工程可行性研究、方案设计完成后启动的招标）

序号	评审项目及分值范围		评审标准
1	总承包方案（16～20分）	总承包管理方案及措施（8～10分）	总承包管理方案是否清晰并切实可行；内容是否全面、完整，部署及措施是否合理、先进、可靠；能否满足项目管理需要等
		总承包管理重点、难点分析（8～10分）	总承包管理重难点控制是否得当；处置措施是否具备针对性；能否满足项目需要等
2	设计方案（39～52分）	设计说明（8～10分）	各专业设计说明是否完整、充分、准确；项目规划设计各项指标是否满足任务书及规划设计要点，是否科学、合理；技术指标是否满足任务书要求，是否符合规划要求
		总平面图布局及建筑功能（9～12分）	规划构思与功能布局是否新颖、合理；与周边环境是否协调；竖向设计是否合理；综合管网设计是否完整；交通流线及开口是否合理可行；停车位布置、消防、日照间距是否满足要求；建筑平面功能要求是否满足设计任务书要求；工艺系统流程设计是否符合设计任务书要求等
		建筑造型（9～12分）	建筑创意、空间处理是否合理；立面造型、比例尺度是否和谐美观；建筑的功能和形式是否统一；功能与形式是否统一；与周围环境是否相协调；是否能够较好的体现建筑风格等
		结构及设备方案（6～8分）	结构方案的选型是否合理可行、是否满足设计任务书要求；结构方案的设计依据是否符合规范及标准要求；设备方案的选型是否合理可行、是否满足设计任务书要求等
		绿色建筑与装配式建筑设计（4～6分）	绿色建筑（建筑节能）措施是否科学、合理；各类节能环保产品（如建筑垃圾再生产品等）应用方案是否具体、合理、符合规范；装配式技术（如有）是否合理、可行等
		设计深度（3～4分）	是否符合设计任务书要求；是否满足《建筑工程设计文件编制深度规定》等

续表

序号	评审项目及分值范围		评审标准
3	施工组织设计(21~28分)	施工方案与技术措施(9~12分)	对项目总体概况表述是否清晰、完整;部署及措施是否先进、可靠;针对项目的重点、难点分析是否透彻,解决方案是否切实可行;施工平面布置是否有针对性、合理,较好满足施工需要,是否符合安全、文明生产要求等
		管理体系与措施(9~12分)	质量、安全、环境保护目标是否明确;管理机构是否健全;职责分工是否明确;管理制度是否健全;实施与监控措施是否全面、有效;总工期及节点工期是否满足招标文件要求;施工进度计划内容是否全面;措施是否有力;计划编制是否合理、可行等
		资源配备计划(3~4分)	资源投入计划、施工部署、施工方法与进度计划是否能够相互呼应并较好地满足施工需要;调配投入计划是否合理、准确等
4	建筑信息模型及其他(0~18分)	BIM技术应用(如有)(0~10分)	BIM技术应用管理体系、管理制度、保障措施是否齐全;BIM应用流程与计划是否完整、有效;重点工艺节点及施工流程BIM三维模型是否科学、合理等
		其他(如有)(0~8分)	招标人的其他要求

表17-5 技术方案评审标准(适用于市政工程可行性研究、方案设计完成后启动的招标)

序号	评审项目及分值范围		评审标准
1	总承包方案(16~20分)	总承包管理方案及措施(8~10分)	总承包管理方案是否清晰并切实可行;内容是否全面、完整;部署及措施是否合理、先进、可靠;能否满足项目管理需要等
		总承包管理重点、难点分析(8~10分)	总承包管理重难点控制是否得当;处置措施是否具备针对性;能否满足项目需要等
2	设计方案(39~52分)	设计说明(9~12分)	各专业设计说明是否完整、充分、准确;项目规划设计各项指标是否满足任务书及规划设计要点,是否科学、合理;技术指标是否满足任务书要求,是否符合规划要求
		对项目的理解及设计思路(6~8分)	对项目的理解是否正确、全面;设计思路是否清晰、科学、合理、可行;总体布置方案、节点方案是否合理、符合规范等
		工程设计方案(12~16分)	工程设计方案是否合理、符合规范;对重点、难点、关键性技术问题是否有切实可行的对策措施;是否具备较强的针对性、操作性和可实施性等;绿色建筑(建筑节能)措施是否科学、合理;各类节能环保产品(如建筑垃圾再生产品等)应用方案是否具体、合理、符合规范
		质量、造价控制措施(9~12分)	质量保证体系及措施是否完善、有效、可行;计价依据及使用情况是否合理;工程造价的控制措施是否具体、合理、可行等
		设计深度(3~4分)	是否符合设计任务书要求;是否满足《建筑工程设计文件编制深度规定》等
3	施工组织设计(21~28分)	施工方案与技术措施(9~12分)	对项目总体概况表述是否清晰、完整;部署及措施是否先进、可靠;针对项目的重点、难点分析是否透彻,解决方案是否切实可行;施工平面布置是否有针对性、合理,较好满足施工需要,是否符合安全、文明生产要求等

续表

序号	评审项目及分值范围		评审标准
3	施工组织设计（21~28分）	管理体系与措施（9~12分）	质量、安全、环境保护目标是否明确；管理机构是否健全；职责分工是否明确；管理制度是否健全；实施与监控措施是否全面、有效；总工期及节点工期是否满足招标文件要求；施工进度计划内容是否全面；措施是否有力；计划编制是否合理、可行等
		资源配备计划（3~4分）	资源投入计划、施工部署、施工方法与进度计划是否能够相互呼应并较好地满足施工需要；调配投入计划是否合理、准确等
4	建筑信息模型及其他（0~18分）	BIM技术应用（如有）（0~10分）	BIM技术应用管理体系、管理制度、保障措施是否齐全；BIM应用流程与计划是否完整、有效；重点工艺节点及施工流程BIM三维模型是否科学、合理等
		其他（如有）（0~8分）	装配式技术是否合理、可行等
			招标人的其他要求

表17-6 技术方案评审标准（适用于初步设计完成后启动的招标）

序号	评审项目及分值范围		评审标准
1	总承包方案（16~20分）	总承包管理方案及措施（8~10分）	总承包管理方案是否清晰并切实可行；内容是否全面、完整；部署及措施是否合理、先进、可靠；能否满足项目管理需要等
		总承包管理重点、难点分析（8~10）	总承包管理重难点控制是否得当；处置措施是否具备针对性；能否满足项目需要等
2	设计方案（20~28分）	设计说明（8~12分）	各专业设计说明是否完整、充分、准确
		优化设计（12~16分）	合理化建议是否可行，对项目特点难点是否准确把握、关键问题解决方案是否完整可行；优化设计是否能实现初步设计的各项指标且控制在工程概算内；新技术、新材料、新设备、新工艺的采用是否可行、可靠且经济等，如使用建筑垃圾再生产品等各类节能环保产品
3	施工组织设计（42~54分）	施工方案与技术措施（9~12分）	对项目总体概况表述是否清晰、完整；部署及措施是否先进、可靠；针对项目的重点、难点分析是否透彻，解决方案是否切实可行；施工平面布置是否有针对性、合理，较好满足施工需要，是否符合安全、文明生产要求等
		质量管理体系与措施（9~12分）	质量目标是否明确，是否优于招标文件的要求；管理机构是否健全，职责分工是否明确；管理制度是否齐全；实施与监控措施是否全面、有效等
		安全管理体系与措施（9~12分）	安全目标是否明确，是否优于招标文件的要求；管理机构是否健全，职责分工是否明确；管理制度是否齐全；实施与监控措施是否全面、有效等
		环境保护管理体系与措施（6~7分）	环境管理目标是否明确，是否优于招标文件的要求；管理机构是否健全，职责分工是否明确；管理制度是否齐全；实施与监控措施是否全面、有效等
		工程进度计划与保证措施（6~7分）	总工期及节点工期是否满足招标文件要求；施工进度计划内容是否全面，线路是否清晰、准确、完整，计划编制是否合理、可行；措施是否有力、合理、可行等
		资源配备计划（3~4分）	资源投入计划、施工部署、施工方法与进度计划是否能够相互呼应并较好地满足施工需要；调配投入计划是否合理、准确等
4	建筑信息模型及其他（0~18分）	BIM技术应用（0~10分）	BIM技术应用管理体系、管理制度、保障措施是否齐全；BIM应用流程与计划是否完整、有效；重点工艺节点及施工流程BIM三维模型是否科学、合理等
		其他（0~8分）	招标人的其他要求（如有）

（2）企业资信及履约能力评审标准

企业资信及履约能力评审标准如表17-7所示。

表 17-7 企业资信及履约能力评审标准

序号	评审因素	最高分值	评审标准 类别	评审标准 数量和分值	选取方式	计分方式 计分制	计分方式 最低分	计分方式 最高分
1	独立投标人或联合体牵头人 财务状况	9	银行授信额度	银行授信额度＞最高投标限价2倍时,得3分; 最高投标限价≤银行授信额度≤最高投标限价2倍时,得1.5分; 银行授信额度＜最高投标限价时,得0分	招标人根据项目规模及评标办法相关规定,确定是否纳入评审	加分制	0	3
			资产负债率	资产负债率＜70%时,得3分; 70%≤资产负债率≤80%时,得1.5分; 资产负债率＞80%时,得0分		加分制	0	3
			净资产	净资产＞最高投标限价2倍时,得3分; 最高投标限价≤净资产≤最高投标限价2倍时,得1.5分; 净资产＜最高投标限价时,得0分			0	3
2	独立投标人(设计资质)或联合体中设计单位 优良信息	5	国家级奖项	国家级优秀工程设计奖,每个1.5分	招标人根据项目规模及评标办法相关规定,确定是否纳入评审	加分制	0	3
			省级奖项	省级优秀工程设计奖,每个1分			0	2
	类似工程业绩	6	业绩	设计业绩,每个3分	招标人根据项目特点确定是否纳入评审	加分制	0	6
	信用评价	12	设计招投标信用评价	独立投标人(设计资质)或联合体中设计单位获得的设计招标投标信用评价得分×12%。 设计单位信用评价结果未公布之前,按照不良行为记录扣分处理:严重不良行为记录每条扣6分,一般不良行为记录每条扣3分,列入省公管办或省住建厅发布的黑名单扣12分	必选项	扣分制	0	12

续表

序号	评审因素	最高分值	评审标准		选取方式	计分方式		
			类别	数量和分值		计分制	最低分	最高分
3	独立投标人（施工资质）或联合体中施工单位	优良信息	8	国家级奖项	国家优质工程奖，每个1.5分	招标人根据项目规模及评标办法相关规定，确定是否纳入评审	加分制	0	4
			省级奖项	芙蓉奖，每个1.5分；省级优质工程奖，每个1分			0	4
		6	国家级标准化工地	建设工程项目施工工地安全生产标准化学习交流项目，每个1分			0	2
			省级标准化工地	省建筑施工质量管理标准化年度项目考评优良工地，每个0.1分；省建筑施工安全生产标准化年度项目考评优良工地，每个0.1分			0	4
		类似工程业绩	6	业绩	施工业绩，每个3分	招标人根据项目特点确定是否纳入评审		0	6
		信用评价	25	施工招投标信用评价	独立投标人（施工资质）或联合体中施工单位获得的施工招标投标信用评价得分×25%	必选项		0	25
		现场评价	25	现场安全质量管理评价	独立投标人（施工资质）或联合体中施工单位获得的现场安全质量管理评价得分×25%	必选项		0	25
4	拟任工程总承包项目负责人	答辩	8		阐述是否流畅、条理是否清晰、回答问题是否完整；答辩是否充分结合招标项目实际，是否具有较强的针对性	招标人根据项目特点确定是否纳入评审	加分制	0	8
		不良行为记录	0		严重不良行为记录每条扣6分；一般不良行为记录每条扣3分；列入省公管办或省住建厅发布的黑名单扣18分	必选项	扣分制	−18	0

(3) 投标报价评审标准

投标报价评审标准如表17-8所示。

17.3.3 江苏省

相关依据为《江苏省房屋建筑和市政基础设施项目工程总承包招标投标导则》。该导则适用于江苏省行政区域内，国有资金占控股或者主导地位的房屋建筑和市政基础设施项目工程总承包招标投标活动。

该导则对于不同起始点的总承包招标分别进行了规范，其中表17-9适用于可行性研究完成阶段进行招标的评标办法，表17-10适用于方案设计完成之后进行招标的评标办法，表17-11适用于初步设计完成之后进行招标的评标办法，表17-12适用于专业工程招标的评标办法。

表 17-8 投标报价评审标准

序号	评审因素	评审标准	分值	偏离度 L
1	投标报价	投标报价＞基准价	$100-100L$	$L=\left\|\dfrac{投标报价-基准价}{基准价}\right\|\times100\%$
2		投标报价＝基准价	100	
3		投标报价＜基准价	$100-0.5\times100L$	

注：1. 基准价 $Y=A\times(1-\alpha)\times60\%+B\times(1-\beta)\times40\%$

式中 A——进入报价评审环节的有效投标报价中，大于或等于 $X(1-10\%)$ 的报价的算术平均值，X 为进入报价评审环节的有效投标报价的算术平均值，$X=(X_1+X_2+\cdots+X_n)/n$，n 为进入报价评审环节的投标人个数，X_1，X_2，…，X_n 为进入报价评审环节的投标人的有效投标报价；

  B——最高投标限价；

  α——0、1%、2%、3%，开标时随机抽取确定；

  β——3%、3.5%、4%、4.5%、5%、5.5%、6%，开标时随机抽取确定。

2. 综合分计算和评标结果：$C=J_1\times D+J_2\times E+J_3\times F$

式中 C——评标总得分；

  D——技术方案评审得分；

  E——企业资信及履约能力评审得分；

  F——投标报价评审得分；

  J_1、J_2、J_3——各项评审因素的权重。

按综合得分由高到低排序，综合得分最高者应推荐为中标候选人。

表 17-9 适用于可行性研究完成阶段进行招标的评标办法

分值构成（总分 100 分）		方案设计文件：≤35 分 工程总承包报价：≥50 分 项目管理组织方案：≤12 分 工程业绩：≤3 分		
序号	评审项	评分因素（偏差率）		评分标准
1	1.1 方案设计文件（≤35 分，适用于房屋建筑工程）	1. 设计说明（2～4 分）		1. 设计说明是否能对项目解读充分，理解深刻，分析准确，构思新颖； 2. 项目规划设计各项指标是否满足任务书及规划设计要点并科学、合理； 3. 技术指标是否满足任务书要求，符合规划要求； 4. 各专业设计说明的质量； 5. 投资估算与经济评价的质量
		2. 总平面布局（6～8 分）		1. 功能介绍、规划构思与布局是否新颖、合理； 2. 是否合理利用土地、与周边环境协调； 3. 是否满足交通流线及开口要求； 4. 停车位布局是否合理可行； 5. 是否满足消防间距要求、是否满足日照间距要求； 6. 总平面布局、竖向设计是符合规划要求
		3. 建筑功能（7～9 分）		1. 项目功能要求是否满足设计任务书要求； 2. 工艺系统流程设计是否符合设计任务书要求，且先进合理； 3. 是否对项目的设计思路把握准确、设计合理
		4. 建筑造型（2～4 分）		1. 建筑创意、空间处理是否合理； 2. 立面造型、比例尺度是否和谐美观，建筑的功能和形式是否统一； 3. 是否功能与形式统一，与周围环境相协调，能够很好地体现建筑风格； 4. 对设计的规划分析图、鸟瞰图、透视图、平立剖面图、交通分析图、模型等进行评比
		5. 结构方案（1～3 分）		1. 结构方案的选型是否合理可行、满足设计任务书要求； 2. 结构方案的设计依据是否符合规范及标准要求

续表

序号	评审项	评分因素（偏差率）	评分标准
1	1.1 方案设计文件（≤35分，适用于房屋建筑工程）	6. 设备方案（1~2分）	1. 设备方案的选型是否合理可行、满足设计任务书要求； 2. 设备方案的设计依据是否符合规范及标准要求
		7. 绿色建筑（含建筑节能）与装配式建筑设计（1~3分）	1. 是否采用科学合理的绿色建筑（建筑节能）措施； 2. 是否提出切实可行的生态建筑理念与措施； 3. 是否符合国家及地方的有关绿色建筑标准； 4. 工程是否采用装配式技术
		8. 设计深度（1~2分）	1. 是否符合设计任务书要求； 2. 是否符合《建筑工程设计文件编制深度规定》
		注：招标人可以根据项目具体情况适当选择增减评分因素，但"评审项"分值不得调整；招标人也可以在招标文件中细化明确评分标准的内容，但一般不得突破各评分因素的规定分值		
	1.2 方案设计文件（≤35分，适用于园林和景观等市政工程）	1. 设计说明（4~7分）	1. 设计说明是否能对项目解读充分，理解深刻，分析准确，构思新颖； 2. 项目规划设计各项指标是否满足任务书及规划设计要点并科学、合理； 3. 技术指标是否满足任务书要求，符合规划要求； 4. 设计理念、各专业（附属）工程设计说明是否创新和详细科学
		2. 技术方案（10~15分）	1. 总体布置方案、节点方案是否科学合理可行； 2. 专业（附属）工程设计方案是否科学详细可行； 3. 设计依据的技术标准、采用的设计指标等是否符合国家和招标文件的要求； 4. 环境影响分析是否科学、详细、可行
		3. 设计深度（3~5分）	1. 是否符合设计任务书要求； 2. 是否符合《市政公用工程设计文件编制深度规定》
		4. 绿色设计与新技术应用（1~3分）	1. 是否提出切实可行的生态理念与措施； 2. 是否符合国家及地方的有关绿色标准； 3. 是否采用新技术、新材料、新工艺等
		5. 经济分析（3~5分）	1. 估算文件编制内容是否完整、合理； 2. 是否符合设计说明书要求； 3. 是否符合国家法律法规及规范标准的规定； 4. 是否符合地方政府有关的政策文件规定
		注：招标人可根据项目的实际情况选择增加上述各评分因素，但"评审项"分值不得调整；也可在招标文件中细化明确评分标准的内容，但一般不得突破各评分因素的规定分值		
2	工程总承包报价（≥50分）	报价评审（工程总承包范围内的所有费用）（≥48分）	方法一： 以有效投标文件的最低评标价为评标基准价。投标报价等于评标基准价的得满分，每高1%的所扣分值不少于0.6分。偏离不足1%的，按照插入法计算得分。 方法二： 以有效投标文件的工程总承包报价进行算术平均，该平均值下浮5%~10%（具体数值由招标人在招标文件中明确）为评标基准价。工程总承包投标报价等于或者低于评标基准价的得满分，每高1%的所扣分值不少于0.6分。偏离不足1%的，按照插入法计算得分

续表

序号	评审项	评分因素（偏差率）	评分标准
2	工程总承包报价（≥50分）	投标报价合理性（≤2分）	该项评分因素是否设立，由招标人自主确定，本项指标用于对工程总承包报价中不合理报价的评价，以下评审方法供参考： 1. 工程总承包报价是否与招标范围相一致； 2. 工程总承包报价是否与投标方案设计文件相匹配； 3. 工程总承包报价是否与投标项目管理组织方案相匹配； 4. 工程总承包报价中的风险金计取是否明确、合理
			说明： 1. 评标价指经澄清、补正和修正算术计算错误的投标报价； 2. 有效投标文件是指未被评标委员会判定为无效标的投标文件
3	项目管理组织方案（≤12分）	1. 总体概述（1~2分）	对工程总承包的总体设想、组织形式、各项管理目标及控制措施、设计与施工的协调措施等内容进行评分
		2. 设计管理方案（≤1分）	对设计执行计划、设计组织实施方案、设计控制措施、设计收尾等内容进行评分
		3. 施工管理方案（1~2分）	对施工执行计划、施工进度控制、施工费用控制、施工质量控制、施工安全管理、施工现场管理、施工变更管理等内容进行评分
		4. 采购管理方案（≤1分）	对采购工作程序、采购执行计划、采买、催交与检验、运输与交付、采购变更管理、仓储管理等内容进行评分
		5. 项目管理机构（2~3分）	对工程总承包项目经理、设计负责人、施工项目经理、项目管理机构人员配置情况及取得的专业类别、技术职称级别、岗位证书、执业资格、工作经历等，招标文件中明确一定的标准进行评分
		6. 建筑信息模型（BIM）技术（≤1分）	对建筑信息模型（BIM）技术的使用等内容进行评分
		7. 工程总承包项目经理陈述及答辩（≤2分）	招标人可以要求投标工程总承包项目经理在评标环节陈述项目管理组织方案的主要内容或者现场回答评标委员会提出的问题（以书面为主），评分分值控制在2分以内。评标委员会拟定答辩题目时，应同时明确答案及得分点
		注： 1. 招标人可根据项目的实际情况选择增加上述各评分因素，但"评审项"分值不得调整；也可在招标文件中细化明确评分标准的内容，但一般不得突破各评分因素的规定分值； 2. 项目管理组织方案总篇幅一般不超过100页（技术特别复杂的工程可适当增加），具体篇幅（字数）要求及扣分标准，招标人应在招标文件中明确； 3. 项目管理组织方案各评分点得分应当取所有技术标评委评分中分别去掉一个最高和最低评分后的平均值为最终得分；项目管理组织方案中（项目管理机构评分点除外）除缺少相应内容的评审要点不得分外，其他各项评审要点得分不应低于该评审要点满分的70%	
4	工程业绩（≤3分）	1. 投标人类似工程业绩（≤1分）	对单位承担过类似及以上的工程总承包业绩加分，累计不超过1分（其类似工程执行《江苏省住房和城乡建设厅关于改革和完善房屋建筑和市政基础设施工程招标投标制度的实施意见》（下文简称《意见》）的相应规定，招标文件中应当明确投标人承担过单个类似及以上工程的分值），如仅有类似设计业绩乘0.8，如仅有类似施工业绩乘0.7。 注：联合体承担过的工程总承包业绩分值计算方法为牵头方按该项分值的100%计取，参与方按该项分值的60%计取

续表

序号	评审项	评分因素(偏差率)	评分标准
4	工程业绩(≤3分)	2. 工程总承包项目经理类似工程业绩(≤2分)	对工程总承包项目经理承担过类似及以上的工程总承包业绩加分,累计不超过2分(其类似工程执行《意见》的相应规定,招标文件中应当明确投标工程总承包项目经理承担过单个类似及以上工程的分值),如仅有类似设计业绩乘0.8,如仅有类似施工业绩乘0.7

表17-10　适用于方案设计完成之后进行招标的评标办法

分值构成(总分100分)	初步设计文件:≤25分 工程总承包报价:≥60分 项目管理组织方案:≤12分 工程业绩:≤3分

序号	评分项	评分因素(偏差率)	评分标准
1	1.1 初步设计文件(≤25分,适用于房屋建筑工程)	1. 设计说明书(2~4分)	1. 设计说明是否能对项目的设计方案解读准确,构思新颖; 2. 是否简述各专业的设计特点和系统组成; 3. 项目设计的各项主要技术经济指标是否满足招标人功能需求; 4. 项目设计是否符合国家规范标准及地方规划要求
		2. 总平面设计(2~4分)	1. 对总平面设计构思及指导思想进行评分; 2. 总平面设计是否结合自然环境和地域文脉,综合考虑地形、地质、日照、通风、防火、卫生、交通及环境保护等要求进行总体布局,使其满足使用功能、城市规划要求; 3. 对总平面设计技术安全、经济合理性、节能、节地、节水、节材等进行评分
		3. 建筑设计(2~3分)	1. 建筑设计各项内容是否完整合理并满足设计任务书要求; 2. 建筑设计是否符合国家规范标准及地方规划要求; 3. 各项经济技术指标是否满足招标人功能需求
		4. 结构设计(2~3分)	1. 结构设计各项内容是否完整合理并符合任务书要求; 2. 结构设计是否符合国家规范标准要求; 3. 结构布置图和计算书是否符合国家法律法规及规范标准要求
		5. 设备设计(建筑电气、给水排水、供暖通风与空气调节、热能动力等专项设计,每个专业工程1~2分)	1. 各专业设计内容是否完整合理并满足设计任务书要求; 2. 各专业设计是否符合国家规范标准及地方规划要求; 3. 各专业设计的经济技术指标是否满足招标人功能需求
		6. 新技术、新材料、新设备和新结构应用(≤1分)	对采用新技术、新材料、新设备和新结构的情况进行评分
		7. 绿色建筑与装配式建筑设计(≤1分)	1. 是否采用科学合理的绿色建筑(建筑节能)措施; 2. 是否提出切实可行的生态建筑理念与措施; 3. 是否符合国家及地方的有关绿色建筑标准; 4. 工程是否采用装配式技术
		8. 经济分析(≤1分)	1. 概算文件编制内容是否完整、合理; 2. 是否符合设计说明书要求; 3. 是否符合国家法律法规及规范标准的规定; 4. 是否符合地方政府有关的政策文件规定
		9. 设计深度(≤1分)	1. 是否符合设计任务书要求; 2. 是否符合《建筑工程设计文件编制深度规定》
		注:招标人可根据项目的实际情况选择增加上述各评分因素,但"评审项"分值不得调整;也可在招标文件中细化明确评分标准的内容,但一般不得突破各评分因素的规定分值	

续表

序号	评分项	评分因素(偏差率)	评分标准
1	1.2 初步设计文件(≤25分、适用于市政工程)	1. 设计说明书(2~4分)	1. 设计说明是否能对项目的设计方案解读准确,构思新颖; 2. 是否简述各专业(附属)工程的设计特点; 3. 项目设计的各项主要技术指标是否满足招标人功能需求; 4. 项目设计是否符合国家规范标准及地方规划要求
		2. 技术方案(6~12分)	1. 总体布置(总平面设计)是否完备科学; 2. 设计原则是否科学合理; 3. 设计依据是否符合国家和招标文件的要求; 4. 各专项(附属)工程设计方案是否完备和详细
		3. 设计深度(3~5分)	1. 是否符合设计任务书要求; 2. 是否符合《市政公用工程设计文件编制深度规定》
		4. 绿色设计与新技术应用(1~2分)	1. 是否提出切实可行的生态理念与措施; 2. 是否符合国家及地方的有关绿色标准; 3. 是否采用新技术、新材料、新设备、新工艺等
		5. 经济分析(1~2分)	1. 概算文件编制内容是否完整、合理; 2. 是否符合设计说明书; 3. 是否符合国家法律法规及规范标准; 4. 是否符合地方政府有关的政策文件规定
		注:招标人可根据项目的实际情况选择增加上述各评分因素,但"评审项"分值不得调整;也可在招标文件中细化明确评分标准的内容,但一般不得突破各评分因素的规定分值	
2	工程总承包报价(≥60分)	报价评审(工程总承包范围内的所有费用)(≥58分)	方法一: 以有效投标文件的最低评标价为评标基准价。投标报价等于评标基准价的得满分,每高1%的所扣分值不少于0.6分。偏离不足1%的,按照插入法计算得分。 方法二: 以有效投标文件的工程总承包报价进行算术平均,该平均值下浮5%~10%(具体数值由招标人在招标文件中明确)为评标基准价。工程总承包投标报价等于或者低于评标基准价的得满分,每高1%的所扣分值不少于0.6分。偏离不足1%的,按照插入法计算得分
		投标报价合理性(≤2分)	该项评分因素是否设立,由招标人自主确定,本项指标用于对工程总承包报价中不合理报价的评价,以下评审方法供参考: 1. 工程总承包报价是否与招标范围相一致; 2. 工程总承包报价是否与投标方案设计文件相匹配; 3. 工程总承包报价是否与投标项目管理组织方案相匹配; 4. 工程总承包报价中的风险金计取是否明确、合理
			说明: 1. 评标价指经澄清、补正和修正算术计算错误的投标报价; 2. 有效投标文件是指未被评标委员会判定为无效标的投标文件

续表

序号	评分项	评分因素（偏差率）	评分标准
3	项目管理组织方案（≤12分）	1. 总体概述（1~2分）	对工程总承包的总体设想、组织形式、各项管理目标及控制措施、设计、施工实施计划、设计与施工的协调措施等内容进行评分
		2. 采购管理方案（≤1分）	对采购工作程序、采购执行计划、采买、催交与检验、运输与交付、采购变更管理、仓储管理等内容进行评分
		3. 施工平面布置规划（≤1分）	对施工现场平面布置和临时设施、临时道路布置等内容进行评分
		4. 施工的重点难点（1~2分）	对关键施工技术、工艺及工程项目实施的重点、难点和解决方案等内容进行评分
		5. 施工资源投入计划（≤1分）	对劳动力、机械设备和材料投入计划进行评分
		6. 项目管理机构（1~2分）	对工程总承包项目经理、设计负责人、施工项目经理、项目管理机构人员配置情况及取得的专业类别、技术职称级别、岗位证书、执业资格、工作经历等，招标文件中明确一定的标准进行评分
		7. 新技术、新产品、新工艺、新材料（≤1分）	对采用新技术、新产品、新工艺、新材料的情况进行评分
		8. 建筑信息模型（BIM）技术（≤1分）	对建筑信息模型（BIM）技术的使用等内容进行评分
		9. 工程总承包项目经理陈述及答辩（≤1分）	招标人可以要求投标工程总承包项目经理在评标环节陈述项目管理组织方案的主要内容或者现场回答评标委员会提出的问题（以书面为主），评分分值控制在1分以内。评标委员会拟定答辩题目时，应同时明确答案及得分点
		注： 1. 招标人可根据项目的实际情况选择增加上述各评分因素，但"评审项"分值不得调整；也可在招标文件中细化明确评分标准的内容，但一般不得突破各评分因素的规定分值； 2. 项目管理组织方案总篇幅一般不超过100页（技术特别复杂的工程可适当增加），具体篇幅（字数）要求及扣分标准，招标人应在招标文件中明确； 3. 项目管理组织方案各评分点得分应当取所有技术标评委评分中分别去掉一个最高和最低评分后的平均值为最终得分；项目管理组织方案中（项目管理机构评分点除外）除缺少相应内容的评审要点不得分外，其他各项评审要点得分不应低于该评审要点满分的70%	
4	工程业绩（≤3分）	1. 投标人类似工程业绩（≤1分）	对单位承担过类似及以上的工程总承包业绩加分，累计不超过1分（其类似工程执行《意见》的相应规定，招标文件中应当明确投标人承担过单个类似及以上工程的分值），如仅有类似设计业绩乘0.8，如仅有类似施工业绩乘0.7。 注：联合体承担过的工程总承包业绩分值计算方法为牵头方按该项分值的100%记取，参与方按该项分值的60%记取
		2. 工程总承包项目经理类似工程业绩（≤2分）	对工程总承包项目经理承担过类似及以上的工程总承包业绩加分，累计不超过2分（其类似工程执行《意见》的相应规定，招标文件中应当明确投标工程总承包项目经理承担过单个类似及以上工程的分值），如仅有类似设计业绩乘0.8，如仅有类似施工业绩乘0.7

表 17-11 适用于初步设计完成之后进行招标的评标办法

分值构成(总分 100 分)		工程总承包报价:≥85 分 项目管理组织方案:≤13 分 工程业绩:≤2 分	
序号	评分项	评分因素(偏差率)	评分标准
1	工程总承包报价 (≥85 分)	报价评审(工程总承包范围内的所有费用)(≥83 分)	采用《江苏省房屋建筑和市政基础设施工程施工招标评标入围、报价评审和预选招标规则》"二、投标报价评审"中方法五(ABC 合成法)作为基准价的计算方法,或者在方法一至方法四中任选不少于两种计算方法在开标时随机抽取确定基准价。投标报价相对评标基准价每低 1%的所扣分值不少于 0.3 分,每高 1%的所扣分值为负偏离扣分的 2 倍;偏离不足 1%的,按照插入法计算得分
		投标报价合理性(≤2 分)	该项评分因素是否设立,由招标人自主确定,本项指标用于对工程总承包报价中不合理报价的评价,以下评审方法供参考: 1. 工程总承包报价是否与招标范围相一致; 2. 工程总承包报价是否与投标方案设计文件相匹配; 3. 工程总承包报价是否与投标项目管理组织方案相匹配; 4. 工程总承包报价中的风险金计取是否明确、合理
			说明: 1. 评标价指经澄清、补正和修正算术计算错误的投标报价; 2. 有效投标文件是指未被评标委员会判定为无效标的投标文件
2	项目管理组织方案(≤13 分)	1. 总体概述(≤1 分)	对工程总承包的总体设想、组织形式、各项管理目标及控制措施、施工实施计划、设计与施工的协调措施等内容进行评分
		2. 设计管理方案(1~2 分)	针对下列内容进行评分 1. 是否对项目解读准确、设计构思合理。 2. 设计进度计划及控制措施。 3. 设计质量管理制度及控制措施。 4. 设计重点、难点及控制措施。 5. 设计过程对工程总投资控制措施
		3. 采购管理方案(≤1 分)	对采购工作程序、采购执行计划、采买、催交与检验、运输与交付、采购变更管理、仓储管理等内容进行评分
		4. 施工平面布置规划(≤1 分)	对施工现场平面布置和临时设施、临时道路布置等内容进行评分
		5. 施工的重点难点(≤1 分)	对关键施工技术、工艺及工程项目实施的重点、难点和解决方案等内容进行评分
		6. 施工资源投入计划(≤1 分)	对劳动力、机械设备和材料投入计划进行评分
		7. 项目管理机构(1~2 分)	对工程总承包项目经理、设计负责人、施工项目经理、项目管理机构人员配置情况及取得的专业类别、技术职称级别、岗位证书、执业资格、工作经历等,招标文件中明确一定的标准进行评分
		8. 新技术、新产品、新工艺、新材料(≤1 分)	对采用新技术、新产品、新工艺、新材料的情况进行评分
		9. 建筑信息模型(BIM)技术(≤1 分)	对建筑信息模型(BIM)技术的使用等内容进行评分

续表

序号	评分项	评分因素（偏差率）	评分标准
2	项目管理组织方案（≤13分）	10. 工程总承包项目经理陈述及答辩（≤2分）	招标人可以要求投标工程总承包项目经理在评标环节陈述项目管理组织方案的主要内容或者现场回答评标委员会提出的问题（以书面为主），评分分值控制在2分以内。评标委员会拟定答辩题目时，应同时明确答案及得分点
		注： 1. 招标人可根据项目的实际情况选择增加上述各评分因素，但"评审项"分值不得调整；也可在招标文件中细化明确评分标准的内容，但一般不得突破各评分因素的规定分值； 2. 项目管理组织方案总篇幅一般不超过100页（技术特别复杂的工程可适当增加），具体篇幅（字数）要求及扣分标准，招标人应在招标文件中明确； 3. 项目管理组织方案各评分点得分应当取所有技术标评委评分中分别去掉一个最高和最低评分后的平均值为最终得分；项目管理组织方案中（项目管理机构评分点除外）除缺少相应内容的评审要点不得分外，其他各项评审要点得分不应低于该评审要点满分的70%	
3	工程业绩（≤2分）	1. 投标人类似工程业绩（≤1分）	对企业承担过类似及以上的工程总承包业绩加分，累计不超过1分（其类似工程执行《意见》的相应规定，招标文件中应当明确投标企业承担过单个类似及以上工程的分值），如仅有类似设计业绩乘0.8，如仅有类似施工业绩乘0.7。 注：联合体承担过的工程总承包业绩分值计算方法为牵头方按该项分值的100%记取，参与方按该项分值的60%记取
		2. 工程总承包项目经理类似工程业绩（≤1分）	对工程总承包项目经理承担过类似及以上的工程总承包业绩加分，累计不超过1分（其类似工程执行《意见》的相应规定，招标文件中应当明确投标工程总承包项目经理承担过单个类似及以上工程的分值），如仅有类似设计业绩乘0.8，如仅有类似施工业绩乘0.7

表7-12　适用于专业工程招标的评标办法

分值构成（总分100分）	专业工程设计文件：≤20分 投标报价：≥68分 项目管理组织方案：≤10分 工程业绩：≤2分

序号	评分项	评分因素（偏差率）	评分标准
1	专业工程设计文件（≤20分）	1. 设计说明（2~5分）	1. 设计说明是否能对项目的设计方案解读准确，构思新颖； 2. 项目设计的各项主要技术经济指标是否满足招标人功能需求； 3. 项目设计是否符合国家规范标准及地方规划要求
		2. 专业工程设计文件（5~10分）	1. 设计文件是否满足设计任务书要求； 2. 设计文件是否符合国家规范标准及地方规划要求； 3. 对工程设计文件的先进性、完整性、实用性以及工程造价等方面进行评比； 4. 对与建筑的协调性进行评分
		3. 新技术、新材料、新设备和新结构应用（1~2分）	对采用新技术、新材料、新设备和新结构的内容进行评比
		4. 绿色设计和装配化（≤1分）	1. 是否采用科学合理的绿色建筑（建筑节能）措施。 2. 是否提出切实可行的生态建筑理念与措施，符合国家及地方的有关绿色建筑标准； 3. 对装配式建筑设计先进性、合理性、规范符合性进行评比

续表

序号	评分项	评分因素(偏差率)	评分标准
1	专业工程设计文件(≤20分)	5.设计深度(0~2分)	1.是否符合设计任务书要求； 2.是否符合《建筑工程设计文件编制深度规定》
		注:招标人可根据项目的实际情况选择增加上述各评分因素,但"评审项"分值不得调整;也可在招标文件中细化明确评分标准的内容,但一般不得突破各评分因素的规定分值	
2	投标报价(≥68分)	报价评审(包括设计费、工程费)(≥66分)	方法一： 以有效投标文件的最低评标价为评标基准价。投标报价等于评标基准价的得满分,每高1%的所扣分值不少于0.6分。偏离不足1%的,按照插入法计算得分。 方法二： 以有效投标文件的工程总承包报价进行算术平均,该平均值下浮5%~10%(具体数值由招标人在招标文件中明确)为评标基准价。工程总承包投标报价等于或者低于评标基准价的得满分,每高1%的所扣分值不少于0.6分。偏离不足1%的,按照插入法计算得分
		投标报价合理性(≤2分)	该项评分因素是否设立,由招标人自主确定,本项指标用于对工程总承包报价中不合理报价的评价,以下评审方法供参考： 1.工程总承包报价是否与招标范围相一致； 2.工程总承包报价是否与投标方案设计文件相匹配； 3.工程总承包报价是否与投标项目管理组织方案相匹配； 4.工程总承包报价中的风险金计取是否明确、合理
			说明： 1.评标价指经澄清、补正和修正算术计算错误的投标报价； 2.有效投标文件是指未被评标委员会判定为无效标的投标文件
3	项目管理组织方案(≤10分)	1.总体概述(1~2分)	对工程总承包的总体设想、组织形式、各项管理目标及控制措施、设计、施工实施计划、设计与施工的协调措施等内容进行评分
		2.施工的重点难点(1~2分)	对关键施工技术、工艺及工程项目实施的重点、难点和解决方案等内容进行评分
		3.施工资源投入计划(≤1分)	对劳动力、机械设备和材料投入计划进行评分
		4.新技术、新产品、新工艺、新材料应用(≤1分)	对采用新技术、新产品、新工艺、新材料的情况进行评分
		5.工程总承包项目经理陈述及答辩(≤2分)	招标人可以要求投标工程总承包项目经理在评标环节陈述项目管理组织方案的主要内容或者现场回答评标委员会提出的问题(以书面为主),评分分值控制在2分以内。评标委员会拟定答辩题目时,应同时明确答案及得分点
		6.项目管理机构(1~2分)	对工程总承包项目经理、设计负责人、施工项目经理、项目管理机构人员配置情况及取得的专业类别、技术职称级别、岗位证书、执业资格、工作经历等,招标文件中明确一定的标准进行评分

续表

序号	评分项	评分因素(偏差率)	评分标准
3	项目管理组织方案(≤10分)		注： 1. 招标人可根据项目的实际情况选择增加上述各评分因素,但"评审项"分值不得调整；也可在招标文件中细化明确评分标准的内容,但一般不得突破各评分因素的规定分值； 2. 项目管理组织方案总篇幅一般不超过100页(技术特别复杂的工程可适当增加),具体篇幅(字数)要求及扣分标准,招标人应在招标文件中明确； 3. 项目管理组织方案各评分点得分应当取所有技术标评委评分中分别去掉一个最高和最低评分后的平均值为最终得分；项目管理组织方案中(项目管理机构评分点除外)除缺少相应内容的评审要点不得分外,其他各项评审要点得分不应低于该评审要点满分的70%
4	工程业绩(≤2分)	1. 投标人类似工程业绩(≤1分)	对单位承担过类似及以上的工程总承包业绩加分,累计不超过1分(其类似工程执行《意见》的相应规定,招标文件中应当明确投标人承担过单个类似及以上工程的分值)。 注：联合体承担过的工程总承包业绩分值计算方法为牵头方按该项分值的100%记取,参与方按该项分值的60%记取
		2. 工程总承包项目经理类似工程业绩(≤1分)	对工程总承包项目经理承担过类似及以上的工程总承包业绩加分,累计不超过1分(其类似工程执行《意见》的相应规定,招标文件中应当明确投标工程总承包项目经理承担过单个类似及以上工程的分值)

17.4 操作应注意事项

17.4.1 评标因素设定

17.4.1.1 根据招标起点设定评标因素

工程总承包项目的招标可以在完成概念设计后进行，也可以在完成方案设计后进行，也就是说方案未定或方案已定的情况下都能进行工程总承包招标。因此，应根据业主招标的起点不同、项目的特点不同设定不同的评标因素，不能完全照搬、千篇一律。

17.4.1.2 评标考核的重点因素

各地方对于工程总承包项目综合评估法评标因素分类不尽相同。如上所述，上海市规定中的评标因素为：信用标、技术标、报价标。湖南省规定中的评标因素为：技术方案、企业资信及履约能力、投标报价。江苏省规定中的评标因素为：承包人建议书、工程总承包报价、承包人实施计划和工程业绩。无论对评标因素如何分类，评标因素应该合理细化。如对管理和履约能力的考核，可以细化为评审投标人管理的团队、团队项目经理和主要技术管理人员的管理经验、项目组织机构和项目管理体系、投标人的整体实力、财务状况和履约能力等。对于技术标的考核可以细化为设计方案、设计深度、可行性与合理性等。对于报价的因素可以细化为估算工程量清单与其深化的设计方案是否匹配、投标报价结构的合理性等，合理细化评标因素才能提高评标的准确性和有效性。

17.4.2 评标基本程序

在工程总承包项目中，采用综合评估法评标的操作一般分为两个阶段，即技术标和商务标，分开评审，两个阶段不分先后，可以先评审技术标，也可以先评审商务标。但基于公平、公开的原则，第一阶段先评审技术标（技术标为暗标），第二阶段再评商务标。

例如，上海市、江苏省均规定：工程总承包项目招标一般应当采用两阶段评标。投标人应当按照招标文件的要求编制、递交投标文件（一般包括两部分：一是设计文件部分；二是商务技术部分，包括资格审查材料、工程总承包报价、项目管理组织方案以及工程业绩等）。第一阶段先开启设计文件部分，先对设计文件进行评审；第二阶段再开启商务技术部分（仅针对进入第二阶段的投标文件进行）进行评审。

评审的量化是通过百分制打分的方法来体现的，即评标委员会事先将评标因素进行分类，并确定其评分标准。例如对技术标是对每一个评标因素赋予一定的分值，评审专家按照评标文件规定的标准，通过主观判断打分，因此，对设计标的评审分数可能存在偏差。

对于商务报价评标需要确定基准价，基准价可分为有标底基准价、复合标底基准价和无标底基准价等。对投标价进行必要的修正后，与基准价先比较，得出分值。最后，将技术标得分和商务报价得分相加作为各投标人的总得分，得分最高者优先。

两阶段、百分制的评分法是一种定性和定量相结合的评标方法，一般适用于资格后审的招标项目。

17.4.3 最高限价的设定

一般招标时，招标人为了控制项目投资成本，防止投标人串通投标和哄抬标价，都会设置招标控制价，即最高限价。在工程总承包项目中，尤其是 EPC 总承包项目中，业主在可行性研究、方案设计或者初步设计完成后即进行招标，设置最高限价的条件并不太完备，如设置不合理最高限价，或业主经评估后设置低于项目实施所需总造价的最高限价，将影响最终的评标结果，不但承包人报价中标后会遭受损失，而且业主也将遭受损失。

例如，某国有省属公司联合体以 5.15 亿元中标，该公司组织设计单位对投标方案进行深化，同时，组织专业人员对造价进行核算，发现若按照招标文件对项目的技术标准要求及项目实施范围施工，总造价约 7.5 亿元，远远超过中标价 5.15 亿元，而招标限价 5.45 亿元的不合理设置，使得该公司若继续履约，必然遭受巨大的损失，工程建设质量也无法得到保证，这也给业主的招标工作带来麻烦。因此，在招标评标时，对于最高限价的设置要科学合理，以防范最高限价设置风险。

第18章

工程总承包评标案例

18.1 市政工程总承包项目评标因素设定案例

18.1.1 案例摘要

以某垃圾焚烧发电厂 EPC 项目评标为背景,以招标人的评标因素作为重点研究对象,通过制定定性、定量的评分量化因素,使得该垃圾焚烧发电厂 EPC 项目的招标评标工作取得成功,可供借鉴。

18.1.2 评标背景

某垃圾焚烧发电厂 EPC 项目是国家《重点流域水污染防治规划》确定的重点项目,设计规模为 1500t/d,将实施一期项目建设,规模为 1000t/d,估算投资为 8.2 亿元。该项目将通过垃圾焚烧发电的方式实现生活垃圾的合理利用及无害化处理,最大程度控制城市污染水平,实现资源的再生和循环利用,预计在对垃圾进行焚烧处理的同时,将使用垃圾焚烧产生的余热发电,提供电能。

18.1.3 招标范围

18.1.3.1 建设内容和要求

建设内容包括从垃圾进场接收到完成处置以及固相、气相、液相、噪声等二次污染控制的全面工程技术范围。项目建设需要根据厂址所在区域的自然条件,考虑生产、运输、环境保护、职业健康与劳动安全、职工生活以及电力、通信、燃气、热力、给排水、污水处理、防洪排涝等因素综合分析比较后确定。

18.1.3.2 承包工作内容

EPC 是指依据合同约定对建设项目的设计、采购、施工和试运行实行全过程的承包。垃圾焚烧发电厂工程通常还要求投标人承担厂址红线内的验收、移交、性能测试、操作人员培训和维修手册的编制等工作,还要协助发包人与电力公司(电力监理)间的协调,并在质量保证期内对上述工作中表现出的任何缺陷进行修复和维护。

18.1.4 项目因素分析

18.1.4.1 风险控制与管理

垃圾焚烧发电厂工程是整个环境卫生工程中技术与管理集大成者，工程涉及服务范围、责任和风险都很大。采取 EPC 的本意是招标范围内可预计的风险由承包人承担，发包人通过招标选择优秀的承包人，以实现工程质量、进度、造价、安全风险的全部控制。垃圾焚烧发电厂工程风险控制管理的重点是工作界面、变更与合同价格风险。

18.1.4.2 特定的技术要求

功能描述书即招标人的要求，是招标文件的核心部分，招标人根据工程的实际需要将项目的特定技术要求在功能描述书中明确，本案例特定技术要求如下。

① 投标人必须满足工程建设的规模要求，主要指标要求，主要建设阶段及内容要求，主要设备和工艺要求，对承包人实施方案要求，调试、竣工试验的要求，试运行和验收的要求，有关工程项目管理规定，对技术服务及人员服务的要求，缺陷责任期服务的要求，投标报价的要求以及投标报价包含的风险范围等规定。

② 在技术上必须遵守国家的相关法律标准和项目审批文件要求。

③ 即使发包人未述及未规定的事项，但为法律或者强制性标准规定或整厂功能所需，皆为投标人的责任。

④ 若投标人中标后对发包人某些技术条款或技术指标有不同建议，在不违背技术要求总体原则、不降低建厂标准、不影响工程质量、不降低垃圾处置目标和环保标准的前提下，可与招标人协商议定优化。

⑤ 以垃圾处理量、上网电量和烟气排放指标作为竞争性指标。承包人应根据自己所选技术、工艺、设备和运营能力等做出垃圾处理量、上网电量和烟气排放指标实际能力的慎重承诺。承包人投标时的承诺值将接受 6 个月稳定运营的测定和考核，若未能达到，属承包人违约。

18.1.4.3 配套的工程控制措施

配套的工程控制措施是指招标人在招标文件中列示的工程管理方案，分为以下内容。

(1) 项目分包

承包人必须将拟分包的专业工程报经发包人审批同意后，才允许专业分包；否则视为承包人违约，对承包人未经批准擅自分包该专业的工程费用，发包人将采取全部不予确认的方式追究承包人的违约责任。

(2) 设备监造

对重要的设备实行监造。

(3) 拟选名单

在投标报价时，投标人需提交 3 家及以上的设备分包人名单。

(4) 设备调试

调试分为单机试运、分系统试运、整体启动试运三个阶段。只有在单机调校和单机试运全部合格后，才能进行分系统试运。只有分系统试运全部完成，达到整体启动试运条件后，才能进行整体启动试运。调试同时也是总承包工程合同中的竣工试验，投标人应根据要求编制详细的项目调试方案。

(5) 稳定性运行

承包人应编制并实施项目稳定性运行（竣工后性能测试）方案，顺利完成竣工后性能测试的检验和验收。稳定性运行时间为初步验收合格后 6 个月。

(6) 其他要求

① 按照国家标准建立 HSE 体系。

② 沟通计划：双方组建包含专业人员的至少 5 人的协调委员会。

③ 对项目业主人员的操作培训：承包人应确保参加培训人员熟练掌握项目工厂的运行操作、维护检修等技能。

④ 保险：投标人除建筑工程一切险、第三方责任保险外，还应选择投报其他必需的险种。

⑤ 监督：发包人将委派工程师、监理师、第三方设计院对承包人具体工作进行管理和监督，并配合审计部门进行跟踪审计。承包人应无条件配合审计部门及其委派的跟踪审计单位的工作和发包人委派的工程师、监理师、第三方设计院的管理和监督。

18.1.5 评标因素设定

在招标文件的编制中，评标因素是体现招标人意图、作为选择适当投标人依据的主要内容。目前，国家有关部门虽然颁布了部分标准招标示范文件，但尚未形成明确的 EPC 评标因素量化细则与分值权重设定要求。同时，垃圾焚烧发电厂工程项目具有地域性、专业性和协同性的特点，实践中更需要规整的评分因素，但目前尚无对垃圾焚烧发电厂工程的评标因素量化研究，本项目评标因素的设定情况如下。

评标因素分为四个部分，分别为技术方案、实施方案、竞争指标和商务指标，每部分评分均为 100 分。权重设定为技术方案 0.3、实施方案 0.1、竞争指标 0.2、商务指标 0.4。技术方案评标因素及分值细则见表 18-1，实施方案评标因素及分值细则见表 18-2，竞争指标评标因素及分值细则见表 18-3。商务指标评标因素及分值细则见表 18-4。

通过对本项目的分析和对招标评标因素的合理设置，招标工作进展顺利，达到预期目标，经评审选择出了合格的中标人，此次评标实践是成功的。

表 18-1 技术方案评标因素及分值细则

序号	评标因素	分值	评分标准
1	方案设计总体评价	10	对方案是否技术先进、运营可靠、维修方便、环境安全、工业卫生、资源节约、经济合理等方面做出综合评价
2	总图布局	10	①功能分区明确，建(构)筑物设计满足节能规范要求；②工艺流程简洁流畅、物料输送距离短；③交通组织合理，满足生产、参观及消防要求；④竖向布局合理，建(构)筑物及设备层次分明，有利于运输管理；⑤厂区绿化面积适宜，满足绿化率要求
3	土建工程	10	①建(构)筑物设计简洁、美观、新颖，并与周围环境相协调；②各建筑物面积适宜，结构合理；③厂房外墙材料应具备既美观又有良好的隔声、隔热及易维护的特性，厂房内必须有良好的散热、通风、采光设计；④主厂房内分区合理，有利于生产管理和运行维护；⑤厂房主体结构设计、屋盖系统设计、厂房基础设计科学、合理
4	垃圾接受系统	6	①汽车衡数量及规格合理，称量系统采用全自动方式；②卸料平台宽度、卸料门合理，满足垃圾车倾卸需要；③垃圾回料大厅密闭性好，有交通指挥系统和安全防护措施；④垃圾储装坑道处于负压密封状态，有渗透液收集及防渗措施，并有独立的机械排风除臭系统；⑤采用国内先进且技术成熟的垃圾起重机，运行稳定、可靠，完全满足项目的要求

续表

序号	评标因素	分值	评分标准
5	焚烧系统	18	①物料平衡图、热量平衡图、燃烧图设计参数合理;②焚烧炉应采用成熟的机械炉排,适应城市垃圾的实际情况,在我国和世界范围具有广泛而成功的应用业绩;③炉排运行稳定、可靠,使用寿命长,更换方便且备品备件易得;④炉腹设计充分考虑炉腹温度和烟气停留时间等保障措施,温度测点完善,炉腹设计先进;⑤液压控制系统采用成熟可靠产品,自动化程度高;⑥点火及辅助燃烧系统采用成熟可靠产品,燃烧器数量及分布位置合理;⑦出渣系统稳定、可靠,炉渣热灼减率≥3%;⑧一、二次风的配置,设备选型,焚烧炉烟气含氧量等合理
6	余热发电系统	12	①余热锅炉蒸气采用中温中压参数,额定蒸发量满足要求;②余热锅炉产品成熟、稳定、可靠;③余热锅炉各受热面积及材质选择合适,充分考虑烟气对受热面的高温后低温腐蚀问题;④空气预热器成熟、稳定、不易积灰;⑤清灰系统成熟、可靠、有效;⑥汽轮发电机组选型及辅助设备技术参数合理;⑦汽轮发电机组产品成熟、可靠、效率高
7	烟气净化系统	8	①烟气净化处理工艺满足招标文件要求,污染物排放指标优于招标文件要求;②喷雾塔选型合理、烟气在其中有足够的停留时间;③旋转雾化器选用成熟、合理、稳定、先进,有成功应用业绩的进口产品;④布袋除尘器过滤面积合适,有合理的气布比,滤袋材质选用 PTFE 双层覆膜,龙骨材料选择 316L 不锈钢,合理在线风速
8	灰渣处理系统	4	①炉渣输送、储存综合利用方案可行并有成功应用业绩;②炉渣产生量估计准确,设备选型合理;③飞灰固化处理方案可行,设备选型合理,并有应用成功业绩
9	渗滤液处理系统	5	渗滤液实现无害化处理,方案合理,出水水质能够满足招标文件要求
10	自动控制系统	6	①自动控制系统技术水平成熟、可靠、先进;②检测、报警、安全保护和联锁设计方案完整、先进和可靠;③自动燃烧控制系统独立、实时、开放和可靠;④烟气在线监测系统(CEMS)及其他污染物指标应满足标准要求;⑤监测数据应与监管部门联网
11	电器系统	6	①电器主接线方案安全可靠,有保证机组停机和启动的可靠备用电源;②厂用电系统方案安全可靠,高低压厂用母线位置合理;③继电保护、自动装置及综合自动化系统安全可靠;④电器设备选型合理、稳定、先进;⑤电器配电系统设置合理优先采用节能技术及节能设备,厂用电率低
12	主要辅助系统	5	主要生产及配套设施完善,设备选型合理(主要包括给排水系统、消防系统、压缩空气系统、采暖通风及空调系统、通信系统)
合计		满分 100	投标人得分=实际得分×权重 30%

表 18-2 实施方案评标因素及分值细则

序号	评标因素	分值	评分标准
1	项目管理组织机构	8	①项目负责人具有 EPC 项目管理经验;②项目负责人具有职业资格;③组织机构设置覆盖项目管理的全部内容;④组织机构人员岗位管理职责明确
2	项目进度目标计划	8	①项目进度计划满足工期要求;②施工进度计划关键线路清晰,分解作业顺序和持续时间合理可行;③设计采购计划应满足施工进度计划的实施
3	项目质量管理目标计划	8	①项目质量管理体系组织结构清晰、职责明确;②施工质量控制点合理、质量保证措施有效
4	安全文明施工管理	8	①建立相关方参与的安全文明管理机构;②机构组织职责明确;③安全施工管理方案范围明确,具有可行性;④项目安全文明施工措施费计提、预付、使用和结算程序清晰
5	施工方案和技术措施	8	方案应涵盖项目实施全过程中的施工安装关键作业;施工方案技术措施合理
6	货物运输险	3	到场货物投标运输保险
7	第三方责任险	2	建筑施工前置性险种
8	施工机具险	3	相应施工机具保险
9	其他险种	2	遵守中国法律法规要求,合理设置项目其他险种

续表

序号	评标因素	分值	评分标准
10	调试能力	7	①具有电力(发电)工程调试资质,可自行调试,不需要调试分包;②项目调试组织机构健全、制度完善、职责清晰
11	调试方案与措施	8	①调试方案、技术措施、技术交底、危险源识别与排查、调试签证等程序内容完备、合理、科学;②调试进度计划满足工期要求,进度计划关键线路清晰、分解作业顺序和持续时间合理可行;③各阶段(单机、分系统、整体调试)测试质量目标清晰、措施得当
12	性能测试	2	测试大纲的可行性、测试方法的科学性、合理性、测试系统的完善性
13	培训	3	①拥有同等(及以上)规模的投运工厂进行人员的生产培训;②生产人员培训方案合理、培训体系完善
14	运营能力	10	①投标人具有同等(及以上)规模的工厂运营经验;②可派驻生产运营管理机构,提供不少于1年的生产运营服务;③运营经理等服务人员拥有同等(及以上)规模的工厂生产管理经验;④运营组织机构健全、制度完善、职责清晰
15	运营目标和方案	10	①运营目标科学、合理,运营指标达到国内同等规模的先进水平;②垃圾焚烧发电厂运营标准齐全、实用,管理制度完善可行,保障措施合理等;③设备维护和检修管理制度健全,检修维护方案、资金预算管理内容专业、可行、先进
16	生产管理	10	①"清洁、文明、安全、环保"管理目标实施方案科学、完整、可行,保障措施合理、完善等;②运营期内取得环境管理体系和职业健康安全管理体系认证;③安全环保管理机构齐全、职责清晰,安全环保管理制度健全、完善,措施可行;④涉及工厂安全、环保的应急预案齐全,保障措施可靠,事故演练机制、措施完善
	合计	满分100	投标人得分=实际得分×权重10%

表18-3 竞争指标评标因素及分值细则

序号	评标因素	分值	评分标准
1	财务实力	16	—
1.1	净资产	8	经审计的财务报表
1.2	净利润	8	经审计的财务报表
2	综合实力	16	—
2.1	电力调试资格等级证书	8	具有电力工程调试单位能力资格等级证书
2.2	环境污染治理设施的甲级资质证书	8	获得国家环保部门颁发的环境污染治理设施(生活垃圾类)运营资质证书
3	同类项目业绩	48	—
3.1	EPC(或设计、施工)业绩	32	具有采用炉排炉工艺,单炉规模在500t/d及以上的EPC业绩(以EPC合同为准)或相应施工业绩(指负责垃圾焚烧发电厂焚烧线的安装和施工,以施工合同为准)
3.2	经环保验收的EPC业绩	8	实施的EPC业绩中,通过省级环保部门验收的
3.3	运营业绩	8	有采用炉排炉工艺,单炉规模在500t/d及以上的运营业绩(以委托运营合同为主)
4	焚烧炉技术与应用	20	—
4.1	焚烧炉技术	8	独立投标人或联合体牵头人取得国外先进垃圾焚烧技术(炉排炉)拥有方使用授权、实现国产化并承诺应用于本项目的
4.2	所选焚烧炉技术在国内应用情况	12	应用于本项目的焚烧炉技术在国内具有广泛的使用,每有一个单炉规模在500t/d及以上的应用业绩(以焚烧炉供货合同为准)得1.5分,最高分12分
	合计	满分100	投标人得分=实际得分×权重20%

表 18-4　商务指标评标因素及分值细则

序号	评标因素	分值	评分标准
1	投标报价	50	①有效投标人超过 5 家时，去掉一个最高分和一个最低分后计算算术平均值 $\overline{P}$ 作为基准价；有效投标人在 5 家以下时，以全部有效投标人报价的算术平均值 $\overline{P}$ 作为基准价； ②计算有效投标报价 P 的得分： 当 $\overline{P}\times(1-3\%)\leqslant P\leqslant \overline{P}\times(1+3\%)$ 时，EPC 投标人报价得分＝50 分； 当 $P<\overline{P}\times(1-3\%)$ 时，EPC 投标人报价得分＝$50\times\left[1-\dfrac{\overline{P}(1-0.3\%)-P}{\overline{P}}\right]$；当 $P>\overline{P}\times(1+3\%)$ 时，EPC 投标人报价得分＝$50\times\left[1-\dfrac{\overline{P}(1+0.3\%)-P}{\overline{P}}\times 1.5\right]$
2	垃圾处理量	15	将投标人承诺的 6 个月稳定运营期日平均垃圾处理量作为评分标准
3	上网电量	20	将投标人承诺的 6 个月稳定运营期上网用电量作为评分标准
4	烟气排放指标	15	将投标人承诺的烟气排放指标作为评分标准
合计		满分 100	投标人得分＝实际得分×权重 40%

18.1.6　案例提示

18.1.6.1　评标因素设置的重要性

评标因素的设置是招标文件编制中的重要部分之一，它承载着招标文件的合规性、科学性和针对性，评标因素设定需要符合招标项目的具体需求和目标，以及招标人的价值主张，即在正确的价值观下，追求招标人的价值主张与项目需求和目标的一致性，即"价廉物美"。

评标因素是评标文件编制的灵魂。应在合规的前提下选择恰当的评标因素，准确描述项目的需求和招标人的价值主张，并通过评标因素的设置，体现招标项目的价值取向。同时，评标因素的设定也是在投标人编制投标文件时计算人力资源、设备资源、各种成本的"标尺"，是潜在投标人在投标竞争中评估自身优势和劣势的重要度量。这几个方面充分体现了评标因素设定的重要性。

18.1.6.2　评标因素设置原则

评标因素的设置属于专业难度较大的技术性工作，应遵循以下原则：
① 准确描述招标项目的需求和招标人的价值主张；
② 充分体现招标项目的价值取向；
③ 评标因素的设置应符合法律法规等规范性要求，防范风险，确保工程质量。

18.1.6.3　评标因素设置方法

项目的属性不同，评标因素的设置就不同。工程类项目、货物类项目、服务类三类项目的标的不同，其评标因素的设置就各有差异，例如，标准施工招标文件、标准设备采购招标文件、标准材料采购招标文件、标准勘察招标文件、标准设计招标文件、标准监理招标文件等，其评标因素设置就不一样。

目前，建设行业各部门结合各自行业管辖范围，对依法必须招标的房屋、市政、铁路、交通等也颁布了或正在起草相应的标准招标文件或评标办法，标准文件规范了依法必须招标的项目其招标文件的编制程序，同时，对于评标办法、评标因素也进行了规范。评标因素设置的办法主要有以下几种。

(1) 根据标准文件范本设置

评标因素的设置应参照对应的标准招标文本进行。对于必须招标的工程总承包项目而言,依照《标准设计施工总承包招标文件》规定,采用综合评分法的,评标因素应包括:承包人建议书、资信业绩、承包人实施方案、投标报价以及其他因素。

(2) 根据项目特点进行设置

上面我们已经讲到,项目的标的物不同,其评标因素设置应该不同,对工程项目、工程货物、工程服务的招标,所设置的评标因素就有差异。对传统的承包项目主要突出其施工能力,围绕设备配备、施工负责人的管理能力设置评标因素;工程总承包项目主要应围绕设计、施工的总承包综合能力、协调能力、综合管理能力而设置评标因素;工程设备评标主要围绕设备的性能指标、销售业绩、安全节能指标、价格设置评标因素;工程服务项目主要围绕技术能力、技术的先进性、服务方案等设置评标因素。

(3) 根据项目需求进行设置

标准招标文件对于评标因素的设置提供了指导,同时,也对评标因素的量化进行了限制,但工程项目各有不同,在标准文件的基础上,招标人应贯彻"招标人的价值主张"和"充分体现招标项目的价值取向"的原则,针对项目特点和项目需求对评标因素进行针对性的细化和补充设置。例如,工程招标的资信业绩因素可以细化为类似项目业绩、项目经理业绩、设计负责人业绩、施工负责人业绩、设计负责人业绩、采购负责人业绩以及其他主要人员的业绩等。

(4) 依据法律法规进行设置

评标因素的设置应遵循国家、行业、部门的有关规定,招标从业人员不仅需要熟悉招投标相关法律法规,还应深入学习和掌握工程项目相关专业的政策规定,尤其是国家政府职能转化形势下的"放管服"改革,简政放权、放管结合、优化服务,以利于提高政府工作效能。近年来,政府取消、下放了许可证办理、审批、核准手续,因此,在评标因素的设置中涉及国家规定的资质等级的,应密切结合新的规定、政策要求,保证评标因素的设置的合规性。行业有相关规范要求的,应适用其要求。

18.2 冶金工程总承包项目评标体系构建案例

18.2.1 案例摘要

本案是一起 EPC 项目招标利用价值工程原理构建科学、合理的评标体系的案例。以炼铁厂烟气脱硫 EPC 项目为背景,将价值工程原理与项目实际结合起来,构建 EPC 评标体系,从而从众多的投标人中选择出合适的中标人,实现工程价值。

18.2.2 评标背景

某炼铁厂烟气脱硫 EPC 项目采用公开招标形式进行招标。该炼铁厂,根据环保部门 SO_2 排放要求,需对 1 套 $150m^2$ 烧结机增设烟气脱硫配套工程。该项目拟采用先进的烟气脱硫生产工艺及设备,要求 SO_2 排放浓度<$100mg/m^3$,脱硫效率达到 95% 以上,参与该项目投标的有 A、B、C、D 四家单位,且这四家投标单位的投标方案都顺利进入到项目的评标阶段。

18.2.3 价值工程原理

价值工程产生于 20 世纪 40 年代的美国,由美国通用电气公司采购部的麦尔斯首先提出。价值工程是一种系统化的应用技术,通过对产品或服务的功能分析,建立功能的货币价值模型，以最低的总费用可靠地实现必要的功能。

价值工程的表达式为：$V=F/C$

式中　V——研究对象的价值（Value）；

　　　F——研究对象的功能（Function），是能够满足某种需求的一种属性，即所研究对象的具体用途；

　　　C——研究对象的成本（Cost），指研究对象为满足使用者所需功能而花费的寿命周期成本。

价值工程的核心是功能分析。功能分析是透过研究对象的实物形象，将隐蔽在研究对象背后的本质即功能揭示出来，从而明确"研究对象有哪些功能"，找出各种功能相互之间的逻辑关系，经过测算、分析，科学确定研究对象的必要功能，剔除、缩减过剩功能，补充不足功能，使研究对象的功能结构更加合理。

功能分析的目的在于从提高功能和降低成本两个方面来提高研究对象的价值，其有以下五条途径：

① 提高功能的同时，降低成本；

② 功能一定，降低成本；

③ 成本一定，提高功能；

④ 成本稍有增加，而功能大幅度提高；

⑤ 功能稍有降低，而成本大幅度减低。

由此可见，价值工程兼顾了产品的价值、功能、成本三者之间的关系，它重在提高价值，既不单纯降低成本，也不片面追求提高功能，而是着眼于二者比值的提高。

18.2.4　评标模型构建

EPC项目招标，实质就是选择一家工程信誉高、能可靠实现项目所必需的功能，且在整个项目建设及运行周期内其成本又低的项目承包单位。将价值工程引入EPC项目评标，就是利用价值工程原理，预先设置评标因素和评标标准，按照一定的评标程序评审各投标人的投标文件，将投标文件分为技术标和经济标两部分内容，对技术标和经济标进行量化评审，正确处理功能和成本之间的对立统一关系，使资源得到有效利用，从中选择价值高的投标人。

18.2.4.1　功能分析

功能分析就是对EPC项目进行技术、经济分析和研究，这是价值工程的核心内容，着重对投标人的设计能力、供货商管理系统、商务能力、施工人员能力与资质、施工机械等因素进行综合考虑。

18.2.4.2　建立功能指标标系

根据功能分析的结果建立指标体系，主要从设计、采购、施工三个维度来构建EPC项目的功能指标体系。其中设计维度包括工艺方案、施工图设计等要素，设备选型、供货商管理系统、财务能力、合同管理等是采购维度要关注的重点；在施工维度中包含工程的施工方案、施工工期、施工质量、安全专项措施等相关内容。

18.2.4.3　确定功能权重系数（β_m）

评标专家根据工程项目特点和招标文件的要求，对各投标文件的各项功能指标分析比较后，确定功能权重系数 β_m。一般采用0～1评分法、0～4评分法或环比评分法，通过对各指标的重要性——比较，计算出各项功能权重系数 β_m。

18.2.4.4 技术标评审，确定功能系数（F_i^*）

对各投标人进行评审，然后通过计算确定分值。某方案功能系数计算公式如下：

$$某方案功能系数(F_i^*)=某方案功能总分(F_i)/各方案功能总分之和(\sum F_i)$$

18.2.4.5 经济标评审，确定成本系数（C_i^*）

价值工程的成本为寿命周期成本，依据投标人的投标报价，汇总计算各投标人投标方案的总成本，计算出各投标人的成本系数。计算公式如下：

$$某方案成本系数(C_i^*)=某方案报价(C_i)/各方案报价总和(\sum C_i)$$

18.2.4.6 计算各方案价值系数，完成方案选择，定标

计算各投标人投标方案价值系数，确定价值系数高的投标方案投标人为中标人。计算公式如下：

$$某方案价值系数(V_i^*)=某方案功能系数(F_i^*)/某方案成本系数(C_i^*)$$

18.2.5 项目评审

18.2.5.1 功能分析和功能指标的建立，确定功能权重系数 β_i

烟气脱硫工程最直观、最本质的功能是将炼铁厂烧结所产生的废气中的 SO_2 等有毒气体经过脱硫装置等工艺设施处理后达到环保要求排放到大气中。

烟气脱硫工程的功能，可从技术先进、设备可靠、施工可行三个维度，通过功能系统分析技术，对投标人的设计能力、生产能力、施工能力和商务能力等因素进行综合考虑。

设计阶段是 EPC 项目中应用价值工程最能直接产生经济效果的环节，因此投标人设计能力的评价尤为关键，主要由方案设计、工艺设备选型、施工图设计等功能因素组成。生产能力是指投标人的人员、资金、制造装备和采购管理等输入性资源转化成生产出的设备的能力，包含了人员装备、生产规模和供应链管理等评价指标。施工能力对 EPC 项目的工期、质量、安全乃至成本都有着至关重要的影响，其施工方案、施工人员与机械很好地体现了投标人的施工能力。商务能力体现在投标人的财务状况、响应招标文件商务条款及履约能力和工程业绩等方面。

功能指标体系应合理，采用定性与定量结合的方法，本案炼铁厂烟气脱硫 EPC 项目总承包功能指标体系如表 18-5 所示。

表 18-5 功能指标体系表

功能因素	0~4 评分法										合计	β_m
	f_1	f_2	f_3	f_4	f_5	f_6	f_7	f_8	f_9	f_{10}		
方案设计（f_1）	—	2	3	4	4	4	3	2	3	2	27	0.150
工艺设备选型（f_2）	2	—	3	3	3	2	2	1	1	2	19	0.106
施工图设计（f_3）	1	1	—	2	2	1	3	3	1	3	17	0.094
人员配备（f_4）	0	1	2	—	3	3	2	2	3	3	19	0.106
生产规模（f_5）	0	1	2	1	—	1	1	1	2	2	11	0.061
供应链管理（f_6）	0	2	3	1	3	—	2	2	2	3	18	0.100
施工人员与机械（f_7）	1	2	1	2	2	2	—	1	2	2	16	0.089
施工方案（f_8）	2	3	1	2	3	2	3	—	3	3	22	0.122
响应及履约能力（f_9）	1	3	3	1	2	2	2	1	—	3	18	0.100
工程业绩（f_{10}）	2	2	1	1	2	1	2	1	1	—	13	0.072
合计											180	1.000

注：1. 专家对功能因素按照功能重要程度一一对比打分，档次划分如下。

f_m 比 f_n 重要得多，f_m 得 4 分，f_n 得 0 分；f_m 比 f_n 重要，f_m 得 3 分，f_n 得 1 分；f_m 与 f_n 同等重要，f_m 得 2 分，f_n 得 2 分；反之亦然。

2. 某因素功能权重系数 β_m 等于专家对某功能因素的打分分值占全部功能因素打分分值总和的百分比，即 $\beta_m = f_m / \sum f_m$，例如，$\beta_1 = f_1 / \sum f_1 = 27/180 = 0.150$，$\beta_2 = f_2 / \sum f_2 = 19/180 = 0.106$。

3. 编制招标文件时，计算出的功能权重系数 β_m 应在评标办法中明确。

18.2.5.2 技术标评审，对投标人的方案进行功能评价，确定功能系数 F_i^*

评标委员会采用 0～10 分制量化打分的方法，对进入评标阶段的 A、B、C、D 四家投标人所提供技术标的方案设计、工艺设备选型等总计 10 项功能因素逐项进行打分。

依据公式：

某方案功能系数(F_i^*)＝某方案功能总分(F_i)/各方案功能总分之和($\sum F_i$)

其中，评价总分为各投标人的指标评价分值乘以相应的功能权重，即：

$$\text{评价总分 } F_i = \sum_{m=1}^{10} T_{im}\beta_m$$

式中，T_{im} 为投标人 i（i＝A，B，C，D）在第 m（m＝1，2，…，10）项功能因素的得分。计算结果如表 18-6 所示。

表 18-6　功能系数 F_i^* 计算表

功能因素	功能权重系数 β_m	各投标人方案打分情况			
		A	B	C	D
方案设计(f_1)	0.150	9	10	8	8
工艺设备选型(f_2)	0.106	10	8	9	9
施工图设计(f_3)	0.094	7	10	9	6
人员配备(f_4)	0.106	6	9	10	7
生产规模(f_5)	0.061	6	9	6	8
供应链管理(f_6)	0.100	8	7	7	6
施工人员与机械(f_7)	0.089	9	8	7	8
施工方案(f_8)	0.122	6	10	8	10
响应及履约能力(f_9)	0.100	7	9	10	7
工程业绩(f_{10})	0.072	8	9	7	6
评价总分 $F_i = \sum_{m=1}^{10} T_{im}\beta_m$		7.679	8.971	8.229	7.612
功能系数 $F_i^* = F_i / \sum F_i$		0.236	0.276	0.253	0.234

注：1. 各投标人投标评价总分计算如下。

A 的评价总分：$F_A = \sum_{m=1}^{10} T_{Am}\beta_{Am} = 9 \times 0.150 + 10 \times 0.106 + 7 \times 0.094 + \cdots + 8 \times 0.072 = 7.679$

B 的评价总分：$F_B = \sum_{m=1}^{10} T_{Bm}\beta_{Bm} = 10 \times 0.150 + 8 \times 0.106 + 10 \times 0.094 + \cdots + 9 \times 0.072 = 8.971$

……

2. 各投标人功能系数计算如下。

评价总分 $\sum F_i = 7.679 + 8.971 + 8.229 + 7.612 = 32.491$

A 功能系数：$F_A^* = F_{Ai} / \sum F_i = 7.679 / 32.491 = 0.236$

B 功能系数：$F_B^* = F_{Bi} / \sum F_i = 8.971 / 32.491 = 0.276$

……

18.2.5.3 经济标评审，计算各投标人方案的成本系数 C_i^*

价值工程中成本是指寿命周期成本，即工程在整个寿命周期内所发生的费用。烟气脱硫 EPC 项目总承包的费用包括工艺设计、设备采购、总体施工图、运输、基建、安装、调试、配套的控制系统及软件设计、在线监测系统（主要污染物监测指标包括 SO_2、NO_x、颗粒物等的指标）设备及安装的相关技术服务费用。依据公式：

某方案的成本系数(C_i^*)＝某方案报价(C_i)/各方案报价总和($\sum C_i$)

计算结果如表 18-7 所示。

表 18-7 成本系数 C_i^* 计算表

投标人	工程报价/元	成本系数 C_i^*
A	2675080000	0.233
B	3198500000	0.278
C	2825350000	0.246
D	2794800000	0.243
合计	$\sum C_i = 11493730000$	1

注：投标人 A 的成本系数 $C_A^* = 2675080000/11493730000 = 0.233$
投标人 B 的成本系数 $C_B^* = 3198500000/11493730000 = 0.278$
投标人 C 的成本系数 $C_C^* = 2825350000/11493730000 = 0.246$
投标人 D 的成本系数 $C_D^* = 7894800000/11493730000 = 0.246$

18.2.5.4 计算各投标人方案的价值系数 V_i^*，推荐或选择中标人

根据表 18-6 和表 18-7 的计算结果，按照公式：

$$某方案价值系数(V_i^*) = 某方案功能系数(F_i^*)/某方案成本系数(C_i^*)$$

计算各投标人方案的价值系数。计算结果如表 18-8 所示。

表 18-8 价值系数 V_i^* 计算表

投标人	功能系数 F_i^*	成本系数 C_i^*	价值系数 V_i^*	价值排序
A	0.236	0.233	1.013	2
B	0.276	0.278	0.993	3
C	0.253	0.246	1.028	1
D	0.234	0.243	0.963	4

注：投标人 A 的价值系数 $V_A^* = F_A^*/C_A^* = 0.236/0.233 = 1.013$
投标人 B 的价值系数 $V_B^* = F_B^*/C_B^* = 0.276/0.278 = 0.993$
投标人 C 的价值系数 $V_C^* = F_C^*/C_C^* = 0.253/0.246 = 1.028$
投标人 D 的价值系数 $V_D^* = F_D^*/C_D^* = 0.234/0.243 = 0.963$

从表 18-8 可知，第一中标候选人为 C，第二中标候选人为 A，第三中标候选人为 B。根据表 18-8 的数据分析：如采用最低评标价法进行评标，A 投标人将因其报价最低而中标。但实际通过评审发现，虽然该投标人费用较低，但功能不够理想，脱硫效率较低，如由其中标，将来工艺设施很难达到 SO_2 排放标准。而 B 投标人的脱硫方案效率较高，工程施工保障程度也较高，但因其工程报价较高，导致其价值系数不如 C 投标人。从价值工程的角度进行评审，C 投标人的价值最高，给业主单位带来的效益也是最有保障的。

18.2.6 案例提示

在工程总承包项目管理模式下，项目承包单位对设计、采购和施工进行总承包，在项目初期和设计时就考虑到采购和施工的影响，避免了设计和采购、施工的矛盾，减少了由于设计错误、疏忽引起的变更，可以显著减少项目成本，缩短工期。设计、采购和施工的协调界面从传统的外部接口转变为内部接口，可以加快项目的进度。但是，我们也应注意到因工程总承包项目包含了设计、采购和施工等诸多环节，项目实施起来更加复杂，系统性也更强，对项目承包单位的要求非常高，而选择工程信誉高、技术先进、施工可靠的项目承包单位就越发显得重要。

工程总承包项目中基于价值工程原理构建的评标模型，综合考虑了各方面的评标因素：技术上对功能进行了全面分析，经济上考虑全寿命周期费用，把技术与经济有机地结合起来，这一做法比较符合工程总承包项目招标评标的特点。

另外，在分析功能系数时，利用量化打分的方法由评标专家对定性指标进行客观评价，用数据说话，可减少矛盾与争议。同时，我们也可以看到应用价值工程进行评标，业主单位可以从全寿命周期费用的角度考虑工程目标，既能全面考虑投标单位的情况，分析市场情况，又能在降低工程项目成本和强化项目功能方面具有显著的效果，综合地评价投标人，从而能够合理地选择价值目标最优的投标方案，这些特点和优势是传统的最低评标价法所不能相比的。

因此，基于价值工程原理构建的评标模型对于大型复杂建设工程中 EPC 项目的招标评标具有很好的应用前景。

18.3 水利工程总承包项目评标基本程序案例

18.3.1 案例摘要

本案是一则综合评估法评标程序介绍的案例。以某水利工程 EPC 项目招标评标为背景，介绍了招标人评标工作程序，较为详细地阐述从评委会的组建到投标人的资格审查，以及评标过程的各个环节到评标报告出具的整个过程，对招标人了解 EPC 评标程序具有一定的参考价值。

18.3.2 评标背景

某水利基础设施改建 EPC 项目，建设内容包括某段河流治理、泵站工程建设、长江某河段治理及其他。估算总投资约 15 亿元，预计中央、省级补助资金约 X 亿元。

18.3.3 组建评委会

① 本项目由招标人依法负责组建。
② 评委会由 5 人以上单数组成，其中技术、管理专家人数不少于成员总数的 2/3。
③ 评标人员应客观公正地履行职责，遵守职业道德，对所提出的评审意见承担相应责任。评委会成员实行回避制度和保密制度。
④ 评委会应按照资格审查、初步评审、问题澄清、详细评审（技术标评审、综合实力评审、投标报价评审）、信用标评审、推荐中标候选人、编写评标报告的程序开展评标工作。

18.3.4 资格审查

投标人的资格审查按照资格审查强制性合格条件表的内容进行（表 18-9），所列任何一项条件不满足，则视为资格审查不合格。只有资格审查合格的投标人方可进入初步评审。

表 18-9 资格审查强制性合格条件表

序号	内容	标准条件	评审结论
1	联合体协议书	投标人按招标文件要求的格式和内容提供有效的协议书。如本项目规定只接受设计单位为 EPC 牵头人的投标,联合体各方应有明确的协议,并规定了各自的权利义务	
2	联合体授权委托书	按招标文件要求的格式和内容提供的,有效	
3	营业执照	有效	
4	资质证书	符合招标文件要求	
5	信誉要求	未处于财产被接管、冻结、破产状态	

续表

序号	内容	标准条件	评审结论
6	投标人业绩	符合招标文件要求	
7	项目部人员资质、业绩	符合招标文件要求	
8	单位信用记录（评价）	无不良记录且在投标有效期内有效	
9	其他要求	符合招标文件要求	
结论（应填写"合格"或"不合格"）：			

18.3.5 初步评审

① 在初步评审之前，评委会应认真研究招标文件，了解和熟悉以下内容：

a. 招标目标；

b. 招标的范围和性质；

c. 招标文件中的主要要求、标准和商务条款；

d. 文件规定的评标标准、评标方法和在评标过程中应考虑的相关因素。

② 初步评审主要是对投标文件进行符合性评审，只有通过符合性评审的投标文件才能进入下一阶段的评审。

③ 对投标文件的符合性评审应按照招标文件规定的符合性审查表进行。凡是对表 18-10 中所列的任何一项未作响应，属于重大偏差，按照废标处理。做出实质性响应的投标文件可以进入下一个评审环节。

表 18-10 投标文件符合性审查表

序号	重大偏差情况	是否存在重大偏差（填写"是"或"否"）
1	未按招标文件要求签字或盖章	
2	未缴纳投标保证金或保证金金额不符合要求	
3	投标书中关键内容字迹潦草、模糊、无法辨认	
4	提交两份或多份投标文件，或在一份投标文件中对同一标的报两个或多个报价，且没有说明哪个有效	
5	未按招标文件要求提交法定代表人授权委托书	
6	投标工期、质量、技术标准、技术规格不能满足招标文件要求	
7	投标报价或主要合同条款等关键性内容与招标要求不符、有显著差异或保留（评委认为是细微偏差的除外）	
8	投标报价超出控制价范围	
9	投标文件中附有招标人不能接受的条件	
结论（应填写"合格"或"不合格"）：		

④ 重大偏差外的偏差属于细微偏差，例如只是在个别地方存在漏项或提供不完整的技术信息和数据等情况，并且补正这些漏项或不完整，不会给其他投标人带来不公平的结果。细微偏差不影响其投标有效性，评标专家应在详细评审前要求投标人予以补正，对于拒不补正的，在详细评审中可以对细微偏差做出不利于投标人的处理。

⑤ 当通过初步评审的投标人少于 3 家时，只要不影响竞争性，一般可以继续进行评标。凡通过初步评审的投标人投标报价均视为评审各投标人投标报价是否为有效报价的评审依据。

18.3.6 问题澄清

初步评审后，由评标委员会主持讨论投标文件中含义不明确的内容，并提出是否需要澄清问题，需要澄清问题的清单由评标委员会成员签字后以书面的形式提出。有关澄清与答复，要求投标人应以书面形式按照招标文件规定的数量、签署等进行，但对于投标报价的实质性内容不得更改。问题澄清作为投标文件的组成部分。经评标委员会的评审，没有询标内容的，应由评标委员会主任签字确认："本评标委员会确认本项目没有需要询标事项。"

18.3.7 详细评审

评标委员会根据量化考核标准对各部分投标文件（技术标、综合实力与业绩、项目管理团队投标报价）进行打分，最终根据得分高低提出中标候选人名单。各考核项目的权重和分值设置如表 18-11 所示。

表 18-11 量化考核评分细则

评分因素		评分标准
技术标(30分)	对采用设计-采购-施工模式的理解(6分)	根据对项目工作内容、责任、风险、工作流程等方面进行描述和对该模式的理解程度和深度进行打分（上等 6 分、中等 4 分、下等 0 分）
	总体实施方案(24分)	勘察方案：结合投标人提供的方案的科学性、合理性进行评比（上等 4 分、中等 2 分、下等 0 分）
		设计方案：结合投标人提供的设计方案的科学性、合理性、可行性进行评比（上等 4 分、中等 2 分、下等 0 分）
		进度计划、控制措施：结合投标人提供的计划和措施方案是否满足本项目的总体要求，工期保证措施是否切实可行，科学合理进行评比（上等 4 分、中等 2 分、下等 0 分）
		质量控制措施：结合投标人提供的质量控制措施的科学合理性、切实可行性进行评比（上等 4 分、中等 2 分、下等 0 分）
		安全文明施工：结合投标人提供的安全文明施工方案的完整、可行、经济性进行评比（上等 4 分、中等 2 分、下等 0 分）
		施工总平面布置图：结合投标人提供总平面布置图的科学、可行、合理性，是否有利于施工组织进行评比（上等 2 分、中等 1 分、下等 0 分）
		风险控制措施：结合投标人提供的风险预测及风险控制措施的合理有效性进行评比（上等 2 分、中等 1 分、下等 0 分）
投标人的综合实力及总承包实施业绩(43分)	投标人（若为联合体投标的应为联合体中的设计方）综合实力(8分)	国家一级注册建筑师达到 3 人得分 3 分，每增加一名一级注册建筑师加 1 分，满分 4 分
		国家一级注册结构工程师达到 5 人得基本分 3 分，每增加一名一级注册结构工程师加 1 分，满分 4 分
	投标人（若为联合体投标的应为联合体中的勘察方）综合实力(2分)	国家一级注册建筑师达到 3 人得 1 分，每增加一名一级注册建筑师加 1 分，满分 2 分
	投标人（若为联合体投标的应为联合体中的施工方）综合实力(9分)	满足招标文件门槛条件的得基本分 5 分，同时具有建筑行业（建筑工程）设计甲级资质的加 4 分
	投标人（若为联合体投标的应为联合体中的设计方）类似项目设计业绩(9分)	满足招标文件门槛条件的得基本分 5 分，每增加一个类似施工业绩的加 2 分，满分 9 分
	投标人（若为联合体投标的应为联合体中的施工方）类似项目施工业绩(15分)	满足招标文件门槛条件的得基本分 9 分，每增加一个类似施工业绩的加 2 分，业绩满分 11 分；上述业绩如果有省级优秀奖的另加 2 分，获得鲁班奖的另加 4 分，同一项目不重复得分，满分 15 分

续表

评分因素		评分标准
项目管理团队及人员保证（27分）	设计经理（10分）	具有高级技术职称的得0.5分，具有正高级技术职称的得1分；满足招标文件门槛条件的得基本分5分，每增加一个类似设计业绩的加2分，满分10分
	勘察经理（2分）	具有注册岩土工程师的得2分
	施工经理（15分）	满足招标文件门槛条件的得基本分9分，每增加一个类似施工业绩的加2分，业绩满分11分；上述业绩如果有得省级优等奖的另加2分，获得鲁班奖的另加4分，同一项目不重复得分，满分15分
商务标（100分）	商务标（投标报价）评分（100分）	工程勘察部分满分10分；投标报价为基准价的满分；其他报价与基准价相比每差1%（不足1%的按1%计取）扣2分，扣完为止
		工程设计部分满分20分；投标报价为基准价的满分；其他报价与基准价相比每差1%（不足1%的按1%计取）扣2分，扣完为止
		工程施工部分满分70分；其中最低的有效投标报价为满分70分；每比最低报价差1%（不足1%的按1%计取）扣2分，扣完为止。因最低报价过低导致次低报价投标人工程施工部分商务标得分与最低报价投标人得分相差20分及以上时，最低报价投标人工程施工部分商务标按0分计

注：①类似业绩是指满足招标公告要求的业绩；②各类荣誉、企业资质等级以发证时间为准（均需是投标三年内签发的），现场需提供原件备查；③所有荣誉、企业资质等级的颁发部门必须是建设行政主管部门或行业协会；④各类荣誉、企业资质等级、业绩、证书等现场需提供原件备查，否则不予计分；⑤以最低的有效报价为基准价。

18.3.7.1 计分规则

① 评分计算保留小数点后两位；

② 评分计算中出现中间值时按插入法计算得分；

③ 各评委打分的算术平均值为投标人的得分；评标委员会采取记名评分的方式，在评分表中如有任何改写，均必须由评分人员签字确认。

18.3.7.2 量化打分

本次评标共分以下方面对投标文件进行评价，其设置为：

① 技术标（30分）；

② 综合实力及总承包实施业绩（43分）；

③ 项目管理团队及人员保证（27分）。

本项目评标中，技术标＋综合实力及总承包实施业绩＋项目管理团队共计100分，权重为30%；商务标（投标报价）满分为100分，权重为60%。即：

最终得分＝（技术标得分＋综合实力及总承包实施业绩得分＋项目管理团队及人员保证得分）×30%＋商务标得分×60%＋信用标得分。

18.3.8 信用标的评审

信用标的评审采用住房和城乡建设主管部门公布的《建筑业企业信用评价办法》等文件所规定的企业市场行为信用评价分值，并按照规定将其计入相应投标人的分值，信用标在总分值中占比重不超过10%，权重设置按不同规模房屋建筑和市政工程信用标分值计取标准相关规定执行。技术标合格的投标人，企业市场行为信用评价分值（以开标当日在省工程建设监管和信用管理平台查询的信用评分为准）最高的信用标为满分，其他人投标按下式计算：

信用标得分＝投标人信用评价分值/最高信用评价分值×信用标权重×100

在本市行政区内已有业绩（在建或已完工）的，也可以据项目实施行为按以下方法评价：由政府投资项目建设单位或住房和城乡建设行政主管部门评定为"优秀"的信用分值为满分；评定为"良好"的信用分按70％计分；评定为"一般"的信用分按零分计；评定为"差"的不得进入后续评审。要求投标文件中提供政府投资项目建设单位或住房和城乡建设行政主管部门评定（或出具证明）的复印件（原件备查）。联合体参加投标的，其信用标的评审按联合体中最低评价认定。

经测算投标人信用标得分与政府投资项目建设单位或住房和城乡建设行政主管部门评定的信用分值不一致的，以有利于投标人的分值为准。

18.3.9　推荐候选人

评标委员会按照投标人总得分从高到低排序，推荐前三名为中标候选人，招标人应确定排名第一的中标候选人为中标人。如总分相同，以商务标得分高的投标人排序在前；商务标得分相同的，以技术标得分高的排名在前；技术标得分相同的，以投标人综合实力及实施业绩得分高的排名在前。根据《安徽省住房城乡建设厅关于将建筑施工企业信用评定结果纳入房屋建筑和市政基础设施工程施工招标投标评分项目的通知》规定，房屋建筑与市政基础设施工程招标项目，施工企业在安徽省工程建设监管和信用管理平台信用评分得分排名在后60％的，原则上不作为中标候选人。

18.3.10　评标报告

评标委员会在出具评标结论前，招标人应提醒评委会对评标过程中的一些重要事项进行复核，经复核准确无误后，才能出具评标结论。评标委员会完成评标后，向招标人提交书面评标报告。书面评标报告由评标委员会全体成员签字。

评标委员会通过评标报告向招标人报告评标过程中的其他事项。采取少数服从多数的原则形成评标报告，对评审结论持有异议的评委可以用书面方式阐述其不同的意见和理由。评标委员会成员拒绝在评标报告上签字且不陈述其不同意见和理由的，视为同意评标结论。评标委员会应就此做出书面说明并记录在案。

18.3.11　案例提示

当前，由于工程总承包模式的优势突出，其在国际市场上备受青睐，国内也正在大力推广之中。中国的企业迫切需要创新，需要对工程总承包模式尤其是对其招标中的评标方法进行深入研究和探讨。如何选择一个优秀的工程总承包商，本案为此提供了详细的评标方法以及标准，从评委会的组建到投标人的资格审查以及评标过程中的各个环节都进行了论述，对于工程总承包项目评标具有一定的参考价值。

严格按照法律规定遵守招标的程序十分必要，招标程序的重要性主要体现在以下几个方面。

① 规范招标过程。例如，对于编制招标计划、招标公告发布、招标会议的组织、评标委员会的组成、评标方法的规定和发布中标公告，各个环节的工作，都应形成有效的制约机制，从而更好地规范招标的整个过程。

② 规范市场竞争秩序。在激烈的市场竞争中，一些企业单位和个人为了取得竞争优势，有可能采取一些不正当的竞争手段，破坏市场公平竞争秩序。通过正常、公开的评标过程规范，可以规避不法投标行为，达到稳定交易市场秩序的目的。

③ 落实招标过程的"三公"原则。招标程序可以保证整个招标活动在一个公开的、监察严格的过程中进行，遵循程序能有效增强对整个招标过程的约束和管理。通过资格审查程序的规范、评标文件的公布和对最高限价等的编制，能更好地落实招标的公平、公正、公开的原则。

④ 规范和约束中标人的行为。《招标投标法》是一部程序法，《招标投标法》对中标单位的投标过程、具体实施、合同签署和协议履行都有明确的规定，对招投标各方都具有法律约束的作用。投标单位中标后，招标单位和有关监管部门会根据招标文件和协议对中标单位形成一定的约束作用，通过合同确立、监管部门审核、媒体公示，这些合同和协议都会对中标单位的项目落实起到有效的监管作用。

本案中招标人将投标人的信用作为评审因素，值得借鉴。随着建设工程市场的发展和市场化程度的不断提高，人们开始认识到企业信用在工程建设实践中的重要作用。信用作为一种企业道德的"压舱石"，是保证工程建设顺利运行，项目按期、保质完成的基础，是企业承包项目应具有的先决条件，在招投标中，业主越来越对投标企业的信用给予重视。本案对信用标的评标方式，具有紧随形势发展的特点，将信用放在十分重要的位置，对于治理市场秩序，提高工程质量，具有重要意义，值得推广和借鉴。

18.4 建筑工程总承包项目评标分值计算案例

18.4.1 案例摘要

本案是一个侧重综合评估法分值计算的案例。其以某建设工程总承包项目采用综合评估法对投标文件进行打分为背景，介绍评委对各投标人打分后，如何统计计算各投标人的得分。

18.4.2 评标背景

某建筑工程总承包项目采用公开招标方式，有 A、B、C、D、E、F 等 6 家承包商参加投标。经资格预审该 6 家承包商均满足业主要求。该工程采用两阶段评标法评标，评委员会由 7 名委员组成。

18.4.3 技术标打分

第一阶段对技术标打分。技术标共计 40 分，其中设计方案 15 分、施工方案 8 分、管理方案 6 分、项目班子 6 分、企业信誉 5 分。

技术标内容的得分为各评委评分去除一个最高分和一个最低分后的算术平均值。

技术标合计得分不满 28 分者，不再评审其商务标。

各评委对 6 家承包商设计方案的评分如表 18-12 所示。

表 18-12 设计方案评分表

投标单位	评委1	评委2	评委3	评委4	评委5	评委6	评委7	最终得分
A	13.0	11.5	12.0	11.0	11.0	12.5	12.5	11.9
B	14.5	13.5	14.5	13.0	13.5	14.5	14.5	14.1
C	12.0	10.0	11.5	11.0	10.5	11.5	11.5	11.2
D	14.0.	13.5	13.5	13.0	13.5	14.0	14.5	13.7
E	12.5	11.5	12.0	11.0	11.5	12.5	12.5	12.0
F	10.5	10.5	10.5	10.5	9.5	11.0	10.5	10.5

A 投标单位设计方案得分的计算过程如下：

在各位评委对 A 投标单位的评分中，去掉最高分 13.0 和最低分 11.0，随后取算术平均值，即

$$(11.5+12.0+11.0+12.5+12.5)/5=59.5/5=11.9$$

B 投标单位设计方案得分的计算过程如下：

在各位评委对 B 投标单位的评分中，去掉最高分 14.5 和最低分 13.0，随后取算术平均值，即

$$(13.5+14.5+13.5+14.5+14.5)/5=70.5/5=14.1$$

其他各投标单位设计方案得分计算过程同理。对各评委对各投标单位的其他要素，即总工期、质量、项目部班子、企业信誉得分的统计过程也同理，其得分汇总如表 18-13 所示。

表 18-13　总工期、质量、项目部班子、企业信誉得分汇总表

投标单位	总工期	工程质量	项目班子	企业信誉	其他要素得分
A	6.5	5.5	4.5	4.5	21.0
B	6.0	5.0	5.0	4.5	20.5
C	5.0	4.5	3.5	3.0	16.0
D	7.0	5.5	5.0	4.5	22.0
E	7.5	5.0	4.0	4.0	20.5
F	8.0	4.5	4.0	3.5	20.0

技术标得分＝设计方案得分＋其他要素得分。各投标人技术标得分汇总如表 18-14 所示。

表 18-14　各投标人技术标得分汇总表

投标单位	设计方案得分	其他要素得分	技术标总分
A	11.9	21.0	32.9
B	14.1	20.5	34.6
C	11.2	16.0	27.2
D	13.7	22.0	35.7
E	12.0	20.5	32.5
F	10.5	20.0	30.5

18.4.4　商务标打分

第二阶段对商务标打分，商务标共计 60 分。招标文件规定：以招标人编制标底的 50% 与投标报价算术平均值的 50% 之和作为基准价，但最高（或最低）报价高于（或低于）次高（或次低）报价的 15% 者，在计算投标报价算术平均值时不予考虑，且商务标得分为 15 分。

以基准价为满分（60 分），报价比基准价每下降 1% 扣 1 分，最多扣 10 分；报价比基准价每增加 1% 扣 2 分，扣分不保底。表 18-15 为标底和各投标人报价汇总表。

表 18-15　标底和各投标人报价汇总表　　　　　　　　　　　　单位：万元

报价来源	A	B	C	D	E	F	标底
报价	13656	11108	14303	13098	13241	14125	13790

由表 18-14 所示可知，投标人 C 的技术标部分仅得 27.2 分，小于 28 分的最低限制，按规定不再评审其商务标，实际上已作为废标处理。

下面计算各投标人 A、B、D、E、F 五家投标单位的商务标得分。

18.4.4.1　以复合标底作为基准价评分推荐中标人

(1) 基准价计算

如上面所述，本项目招标文件规定：

$$基准价(复合标底)=标底\times 50\%+报价均值\times 50\%$$

以标底的 50％与承包商报价算术平均值的 50％之和作为基准价。同时还规定，最高报价高于次高报价 15％，或者最低报价低于次低报价 15％者，在计算承包商报价算术平均值时不予考虑，且商务标得分为 15 分。

从表 18-15 中可以看出，F 投标单位为最高报价 14125 万元，A 投标单位为次高报价 13656 万元；D 投标单位为次低报价 13098 万元，B 投标单位为最低报价为 11108 万元。

$$(最高报价-次高报价)/次高报价=(F 报价-A 报价)/A 报价=$$
$$(14125-13656)/13656=3.43\%<15\%$$
$$(次低报价-最低报价)/次低报价=(D 报价-B 报价)/D 报价=$$
$$(13098-11108)/13098=15.19\%>15\%$$

所以，B 投标单位的报价（11108 万元）在计算基准价时不予考虑。

$$基准价(复合标底)=标底\times 50\%+报价均值\times 50\%$$
$$=13790\times 50\%+(13656+13098+13241+14125)/4\times 50\%$$
$$=13660（万元）$$

（2）各投标人商务标得分计算

投标人 A、B、D、E、F 五家投标单位的商务标得分计算过程及结果如表 18-16 所示。

表 18-16　商务标得分计算表

投标单位	报价/万元	报价与基准价的比值/％	扣分	得分
A	13656	(13656/13660)×100＝99.97	(100－99.97)×1＝0.03	59.97
B	11108	—	—	15.00
D	13098	(13098/13660)×100＝95.89	(100－95.89)×1＝4.11	55.89
E	13241	(13241/13660)×100＝96.93	(1096.93)×1＝3.07	56.93
F	14125	(14125/13660)×100＝103.40	(103.40－100)×2＝6.80	53.20

（3）各投标人综合得分计算

各投标人的综合得分结果如表 18-17 所示。

因为 A 投标人的综合得分最高，为 92.87，故应推荐 A 为中标单位。

18.4.4.2　无标底综合评分推荐中标人

若该工程未编制标底，以各承包商报价的算术平均数作为基准价，其余评标规定不变。

表 18-17　各投标人的综合得分计算表

投标单位	技术标得分	商务标得分	综合得分
A	32.9	59.97	92.87
B	34.6	15.00	49.60
D	35.7	55.89	91.59
E	32.5	56.93	89.43
F	30.5	53.20	83.70

按原评标原则确定推荐中标人的计算过程如下。

（1）基准价计算

$$基准价(报价均值)=\Sigma 各投标人有效报价/有效投标人数$$
$$=(13656+13098+13241+14125)/4$$
$$=13530（万元）$$

（2）各投标人商务标得分计算

各投标人商务标得分计算过程如表 18-18 所示。

表 18-18　商务标得分计算表

投标单位	报价/万元	报价与基准价的比值/%	扣分	得分
A	13656	(13656/13530)×100＝100.93	(100.93－100)×2＝1.86	58.14
B	11108	—	—	15.00
D	13098	(13098/13530)×100＝96.81	(100－96.81)×1＝3.19	56.81
E	13241	(13241/13530)×100＝97.86	(100－97.86)×1＝2.14	57.86
F	14125	(14125/13530)×100＝104.40	(104.40－100)×2＝8.80	51.20

(3) 各投标人综合得分计算

各投标人的综合得分等于技术标得分与商务标得分之和，如表 18-19 所示。

表 18-19　各投标人的综合得分计算表

投标单位	技术标得分	商务标得分	综合得分
A	32.9	58.14	91.04
B	34.6	15.00	49.60
D	35.7	56.81	92.51
E	32.5	57.86	90.36
F	30.5	51.20	81.70

由表 18-19 可知，因为承包商 D 的综合得分最高，为 92.51，故应推荐投标人 D 为中标人。

18.4.5　案例提示

本案例旨在介绍采用综合评估法时各投标人评分值的计算问题，以及两阶段评标法所需注意的问题和报价合理性的要求。虽然评标大多采用定量方法，但是，实际仍然在相当程度上受主观因素的影响，这在评定技术标时显对得尤为突出。因此，需要在评标时尽可能减少这种影响。例如，本案例中将评委对技术标的评分去除最高分和最低分后再取算术平均值，其目的就在于此。

商务标的评分似乎较为客观，但受评标具体规定的影响仍然很大。本案例通过对引入标底与否的两种评审方法结果的比较，说明评标的具体规定不同，商务标的评分可能不同，甚至可能改变评标的最终结果。针对本案例的评标规定，本项目出现了投标人最低报价低于次低报价 15% 和技术标得分不满 28 分的情况，而实践中这两种情况是较少出现的。

参考文献

[1] 汪才华. 招标采购评标方法部门差异之比较 [J]. 招标与投标，2017（03）：13-19.
[2] 钱忠宝. 差异·权重·评标方法定理简介 [J]. 招标采购管理，2014（08）：53-54.
[3] 符力文，冯星淇，张旭，等. 国外综合评价方法发展历程及启示 [J]. 时代经贸，2010（14）：11-12.
[4] 张娟. 浅谈建设工程招投标过程中的评标方法 [J]. 门窗，2014（06）：74-75.
[5] 王旭峰. 建设工程施工招标中经评审的最低投标价法的应用与研究 [D]. 上海：同济大学，2003.
[6] 易春梅. 综合评分法中评标基准价的设定 [J]. 中国招标，2018（37）：24-25.
[7] 张辰娟. 中国现行的货物招标评标方法的比较分析——最低评标价法和综合评分法 [D]. 北京：对外经济贸易大学，2009.
[8] 韩吉鹏，周建存. 综合评分法在政府采购项目评审中的应用分析 [J]. 中国市场，2020（26）：154-155.
[9] 郭长城. 评标办法中的性价比法应用 [J]. 中国招标，2005（6）：48-50.
[10] 王怡然，王颖，张东侠. 浅谈工程建设项目货物招标的几种评标办法 [C]. //2010年七省市第十届建筑市场与招标投标联席会论文集，2010：531-535.
[11] 张群. 物资招标采用综合评分法报价得分的计算方法 [J]. 中国招标，2012（45）：11-14.
[12] 韩孟玉. 浅谈机电产品国际招标评标程序 [J]. 中国政府采购，2007（1）：68-71.
[13] 胡述明，张新花. "最低评标价格中标法"在机电产品国际招标中应用探讨 [J]. 时代经贸（中旬刊），2007（S1）：14-15.
[14] 宋景良，全爱民. 服务类项目政府采购及评标方法分析 [J]. 中国政府采购，2007（2）：59-61.
[15] 王泳峰. 服务价格分值如何该如何计算 [N]. 中国政府采购报，2013.
[16] 单玉川，徐德才. 勘察设计招标标量化评标研究 [J]. 中国勘察设计，2007（4）：68-70.
[17] 杜亚娜. 建筑工程勘察设计招标的实践 [C]. //2007年七省市第八届建筑市场与招标投标联席会论文集，2007.
[18] 张水波. 工程总承包模式下的综合评标指标体系研究 [N]. 天津大学学报，2005.
[19] 李从山. EPC工程总承包评标办法及标准 [J]. 安徽建筑，2016，23（05）：276-279.